华东师范大学精品教材建设专项基金资助项目
华东师范大学教材出版基金资助出版

货币银行学

方显仓◎编著

Money And Banking

华东师范大学出版社
·上海·

图书在版编目（CIP）数据

货币银行学 / 方显仓编著. —上海：华东师范大学出版社，2021
ISBN 978 - 7 - 5760 - 2101 - 1

Ⅰ. ①货… Ⅱ. ①方… Ⅲ. ①货币银行学 Ⅳ. ①F820

中国版本图书馆 CIP 数据核字(2021)第 168166 号

货币银行学

编　　著　方显仓
责任编辑　皮瑞光
审读编辑　张梦雪
责任校对　王丽平
装帧设计　俞　越

出版发行　华东师范大学出版社
社　　址　上海市中山北路 3663 号　邮编 200062
网　　址　www.ecnupress.com.cn
电　　话　021 - 60821666　行政传真 021 - 62572105
客服电话　021 - 62865537　门市(邮购)电话 021 - 62869887
地　　址　上海市中山北路 3663 号华东师范大学校内先锋路口
网　　店　http://hdsdcbs.tmall.com/

印 刷 者　杭州名典古籍印务有限公司
开　　本　787×1092　16 开
印　　张　24
字　　数　518 千字
版　　次　2021 年 8 月第 1 版
印　　次　2021 年 8 月第 1 次
书　　号　ISBN 978 - 7 - 5760 - 2101 - 1
定　　价　58.00 元

出 版 人　王　焰

（如发现本版图书有印订质量问题，请寄回本社客服中心调换或电话 021 - 62865537 联系）

目　录

第三章 信用与利率

第四章 金融工具及其创新

第五章 金融体系

第六章 商业银行经营管理

第七章
金融市场

第八章
货币供给理论

第九章
货币需求理论

第十章
通货膨胀与通货紧缩

第十一章
货币政策理论与实践

第十二章
金融压制、金融深化与创新

前　言

金融是现代经济的核心,是经济运行的血脉。如果市场经济是一个人的身体,那么金融就是这个人身体里流淌着的血液。我国在不断完善社会主义市场经济体制过程中,金融成为经济运行的核心,因此金融改革和金融发展就显得愈发重要。

为什么要学习货币银行学? 在金融研究和实践中,《货币银行学》是一门重要的课程,它是经济学专业和金融学专业的基础专业课。货币银行学课程最基本的内容无外乎"货币"、"银行"(包括其他金融机构)以及由前二者交错组织而成的"金融市场"。下面我们从"是什么"和"为什么"的角度简单谈谈货币、银行和金融市场这三个问题。

(一) 货币

什么是货币? 在日常生活应用和一般公众理解中,货币可以用一个字"钱"来表示,这样货币可能混同于三样东西。一、将货币等同于"现金"(CASH)。比如,你向同学或者朋友借钱,尤其是数额不大时,大家拿出的或者默认的自然是现金,而不是别的"钱"。这在日常使用中把"钱"用"小"了。其实,货币或钱的概念在外延上要远远大于"现金"。二、将货币等同于"财富"(WEALTH)。比如我们说"张三这人很有钱",就指的是张三很富有,有很多财富。这又在日常使用中不自觉地把"钱"用"大"了。钱是财富,但财富未必是钱,比如张三的财富除了钱以外,还可能有私人房产、汽车、黄金饰品和古董字画等。因此,货币或钱的概念在外延上要远远小于"财富"。三、将货币等同于"收入"(INCOME)。比如我们在谈论某人有钱时,往往会说他(她)收入有多高,因为"薪水"高,所以很有"钱"。但是"钱"与"收入"是交叉的概念。一方面,你的收入中可能一部分是"钱",另一部分是"物"(比如单位发的礼品、奖品等),另一方面,你持有的"钱"未必都是你的"收入"所得,可能有部分"钱"是接受的遗产或者从别处借来的。以上三种关于货币的理解和应用,在现实中很难说有什么"错",它符合普通人的常识和生活"习惯",但是从规范或者学术的角度来说,它们都是错误的。关于货币简单的定义,是指能够与一切物品和劳务进行交换的东西。

为什么要研究货币? 我们从货币的功用方面作一个简单的考察。

其一,货币直接影响商品的市场价格进而影响生产与交换(销售)。在一定条件下,如果商品数量不变而货币量增加时，则商品价格上升。一方面，价格上升会增加销售单位的利润，吸引企业扩大再生产，并由于规模经济的好处而进一步增加生产和销售。另一方面，价格的上升会导致生产者成本的增加，这又不利于扩大再生产。从宏观上看，最终是扩大再生产还是压缩再生产，取决于两种力量的叠加，这就是货币量变化的净效应。

其二，货币往往是投资的最直接表现形式。上面的分析表明货币运动直接影响投资生产。投资的直接表现手段就是货币，一个经济体投入的货币数量直接影响投资规模。

其三，货币运动直接影响消费。消费取决于家庭有支付能力的需求。需求能力大小取决于货币数量的多寡，货币运动的速度和数量变化直接刺激或抑制消费。

最后，货币运动影响经济运行的秩序。如果货币运行的速度和数量增加，则容易引起投资扩张，生产繁荣，消费旺盛，一定条件下导致物价水平过度膨胀，经济循环会出现扭曲；反之，如果货币运行的速度和数量骤减，则投资萎缩，生产受抑，消费不振，价格滑坡。这些都会引起正常经济运行秩序的混乱。

（二）银行

什么是银行？翻开银行简史，我们知道，英文银行一词最初起源于意大利 Banca 一词，Banca 乃长凳子之意。最初的银行家，均为祖居意大利北部伦巴第的犹太人。13 世纪中叶，犹太人为躲避战乱，迁徙至英伦三岛，以兑换、保管贵重物品，汇兑，贷放等为业，当初他们在市场上人各一凳，据以经营货币业务，这就是银行的雏形。这些从事保管、兑换业务的犹太人称为货币商，他们担起银行的最初职能。随着保管的货币数量日益增加，为获得更多收益，货币商开始利用其保管的贵重物品和存款来贷放生息，倘若有人周转不灵，无力支付债务时，就会遭债主群起而攻之，捣碎其长凳，兑换商的信用也就宣告破碎，这就叫“破产”（Bankruptcy）。

我们很容易发现，一般地说，经营货币存款、贷款、汇兑、储蓄等业务的金融机构，就是银行。这也表现了银行与货币的关系。

为什么要研究银行？因为银行为打算储蓄的人和打算投资的人提供了重要的联系渠道；银行体系在决定货币供应和货币创造以及传导货币政策方面发挥着关键作用；银行是现代社会迅速发展的金融创新的源泉，这些创新拓宽了人们将储蓄变为投资的渠道。

（三）金融市场

金融市场中不能没有货币和银行，货币与银行是金融市场中非常重要的“部件”。那么，什么是金融市场？简言之，就是货币和银行“运动的场所”。当然现代金融市场的概念已经“无形”化了，凡是为资金余缺者提供联系的“场所”或者联系的“机制”（主要是价格机制）都属于金融市场范畴。后面我们会详细介绍按照交易对象的不同，金融市场包括债券市场、股票市场、外汇市场和其他票据市场等。

为什么要研究金融市场？我们后文会详细分析，金融市场实现了盈余单位与赤字单位之间的资金融通，不仅可以使经济活动顺利进行，而且可以更有效地利用资金，使社会资源能够有效配置。这种配置主要是通过“价格机制”来实现的。简言之，资金的使用价格——

利率——在债券市场中决定；资金与权利的配置价格——人们的财富分红——在股票市场中决定，它决定了企业的投资价值；货币的兑换价格——汇率——在外汇市场中决定，汇率的波动对一国及世界经济有重大影响，一旦货币兑换出现问题，就可能导致金融危机。

本课程内容与结构安排

本书共分十二章，主要从货币与货币制度、信用与金融工具、金融体系、商业银行经营管理、金融市场运行、货币供给与需求理论、货币政策和金融压制、深化与创新等方面进行系统介绍、层层推进，各章的联系总体上呈现递进趋势。各章的逻辑关系如下图所示：

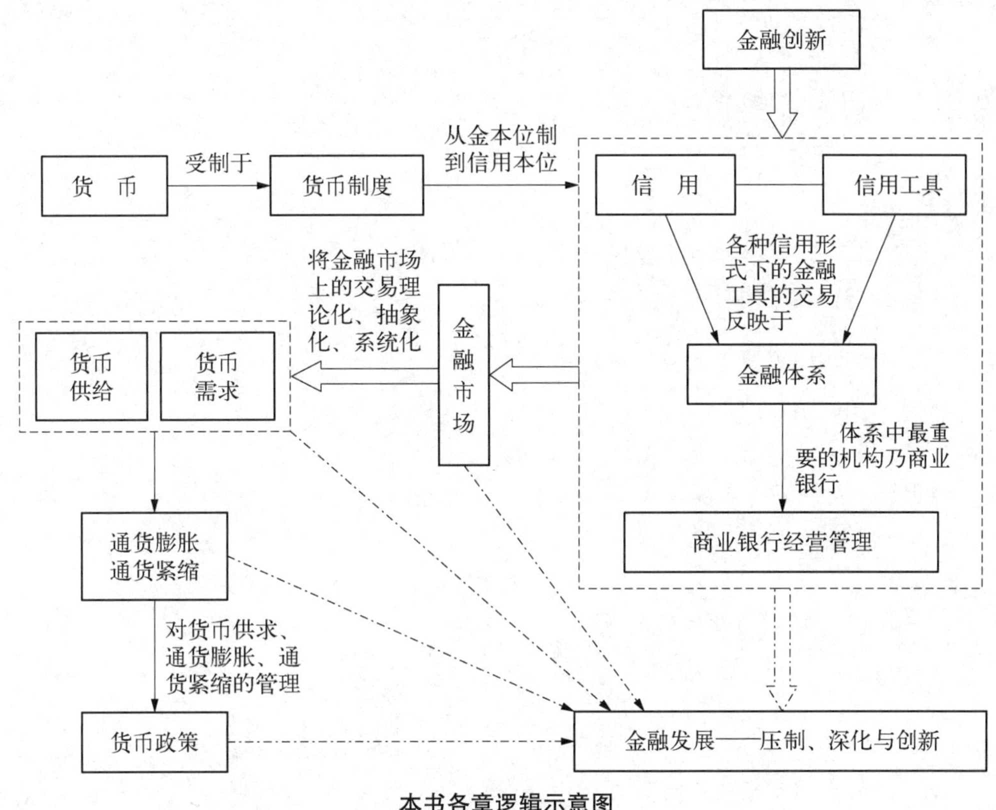

本书各章逻辑示意图

本书由方显仓提出编写大纲，并负责全书的撰写、修改和定稿。参加本书初稿资料的收集、整理的人员有：何雯雯、高飞、刘婷、宋坤玥、曹海军、张旭、何柳、何康、赵鹏远。

本书难免存在错误和不足，恳请读者批评指正。

方显仓

2021 年 5 月

第一章——货币

第一节 货币的产生

货币是商品生产和交换长期发展的产物，考察货币的产生是理解货币本质的关键。

一、货币是商品交换的产物，是商品价值形态发展的必然结果

一种商品的价值通过交换由另一种或一系列商品表现出来，就是商品的价值形态。价值形态的发展经历了以下四个阶段：

1. 简单的、偶然的价值形态

原始社会末期，随着剩余产品出现，也就有了最初的物物交换，由于用于交换的物品较少，一种商品的价值只能简单地或偶然地由另一种商品来表现其价值形态。用公式表示：

1 张牛皮＝2 把石斧

因为牛皮必须借助于石斧来表现自己的价值，所以牛皮是相对价值形态，而石斧是绝对价值形态。这个阶段，商品价值的表现是不完善、不充分的。

2. 扩大的价值形态

随着第一次社会大分工——农业和畜牧业的分离，商品交换日益频繁、不再是偶然的了。简单的价值形式不能适应商品交换的需要。于是出现了诸如下式所示的扩大的价值形态：

1 张牛皮＝
- 2 把石斧
- 或 1 袋小麦
- 或 3 斤茶叶
- ……

在扩大的价值形态中，一种商品的价值已不是由另外某一种商品表现出来，而是由另外的一系列商品表现出来；也不是以一种商品孤立地作为表现商品价值的材料即等价物，而是

由许多商品充当等价物。

3. 一般价值形态

简单的价值形态与扩大的价值形态都没有摆脱物物交换的困境，为了摆脱这种困境，人们先把自己持有的商品换成市场上最常见、大家最乐意接受的商品，然后用这种商品去交换自己所需要的东西。慢慢地市场上就出现了一种特殊商品，人们可以用它作为商品交换的媒介，一切商品的价值都可以用它来表现。马克思把一切商品同时用一种商品来表现自己的价值，称为“一般价值形态”，把充当一切商品价值表现的物品称之为“一般等价物”。

2 把石斧
1 袋小麦
3 斤茶叶
……

} ＝1 张牛皮

一般等价物的出现克服了直接物物交换的困境。但最初作为一般等价物的商品并没有经常地固定在某一种商品上，各种商品交替地暂时发挥一般等价物的作用。

4. 货币价值形态

随着商品交换的发展，从交替地发挥一般等价物作用的商品中必然会分离出某一种商品，经常地作为一般等价物。这种经常地充当一般等价物作用的商品就成了货币商品。

马克思从商品价值形态的发展揭示货币的产生，说明货币只不过是一种起着一般等价物作用的商品，它的作用是表现和实现其他一切商品的价值，或者说它是其他一切商品的价值形式。

二、货币是商品经济内在矛盾发展到一定阶段的必然产物

商品的内在矛盾是价值与使用价值的矛盾：商品作为使用价值形式存在，就不能作为价值形式存在。这个矛盾必然推动交换的发展；从而转化为交换过程中的矛盾：即交换的商品不符合或不完全符合交换双方的要求。这就要求必须有一种商品代表价值，作为独立的价值形态。这种独立的价值形态就是我们常说的一般等价物。一般等价物从出现、发展到完成形态以后，货币就产生了。

第二节　货币的本质

价值形态的发展历史证实了货币是商品，但不是普通的商品，并体现一定的社会生产关系。

一、货币金属论——金属主义的货币学说

1. 货币金属论的主要观点

货币金属论认为货币是一种商品，必须有内在价值；进而又认为货币必须是贵金属，货币的价值是由其金属的价值决定的。亚里士多德在他的《伦理学》一书中已提出朴素的货币金属论主张，但他的理论同时包含货币名目论的萌芽。货币金属论的典型代表是重商主义，其主要观点：① 财富就是货币，货币也就是财富；② 生产只是创造财富的前提，国际间的流通才是财富繁荣的直接来源。因而重商主义学派认为只有对外贸易才能增加一国货币数量。古典经济学家亚当·斯密和大卫·李嘉图也是货币金属论的主要倡导者。

2. 货币金属论的主要缺陷

(1) 货币金属论虽然强调了货币是一种商品，但忽视了货币商品应具有的特性，将它混同于普通商品，混同于贵金属，混同于财富。普通商品只具有特殊的使用价值，而货币除了这个功能外，还具有一般的使用价值，即作为一般等价物，具有与一切商品相交换的能力。

(2) 货币金属论只强调了货币的价值尺度、储藏手段和世界货币的职能，而忽视了货币的流通手段和支付手段职能。

二、货币名目论——名目主义的货币学说

货币名目论认为，货币是人们思考、协议或国家政权的结果和产物；否定货币的商品性，否定货币的内在价值，认为货币不是财富，只是一种符号或票券，它之所以能够作为货币，是因为国家授予其权力。其代表人物有巴本、贝克莱、孟德斯鸠、斯图亚特等。货币名目论的几种不同主张分别介绍如下：

1. 货币国定论

17 世纪兴起的以英国的尼古拉斯·巴本为代表的货币国定论认为，货币是国家创造的，其价值是由国家的权威所规定的，铸币上的印鉴并不是铸币的重量与成色的证明，而是国家给予铸币价值的法令，任何金属都可以有价值，都可以作为货币。19 世纪末 20 世纪初，货币名目论的代表人物德国经济学家格奥尔格·弗里德里希·克纳普则认为货币是法制的创造物，认为货币的本质在于它是一种支付手段，而支付手段具有多少价值则由国家的法制所决定。

货币国定论最基本的错误在于将货币这一经济范畴转化为法律范畴。国家自然可以发行不兑现货币(fiat money)，但国家只有力量将其投入流通，而无力决定其价值，货币的产生及其价值决定都受经济规律支配，不是国家法制的创造物。

2. 货币职能论

货币职能论的代表人物英国的乔治·贝克莱认为货币不具有内在价值，它的价值来自

流通手段和支付手段职能。

3. 货币符号论

孟德斯鸠认为货币是表示一切商品价值的符号,正如银币为商品价值符号一样,纸币则为银币价值的符号。但孟德斯鸠兼有货币国定论和货币数量说之论点。

货币符号论混淆了纸币与金属货币的区别。纸币是金属货币的符号这一观点是可取的,而说金属货币是商品价值的符号显然是错误的。

4. 货币观念论

孟德斯鸠、斯图亚特等人认为货币只是一个观念的计量单位。货币观念论的错误在于,只强调货币的价值尺度职能,而忽视了货币的其他职能,而且混淆了价值尺度与价格标准两个不同的概念。

总之,货币金属论与货币名目论的根本错误是,未能正确认识货币本质,而将货币本质与货币职能混为一谈,都只从货币的个别职能来认识货币的本质,因而都只是一种片面的理论。

三、马克思的"一般等价物"理论

马克思从劳动价值理论入手,通过分析商品进而分析货币的本质,得出货币是固定充当一般等价物的特殊商品的结论。作为一般等价物,它具有两个特征:一是货币为一切商品价值的体现物,在商品交换中直接体现商品的价值。当一种商品交换到货币时,生产该商品的私人劳动就转化为社会劳动,从而该商品的价值得到了体现。二是货币具有直接交换一切商品的能力,普通商品不能同其他一切商品进行交换,而只能以特定的使用价值满足人们的特定需求。

货币作为一般等价物虽然能表现其他一切商品的价值,却不能表现自身的价值,货币自身的价值只能通过与其他商品的交换比例综合地表现出来,即通过货币购买力得到表现。

第三节　货币的职能

货币的本质是由货币的职能表现出来的,其在商品经济或者货币经济中执行五种职能。

一、价值尺度职能(unit of account)

货币能表现商品的价值,衡量商品价值量的大小。货币此职能的存在大大节约了社会交易成本。我们可以通过商品在自然经济和货币经济中交换过程的标价数目间接看出价值尺度节约交易成本的功能。见表 1-1 所示。

表 1-1　不同经济中货币的标价情况

经济体系中商品数	经济体系中总标价数		每种商品的标价数	
	自然经济	货币经济	自然经济	货币经济
3	3	3	2	1
10	45	10	9	1
100	4 950	100	99	1
1 000	499 500	1 000	999	1

二、流通手段职能(means of circulation)

流通手段也称交易媒介(medium of exchange)。货币在不同的商品之间充当其交换的媒介,即现实的货币与现实的商品进行交换,其作用形式为商品 1—货币—商品 2(W1—G—W2),本质上就是"一手交钱一手交货"。

货币的流通媒介职能也节省了商品和劳务交易所需的大量时间,降低了交易成本,从而提高了经济效率。效率的提高使人们得以专门从事其最擅长的工作,鼓励了专业化和劳动分工。执行流通手段职能的货币,必须是现实的货币,不能是想象的或观念上的货币。因为商品生产者卖出商品得到现实的货币,他的劳动价值才能被承认。但货币可以用货币符号来代替,而不必是足值的货币主体。因为货币作为流通手段只是一种媒介,所以单有货币的象征存在就足够了。事实上,流通中一直有不足值的铸币或其他货币符号执行流通手段职能,如磨损后的铸币仍能像铸币一样流通。

三、储藏手段职能(store of value)

作为储藏手段起着货币流通中的蓄水池的作用。但现实中许多物品比货币更具有价值储藏手段性,如股票、债券、土地、房屋、艺术品、珠宝等,作为价值储藏,它们之所以优于货币,是因为在经济活动中它们或升值或取得服务、租金收益。但是,在这些资产被持有和交易的过程中,不可避免地会涉及市场风险和交易成本,这些商品的流动性较弱。而持有货币不仅可以减少市场风险和费用,还节省了交易中花费的时间和精力,即货币作为储藏手段,根本原因在于其良好的流动性。另外,只要通货膨胀维持在一个较低的水平上,货币的价值基本上是稳定的。因此,货币作为价值储藏工具具有交易成本低和价值相对稳定的特征。

四、支付手段职能(means of payment)

货币的支付手段又称为延期支付标准。货币作为支付手段,最初只是在商品流通领域,在以信用形式买卖商品的条件下,货币已不只是商品流通的媒介,而是价值单方面转移,即商品的赊销,货币的预付。在赊账交易开始时,货币充当价值尺度,同时作为观念上的购买手段,使商品从卖者手中转移到买者手中,只是到了约定的付款日期才用货币清偿债务,此时货币执行的就是支付手段职能。货币执行支付手段的职能后来又扩展到商品流通之外的领域,货币用来支付工资、租金、利息、税赋及清偿债务、银行存贷、财政收支。

五、世界货币职能(world money)

世界货币职能是指货币在世界市场执行一般等价物的功能。当今世界各国经济频繁往来,而在国际交往中也离不开货币。在金属货币时期,执行世界货币职能的是黄金、白银此类足值货币。在信用货币制度下,国际上并不存在真正统一发行和流通的世界性货币,因此只能靠部分国家的强势货币,如美元、欧元等行使"世界货币"的职责。这些货币可在世界市场上自由兑换,其币值相对稳定;也在国际贸易与支付中为人们普遍接受,因而适用范围延伸至世界,从而执行了世界货币的职能。

五种职能之间的关系:货币的五种职能不是独立存在的,每一职能都是货币一般等价物本质的反映。价值尺度职能与流通手段职能是货币的基本职能,其他职能都是在这两个职能的基础上产生并发挥作用的。普通商品首先要借助于货币的价值尺度用价格形式反映其价值,然后通过货币的流通手段(即交易媒介)来实现商品的价值。正是货币具有这两个基本职能,它才能作为交换价值独立存在,用于各种支付,故人们愿意储藏货币,因而货币执行了储藏手段职能。储藏货币是为了将来支付结算时利用货币,故支付手段职能是在储藏手段职能的基础上发展来的。世界货币职能则是前述其他四个职能在国际市场上的延伸和发展。

第四节　货币形式

货币的发展经历了朴素的商品货币阶段、贵金属货币阶段和银行凭证货币阶段三个阶段。在这三个阶段中,货币发展经历了以下三种形式。

一、商品货币

商品货币的特点在于,某种实物(商品、贵金属)作为货币的价值与作为普通商品的价值完全相等,以自身所包含的价值与其他商品相交换。在历史上,商品货币主要有实物货币和贵金属货币两种形态。

(1) 实物货币是货币形态发展的最原始形式,是指以自然界存在的某种物品或人们生产的某种物品充当货币。在人类历史上,各种商品,如贝壳、家畜、谷帛等,都曾经在不同时期扮演过货币的角色。随着商品交换的发展,这些实物货币逐步显现出缺点,不能很好地满足交换对货币的要求，妨碍了货币发挥其应有的职能。

（2）贵金属货币也称为实体货币，从某种意义上说，它是商品货币的一个阶段。严格地讲，实物货币与贵金属货币有着明显的区别。区别表现在，在实物货币阶段，由多种商品交替扮演货币的角色，这些特殊商品往往是多变和不固定的。而在贵金属货币阶段，扮演货币角色的特殊商品就集中到一种商品身上，这就是黄金或白银。由于商品交换的发展，人们逐步发现，黄金或白银具有单位体积价值高、价值稳定、均质而易分割、耐磨等特点，是作为货币的最佳材料。所以，几乎所有国家都经历了贵金属货币阶段。

二、代用货币

代用货币存在于贵金属流通条件下，其基本特征是：① 其本身所含的价值低于它所代表的货币价值。从理论上讲，代用货币的形态有很多，其中国家铸造的不足值的铸币也属于代用货币。因为这种铸币本身的价值低于它所代表的货币价值。② 用纸币作为金属货币的代表。纸币尽管在市面上流通，从形式上发挥着交换媒介的作用，但是它却有着十足的贵金属准备，而且也可以自由地向发行单位兑换金属货币。

代用货币产生的可能性包含在货币作为流通手段的特性之中。流通手段的特性是作为交换的媒介，是交换的手段，而非目的。对于交易者来说，他们所关心的并不是流通手段本身有无价值，而是它能否起到媒介作用。代用货币比较完善的形式是纸币。纸币的优点是，印刷成本比铸造金属货币的成本低很多，便于携带和运输，也较容易辨认和计量。

三、信用货币

信用货币是货币的高级发展形式，它是以信用活动为基础产生的、能够发挥货币作用的信用工具。金银曾长期“垄断”着货币地位，但随着商品经济的发展，金银的数量远不能满足社会生产和生活之需。20 世纪 30 年代世界性金融危机爆发，主要发达国家先后被迫脱离金本位和银本位制度，所发行的纸币不能再兑换金属货币，在这种情况下信用货币应运而生。信用货币是代用货币进一步发展的产物，也是现行所有国家采用的货币形式。信用货币的形式主要有现金货币、银行券、存款货币、商业票据等。信用货币是不兑现的纸币流通制度下的产物，它有以下特征：

（1）信用货币本身的价值低于货币价值，是不足值货币。信用货币不再像代用货币那样以足值的金属作为保证，而只是一种价值符号，不具有十足的内在价值。信用货币以信用作保证，由政府强制发行，并且是法偿货币，任何人都必须接受。

（2）信用货币不再代表任何贵金属；信用货币的发行不是以黄金作为准备的，国家也不予承诺兑现黄金或法偿货币。

不足值的信用货币之所以能够成为现代经济社会普遍接受的货币形式，是因为：① 货币在执行流通手段职能时，只在交易的瞬间起作用，人们只在乎其购买力，而不关心货币本身到底有无价值。这就为不足值的铸币和符号货币(纸币、电子货币等)代替贵金属发挥流通手段的职能提供了可能。② 货币在执行支付手段职能时,交易以价值的单方面转移为特征,比如在较为发达的商品经济或者市场经济条件下,商品赊销、延期支付等信用方式逐渐产生和发展,此时货币在其中执行的功能就是支付手段。"支付手段"职能中直接体现的就是"信用",因此货币就发挥着信用货币的作用。

随着社会、经济和科技以及信用制度的深入发展,信用货币出现了其他特殊的形式,比如复合货币、电子货币等。

(一) 复合货币

复合货币是其价值由多种货币的汇率加权平均确定的一种用于国际间债务支付和储备资产的货币。最典型的代表是欧元(EURO),它是欧洲货币联盟(EMU)国家单一货币的名称,是 EMU 国家的统一法定货币。1999 年 1 月 1 日起在奥地利、比利时、法国、德国、芬兰、荷兰、卢森堡、爱尔兰、意大利、葡萄牙和西班牙 11 个国家(称为"欧元区内国家")开始正式使用。希腊于 2000 年加入欧元区,成为欧元区第 12 个成员国。后来,立陶宛、拉脱维亚、爱沙尼亚、斯洛伐克、斯洛文尼亚、马耳他、塞浦路斯陆续加入欧元区。根据欧盟的规定,欧元现钞于 2002 年 1 月 1 日起正式流通,欧元区的各成员国原流通货币从 2002 年 3 月 1 日起停止流动。欧元的国家标准代码为 EUR。

国际货币基金组织(IMF)发行的特别提款权(SDR)虽然不是货币,但是它也是由信用货币复合而成的。最早是由 16 种货币复合而成,1980—2000 年,由美元、马克、日元、法郎和英镑五种货币复合而成;2001—2015 年是由美元、欧元、日元和英镑复合构成。2015 年 11 月 30 日,国际货币基金组织宣布将人民币纳入 SDR 货币篮子,并于 2016 年 10 月 1 日起生效。

阅读专栏 1-1　特别提款权

特别提款权 SDR,是 Special Drawing Right 的缩写,也称"纸黄金",是国际货币基金组织(IMF)在 1969 年首次发行,按照会员国认缴的份额进行分配,可以偿还国际货币基金组织债务、弥补会员国政府之间国际收支逆差的一种账面资产。

目前 SDR 的价值由美元、欧元、英镑、人民币及日元组成的一篮子储备货币决定,当某一会员国出现国际收支逆差,可以用 SDR 向其他指定的会员国换取外汇,以便偿还国际收支逆差,同时 SDR 还能像黄金一样充当国际储备。

SDR 货币组成的历史演进

SDR 刚刚建立之初并非由现在的五种货币组成,它的价值是由含金量来决定的,当时规定 35SDR=1 盎司黄金。

特别提款权和黄金脱钩,改用 16 种货币作为一篮子定值标准:美元、联邦德国马克、日元、英镑、法国法郎、加拿大元、意大利里拉、荷兰盾、比利时法郎、瑞典克朗、澳大利亚元、挪威克朗、丹麦克朗、西班牙比塞塔、南非兰特以及奥地利先令。

1976 年 IMF 对货币做出调整，将丹麦克朗与南非兰特去掉，加上沙特阿拉伯里亚尔和伊朗里亚尔。

1980 年，IMF 宣布简化“一篮子”货币组成，选用 5 种货币：美元 42%、联邦德国马克 19%、日元 13%、法国法郎 13%和英镑 13%。

1986 年对货币权数进行调整：美元 42%、联邦德国马克 19%、日元 15%、法国法郎 12%和英镑 12%。

1991 年 1 月 1 日起生效第二次权数调整，美元 40%、联邦德国马克 21%、日元 17%、法国法郎 11%和英镑 11%。

1996 年 1 月 1 日生效第三次权数调整，美元 39%、联邦德国马克 21%、日元 18%、法国法郎 11%和英镑 11%。

2001 年 1 月 1 日生效第四次权数调整，美元 45%、欧元 29%、日元 15%、英镑 11%。

最近一次即 2016 年 10 月 1 日起生效的权重为，美元 41.73%、欧元 30.93%、人民币 10.92%、日元 8.33%、英镑 8.09%。

阅读专栏 1-2　欧元与欧元区

1992 年，欧盟首脑会议在荷兰马斯特里赫特签署了《欧洲联盟条约》(亦称《马斯特里赫特条约》)，决定在 1999 年 1 月 1 日开始实行单一货币欧元，并在实行欧元的国家实施统一货币政策。1998 年 6 月，欧洲中央银行于法兰克福正式成立。1999 年 1 月 1 日，欧盟当时 15 个成员国中的 11 个成员国：德国、法国、意大利、荷兰、比利时、卢森堡、爱尔兰、西班牙、葡萄牙、奥地利和芬兰，达到了《马斯特里特赫条约》在 1992 年确立的欧洲经济一体化并向欧元过渡的四项统一标准，欧元成为这 11 国的单一货币，英国、希腊、丹麦、瑞典没有加入。1999 年 1 月，欧元进入国际金融市场，并允许银行和证券交易所进行欧元交易。欧元纸币和硬币于 2002 年 1 月 1 日起正式流通；2002 年 7 月，本国货币退出流通，欧元成为欧元区唯一的合法货币。欧元的国家标准代码为 EUR。

希腊于 2000 年加入欧元区，成为欧元区第 12 个成员国。2007 年 1 月 1 日，斯洛文尼亚加入了欧元区。2008 年 1 月 1 日，塞浦路斯、马耳他加入了欧元区。2009 年 1 月 1 日，斯洛伐克加入了欧元区。2011 年 1 月 1 日，爱沙尼亚加入了欧元区。2014 年 1 月 1 日，拉脱维亚正式成为欧元区成员国。2015 年 1 月 1 日，立陶宛正式成为欧元区成员国。欧元区成员国从最初的 11 个已增至 2015 年的 19 个。人口超过 3.2 亿。

欧盟对成员国加入欧元区的时间并没有固定的要求，每一个成员国将根据自己国家的情况，按照自己的时间表加入。

非欧元区欧盟国家丹麦，在 2002 年举行了关于是否加入欧元区的全民公决，丹麦人选择了不加入欧元区。与瑞典不同的是，丹麦克朗的汇率是盯住欧元的。尽管瑞典没有像丹麦那样正式选择退出经济和货币同盟(EMU Ⅲ),因此理论上必须在某个时间转换为欧元。但是在2003年9月14日瑞典举行的就是否同意瑞典加入欧元区的全民公决中,大多数瑞典公民投了反对票。这样,瑞典成为继丹麦后,第二个决定不加入欧元区的国家。

要加入欧元区,欧盟成员国必须达到下列标准:

① 每一个成员国年度政府财政赤字控制在国内生产总值的3%以下(小政府高效率);② 国债必须保持在国内生产总值的60%以下,或正在快速接近这一水平;③ 在价格稳定方面,成员国通货膨胀率必须小于或等于三个最佳成员国上年的通货膨胀率+1.5%;④ 长期名义年利率(以长期政府债券利率衡量)不超过上述通货膨胀表现最好的三个国家平均长期利率2个百分点;⑤ 该国货币至少在两年内必须维持在欧洲货币体系的正常波动幅度以内。

(二) 电子货币

随着电子科学技术的提高和应用,货币发展出现了新趋势,电子货币、数字货币也出现在我们的生活和工作中。

电子货币有多重称谓,如e-money, digital money, e-cash, e-currency, electronic cash, electronic money, electronic wallet等。电子货币是现代经济、现代高科技发展的产物。在经济迅速发展的情况下,各经济主体之间的资金往来更加频繁,人们需要更加便捷的支付方式,而科技的发展满足了人们的需求。技术的进步促进了金融创新的发展,降低交易成本,更重要的是,促进了金融业服务方式电子化,为金融业的业务扩张提供了新的电子化技术。巴塞尔银行监管委员会将电子货币定义为:在零售支付机制中,通过销售终端、不同的电子设备之间以及在公开网络(如Internet)上执行支付的"储值"或"预付支付机制"。"储值",即电子钱包,表示保存在物理介质,如智能卡、多功能信用卡中,用来支付的价值。"预付支付机制"指存在于特定软件和网络中的一组可以传输并可用于支付的电子数据,也被称为"数字现金"。因此,电子货币可以在互联网上或通过其他电子通信方式进行支付。这种货币没有物理形态,为持有者的金融信用,是一种表示现金的加密序列数,它可以用来表示现实中各种金额的币值。随着互联网的高速发展,这种支付办法越来越流行。电子货币具有以下特征:① 电子货币是虚拟货币。电子货币是在电子化技术高度发达基础上出现的一种无形货币,以电子计算机技术为依托,进行储存、支付和流通,是没有货币实体的货币。② 流通范围广。电子货币可广泛应用于生产、交换、分配和消费领域;打破了各国货币在流通领域上的限制,只要受付方愿意,支付方可以使用多国货币支付,这样为交易双方提供了便利,并节省了交易成本。③ 电子货币是无形货币。电子货币扬弃了物的外形,依靠光波、电波传递,可以储存在各种智能卡、信用卡中,成为一种纯价值体,高效地履行货币的职能。现阶段电子货币的使用通常以银行卡(磁卡、智能卡)为媒体。④ 集金融储蓄、信贷和非现金结算等多种功能为一体。⑤ 使用简便、安全、迅速、可靠。

1. 与普通货币比较有以下区别

(1) 发行机构不同。纸币一般是由中央银行或者特定的金融机构垄断发行。中央银行承担其发行成本,享有其利润。而电子货币的发行机构既有中央银行也有一般金融机构,甚至非金融机构,且更多的是后者。

(2) 是否法定币种。纸币是以中央银行和国家信誉为担保的法定货币,而电子货币大部分是不同的机构开发设计的,带有异质性特征的产品。

(3) 是否匿名。普通货币在使用时,既不是安全匿名的,也不可能做到完全非匿名,交易双方或多或少可以了解到对方的个人信息,而电子货币要么是非匿名的,要么是匿名的,且具有较高的安全性。

(4) 地域限制。普通货币的使用具有严格的地域限制,而电子货币打破地域限制,只要商家愿意接受,消费者可获得和使用多国货币。

(5) 防伪。传统货币的防伪依赖于特定实质,而电子货币的防伪只能采取电子技术和通信技术及加密或认证系统来完成和实现。

(6) 技术标准、推广应用。电子货币技术标准的制定,推广应用,在大部分国家都具有半政府半民间的性质。一般是企业负责技术安全标准的制定,政府侧重于推广应用。

2. 电子货币分类

(1) 按被接受程度分类:有单一用途电子货币、多种用途电子货币。

(2) 按使用方式和条件分类:有在线认证系统电子货币、在线匿名系统电子货币、离线认证系统电子货币、离线匿名系统电子货币。

(3) 按结算方式分类:有支付方法电子货币、支付手段电子货币。

(4) 按依托的计算机网络方式分类:有银行卡、网络货币。

(5) 按电子货币流通形态分类:有开环形电子货币、闭环形电子货币。

3. 电子货币的功能

① 转账结算功能——直接消费结算,代替现金转账;② 储蓄功能——使用电子货币存款和取款;③ 兑现功能——异地使用货币时,进行货币汇兑;④ 消费贷款功能——先向银行贷款,提前使用货币。

目前经济活动中运行的电子货币有 8 种,分别是:比特币(Bitcoin)、狗币(Dogecoin)、以太币(Ether)、莱特币(Litecoin)、恒星币(Stellar)、瑞波币(Ripple)、暗黑币(Darkcoin)、无限币(Infinitecoin)。在加密电子货币领域,它们的地位、接受度有很大差异,有一句流行语:“Bitcoin is Gold, Litecoin is Silver, Infinitecoin is Copper”,意为“比特金,莱特银,无限铜”。

(三) 数字货币①

随着生产力的不断发展,货币的形态经历了从“实物货币→金属货币→铸币→信用货

① 方显仓、黄思宇.数字货币与中国货币政策转型[J],学术论坛,2020,43(2):92-101.

币”的变化，而在计算机技术和网络普及的当下，金融科技不断发展推动了金融创新，使得货币形态开启了从电子货币向数字货币形态演化的新历程。

数字货币是一种不需要物理载体的新型货币，狭义的数字货币就是指电子货币，也就是使用支付宝、微信钱包等第三方支付以及使用银行卡刷卡消费时所用的货币；广义的数字货币则包含了电子货币和使用区块链加密技术产生的虚拟货币，如比特币、Facebook 推出的数字货币 Libra（天秤币）和中央银行发行的法定货币等。

那么数字货币本质上究竟是不是货币呢？从货币的职能角度来看，货币的职能包括价值尺度、流通手段、储藏手段、支付手段和世界货币五个方面，其中核心职能是价值尺度。比特币等由私人发行的货币由于价值波动较为剧烈而不能满足货币的价值尺度功能，因而本质上并不算货币，只能算作是一种数字资产；而 Facebook 推出的数字货币 Libra 盯住一篮子货币，且使用点对点交易，所以能够满足价值尺度、流通手段和储藏手段等职能，但是由于 Libra 尚未获得各国政府的许可，所以一切还是未知数；而由国家主权信用背书的中央银行发行的法定数字货币则与中央银行发行的纸币一样，能够满足货币的基本职能，属于货币范畴。

1. 最早的数字货币

最早提出数字货币概念的是大卫·乔姆，其提出的电子现金（E-Cash）是基于银行—个人—商家的三方模式，其突出特点是具有匿名性和不可追踪性。数字现金的唯一性是通过随机配序产生的唯一序列号来保证，然后银行通过盲签名来对该数字货币进行匿名背书。①但是这种模式也有其缺陷，因为每一个随机序号都会被储存在数据库中以备交易时验证，但是随着交易规模越来越大，数据库也会越来越大，因此认证的过程就会变得更加困难。

2. 私人发行的数字货币

在 2008 年席卷全球的华尔街金融危机暴露出传统三方模式的固有缺陷后，国际上有关“去中心化”的呼声越来越高。2008 年一位署名为中本聪的匿名人士发布了文章《比特币：一种点对点式的电子现金系统》，首次提出了比特币这一概念，区别于上文中 E-Cash 的三方模式，比特币使用了区块链与分布式记账技术，其突出特点是点对点交易，即交易双方可以在第三方不知情的情况下匿名完成交易，这一过程也被称为“去中心化”。具体见阅读专栏 1－3。

比特币这一概念提出之后，很多扩展变形的数字货币也纷纷出现，比如以太币、莱特币等。这些紧随其后的私人数字货币一方面丰富了私人数字货币的类型，给投资者带来更多选择，另一方面也使得币圈乱象层出不穷，比如通过流量热点炒作发行空气币、圈钱跑路等，监管部门也注意到了这一现象，并出台了相关文件以规范币圈发展，这对比特币等私人数字货币的发展来说将会是一次严峻的考验。

3. 大型商业机构发行的数字货币

随着金融创新不断推进数字货币的发展，一些大型跨国商业机构也看到了数字货币的

① Chaum D. Blind signatures for untraceable payments. In：Advances in Cryptology — Crypto 82. Berlin：Springer，1983. 199－203.

商业价值并开始尝试发行自己的数字货币。比如高盛推出的数字货币 SETLcoin、摩根大通推出的 JPMCoin 等。紧接着，全球社交媒体巨头 Facebook 也联合包括万事达卡(MasterCard)、易贝(eBay)、声田(Spotify)和贝宝(PayPal)等在内的 28 家大型商业机构推出数字货币 Libra，并宣称 Libra 的使命是“建立一套简单的、无国界的货币和为数十亿人服务的金融基础设施”。Libra 与比特币主要有三点不同：首先，Libra 背后有 Libra 协会成员投入的资金作为储备金以保持币值稳定，而比特币背后则没有实物资产做抵押；其次，与比特币完全去中心化不同，Libra 成立了 Libra 协会这一组织来执行调控货币供应量的职能，并未完全去中心化；最后，只有当用户用法币按 1∶1 比例购买 Libra 时，对应数量的 Libra 才会被创造出来，所以 Libra 的总数是一个可变的量，而比特币则是由“矿工”通过高算力计算机“挖矿”这一过程产生，总量固定。

Libra 的出现对于传统商业银行、第三方支付机构甚至各国中央银行来说都是一个不容忽视的问题。首先对于商业银行来说，由于过去拥有一定的垄断地位，商业银行对客户的信用、偿债能力设定了较高的门槛，使得很大一部分群体被排除在现代金融服务体系之外，更何况现有的金融体系也并未能覆盖全球人口。除此之外，使用现代金融服务活动也需要支付高额的交易费用，而 Libra 则拥有覆盖面广、交易费用低的优势。其次，对于微信、支付宝和 PayPal 等第三方机构来说，Libra 使用点对点交易，每笔交易无须经过商业银行等中心化机构进行结算，对于客户来说具有更高的交易效率和更大的隐私性。更何况 Facebook 在全球拥有超过 20 亿的客户群体，这些用户群体都是 Libra 的潜在使用者，因此，Libra 能够对第三方支付机构构成很大的威胁。最后，对于各国中央银行来说，如果本国经济发展不稳定，那么使用 Libra 作为本币或许是更好地选择，但这将使本国中央银行彻底失去发行货币的权力和铸币税收入。对于较为强势的主权货币，Libra 的出现会在一定程度上替代本国的主权货币，使得中央银行对货币供应量的控制力度减弱，也会使得本国货币政策传导机制扭曲。

因此，Libra 所要面对的不仅有来自各国监管机构各种纷繁复杂的监管标准，还需要面对来自传统商业银行以及第三方支付机构的联合围剿，所以 Libra 实现自己的伟大构想还任重道远。

4. 中央银行发行的数字货币

中央银行发行的数字货币又称法定数字货币，是中央银行利用区块链技术、分布式记账技术和加密技术等金融创新手段发行的货币，本质上与目前广泛使用的纸币没有区别，只是没有物理载体，其背后是以国家信用为价值支撑，所以相比于其他数字货币，安全性最高。虽然数字货币发展之初是打着“去中心化”的旗号推出的，但是正所谓“他山之石可以攻玉”，数字货币的蓬勃发展也引起了各国的“中心化”机构——中央银行的注意：加拿大银行推出了区块链项目 Jasper、新加坡中央银行推出的 Ubin 项目以及欧洲中央银行和日本中央银行联合推出的 Stella 项目等。中国人民银行也在 2014 年成立数字货币研究小组，研究法定数字货币的可行性，在 2020 年中国人民银行工作会议上，中国人民银行已明确表态要在部分城市试点法定数字货币。

目前法定数字货币可供选择的发行方式有“一元体系”和“二元体系”两种，所谓一元体系是指中央银行跳过商业银行，直接向社会公众发行数字货币，而二元体系则与现行纸币发行模式类似，中央银行通过商业银行向社会公众发行法定数字货币。由于一元体系直接越过商业银行会直接削弱商业银行的作用，具有颠覆性，可能会引发现行货币体系的混乱；而二元体系则与现行体系有许多相似之处，对现行货币体系的影响会较小，因而相对来说二元体系是更好的选择。

当前中国人民银行数字货币设计注重流通中的现金（M0）替代，而不是狭义货币（M1）、广义货币（M2）的替代。这是因为M1、M2现在已经实现了电子化、数字化。因为它本来就是基于现有的商业银行账户体系，所以没有再用数字货币进行数字化的必要。另外，支持M1和M2流转的银行间支付机构的各类网络支付手段日益高效，能够满足我国经济发展的需要。相比之下，现有的M0（纸钞和硬币）容易匿名使用和伪造，存在用于洗钱、恐怖融资等风险。另外电子支付工具，比如银行卡和互联网支付基于现有的银行账户紧耦合模式，公众对匿名支付的需求又不能完全满足。所以电子支付工具无法替代M0。特别是在账户服务和通信网络覆盖不佳的地区，民众对于现钞的依赖程度还是比较高的。所以中国人民银行数字货币（DC/EP）的设计，保持了现钞的属性和主要特征，也满足了便携和匿名的要求，是替代现钞的较好工具。

我国法定数字货币与金融科技加速互动发展，金融科技创新不仅为法定数字货币发行和流通提供了技术支持和完善的金融基础设施条件，人民币法定数字货币的发行有利于促进大数据和金融科技行业的智能化。① 数字货币的发行与使用还会使得中央银行掌握大量用户数据，有效提升经济交易活动的便利性和透明度，减少洗钱、非法融资、逃漏税等违法犯罪行为，中央银行还可以利用大数据来实现货币政策精准化实施和对经济运行情况进行动态监管，但也使得用户隐私问题变得敏感。② 如何在大数据分析与用户隐私之间找到平衡点是中央银行法定数字货币需要面对的一大难题，也是中央银行法定数字货币能否全面碾压比特币等具有匿名性特点的私人货币的关键。

阅读专栏1-3　比特币

比特币也叫“比特金”，是一种由开源的P2P软件产生的数字货币、虚拟货币。比特币的概念最初由中本聪在2009年提出，现在比特币也用于指称根据中本聪的思路设计发布的开源软件以及建构其上的P2P网络。

与大多数货币不同的是，比特币不依赖于特定的中央发行机构，而是使用遍布整个

① 保建云.主权数字货币、金融科技创新与国际货币体系改革——兼论数字人民币发行、流通及国际化[J].人民论坛·学术前沿，2020(2)：24-35.

② 何德旭，姚博.人民币数字货币法定化的实践、影响及对策建议[J].金融评论，2019，11(5)：38-50.

P2P 网络节点的分布式数据库来记录货币的交易,并使用密码学的设计来确保货币流通各个环节的安全性。例如,比特币只能被它的真实拥有者使用,而且仅仅一次,支付完成之后原主人即失去对该份额比特币的所有权。

比特币主要特点包括:

(1) 去中心化。比特币是第一种分布式的虚拟货币,整个网络由用户构成,没有中央银行。去中心化是比特币安全与自由的保证。

(2) 全世界流通。比特币可以在任意一台接入互联网的电脑上管理。不管身处何方,任何人都可以挖掘、购买、出售或收取比特币。

(3) 专属所有权。操控比特币需要私钥,它可以被隔离保存在任何存储介质中。除了用户自己之外无人可以获取。

(4) 低交易费用。可以免费汇出比特币,但最终对每笔交易将收取约 1 比特分的交易费以确保交易更快执行。

(5) 无隐藏成本。作为由 A 到 B 的支付手段,比特币没有烦琐的额度与手续限制。知道对方比特币地址就可以进行支付。

(6) 跨平台挖掘。用户可以在众多平台上发掘不同硬件的计算能力。

然而,比特币带给作为第三方的传统商业银行的威胁要比想象中大得多,通过商业银行进行跨境支付的交易者不仅要面对汇率波动等风险,还要面临高额的手续费,但是如果交易者使用比特币进行交易,那么仅需为每笔交易付出 1 比特分的手续费,大大降低了交易者的交易成本。但是比特币也有致命的缺陷:首先,所有用户通过高算力计算机"挖矿"最终能产生的比特币数量最高为 2 100 万个,虽然比特币可以切分交易,但总量固定仍然大大限制了货币供给量调节的能力;其次价格波动剧烈,这是由于比特币背后缺少有价值的资产做支撑,图 1-1 是 2017 年 7 月到 2019 年 12 月期间比特币指数的走势,最高点达到 19 000 美元以上,最低点则 1 500 美元左右,波动巨大;再次,持有分布不均,图 1-2 展示了比特币在全球持有的分布情况,从图中可以看出 0.71%的比特币地

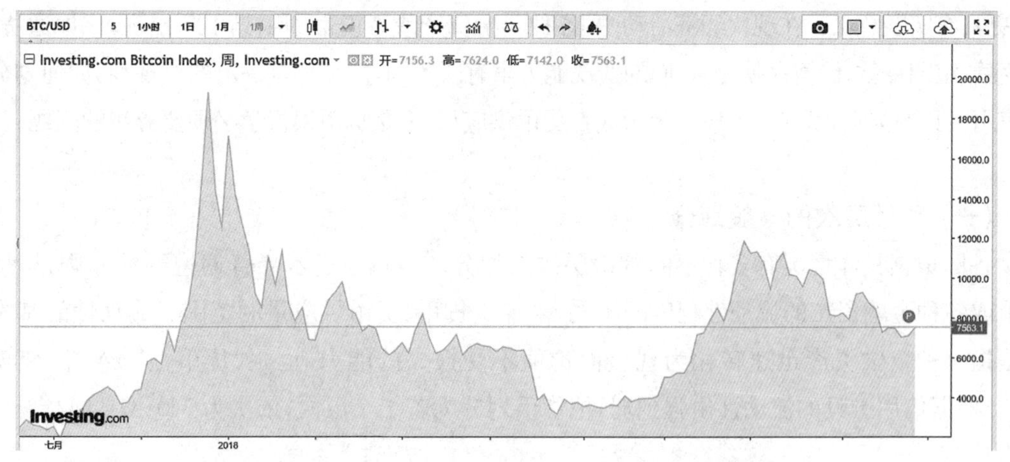

图 1-1 比特币指数(2017 年 7 月—2019 年 12 月)

数据来源:www.investing.com

址掌握着92.68%的比特币资产,而拥有资产为万分之一比特币的地址占比则为64.1%,超过半数;最后比特币的安全性有待提高,理论上一旦某个用户掌握了超过51%的算力,就拥有了记账的绝对权,可以随意篡改区块链的数据,随着科技的进步,这种情况不是没有可能出现。

Bitcoin Cash distribution

Balance, BCH	Addresses	% Addresses (Total)	Coins	$USD	% Coins (Total)
(0 - 0.001)	11282277	64.1% (100%)	1,835 BCH	343,517 USD	0.01% (100%)
[0.001 - 0.01)	2704732	15.37% (35.9%)	10,039 BCH	1,879,287 USD	0.06% (99.99%)
[0.01 - 0.1)	2193280	12.46% (20.53%)	65,581 BCH	12,276,580 USD	0.36% (99.93%)
[0.1 - 1)	946917	5.38% (8.07%)	303,765 BCH	56,863,486 USD	1.67% (99.57%)
[1 - 10)	349380	1.99% (2.69%)	948,291 BCH	177,516,131 USD	5.22% (97.9%)
[10 - 100)	109723	0.62% (0.71%)	3,737,082 BCH	699,566,533 USD	20.56% (92.68%)
[100 - 1,000)	12675	0.07% (0.08%)	3,175,828 BCH	594,502,035 USD	17.47% (72.12%)
[1,000 - 10,000)	1704	0.01% (0.01%)	3,961,030 BCH	741,488,606 USD	21.79% (54.65%)
[10,000 - 100,000)	171	0% (0%)	4,670,029 BCH	874,210,355 USD	25.69% (32.86%)
[100,000 - 1,000,000)	6	0% (0%)	1,301,420 BCH	243,620,502 USD	7.16% (7.16%)

图 1-2　比特币全球持有分布

数据来源:https://bitinfocharts.com/top-100-richest-bitcoin%20cash-addresses.html

第五节　货币层次的构成

一、货币层次的划分

在现代商品经济中,货币扮演着十分重要的角色,如何界定货币、划分货币,不仅具有理论意义,更具有实践意义。在现代经济活动中,各种金融资产或者说信用工具不断出现,比如通货、活期存款、定期存款、储蓄存款等,它们的变现能力虽有所不同,但是都有一定的变现性,如何划分这些信用工具的类别,哪些应该属于货币或者货币供应量,都是货币银行学必须要分辨的问题。

(一)货币层次的一般划分

各国根据具体情况有多种不同货币层次的划分。但目前学术界普遍遵循的原则是,按照货币或各种金融资产的流动性程度的不同,来界定货币、货币供应量的范围。流动性的基本含义是指一种金融资产迅速转化为现金而价值不受损失的能力,也叫"货币性",或者"变现能力"。根据信用工具的流动性由强到弱,把货币划分为若干个层次,依次为M0、M1、M2等。

1. M0

M0=流通中的现金(Cash)。即是指流通于银行体系之外的现钞,包括居民手中的现金和企业单位的备用金,不包括商业银行的库存现金。现钞可以随时进入流通领域支付,因而具有最强的流动性。

2. M1

M1 是通常所说的狭义货币。狭义货币是指交易货币(transaction money),包括各种实际用于交易的货币,即 $M1=C+D_d$,其中:C——流通中的现金或称通货(硬币+纸币),D_d——活期存款或者支票存款(Demand Deposit,可随时变为现金进入流通)。M1 是货币供应量中最活跃的部分,代表全社会的即期需求,能够反映短期经济运行状况。在 M1 这个公式中,支票存款是指随时能提取的存款,主要包括商业银行的活期存款账户、非商业银行机构发行的旅行支票账户以及其他可以开列支票的存款账户等。

3. M2

M2 是通常所说的广义的货币。是指包括 M1 和流动性较差、不能直接用作支付工具,但可以较方便地转变为支付工具的项目,即 $M2=M1+D_s+D_t$+其他短期流动资产,其中:D_s——储蓄存款(Savings Deposits),D_t——定期存款(Time Deposits),后文为了方便,将 D_s 包含在 D_t 中,表示商业银行的定期存款和储蓄存款。随着金融市场的发展,出现了大量的金融资产,货币界定扩大到 M3,即 $M3=M2+D_n$(非银行金融中介机构发行的负债)。

M2 与 M1 之间的差额称为准货币。M2 是一个相当有用且常用的概念,它不仅反映了现实的购买力,也反映了潜在的购买力。研究 M2,特别是掌握其构成的变化,对整个国民经济状况的分析、预测都有特别重要的意义。我国目前将 M2 作为中央银行货币政策的主要中介目标,其在宏观经济的调控中发挥着重要作用。

(二) 中国货币层次的划分

改革开放后很长一段时间里,由于中国实行的是以信贷规模控制为主的金融直接控制,中国并没有进行相应的货币统计和货币层次的划分。在充分研究了我国经济和金融发展实际情况的基础上,按照国际通行的原则,中国人民银行在 1994 年 10 月 28 日公布了《中国人民银行货币供应量统计和公布暂行办法》,将我国货币供应量划分为分为 M0、M1、M2 三个层次。各层次所涵盖的内容如下:

1994 年 10 月之后,随着金融市场的迅速发展,中国人民银行对货币供应量统计进行了两次修订。在 2001 年 6 月,经国务院批准,中国人民银行对货币供应量统计进行了第一次修订,将证券公司客户保证金计入 M2。另外在 2002 年初,随着外资金融机构的大举进入,中国人民银行对货币供应量统计进行了第二次修订,将在中国的外资银行、合资银行、外国银行分行、外资财务公司以及外资企业集团财务公司有关的人民币存款业务,分别计入不同层次的货币供应量。目前,我国货币供应量划分为 M0、M1、M2、M3 四个层次,各层次所涵盖的内容如下:

(1) M0

M0 是货币供应量统计中金融体系之外的现金发行。基于管理和控制的需要,中国的货币供应量口径将现金单独划分为第一层次。与发达国家相比，中国的现金在交易中所占比重较大，范围较广，单独对其进行监测有特殊意义。

(2) M1＝M0＋商业银行体系的支票存款(包括企业活期存款、机关团体部队存款、农村存款、个人持有的信用卡类存款)。其中的企业活期存款即企业存款扣除单位定期存款和自筹基建存款后的部分。

(3) M2＝M1＋定期存款和储蓄存款〔城乡居民储蓄存款、企业存款中具有定期性质的存款(即单位定期存款和自筹基建存款)、信托类存款及其他存款〕＋证券公司客户保证金。

因为证券公司客户保证金主要来自居民储蓄和企业存款。认购新股时，大量的居民活期储蓄和企业活期存款转为客户保证金。新股发行结束后，未中签资金又大量流回上述存款账户。将客户保证金计入 M2，有利于准确监测货币供应量。M2 是广义货币，M2 和 M1 的差额是准货币。

考虑到非存款类金融机构在存款类金融机构的存款和住房公积金存款规模较大，对货币供应量的影响也较大，2011 年 10 月起，中国人民银行将上述两类存款纳入广义货币供应量(M2)统计范围，归入 M2 中的其他存款。

2018 年 1 月，中国人民银行完善货币供应量中货币市场基金部分的统计方法，用非存款机构部门持有的货币市场基金取代货币市场基金存款(含存单)，计入 M2。这是 1994 年以来，中国人民银行第四次调整 M2 统计口径，也是中国人民银行首次纳入银行存款以外的项目。

(4) M3

M3＝M2＋商业票据＋大额可转让定期存单＋短期融资债券。

M3 是考虑到金融不断创新的现状而增设的，其中商业票据和短期融资债券属于准货币。

我国目前只测算和公布 M0、M1 和 M2 的货币供应量，M3 只测算不公布。其变化代表社会总需求的变化，反映了总需求的中长期变化趋势。

本章小结

BRIEF SUMMARY

● 货币是商品交换的产物，是商品价值形态发展的必然结果；货币是商品经济内在矛盾发展到一定阶段的必然产物。

● 货币的本质在历史上存在货币金属论、货币名目论和“一般等价物”理论的争论。

● 货币的本质是由货币的职能表现出来的，其在商品经济或者货币经济中执行价值尺度、流通手段、储藏手段、支付手段、世界货币五种职能。

● 货币的发展经历了朴素的商品货币阶段、贵金属货币阶段和银行凭证货币阶段三个阶段。在这三个阶段中,货币发展经历了商品货币、代用货币和信用货币三种形式。

● 在信用货币时代,在计算机技术和网络普及的当下,金融科技不断发展推动金融创新,使得信用货币演化成多种形式:多种电子货币、数字货币。

● 根据信用工具流动性由强到弱,可以把货币划分为若干个层次,依次为 M0、M1、M2 等。

复习题

REVIEW QUESTIONS

选择题

1. 在现代经济中,货币职能包括(　　)。

   A. 价值尺度　B. 支付手段　C. 交易媒介　D. 世界货币
   E. 储藏手段

2. 按照第 1 题对货币职能的介绍,各大职能出现的时间顺序正确的是(　　)。

   A. ABCDE　B. ACEBD　C. ACBED　D. ACBED

3. 历史上对货币本质的论证最完整的是(　　)。

   A. 货币金属论　B. 货币名目论
   C. "一般等价物"论　D. 观念论

4. 货币发展按时间先后经历的各种形式正确的是(　　)。

   A. 商品货币、代用货币和信用货币　B. 代用货币、商品货币和信用货币
   C. 代用货币、信用货币和商品货币　D. 商品货币、代用货币、电子货币和信用货币

5. 把货币划分为 M1、M2、M3 等层次的依据是(　　)。

   A. 规模大小　B. 安全性　C. 流动性　D. 盈利性

6. 在西方经济学有关货币的观点中,(　　)把货币等同于贵金属,并认为只有金银才是一国的真正财富。

   A. 货币金属论　B. 货币名目论　C. 货币国定论　D. 货币数量论

7. 货币的职能(　　)。

   A. 应该先具备支付手段职能,而后才具有储藏手段职能
   B. 应该先具备储藏手段职能,而后才具有支付手段职能
   C. 价值尺度和支付手段是基本职能
   D. 交易媒介和支付手段是基本职能

8. 我国的货币层次分为 M0、M1、M2 和 M3,其中准货币为(　　)。

   A. M0　B. M1
   C. M2 与 M1 的差　D. M3 与 M2 的差

9. 按照目前中国人民银行公布的货币层次划分口径，广义货币（M2）不包括（　　）。

A. 证券公司客户保证金存款

B. 住房公积金存款

C. 非存款类金融机构在存款类金融机构的存款

D. 大额可转让定期存单

10. 下列属于狭义货币的是（　　）。

A. 现金和支票存款　　B. 活期存款　　C. 定期存款　　D. M2

判断与辨析

1. 货币的职能应该先具备支付手段职能，而后才具有储藏手段职能。（　　）
2. 按照我国货币供给的统计口径，M0 等于现金流通量与企业活期存款之和。（　　）
3. 任何货币发挥货币的作用的一个必要条件是其本身具有价值。（　　）
4. 现代经济中的信用货币是纸制的货币符号，不具有典型意义上的储藏手段职能。（　　）

基本概念

货币名目论　货币金属论　价值尺度　支付手段　交易媒介
货币层次　M1　M2　信用货币　复合货币　一般等价物
纸币本位制　电子货币　比特币　数字货币

思考题

1. 领会关于货币本质的几种观点。
2. 掌握货币层次划分及其依据，这种划分具有什么理论意义和实际意义？
3. 掌握货币在商品经济中所发挥的职能及其应用。
4. 知悉中国货币层次的划分。
5. 信用货币产生的基础是什么？

第二章——货币制度及其演变

货币制度是指人们在充分认识商品货币关系的基础上由政府制定并由政府强制保障的货币运行的准则与规范。货币制度的构成要素包括以下内容：

第一节　货币制度的构成

一、规定制作货币的材料

规定制作货币的材料是确立货币制度的基础性行为。货币材料是指国家以法律的形式明确规定哪种或哪几种商品作为铸造货币的材料。币材并不是国家任意规定的，而是由各国生产力水平和经济条件决定的。随着经济的发展，货币必然由贱金属向较贵重金属和贵金属递进。历史上的货币金属由铜过渡到白银，又从白银过渡到黄金，到19世纪，体积小且价值大的黄金独占统治地位，确立了黄金的货币金属地位。目前，各国均实行不可兑现的信用货币制度，由于法律中没有关于币材的规定，因此过去货币制度中最重要的这一构成因素业已消失。

二、确立货币单位

货币材料一经确定，就必须相应地确立货币单位。货币单位有两层含义，即货币单位的名称，以及单位货币所包含的贵金属的重量或购买力，也就是货币单位的“值”。目前，世界上的货币名称有100多种，按照国际惯例，一国货币单位的名称往往就是该国货币的名称。关于货币单位的价值，在金属货币制度下，货币单位的“值”指货币单位金或银的含量。比如，中国1914年的“国币条例”中规定货币单位名称为“圆”，每圆含纯银库平6钱4分8厘(合23.977克)。在纸币本位制阶段，有的国家规定货币的含金量，有的则规定本国货币与外国货币的固定比值。在1973年以后，各国相继取消了货币含金量的规定。

三、规定本位货币、辅币的发行程序和流通办法

1. 本位币

所谓本位货币，也就是一国货币制度规定的标准货币，是国家法律规定的标准货币，其发行和流通上的特点有：① 本位币具有无限法偿能力。用本位币偿还债务，债权人不得拒绝接受。这是因为本位货币是按国家规定的币材和标准制造，具有绝对权威。② 本位币是最后的支付手段。即用本位货币支付时，接受支付的一方不得要求改用其他货币。③ 在金属货币流通的条件下，本位币可自由铸造。这包含两层含义：一是每个公民都有权把货币金属送到国家造币厂请求铸成本位货币；二是造币厂代公民铸造本位货币不收费用或只收很低的造币成本。

2. 辅币

辅币是主币的对称，是本位币单位以下的小额通货，供日常交易和找零之用。其发行和流通上的特点是：① 辅币采用贱金属铸造而成，以节省流通费用。② 辅币是不足值铸币，即其实际价值低于名义价值。③ 辅币可以与本位币自由兑换。法律规定，辅币可按固定比例与本位币自由兑换，这样可以确保辅币按名义价值流通。④ 辅币实行限制铸造并由国家垄断。只能由国家用属于国库的金属铸造。⑤ 辅币为有限法偿货币，即在一次支付行为中，在一定金额内可以用辅币支付，超过一定金额，卖方或债权人可以拒收。

阅读专栏 2-1　人民币主币和辅币

自 1948 年 12 月 1 日开始发行人民币以来，至今已发行了五套人民币。人民币体系是由主币(本位币)、辅币和纪念币三大部分构成。

《中国人民银行法》第 16 条规定："人民币的单位为元，人民币辅币单位为角、分。"以"元"为单位的就是主币，也叫本位币。比如壹圆、伍圆、壹佰圆等；以"角"和"分"为单位的就叫"辅币"，比如壹分、贰分、伍分、壹角、贰角、伍角；纪念币是一个国家为纪念国际或本国的政治、历史、文化等方面的重大事件、杰出人物、名胜古迹、珍稀动植物、体育赛事等而发行的法定货币，它包括普通纪念币和贵金属纪念币。质量一般为精制，限量发行。

无论是"主币""辅币"还是"纪念币"，它们都可以用纸制品制造，也可以用金属制造，从而就有了"纸币"和"硬币"的区别。比如"壹圆"的主币，有壹圆的纸币也有壹圆的硬币。辅币一般是有限法偿货币，也有一些国家规定辅币为无限法偿货币，如中国。

四、规定发行准备

在金属货币流通的条件下，金准备制度作用有三：其一，作为世界货币的准备金；其二，

作为国内货币流通的准备金;其三,作为支付手段和兑换银行券的准备金。而在纸币本位的货币制度下,发行金准备制度的主要作用只是作为世界货币的准备金,其他两个作用已经消失。发行准备的资产可以有外汇、证券(特别是短期公债券)、商品。

上述四个要素的核心内容是确定什么币材作为本位货币。货币制度演变进程如图 2-1 所示。下面我们分别分析货币本位制度的演变及其特征。

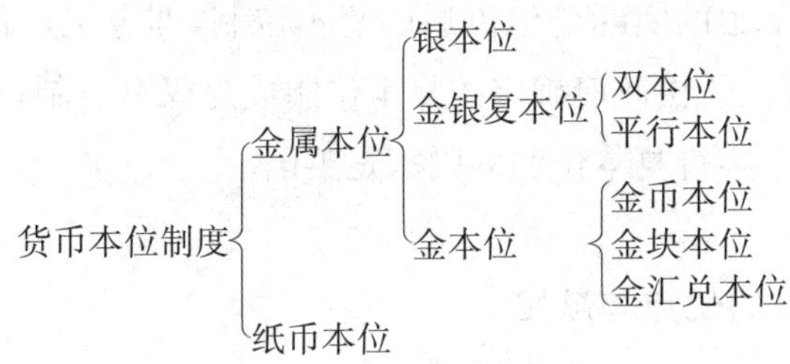

图 2-1 货币制度的类型

第二节 银本位制与金银复本位制

一、银本位制

银本位制出现在封建社会向资本主义社会过渡时期,是最早的货币制度。它是以白银为货币金属,以银币为本位币的一种货币制度。银本位制又可分为银币本位、银块本位和银汇兑本位。实行银铸币流通的国家,本位币的名义价值与其包含的实际价值相等。银币可以自由铸造和熔化,白银和银币可以自由输出输入;纸币和其他货币可自由兑换银币或等量白银。在这种制度下,白银可以自由流通,黄金不是货币金属,不进入流通。

随着资本主义制度的逐步确立和生产的发展,白银的需要量日益增多。资本主义大工业与批发商业的成长,大宗交易的增加,往往需要支付大量的白银,交易商在参与交易时,要携带大量的白银。在交通不发达、信用制度落后的条件下,携带大量白银既不方便亦不安全。商品经济的发展需要价值更大的货币金属——黄金,以克服白银体积大、价值低的缺点。由于对金银两种贵金属的需求增加,货币制度转向了复本位制。20 世纪初主要的资本主义国家都已经放弃了银本位制,而我国于 1934 年底才放弃银本位制。

二、金银复本位制

(一) 金银复本位的含义

金银复本位,顾名思义,即白银与黄金同时作为本位币。在金银复本位制度下,金币和银币都可以自由铸造、自由熔化,都具有无限法偿能力;银行券与它们可自由兑换;黄金与白银可自由出入国境。这种制度是资本主义发展初期西方国家曾经普遍实行的一种货币本位制度，如美国在 1792—1900 年就实行了这种制度。

（二）金银复本位的类型

金银复本位包括双本位制和平行本位制。其中双本位制是指国家用法律形式规定金银比价的一种复本位制度，比如美国 1792 年规定金银法定比价为 1∶15。而平行本位制是金币和银币按其所包含的金银的实际价值流通的复本位制，即金银比价完全由市场价格确定的复本位制。可以看出，比价由政府确定的复本位制成为双本位制；平行本位制中的比价则由市场决定。世界上最早实行复本位制的国家是英国。

（三）金银复本位制的优点与缺陷

1. 复本位制的优点

实行金银复本位对推动资本主义经济的发展起到了积极作用。第一，因为白银适用于零星交易，黄金适合用于大额交易，资本主义城乡商品贸易和大工业的发展，不仅需要服务小额商品交易的白银流通，而且还需要服务大宗商品交易的黄金流通。在金银复本位制下，人们可依据交易额大小，选择不同的货币来支付。第二，从 16 世纪开始，美洲黄金和白银矿相继发现和开采，大量金银流入西方国家，从而金银币材充足，能够满足流通之需，为克服货币流通紊乱局面、稳定市场奠定了基础。第三，双本位制下金银比价由政府规定，能够“矫制”金银的市场价，利于金银币值的稳定。

2. 复本位制的缺陷

金银复本位是一种不稳定的货币制度。因为货币就其本性来说具有排他性、独占性，而法律承认金银同时作为本位币，与货币的本性相悖。在平行本位制下，金银铸币按市场价流通商品出现双重的价格，即金币价格和银币价格，而且这两种价格的对比关系又会随金银市场比价的变化而变化，故市场交易会陷入混乱。若实行双本位制，用法律规定金银比价，虽可克服市场商品的双重价格以及由此而造成的混乱，但随之又会出现“劣币驱逐良币”(Bad money drives out good)现象。

“劣币驱逐良币”现象，又称格雷欣法则(Gresham's Law)，出自 16 世纪英国的财政部长托马斯·格雷欣爵士(Sir Thomas Gresham)给英国女王论铸币的建议，后被经济学家麦克劳德·马克里奥(MacLeod Macario)在其著作《经济学纲要》中命名为“格雷欣法则”。

所谓劣币就是实际(市场)价值低于名义(法定)价值的货币，良币相反。所谓“劣币驱逐良币”规律就是在两种实际价值不同而面额(名义价值)相同的通货同时流通的情况下，实际价值较高的通货(良币)必然会被人们熔化，或输出国外而退出流通领域；实际价值较低的通货(劣币)反而会充斥市场进行流通。例如，假定当时金银法定比价 1∶15，市场比价 1∶16。由于法定比价的调整跟不上金银市场比价的变化，导致金币与银币仍然按 1∶15 铸造，而金块与银块的实际价值早已与其背离，变成了 1∶16。此时金币的实际价值高于法定价值，成为良币，银币则相反。在这样的条件下，如按实际价值买卖、兑换，则 1 盎司金换 16 盎司银，如按法定价值兑换，则 1 盎司金只能换 15 盎司银。于是人们宁愿用劣币支付债务，购买商品。这不仅因为符合法定要求，而且会省钱，更可用劣币按名义价值去兑换良币还会赚钱（投机）。于是金币便被人们熔化为金块，并在市场上将金块按实际比价换为白银，把白银铸成银币，然后又用银币按法定比价换为金币，金币再熔化为金块……如此反复进行，人们就会获得许多利润。结果金币在市场上消失，银币则充斥市场。“劣币驱逐良币”对货币流通的影响总结起来包括以下几点：其一，它使良币退出流通，劣币充斥市场。由于劣币的实际价值小于名义价值，使得流通中的货币趋于贬值，即商品的价格按劣币的价值重新估价，且上涨。其二，它导致货币投机。一些人伺机以劣币去兑换良币，然后将良币出售赚钱。其三，它会使流通中的货币不足，因为人们将良币熔化，作为商品输出。其四，它会导致货币流通的混乱，因为两种货币的实际价值与名义价值的矛盾，必然导致比价的变动，而比价的变动导致币值不稳。这就注定了复本位制的崩溃，并开始向金本位制过渡。

在复本位制向金本位制过渡的过程中，还曾出现过一种“跛行本位制”，即法律规定金币、银币皆可成为本位币，两者间有兑换比率。但金币可自由铸造而银币却不能自由铸造。结果银币的实际价值与其名义价值无法保持一致。实际上银币已经只起辅币的作用，演变为金币的价值符号。

第三节　金本位制

金本位制是指以黄金作为本位币的材料的货币制度，包括金币本位制、金块本位制和金汇兑本位制，主要存在于 19 世纪末至 20 世纪 30 年代。

一、金币本位制

金币本位制是最典型的金本位制形式，其特征是“三自由”：第一，金币自由铸造。保证金币的面值与所含黄金的价值保持一致，金币数量可自发满足流通之需。第二，金币自由兑换。各种价值符号（辅币、银行券）可按其面值兑为金币，它们在流通中稳定地代表一定数量的黄金，从而保证币值稳定，不致发生通货膨胀。第三，黄金自由输出输入国境，保证了黄金行市的相对稳定和国际金融市场的统一。

在金币本位制下，汇率决定的基础是两国货币含金量之比，即铸币平价，而汇率波动的界限是黄金输送点（Gold Transport Points）。当时 1 英镑的含金量是 7.322 38 克（纯金），1 美元的含金量是 1.504 63 克（纯金），即 1 英镑的含金量是 1 美元的 4.866 5 倍，故铸币平价是 1 英镑＝4.866 5 美元。

第一次世界大战以前，在英美两国间运送黄金要支付包装费、运费、保险费、检验费以及运输中的利息，这些费用约为所运黄金价值的5‰—7‰。在英美之间运送1英镑所含黄金的费用为0.03美元。铸币平价4.866 5加上/减去0.03就是英镑与美元两货币的黄金输送点。

英国经济学家大卫·休谟在《政治讲义》(1752)一书中最先提出“物价—现金流动机制”(Price Specie-flow Mechanism)，认为在金币本位制下，各国的国际收支是随着物价的变化和黄金的自由流动而自发进行调节的过程，如图2-2所示：

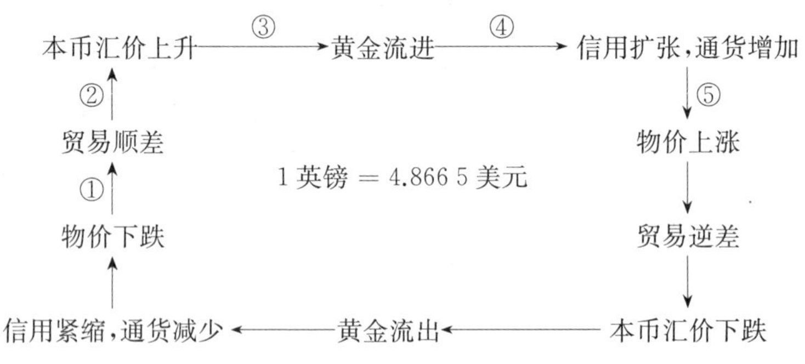

图2-2 物价—现金流动机制

上述自动调节机制必须具备下列五个条件：第一，贸易、生产对物价变动反应敏感，即进出口需求的价格弹性大；第二，没有大量的资本流动，一国国际收支发生逆差(顺差)就导致黄金外流(内流)；第三，金融当局没有进行干预的余地，黄金流动同恢复国际收支平衡自动联系起来；第四，银行体系没有过剩的黄金储备，也不存在黄金储备不足，黄金流失就意味着银行信用紧缩，物价下跌，黄金流进就意味着信用扩张，物价上涨；最后，经济体系已实现充分就业。

20世纪30年代世界经济大危机动摇了金币本位制的基础，使“三自由”特征遭到削弱乃至丧失。为了节约黄金的使用，维持黄金的库存量，一些国家转向金块本位制。

问题与思考：

现实经济金融领域是否存在像“物价—现金流动机制”所描述的自动调节贸易收支乃至国际收支的机制？

二、金块本位制

金块本位制又称生金本位制，是没有金币流通的金本位制度。其特点是：① 政府停止铸造金币；② 不许金币流通，代替金币流通的是中央银行发行的银行券；③ 银行券不能兑换金币，只能兑换金块，并且有兑现的最低限度(因规定兑换限度大，非一般人所能及，故称“富人本位制”)；④ 黄金仍可自由输出输入。

实行金块本位制节省了黄金使用量，减少了对货币发行准备(黄金)的要求，暂时缓解了黄金短缺与商品经济发展之间的矛盾，但并未从根本上解决问题。金块本位制的条件是国际收支平衡，一旦国际收支出现逆差，大量黄金外流，这种制度就难以为继。为此，1933 年世界经济大危机之后，英法等国被迫停止金块本位制。

三、金汇兑本位制

金汇兑本位制又称虚金本位制，其特点是，其他货币在本国内不能兑换黄金，而只能兑换与黄金有联系的外汇(英镑，美元)，外汇在国外可以兑换黄金。这实际上是把黄金存于国外，国内中央银行以外汇作为准备金并发行纸币流通。但一般人们难以直接到国外用外汇去兑换黄金，故也称“虚金本位制”。

我国 1935 年进行币制改革，让法定货币与美元挂钩，美元与黄金挂钩；人们持有法币不能兑换黄金，只能兑换美元。这也是虚金本位制。

金块本位制与金汇兑本位制都是不稳定的货币制度，其缺陷主要有：① 两种制度下都没有黄金流通，黄金失去了作为流通手段的功能，破坏了金本位制下黄金自发地调节货币流通量的机制。② 两种制度下银行券兑换黄金都是不自由的，实际上限制了普通公民的自由兑换。③ 实行金汇兑本位制和金币本位制的国家(英国、美国)都承担了较大的风险。采用金汇兑本位制的国家，使本国货币依附于英镑与美元，并把外汇储备存于伦敦和纽约，一旦英美货币制度发生动摇，依附国的币制也必然随之动摇，可谓“树倒猢狲散”。反之，若实行金汇兑本位制的国家用大量的外汇储备兑换黄金，则必然威胁金币本位制国家的币值稳定。1929—1933 年世界经济大危机彻底摧毁了残缺不全的金本位制。

1945—1973 年重建的国际金汇兑本位制——布雷顿森林货币体系的运作也充分验证了金汇兑本位制的不稳定。[①] 该制度的基本内容是“双挂钩”：美元直接与黄金挂钩，其他货币与美元挂钩。《国际货币基金协定》确认了美元对黄金的官价，即 1 盎司黄金＝35 美元。美国政府承担其他国家政府或中央银行用美元外汇随时向美国按官价兑换黄金的义务；各国货币规定金平价，并以此确定对美元的比价，与美元保持固定的比价关系，汇率波动范围不得超过金平价的上下 1%。维持布雷顿森林体系的运转，必须具备三项基本条件：① 美国国际收支必须保持顺差，美元对外价值稳定；② 美国要有充足的黄金储备，保证美元对黄金的兑换性；③ 黄金价格稳定在官价水平。上述内容和要求必然导致“特里芬难题”(Triffin Dilemma)：美国国际收支保持顺差，美国黄金储备充足，美元价值稳定，美元在国际支付中被广泛接受，美元成为国际储备货币，但是顺差导致国际流通渠道中支付手段短缺；反之，美国国际收支保持逆差，国际储备资产过剩，虽国际支付手段充裕，但易发生美元危机，并危及国际金汇兑货币体系。这一悖论决定了布雷顿森林体系的不稳定和必然崩溃。

---

① 1946 年 12 月 18 日，国际货币基金组织正式公布美元含金量为 0.888 671 克，英镑含金量为 3.581 34 克，故决定两国货币汇率的黄金平价为：1 英镑＝4.030 0 美元。不参加国际货币基金组织的国家，货币含金量则由本国政府自行规定。

第四节　纸币本位制

一、一般的纸币本位制

一般的纸币本位制又称不兑现的纸币流通制度，或管理纸币本位制，或管理本位制，或信用本位制，是指一国本位货币采用纸币而不与黄金发生联系的货币制度。主要特点是：

(1) 纸币的发行不受黄金准备的限制，其发行量取决于货币管理当局执行货币政策的需要。

(2) 纸币的价值不取决于黄金的价值，而取决于购买力。货币不规定含金量，不能兑换黄金，不建立金准备，所以它们本身并没有实际价值，而是作为一种价值的符号来充当商品交换的媒介，发挥货币的基本职能。

(3) 纸币的流通完全取决于纸币发行者的信用。流通中的纸币是信用货币，如银行券(纸币)和银行存款，银行券是银行对持有人的负债，银行存款是银行对存款人的负债。它们体现的是银行与银行券持有人、银行与存款人之间的信用关系，黄金已在货币流通中消失。

(4) 中央银行是政府的银行，政府以法律手段强制社会公众接受纸币，保证纸币的正常流通，并日益加强对纸币流通的调节。纸币由国家发行，其流通量过多时不能像金币那样被人们熔化或输出，退出流通，而是大量纸币充斥市场，引起物价上升，纸币对内贬值，从而造成生产领域与流通领域的混乱。故纸币本位制下，国家对货币流通的调节和管理已日益成为经济发展的必要条件。在开放经济下，对内贬值必然引起对外贬值，国际外汇市场动荡频繁，因此各国货币当局亦日益加强货币政策的协调。如 20 世纪 90 年代以来发生的欧洲货币联盟危机，美元危机，亚洲货币危机，都有各国进行货币政策协调的痕迹。

二、地区货币制度和跨国货币制度

地区货币制度和跨国货币制度是信用本位制的两种特殊表现形式。

(一) 地区货币制度

以我国为例。1997 年和 1998 年，香港和澳门相继回归中华人民共和国，人民币、港币、澳门币三种货币在国内同时流通，再加上台湾的新台币，我国实际上呈现“一国四币”的特有历史现象。由于这四种货币是在不同的地区流通，所以不会产生“格雷欣法则”效应。

(二) 跨国货币制度

当同一货币的运行下的信用本位制延伸到一国境外或国外，有多个国家和地区联合参与某种货币发行、流通和管理，就形成跨国货币制度。1999 年 1 月 1 日，欧元启动，欧元成为欧共体 11 国唯一的法定货币，各成员国原有的货币可继续流通到 2002 年 6 月 30 日。欧元是人类历史上的跨国货币制度的创新。从理论上看，若这个世界的未来发展是均衡的和收敛的，可以预见的是：一个主权国家内部的货币制度发展成为跨国货币制度，地区性的跨国货币制度发展成为全球性的跨国货币制度，将是货币制度发展的历史趋势。

阅读专栏 2-2　欧元区的跨国货币制度

欧盟 28 个成员，其中加入欧元区实行跨国货币制度的共有 19 个成员。另有 9 个国家和地区采用欧元作为当地的单一货币。但是作为美元的世界储备货币的竞争者，欧元的流通已不限于上述地区。

1992 年，欧盟首脑会议在荷兰马斯特里赫特签署了《欧洲联盟条约》，决定从 1999 年 1 月 1 日开始，法国、德国、意大利、比利时、荷兰、卢森堡、奥地利、芬兰、爱尔兰、西班牙、葡萄牙 11 国实行单一货币欧元和在实行欧元的国家实施统一货币政策。

2002 年 1 月 1 日起，欧元纸币和硬币正式流通，但欧盟成员国英国、瑞典和丹麦决定暂不加入欧元区。

2002 年 7 月，本国货币退出流通，欧元成为欧元区唯一的合法货币。

从 2001 年 1 月 1 日开始，至 2015 年 1 月，希腊、斯洛文尼亚、塞浦路斯、马耳他、斯洛伐克、爱沙尼亚、拉脱维亚和立陶宛陆续加入欧元区。

但欧洲中央银行 2016 年 6 月 7 日发布的一份报告显示，7 个根据法律要求需加入欧元区的国家没有一个符合所有的加入标准。据英国《金融时报》7 日报道，根据欧盟规定，所有欧盟国家都需要将欧元作为单一货币（英国和丹麦除外）。欧洲中央银行的这份报告对保加利亚、捷克、克罗地亚、匈牙利、波兰、罗马尼亚和瑞典等 7 个欧盟国家进行了评估：7 个国家符合大部分的量化经济标准，但无一履行了协议要求的所有职责。

加入欧元区标准见第一章阅读专栏。

第五节　我国的人民币制度

一、人民币制度的建立

（一）国民党政府的货币制度

20 世纪初，中国的货币制度为：银元、铜元、银行券流通；大宗交易使用“银两”支付，而各主要商埠的“银两”轻重不一。1933 年，国民党政府采取“废两改元”的措施，将计价与流通的标准统一起来，规定法定银元的含银量。然而，由于 1934 年世界银价暴涨，中国大量银元外流，从而导致了货币流通的极度紊乱。

1935 年 11 月南京国民政府以其持久不懈的努力，实施了“法币政策”，初步建立了我国完善的现代信用货币制度和中央银行制度，并逐步实现了对国内流通货币的集中发行和管理。“法币政策”的主要内容是：放弃银本位；规定中央银行发行的钞票为法币；具有无限法偿能力；法币 1 元与 14.5 便士或 0.297 5 美元等值，以无条件买卖英镑、美元来保持币值的稳定。

法币改革不久之后抗日战争爆发。抗战胜利后，南京国民政府利用接收敌伪资产使财源增加，其财经形势总体趋好。然而全面内战爆发后，国民党政府的财政状况迅速恶化，庞大的军费开支无法负担，唯靠发行货币度日，法币发行额直线攀升，带动物价疯狂上涨。1948 年法币贬值严重到无法流通的程度，国民党政府于该年 8 月 19 日宣布“改革币制”。此次币制改革的最大特点是以国家政权的力量来挽救政府财政方面的困难，兼顾整顿国内日益混乱的经济秩序。即以中央银行所存的黄金和证券作保证，发行“金圆券”，以代替法币进入流通，并以政治手段强制收兑民间所有的金银和外币。与此同时，实行经济管制，冻结物价。金圆券以一元比法币三百万元的比率进入流通，收兑法币。然而政府的行政手段最终无法取代经济规律和市场法则。“金圆券”发行之后，物资短缺，金银的黑市价格上涨。国民党政府被迫取消限价法令且准许民众持有金银和外币之后，又引发了更严重的通货膨胀。

“金圆券”转瞬即逝，“银元券”旋即粉墨登场。1949 年 7 月，国民党政府颁布新的货币制度，规定了银元一元的总重量、含纯银量，并由中央银行发行银元兑换券及银元辅助券。国民党政府意图以发行银元券来挽回经济上的败局，进而谋得军事上的反攻。然而，民众拒绝使用银元券，挤兑银元的风潮愈演愈烈，且政府没有足够的发行准备，因此银元券的信用随着国民党军队节节败退而最终消亡。

（二）革命根据地货币制度

与国民党统治区货币制度并存的是共产党领导的革命根据地货币制度。各解放区都发行自己的货币，大多数以银行券的形式发行，且不兑现。共产党领导的中国人民银行于 1948 年 12 月 1 日成立，并于同日发行人民币。当时人民币采取的是不兑现的银行券形式，不规定含金量，不与任何外币建立正式联系。时值国统区恶性通货膨胀，因此当时发行的是大面额钞票，最小的为 50 元券，最高的为 50 000 元券。1955 年，中央人民银行发行了第二套人民币，按 1∶10 000 的比例收兑旧币，同时建立辅币制度，这也是现行人民币制度的格局。

二、人民币制度的内容

（一）本位币和辅币

人民币是中华人民共和国的法定货币，人民币排斥其他货币以及金银在国内的流通。现行本位币货币单位为“人民币元”，其缩写符号为 RMB¥，其面额为 100 元，50 元，20 元，10 元，5 元，2 元，1 元七种。除 1 元有少量金属铸币外，其他均为纸券。辅币单位为“角”

和“分”,均有纸币和金属铸币两种形式。

(二) 人民币的价值形式

人民币货币单位不规定含金量。人民币不与任何外币确定正式关系,是一种独立的货币制度。人民币的价值含量与任何实物体(包括黄金)的价值没有关系。

(三) 发行原则

人民币发行必须遵循两条基本原则。首先,人民币为垄断发行,人民币的发行权掌握在国家手中,国务院授权中国人民银行具体掌握货币发行工作。中国人民银行总行是货币发行的唯一机关,集中管理货币发行。其次,人民币的发行要遵循经济发行原则。中国人民银行根据经济发展和商品流通的正常需要,通过信贷渠道进行货币发行。

(四) 发行准备和外汇储备管理

人民币的发行准备是国家拥有的商品物资。我国的金银外汇储备主要是作为国际支付的准备金,而不是发行准备。我国的金银外汇储备由中国人民银行集中掌握、统一管理、统一调配,因为金银外汇储备不仅要用于国际支付,而且也关系到人民币的对外汇率和在国际上的信誉,对促进国际经济合作有着极其重要的作用。

本章小结

BRIEF SUMMARY

● 货币制度的构成要素包括:规定制作货币的材料、确立货币单位、规定本位货币和辅币的发行程序和流通办法、规定发行准备。据此,历史上的货币制度经历了银本位制、金银复本位制、金本位制和纸币本位制等制度。实行双本位制,用法律规定金银比价,与平行本位制相比,虽可克服市场商品的双重价格以及由此而造成的混乱,但又会出现“劣币驱逐良币”现象。

● 在金币本位制下,各国的国际收支是随着物价的变化和黄金的自由流动而自发进行调节的,即存在“物价—现金流动机制”。

● 纸币本位制又称不兑现的纸币流通制度、管理纸币本位制、管理本位制、信用本位制。其主要特点是:纸币的发行不受黄金准备的限制,其发行量取决于货币管理当局执行货币政策的需要;纸币的价值不取决于黄金的价值,而取决于购买力;货币不规定含金量,不能兑换黄金,不建立金准备,所以它们本身并没有实际价值,发挥货币的基本职能;纸币的流通完全取决于纸币发行者的信用,政府以法律手段强制社会公众接受纸币,并加强对纸币流通的调节。

复习题

REVIEW QUESTIONS

选择题

1. 下列哪一项目是对纸币制度特征的正确描述？（　　）

   A. 纸币的发行权由国家垄断，一定由国家授权中央银行发行

   B. 纸币是一种商品货币

   C. 目前各国虽然普遍规定了本国纸币的含金量，但同时规定纸币不能和黄金兑换

   D. 纸币本位制又可称为信用本位制，在开放经济中各国政府加强和重视对货币流通的联合干预

2. 以下关于“劣币驱逐良币”规律的陈述哪一项是不正确的？（　　）

   A. 该规律告诉我们：在金币和银币同为法定货币时，市场上必然看不到金币，而是充斥着银币，因为银币是劣币

   B. 该规律的体现形式之一是：在金属货币流通条件下，如果一个国家同时流通着足值的铸币和不足值的铸币时，足值的铸币必然退出流通，而不足值的铸币必然充斥市场

   C. 该规律告诉我们：由于货币具有排他性，一个国家在同一时期内只能流通一种货币

   D. 该规律的体现形式之一是：在金属货币流通条件下，当一个国家同时流通两种实际价值不同，但法定比价不变的货币时，实际价值高的货币必然退出流通，而实际价值低的货币反而充斥市场

3. 下列货币制度构成要素不正确的是（　　）。

   A. 规定制作货币的材料

   B. 确立货币单位

   C. 规定本位货币和辅币的发行程序和流通办法

   D. 规定货币发行的黄金准备

4. 关于“物价—现金流动机制”，正确的是（　　）。

   A. 它是金块本位制度下的国际收支自发调节机制

   B. 这种自动调节机制必须具备进出口需求的价格弹性大的条件

   C. 金融当局没有进行干预的余地，黄金流动同恢复国际收支平衡自动联系起来

   D. 银行体系拥有过剩的黄金储备，这样就可以通过黄金流进或黄金流出来影响信用张缩和物价水平

5. 在一国货币制度中，（　　）是不具有无限法偿能力的货币。

   A. 主币　　B. 本位币　　C. 辅币　　D. A、B、C都不是

6. 在我国当前货币制度中，（　　）具有无限法偿能力。

   A. 人民币元　　B. 人民币角

C. 人民币百元现钞　　D. 以上三种都是

7. 信用本位制的特点是(　　)。

A. 流通中的是信用货币　　B. 信用货币是有限法偿货币

C. 货币发行受黄金数量限制　　D. 信用货币不能与任何金属相兑换

8. 格雷欣法则起作用于(　　)。

A. 平行本位制　　B. 双本位制　　C. 跛行本位制　　D. 金本位制

9. 如果金银的法定比价为 1∶13,而市场比价为 1∶15,这时充斥市场的将是(　　)。

A. 银币　　B. 金币　　C. 金币银币同时　　D. 以上三种都不是

10. 最早实行金币本位制的国家是(　　)。

A. 美国　　B. 英国　　C. 法国　　D. 日本

11. 历史上最早的货币制度是(　　)。

A. 金本位制　　B. 银本位制

C. 金银复本位制　　D. 金块本位制

12. 下列(　　)是一种相对稳定的货币制度,对资本主义的发展曾起着积极的作用。

A. 金币本位制　　B. 金汇兑本位制

C. 金银复本位制　　D. 金块本位制

判断与辨析

1. “劣币驱逐良币”规律的体现形式之一是:在金属货币流通条件下,当一个国家同时流通着足值的铸币和不足值的铸币时,足值的铸币必然退出流通,而不足值的铸币必然充斥市场。(　　)
2. 格雷欣法则在当今货币经济体系下仍然有所表现。(　　)
3. 在信用本位制下,金币不可以自由铸造,但可自由熔化。(　　)
4. 在金属货币制度下,本位币可以自由铸造,自由熔化。(　　)
5. 金银复本位制是以金银为货币币材,只铸造和流通金币银币的货币制度。(　　)
6. 货币制度最基本的内容是确定货币单位及其名称,一旦货币单位和名称确定了,一国的货币制度也就确定了。(　　)
7. 根据“物价—现金流动机制”原理,该机制发生的前提条件之一是进出口商品的需求价格弹性为富有弹性。(　　)
8. 金本位制崩溃的直接原因是经济危机。(　　)
9. 在纸币本位制下,如果在同一市场上出现两种以上纸币流通,会出现实际价值较低的货币排斥实际价值高的货币的“劣币驱逐良币”现象。(　　)
10. 在跛行本位制下,金币和银币都可流通,所以“劣币驱逐良币”规律在这一货币制度下也同样起作用。(　　)

基本概念

货币制度　本位币与辅币　无限法偿货币　有限法偿货币　格雷欣法则
金本位制　货币层次　物价—现金流动机制　纸币本位制

思考题

1. 理解“劣币驱逐良币”的内涵及在商品经济中的应用。
2. 理解“物价—现金流动机制”的基本内涵及在当今经济金融领域存在的可能性与条件。
3. 掌握货币制度构成的四个要素。
4. 从金本位制的特点出发，说明货币制度从金本位制到金块本位制、金汇兑本位制的演变，以及金本位制被信用本位制取代的原因。

第三章——信用与利率

信用一词生活中几乎每人都会用到，比如从道德规范角度，某人是否讲信用，是否遵守诺言等；从心理现象的角度，某人是否可信，是否可靠等。但经济学上的信用有其特定含义，可以用一句话表明两者的区别，即信用的基础是信用。前一个“信用”是经济学范畴，后一个“信用”是道德心理范畴。那么经济学上的信用到底是什么含义呢？

第一节　信用的产生

一、信用的含义与构成要素

信用是一种借贷行为，它的产生、发展与商品、货币紧密联系，商品货币的发展，特别是货币支付手段的发展是信用赖以存在和发展的基础。

信用是以偿还和付息为条件的价值单方面的运用，是价值运动的一种特殊形式。因此信用本质上体现的是一种借贷关系。信用作为一种借贷行为，包括商品的赊欠买卖和货币借贷。信用产生于商品流通，但又不局限于商品流通。最早的信用是实物信用。随着商品货币经济的发展，货币的支付手段职能超过了商品流通的范围，而与货币支付手段相联系的信用也就不仅仅表现为商品的赊欠，更日益表现为货币借贷。在一般的商品交换中，交换双方一手交钱，一手交货，买卖同时进行。交换行为完成后，双方不存在任何经济上的权利与义务，而在信用关系中，商品或货币的出让方（贷方）在让渡自己的商品或货币时，得到的不是货币，而是一种要求受让方（借方）付款的权利，贷方成为债权人，借方必须承诺按要求付款，成为债务人。它的存在与发展必然是下列三个要素相互作用的有机统一：

(1) 债权人与债务人。信用要得以成立，必须至少具备两个当事人：借方（债务人）和贷方（债权人）。债务与债权是组成信用这一经济现象的第一要素，离开了债权债务关系，就无所谓信用，故习惯上常把债权债务关系称为信用关系。

(2) 时间间隔。信用关系是一方提供价值符号、价值物，另一方要在一定时间后归还货币和商品并加付一定的利息。因此信用是价值在不同时间的相向运动。

(3) 信用工具。信用关系可用口头确立或通过书面签约确立。口头确立的信用难以维护债权人应有的权利,故通过书面签约,借助于信用工具来建立或转移信用关系,是信用得以正常发展的第三要素。

二、信用的产生与发展

信用最初产生于商品交换中,人们为调剂生产资料与生活资料的余缺,而通过借贷的方式进行交换,但实物借贷存在着很大的局限性。随着经济的发展和货币的产生,商品货币关系逐渐确立,以货币为媒介的商品交换克服了物物交换的困难。货币借贷逐渐占据了主导地位,同时随着货币支付手段的发展,信用广泛地发展起来。因此,信用是在商品货币关系的基础上产生的,信用不仅是由货币通往现代金融关系的一个必要过渡,而且也是金融运行的实质内容。

(一) 高利贷信用

高利贷是指以追求高额利息回报为特征的借贷活动。高利贷产生于原始社会末期,在资本主义建立以前,其在信用活动中占据主导地位。第一次社会分工的出现使得生产力水平有了迅速的提高,并出现了贫富分化和私有制。穷人缺乏生产和生活资料,为了生存而向富人借贷,从而产生了高利贷。奴隶主为了满足奢靡生活的需要,也向高利贷者求助,奴隶主和封建主也会出于政治需要而告贷。因此可发现,债务人主要是小生产者(农民和手工业者)、小奴隶主和地主;债权人主要是商人、寺院与教堂等宗教机构、奴隶主和地主。

这种信用的特点是:其一,借贷资本主要用于非生产领域,即小生产借贷为满足生活需要,奴隶主和封建主借贷为奢靡生活的需要,因此都不具备生产型;其二,利率极高且不统一。贷放者吸取利息的高低根据借债人的不同、时间的不同而大相径庭,这些都由贷放者随意决定,借贷者没有讨价还价的余地。高利贷信用的这两个特点决定了其消极作用占主导。高利贷不利于生产的发展,甚至起到了破坏作用。高额的利息使小生产者日益贫困,生产日益萎缩。然而,高利贷也使大量的货币聚集到高利贷者手中,为资本主义生产方式的出现创造了条件。

(二) 资本主义信用

在资本主义制度下,信用表现为借贷资本的运动。借贷资本是指货币资本家和银行为了获得利息而贷放给职能资本家的货币资金,其利息来源是雇佣工人创造的剩余价值。

借贷资本是在与高利贷资本的斗争中产生的。新兴资产阶级要发展大工业需得到融资支持,但高利贷信用肯定吃不消。因此他们与传统的封建主展开了针锋相对的斗争,其结果是借贷利率下降,直至利率水平下降到资本所能获得的利润率之下。资本主义信用的建立取代了高利贷在市场的垄断地位,但高利贷并没有消失。

（三）现代信用

随着商品经济的发展，现代信用在资本主义社会中得到了进一步的完善和发展。现代信用与以往社会的信用一样，也是借贷行为，是价值运动的特殊形式。但是现代信用的范围更广，跨越了地域，向全球化、一体化方向发展。现代信用的形式也呈现出多样化，比如商业信用、银行信用、国家信用等。同时，信用机构的职能也不断拓展，它们不仅从事传统的借贷业务，还从事转账结算、理财、发行有价证券等新业务。

第二节　信用的形式

信用按不同的标准有不同的类型，如按信用产生的主体为标准，分为商业信用、银行信用、政府信用和个人信用等；按信用期限为标准，分为短期信用、长期信用；以抵押品为标准，分为硬抵押信用与软抵押信用。下文主要从信用产生的主体来介绍几种信用形式。

一、商业信用(Commercial Credit)

（一）商业信用的含义、形式与特点

商业信用是指企业在出售商品时，卖方企业与买方企业之间所提供的信用。商业信用的具体表现形式有多种，最基本的两种形式为赊销商品和预付货款，现在还发展为委托代销、分期付款、预付定金和补偿贸易等。商业信用的特点包括：

(1) 客体是以商品形态提供的信用。商业信用是处于生产流通过程中的信用。商业信用是一种直接信用。

(2) 商业信用具有二重性，授信企业与受信企业之间既是买卖关系，又是借贷关系。一个商业信用的发生同时包含两个性质不同的经济行为，即买卖与借贷。比如赊销，卖方企业在出售商品的同时也向买方企业提供了短期信贷。故企业之间不以商品交换为基础的货币借贷行为(信用)并非商业信用。

(3) 商业信用的主体，即商业信用的债权人与债务人，都是工商企业。

(4) 商业信用的动态与产业资本的动态相平行。商业信用的兴衰与经济周期的变化基本一致。因为企业以信用形式购入商品，是用于生产的继续进行。在繁荣时期，企业扩大生产规模，商品供给和需求增加，因此对商业信用的需求也增加；反之，在萧条时期，企业生产萎缩，商品需求不足，因此对商业信用的需求也随之下降。

（二）商业信用的评述

对于买方企业而言，商业信用是解决买方企业流通手段不足的最便利的方式；对于卖方企业而言，商业信用直接为商品流通服务，是促进商品销售，实现资本循环与周转的有力武

器。商品—货币(W—G)是商品的销售环节,销售是商品实现"惊险的跳跃"、企业资金循环周转的关键性环节。因此商业信用的合理运用,有利于推销新产品和滞销产品,减少资金占压。当卖方企业有闲置资金时,该企业可首先考虑向买方提供商业信用;在买方市场条件下,向买方提供商业信用作为优惠的销售条件愈益重要。即使卖方企业无闲置资金,也需要利用商业信用来推销商品。一方面,向买方提供商业信用有利于保持长期的合作关系;另一方面,卖方可通过票据贴现,向银行等金融机构融入资金,实现资金循环的顺利进行。由此可见,银行信用由商业信用引起并为之服务,所以商业信用是银行信用的基础。但商业信用的特点决定了其具有如下缺陷:

(1) 商业信用受到规模和数量上的限制。因为商业信用是由企业之间相互提供,故它不可能超过企业现有的生产能力。一个企业所能提供的用于赊销的商品只能是以现款销售以后剩余的部分。若它用全部商品维持信用,则该企业的再生产将无法延续,故商业信用的每一笔信贷数量十分有限。

(2) 商业信用的提供受到方向上的局限。商业信用所提供的商品大多是生产资料,故信用提供的方向一般是生产或掌握生产资料的部门向需要生产资料的部门,而不能是反向的。

(3) 商业信用的能力有限。商业信用之所以发生,是因为销售商品的企业比较确切地了解需求者的支付能力,因此商业信用只适用于有商品交易往来关系的企业,相互不太了解的企业不易产生商业信用关系。所以商业信用的信用能力受到商品流通的限制。另外,接受和提供商业信用的期限一般为短期,适于短期融资。

(4) 商业信用具有连锁效应,大量使用商业信用形式会形成债权债务链条,一旦某个环节出了问题,可能会波及其他企业。

商业信用的风险在于,一旦债务人到期无法偿还,债权人将蒙受损失,不能完成资金的循环与周转,甚至发生倒闭。所以,在现代市场经济中,尽管商业信用充分发展,成为现代信用制度的基础,但是出于自身存在的局限性,使其不能完全适应现代经济发展的需要。所以在一个高度发达的信用经济社会中,商业信用不可能成为主要的信用形式,更需要另一种信用——银行信用。

二、银行信用(Bank Credit)

银行信用是银行或其他金融机构以存贷款等业务形式对企业和个人提供的以货币形式为主的信用,是当代信用经济的信用主体。从含义看,银行信用具有如下特点:以货币形态提供的信用;债权人是银行等金融机构;债务人是企业和个人。银行信用是在商业信用基础上产生并发展起来的,银行信用克服了商业信用的局限,具有以下优点:

(1) 信用规模不受货币资本数量的限制。银行所动员的资金不仅仅是企业再生产过程中闲置的货币资本,而且包括社会各阶层的货币收入与储蓄以及食利阶层的资本。更重要的是,银行还具有创造信用的功能,即通过创造货币提供信用,使银行在竞争中处于有利地位。因为创造货币的低成本使银行可能以较低的利息提供信用。可见银行信用克服了商业信用在规模和数量上的限制。

（2）银行信用具有广泛的接受性。具体而言，其一，银行信用是以货币形态提供的信用，数量大，不受商品流通范围和方向的限制。其二，一般地，银行是信誉极好的信用机构，它的债务凭证具有广泛的社会接受性，而且能续短为长。理论上银行信用可以提供给任何一家企业，用于任何一个生产部门。任何企业和个人都可以与银行建立借贷关系，可随时得到银行的短期或长期信用支持。这就克服了商业信用在信用方向和信用能力上的局限。其三，银行信用是一种间接信用，具有很大程度的灵活性。从资本类型来看，银行信用贷放出去的资本是以货币形态提供的，不从属于产业资本循环中的商品资本阶段，而是从产业资本循环中独立出来的货币资本。因此银行信用可以克服商业信用的局限性。

（3）银行信用具有比较强的计划性。由于银行信用涉及货币供给，而货币供给对经济生活产生重大影响，故银行信用是国家直接控制的对象，成为计划性很强的信用形式。当然在不同的经济管理体制下，计划的强弱和针对性是不一样的。不能把计划性理解为每笔贷款都由计划来安排。在市场经济条件下，计划性是指政府的宏观调控计划。

尽管银行信用克服了商业信用的缺陷，但这并不意味着银行信用完美无缺，可以替代商业信用。由于银行信用不受规模和数量上的限制，且银行可创造货币。在货币供应对经济影响作用滞后的条件下，各商业银行的竞争可能导致信用规模过大、信用膨胀，引起通货膨胀。

我国银行业受中国人民银行和银监会的监督控制，在一定程度上避免了银行违规操作，规范了银行的经营。由于近年来股份制银行的兴起，加剧了商业银行之间的竞争，银行违规发放贷款从而创造货币的现象屡见不鲜，尤其是银行对于房地产商的扩大贷款，使得房地产业的财务杠杆加大，这也是造成房地产泡沫的一个重要原因。从 2008 年初开始，银监会进一步加强对银行业务的监管，一定程度上使银行信用提升，有助于经济稳定发展。

三、国家信用(National Credit)

国家信用又称政府信用，是指政府借助于举债向社会公众筹集资金以及由此向社会提供贷款。政府受信形式（信用工具）主要是国库券和公债券，这时的债权人是本国公民，包括个人、企事业单位和银行等金融机构，债务人是国家或政府。政府授信方式是贷款，此时债权人和债务人与前面相反。政府信用的作用是：

（1）调剂政府收支不平衡。在国家预算执行过程中，即使在正常情况下，在一个财政年度内，也会发生财政收支不平衡的现象。为了解决财政年度内财政收入与支出的暂时脱节，需借助国家信用发行政府债券予以解决。

（2）弥补财政赤字之需。一般地，当财政支出超过财政收入出现财政赤字时，可有三条途径来缓解赤字，即增税、举债、发行通货。增税不仅立法程序繁杂，而且易引起社会公众的不满;滥发钞票又会导致通货膨胀。故发行政府债券成为弥补财政赤字的重要手段,且自20世纪30年代凯恩斯思想面世以来,赤字政策曾受到各国政府的推崇。

(3) 调节货币流通和经济发展。当经济发展出现衰退时,私人投资常裹足不前。为了解决社会投资和有效需求不足,通过发行公债,增加政府的消费与投资支出,可对经济增长起扩充作用。但如果时机把握不当,可能会产生"挤出效应"(Crowd-out Effect,反凯恩斯主义的观点)。但当经济发展及投资环境改善时,便可引导私人投资支出增长,产生"挤入效应"(Crowd-in Effect)。反之,若流通中货币过多,政府可通过发行债券将吸收的货币暂时储存起来,对过热的经济起抑制作用。国家信用所创造的金融工具为中央银行调节经济和货币流通提供了操作基础。

(4) 为经济发展创造良好的社会条件。政府用举债方式筹集的资金投资于社会基础建设项目,如兴修水利、道路,发展科教、邮电、气象等。

我国自1998年实施积极财政政策以来,通过大量发行国债筹集资金以投入基础设施建设等。近年来国债发行量呈直线上升态势,2007年发行国债23 449.48亿元,达到历年来发行额的顶峰。2008年国债发行额减少,从2008年1月至10月,当年累计发行5 868.1亿元国债。实证研究表明,政府的大量投资特别是在基础设施和垄断性行业中的投资,在短期内确实挤占了私人部门存有获利预期的投资机会,从而降低了企业投资欲望,降低了私人部门短期投资规模,形成了对私人投资的短期"挤出效应"。但是,从长期均衡关系来看,由于政府投资具有对私人部门投资的拉动和连带作用,同时一些投资机会和投资项目向私人部门开放和转移,将逐渐吸引和增加私人部门投资,因此对私人部门投资产生"挤入效应"。

问题与思考:

根据我国发行国债情况,分析我国发行大量国债可能存在挤出和挤入效应的其他证据,以及哪一种效应更明显?

四、消费信用(Consumption Credit)

1. 消费信用概述

消费信用是以居民个人消费为对象,由企业和银行或其他金融机构向消费者个人提供、以满足其消费方面的货币需求的信用。既包括银行等金融机构向消费者个人以货币形式提供的消费贷款,也包括工商企业以赊销、延期付款、分期付款等形式向居民提供的信用,以及用于居民购买耐用消费品如汽车、家具、房地产的信用等。

尽管在前资本主义时期,就有商人向消费者个人用赊销方式出售商品而产生消费信用,但消费信用的真正发展开始于20世纪40年代后半期的西方国家,尤其是在20世纪60年代得到了快速发展。如今,消费信用在西方国家中非常发达,在经济生活中占有相当重要的地位。

2. 消费信用的方式

(1) 分期付款的赊销方式。由商店与顾客签订分期付款合同,然后由商店先交付货物,再由顾客在规定的时间内根据合同要求分期偿付货款。

(2) 消费贷款。由银行或其他金融机构直接向消费者提供用于购买住房、汽车及其他耐用消费品以及教育、旅游等目的的抵押贷款或信用贷款。消费者主要以个人收入作为还款的保证。对一些巨额的长期的消费贷款,如住房贷款,将采取分期偿还的方式,以减轻消费者的还款压力。

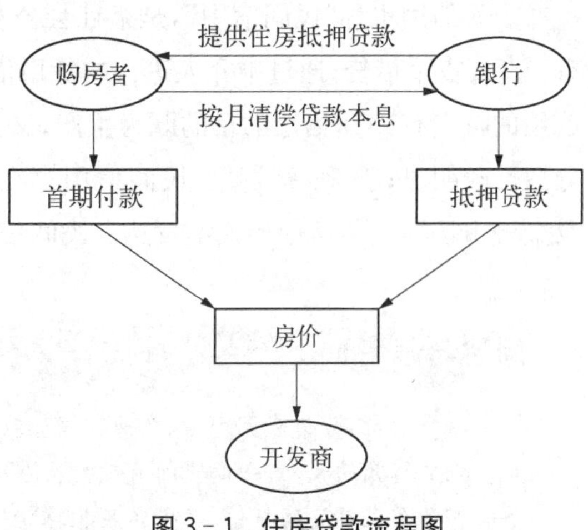

图 3-1 住房贷款流程图

住房贷款是指购房者以新购住房作为抵押物向银行申请一定数额的贷款,在约定的期限内,按月偿还贷款本息(一般都是每月等额偿还贷款本息的方式)。当购房者不能履行债务时,作为抵押物的住房将被拍卖,用以抵偿借款人的债务。

如果按月清偿贷款本息,贷款额为 P,月利率为 r,贷款周期为 n 个月,则期末按等额本息清偿的每月还款额 R:

$$R=\frac{P\cdot r\cdot(1+r)^n}{(1+r)^n-1} \tag{3-1}$$

(3) 信用卡。信用卡是银行或专业公司对具有一定信用的客户所发行的一种信用证书。它规定在一定的使用限额和期限内,持卡人可凭卡在任何接受信用卡支付的单位购买商品或支付劳务服务,再由银行定期向顾客和商店结算。这是由发卡机构和零售商联合起来对消费者提供的一种延期付款的消费信用。

3. 消费信用的作用

消费信用可以提高消费的购买能力,可以刺激消费需求,同时也可以扩大商品流通,促进生产发展。消费信用还可以提高消费者当前的物质文化生活水平。对于一些使用周期长、价格昂贵的耐用消费品及住房等,人们可以利用消费信贷提前购置这些商品,享受这些商品所带来的方便舒适,从而提高生活的质量。然而,消费信用在一定条件下,也会产生一些消极作用。如果消费需求增长过快,而生产扩张能力有限,消费信用则会加剧市场供求紧张状态,促使物价上涨。而对消费者个人而言,过度利用消费信用,则会承担过重的债务,如果没有相应的收入,则会引发个人生活危机。

消费信用近几年来在我国得到很大发展,重点体现在住房贷款上。这和我国住房制度改革、房地产市场发展密切相关。住房贷款使千万家庭圆了住房梦。还有汽车贷款,教育贷款等在我国也开始稳步发展。当然消费信用的发展也应当与经济发展水平相适应，消费信用的过度膨胀会给货币流通带来负面影响，会引起通货膨胀，从而影响正常的经济秩序。因此对消费信用的发放对象、额度及用途都应加以严格控制，以保证对经济发展的积极作用。

五、个人信用(Personal Credit)

个人信用也称“民间信用”，是指社会公众之间以货币形式提供的信用，其主要存在形式有：直接货币借贷；通过中介人进行的货币借贷；以实物为抵押取得借款的“典当”等。民间信用的特点有：① 信用的目的既为生产，又为生活；② 期限较短，规模较有限；③ 自发性和分散性较明显；④ 利率较高。民间信用存在的基础是商品经济的发展和社会贫富不均，以及金融市场与其他信用形式不发达。民间信用是商业信用与银行信用的补充。

问题与思考：

联系实际，分析我国个人、企业、银行、政府的信用状况。相关资料表明，在我国，国有企业是拖欠债款的大户，一度使国有银行存在近 10 万亿元的不良资产，这背后的原因是什么？普通百姓个人之间的拆借，产生的呆账坏账情况怎样？这与自由市场制度有何关联？

第三节　信用的经济功能

一、调节国民经济

信用是调节国民经济、保证国民经济顺利运行的有力杠杆。可以从总量调节与结构调节两方面来考察。

(一) 调节经济总量

完整的国民经济模型应该是四部门经济模型，其中任何两个部门经济的运行同时进行两种循环：实物循环和货币循环。比如由企业和居民构成的两部门模型中，货币循环的路径是，企业向居民支付各种生产要素报酬，居民购买企业生产的各种产品的消费支出。似乎理想的模型是两种支出额相等，经济体系中没有货币漏出。但实际情况是，企业将各种生产要素的报酬支付给居民后，居民只将其中的一部分用于消费，而将另一部分用于储蓄，这样减少了经济体系中的货币循环量。然而当代表储蓄的货币通过信用关系转移至借款者手中用于消费和投资时，上述影响在一定程度上被抵消。

进一步说，每一部门用于消费和投资所花费的货币资金不可能完全与本期的收入相等，必然存在盈余部门和赤字部门。此时，信用关系把盈余部门的盈余货币引向赤字部门，由后者用于消费和投资，使整个经济的货币循环不致萎缩，保证了货币循环的正常运行，保证了国民经济的稳定发展。总之，通过信用关系调节国民经济中的货币供给，使货币供给与货币需求一致，保证了社会总供求的平衡。

（二）调节经济结构

信用是资本集中的有利杠杆，借助于信用，可以加速资本集中和集聚，带动经济增长。随着经济的发展，信用在调整经济结构方面的职能变得更加重要。信用可以通过利率变动和信贷投向的变动，调节需求结构、收入结构，以实现产品结构、产业结构、就业结构乃至经济结构的调整；也可以通过汇率的调整和国际信用关系的发展以调节国际贸易和国际收支从而实现对外经济的协调发展。如我国助学贷款利率只是一般消费信贷利率的一半，有利于刺激教育投资的增长。

二、有效配置经济资源

（一）信用可提高经济总效用

信用渠道的存在，促进了资源（包括消费资源和投资资源）配置效率的提高。不同的家庭和个人对现时消费和未来消费有不同的预期与安排。信用的发展使得那些对现时消费不太重视的家庭，可以把收入的一部分以储蓄的形式，通过信用机构转交给那些重视现时消费而对未来消费预期较小的家庭，实现现时消费和未来消费的转换，使每个家庭都能将消费资源按时间先后进行最佳配置，从而提高消费的总效用。借用两时期模型消费的跨时期预算可以更清楚地说明这一问题。根据家庭跨时期预算的约束方程：

$$C_1 + C_2/(1+R) = Y_1 + Y_2/(1+R) = W(\text{财富}) \qquad (3-2)$$

上式表明消费的现值等于产出的现值。C_1，C_2 为时期1与时期2的消费，表示财富去向；Y_1，Y_2 为时期1与时期2的产出，表示财富来源。(3－2) 式可改写为 $C_2 = Y_2 - (1+R)C_1 + (1+R)Y_1$，它是经过$(Y_1, Y_2)$、斜率为$-(1+R)$的直线，家庭可在这条线上选择消费组合。设消费的效用函数为 $U = U(C_1, C_2)$。某家庭通过信用关系得到的消费效用（无差异曲线为实线）和自给自足时的消费效用（无差异曲线为虚线）如图3－2所示。

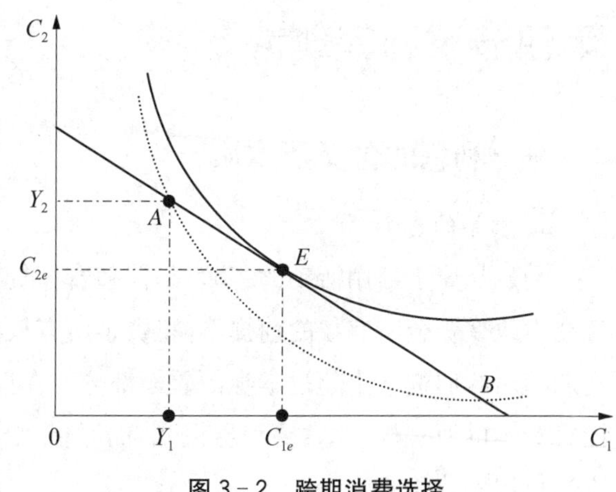

图3－2　跨期消费选择

对于已定的现期收入水平 Y_1 而言，消费 C_1 不仅取决于 Y_1，也取决于未来收入 Y_2，还取决于决定预算约束线的斜率的利率以及决定无差异曲线形状的家庭的特定偏好。图 3－2 表明，若家庭在金融市场上借入或贷出，则其境况要比保持财务孤立(自给自足)时好一些，即效用大些。图中经过 A、B 两点的无差异曲线代表的效用水平均低于利用金融市场借贷所能达到的效用水平(切点 E)，因此信用的存在与发展，使消费资源跨时期重新分配，利用金融资产提高了家庭福利和消费的总效用。

信用还能引导合理消费，改善消费结构。

(二) 信用可促进有效投资规模扩大

社会经济的增长需扩大再生产，这就需追加投资，而投资资金主要来源于银行贷款，贷款规模的扩大又来源于储蓄的增长，因此储蓄是投资的前提。在储蓄转化为投资的过程中，往往需要银行信用的引导与促进。若无信用关系，则会引发以下问题：

(1) 若投资单位仅限于用本身的储蓄扩大投资，则许多企业将会由于规模小而造成内在和外在的双重不经济。

(2) 某一时点，不可能出现每个单位的投资正好等于储蓄，若无信用关系，将导致某些单位投资受阻，而另一些单位资源浪费。

(3) 即使各个单位每个时期的投资都等于本身的储蓄，即无投资受阻和资源浪费。但在无信用关系的条件下，仍无法实现资源的有效配置。因为不同的企业有不同的边际生产力。

综合以上几点，只有通过信用关系把储蓄这一投资权力转交给那些资本边际生产力比较高的单位，才能提高整个社会的生产力水平和资源的配置效率，从而促进有效投资规模的扩张。

第四节　利率理论

一、利息的含义及本质

1. 利息的含义

利息从属于信用活动的范畴，是伴随着借贷活动而产生的。在信用活动中，资金的所有者在不改变资金所有权的前提下，将资金所有权在一定时期内让渡给资金需要者，从而在借贷期满后收回资金中超过本金的差额部分。在借贷过程中，债权人作为资本的所有者，仅仅让渡资本的所有权，并索要利息报酬，而对借入资金者来说，利息是他们取得资金使用权而应当付出的代价。

2. 利息的本质

对于利息的来源和本质，西方经济学有多种解释。古典经济学家配第最先提出利息是一种报酬。此后，洛克和休谟的著作也有所涉及。配第认为贷出货币应该像租出土地一样收取租金——利息，否则货币所有者就不会贷出他的货币，而宁愿用货币来购买土地，然后出租以获得地租。洛克把利息的性质确认为贷款人的报酬，但他认为利息是贷款人因承担了风险而得到的报酬。而自马歇尔开始，对利息的研究则倾向于对利息来源的分析，认为利息是与分配理论相联系的一个范畴，利息是社会总收入的一部分，是资本所有者的报酬。

近现代西方经济学家主要从资本的范畴、人的主观意愿和心理活动等角度研究利息的来源和本质。法国经济学家萨伊首先提出利息的来源是生产的三要素，即资本、劳动力和土地，在生产中它们各自提供了服务，因此，利息、工资和地租便是它们各自服务的报酬。英国古典经济学家纳索·威廉·西尼尔提出"节欲论"。他认为，资本家拥有货币资产，他本来可以用于个人消费，从中得到享乐和满足，但是资本家放弃了个人消费和从中得到的享乐和满足，而利用这些货币资产进行投资，也就是说资本家做出了牺牲(即节欲)，因此利润就是对这种牺牲的报酬。奥地利经济学家欧根·冯·庞巴维克提出"时差利息论"，他认为利润和地租等收入都是利息的不同形态，人们对现在财货(消费品)的评价通常要大于对未来财货(投资品、生产资料和劳动)的评价，这种由于对现在和未来两个时间的主观评价的不同而带来的价值上的差异，就是时差，利息是对价值时差的一种补偿。凯恩斯在批判古典学派利息理论的基础上建立了"流动性偏好论"，认为利息是一种"纯货币现象"，是对人们放弃流动性偏好，即不"实际持有现款"的一种报酬。

二、利率的含义及种类

1. 利率的含义(Interest Rate)

利息率，简称利率，是指在借贷期间的利息与所贷出的本金的比例。利率体现着借贷资本或生息资本增值的程度，是衡量利息量的尺度。用 P 代表本金，I 代表利息，r 代表利率，则利率 r 的计算公式为：

$$r = I/P \tag{3-3}$$

2. 利率的种类

(1) 名义利率(Nominal Interest Rate)与实际利率(Real Interest Rate)

在借贷过程中，物价水平一般会出现波动，从而发生借贷本金和利息实际价值的变化，如果发生通货膨胀，那么货币就会贬值。据此，需要区分名义利率与实际利率。

名义利率，是指没有剔除通货膨胀因素的利率，即包括通货膨胀风险的利率，也就是通常在金融机构挂牌所表述的利率。而实际利率指剔除物价变动，在货币购买力不变条件下的利率。名义利率与实际利率的关系可用以下公式表示：

$$r=(1+i)(1+p)-1 \tag{3-4}$$

其中，i 表示实际利率，r 表示名义利率，p 表示通货膨胀率。由于 i 与 p 都为百分数，其乘积可忽略不计，因此名义利率与实际利率的关系可写成：

$$r=i+p \tag{3-5}$$

由于 p 可能大于、小于或等于 0，实际利率可能小于、大于或等于名义利率，这取决于借贷期内物价上涨、下跌还是不变。如果名义利率不变，借贷期间物价下跌，则实际利率高于名义利率，这对贷方有利而对借方不利；如果名义利率不变，而物价上涨，则对贷方不利而对借方有利；当物价上涨率高于名义利率时，实际利率为负，即贷方没有获得任何实际上的利息收入，反而连本金也没有实际足额收回。

(2) 即期利率(Spot Interest Rate)与远期利率(Forward Interest Rate)

按照观察利率的时间距离现在的远近，可以分为即期利率和远期利率。即期利率是指交易双方签订即期借贷协议或即期票据买卖协议时，所依据的利率。从现在($t=0$)到时间 t，投资者所持有的债权债务工具(也叫金融工具，如债券)的利率就是从 0 到 t 的即期利率。一般指金融工具票面所标明的利率，或购买某金融工具时所获得的折价收益与该工具当前价格(或面值)的比率。投资者购买政府发行的零息债券，一般是以低于票面值的价格买入，债券到期后，持有人可按票面值获得一次性的支付，购入价格的折扣额与购入价格的比率为即期利率。根据零息债券特征，即期利率的计算公式是

$$P_t=\frac{M_t}{1+s_t} \Rightarrow s_t=\frac{M_t-P_t}{P_t} \tag{3-6}$$

P_t 是 t 期零息债券的当前市价，M_t 是到期价值，s_t 是 0 到 t 期的即期利率。由此可知，即期利率是某一给定时点(一般指当前，$t=0$)零息证券的到期收益率。

当投资者以 P_t 的价格购买附息券(类似于一笔价值 P_t 的存款)，若以 s_t 的即期利率计算复利，期限是 t，在债券到期后，债券持有人可以获得连本带利的一次性支付 M_t，则 s_t 的计算公式是：

$$P_t(1+s_t)^t=M_t \Rightarrow s_t=\left(\frac{M_t}{P_t}\right)^{1/t}-1 \tag{3-7}$$

远期利率是现在签约决定的关于将来一段时间内借贷和使用一笔资金所依据的利率。即期利率和远期利率的区别在于计息日起点不同，即期利率的起点在当前时刻，而远期利率的起点在未来某一时刻。例如，当前时刻为 2019 年 12 月 29 日，记为 0 时刻。这一天债券市场上不同剩余期限的所有债券品种的收益率都属于即期利率 s_1。如图 3-3 所示，横轴表示时间(月度)，则 $f_{1,1}$ 就是 0 时刻签订的 1 个月后开始一笔使用期限也是 1 个月的远期利率。$f_{1,2}$ 就是 0 时刻签订的 1 个月后开始一笔使用期限是 2 个月的远期利率。

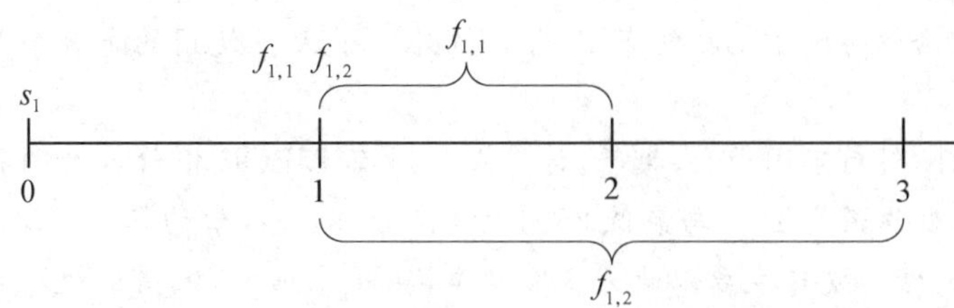

图 3-3 即期利率和远期利率

(3) 固定利率(Fixed Interest Rate)与浮动利率(Floating Interest Rate)

固定利率是指在借贷期内按照借贷时约定的固定不变的利率。这种方式有利于双方准确地计算成本和收益,常用于短期借贷。但是,当借款期限较长或市场利率变化较快时,其变化趋势很难预测,借款人或贷款人可能要承担利率变化的风险,因此对于中长期贷款,借贷双方更乐于选择浮动利率。

浮动利率又称可变利率,是一种在借贷期内可定期调整的利率,根据借贷双方的约定,利率水平可依据某种市场利率进行调整。在实行浮动利率的情况下,借款人在计算借款成本时相对困难,费用也更重。但是借贷双方承担的利率变化风险较小,因此,多用于三年以上的中长期借贷及国际金融市场融资。国际上著名的浮动利率是伦敦同业拆借利率(London Interbank Offered Rate, LIBOR)。中国也有上海银行间同业拆放利率(Shanghai Interbank Offered Rate, SHIBOR)和香港银行间同业拆借利率(Hongkong Interbank Offered Rate, HIBOR)。

(4) 市场利率(Market Interest Rate)与法定利率(Official Interest Rate)

市场利率与法定利率依据利率是否按照市场规律自由变动作为标准进行划分。随市场供求而自由变动的利率为市场利率或自由利率;由政府金融管理部门或者中央银行制定的利率,称为法定利率,也称管制利率或官方利率,它是配合一国宏观经济政策的工具之一,反映了市场的强制力量对利率形成的干涉。

除了以上的利率之外,按照计息的时间分类,可分为年利率、月利率、日利率等;按照时间的长短,可分为短期利率和长期利率。其他分类方法不再赘述。

阅读专栏 3-1 伦敦同业拆借利率(LIBOR)

伦敦同业拆借利率已成为全球贷款方及债券发行人的普遍参考利率。LIBOR 已经作为国际金融市场中大多数浮动利率的基础利率,并成为银行从市场上筹集资金进行转贷的融资成本。

伦敦同业拆借利率由英国银行家联盟(British Bankers' Association, BBA)负责计算和对外发布。贷款协议中议定的 LIBOR 通常是由几家指定的参考银行,在规定的时间(一般是伦敦时间上午 11:00)报价的平均利率。指定的发布机构对平均利率进行必要的调整后，在伦敦时间 12:00 发布 BBA LIBOR。最大量使用的是 3 个月和 6 个月的 LIBOR。

每个交易日，针对不同币种、期限，计算人将所有 LIBOR 报价银行的利率报价从高到低依次排列，剔除最高 25%与最低 25%的报价后，剩余报价的算术平均。

国际贷款或债券发行主要以此为基准利率，在此基础上，根据借款人的信誉和借款期限，加减一定幅度的加息率（加减 spread），如 LIBOR＋0.5%，即为贷款或债券发行利率。

我国对外筹资成本即是在 LIBOR 的基础上加一定百分点。从 LIBOR 演化出来的，还有新加坡银行同业拆放利率（Singapore Interbank Offered Bank，SIOR）、纽约同业拆放利率（New York Interbank Offered Bank，NIBOR）、香港银行间同业拆借利率（HIBOR）、上海银行间同业拆放利率（SHIBOR）等。

LIBOR 定价机制的内在缺陷：

1. 报价不以真实交易为基础。LIBOR 由英国银行家协会选定的 8—16 家银行商定（2011 年 2 月 BBA 将 16 家报价银行扩大到 20 家）。由于有效报价少，每家机构权重高，不同机构联手或同一机构持续打压或抬高报价，很容易对 LIBOR 实际价格产生影响；报价机构没有按报价成交的义务，也会纵容金融机构虚假报价。

2. 金融机构过度追求利润。由于银行投资部门大量持有与 LIBOR 挂钩的金融衍生产品，交易员业绩报酬与 LIBOR 水平密切相关，直接诱发对利率的操纵行为。

3. 监管的缺失。报价机构本应在交易员与报价员间建立防火墙，但部分机构纵容两者交流。LIBOR 报价过程并不在英国《2000 年金融服务和市场法》监管范围之内，监管的缺失令报价机构丧失了自律能力。

2014 年 2 月 1 日，在英国金融行为监管局（Financial Conduct Authority，FCA）的批准下，英国银行家协会正式将 LIBOR 的管理权限移交给洲际交易所（Intercontinental Exchange Inc，ICE）。2017 年 7 月，英国金融行为管理局宣布将从 2021 年起不再强制要求 LIBOR 报价行开展报价，届时 LIBOR 可能不复存在，未来英国将逐步转向基于实际交易数据的英镑隔夜银行间平均利率（SONIA）作为英镑市场基准利率。

阅读专栏 3－2　上海银行间同业拆放利率（SHIBOR）

上海银行间同业拆放利率从 2007 年 1 月 4 日开始正式运行。它是由信用等级较高的银行组成报价团自主报出的人民币同业拆出利率计算确定的算术平均利率，是单利、无担保、批发性利率。对社会公布的 SHIBOR 品种包括隔夜、1 周、2 周、1 个月、3 个月、6 个月、9 个月及 1 年。

SHIBOR 报价银行团现由 18 家商业银行组成。报价银行是公开市场一级交易商或外汇市场做市商，在中国货币市场上人民币交易相对活跃、信息披露比较充分的银行。2012 年，SHIBOR 报价行由 16 家增加至 18 家，并调整了计算方式，由剔除最高、最低各

2 家报价调整为各剔除 4 家，进一步扩大了 SHIBOR 的代表性。SHIBOR 与货币市场发展已经形成了良性互动的格局并在市场化产品定价中得到广泛运用。

一是 SHIBOR 对债券产品定价的指导性持续增强。二是以 SHIBOR 为基准的金融创新产品成交活跃，种类包括利率互换、远期利率协议、同业借款、同业存款和理财产品。三是票据转贴现、回购业务初步建立了以 SHIBOR 为基准的市场化定价机制。四是报价行的内部资金转移价格已经不同程度地与 SHIBOR 结合。金融市场正在形成以 SHIBOR 为基准的定价群，各种利率之间的比价关系日趋合理、清晰。

三、利率的决定理论

市场化条件下的利率决定理论包括古典学派利率决定论、凯恩斯学派利率决定论和新古典学派的可贷资金利率论。

(一) 古典学派利率决定论

古典学派利率决定论也称真实的利率决定论。这种理论在分析利率决定时不考虑货币因素，只考虑实际因子的作用。古典学派基于以下两点来决定市场利率，第一，投资 I 是利率 r 的减函数，投资函数为 $I(r)$；第二，储蓄 S 是利率的增函数 $S(r)$。I、S 和 r 都是真实变量(或称实际变量)。如图 3-4 所示。

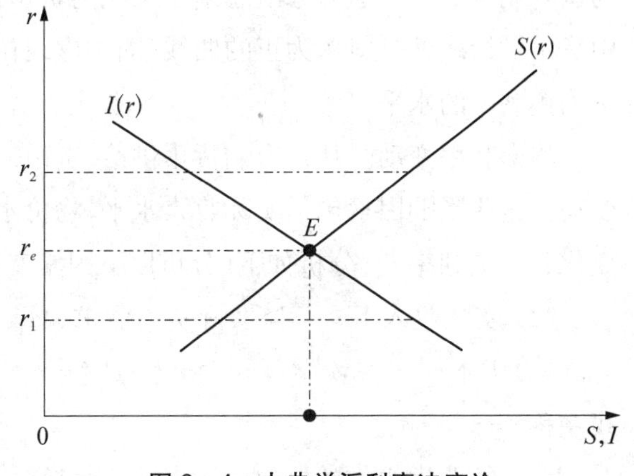

图 3-4　古典学派利率决定论

结论：只要利率是灵活变动的，它就具有自动调节功能——经济不会长期失衡。

(二) 凯恩斯学派利率决定论

凯恩斯的货币供求论认为决定利率是货币因素而非实际因素。货币供给是由中央银行决定，是外生变量。货币需求取决于人们的流动性偏好，当人们的流动性偏好增强则倾向于增加货币持有数量。因此利率是由流动性偏好所决定的货币需求和货币供给共同决定的。凯恩斯的货币交易性需求和预防性需求之和可总称为广义的交易性货币需求，与收入呈正相关，以 L_1 表示：$L_1=kY$，其中 Y 为实际国民收入，k 为交易性货币需求对收入的敏感系数，或称为货币需求的收入半弹性，又称为边际持币倾向。投机性货币需求(用 L_2 表示)只与利率相关，是利率 r 的递减函数。$L_2=L(r)$，如图 3-5 所示：

货币的总需求 $M^d/P=L_1(Y)+L_2(r)$，它是收入的递增函数，是利率的递减函数。凯恩斯认为货币供给 M^s 是中央银行控制的，一定时期可看成常数。图 3-6 展示了货币市场

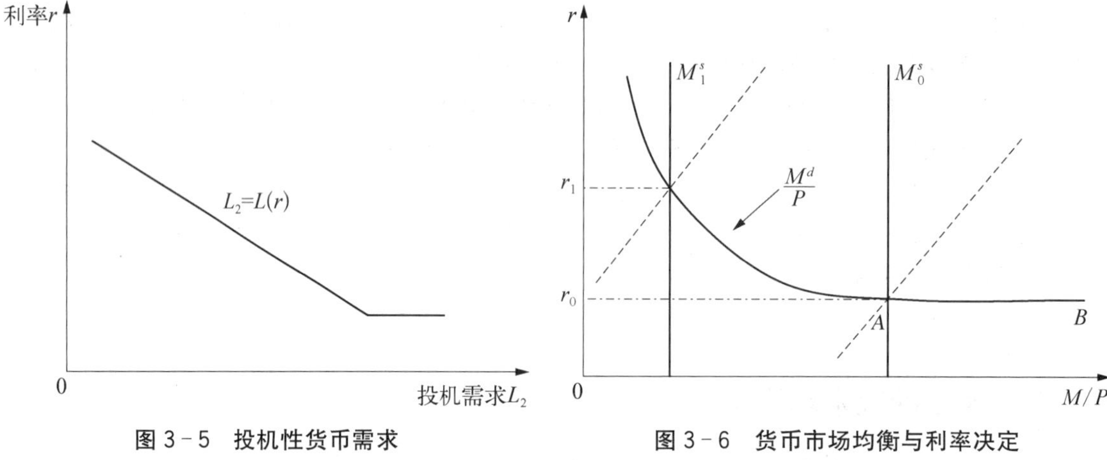

图 3－5　投机性货币需求

图 3－6　货币市场均衡与利率决定

均衡与利率决定。但后来凯恩斯主义认为货币供给 M^s 也是受利率影响的变量，此时图 3－6 中货币供给线就是斜率为正的曲线(图中虚线位置)。货币需求线与货币供给线的交点决定了均衡利率的水平。

均衡利率变动。凡是影响货币供给、货币需求的因素发生了变化，都会引起均衡利率的变动。这些影响因素包括实际收入水平、物价水平 P、名义货币供给 M、预期物价水平 P^e 的变化和名义利率 i。分析如下(分析以下因素变化时，基本前提都假定其他因素保持不变)：

(1) 实际收入↑－－－>实际货币需求(M^d/P)↑－－－>货币需求曲线右移－－－>r↑。

(2) P↑－－－>M^d↑－－－>r↑；P↑－－－>实际货币供给(M/P)↓－－－>货币供给曲线左移－－－>r↑。

(3) 名义货币供给 M↑－－－>实际货币供给(M/P)↑－－－>货币供给求曲线右移－－－>r↓。

(4) 预期物价水平变化。有两条路径可考虑其对利率的影响：① P^e↑－－－>商品需求 AD↑，商品供给 AS↓－－－>整个社会货币需求不确定－－－>r 不确定。② 根据费雪效应：预期实际利率 r^e＝名义利率 i－预期通货膨胀率 π^e；P^e↑－－－>r^e↓－－－>实际货币供给 M^s↑、实际货币需求↓－－－>货币供给曲线右移＋货币需求曲线左移－－－>r↓。

(5) 名义利率 i↑(其他条件不变时，根据费雪效应)：$r^e=i-\pi^e$－－－>r^e↑→实际货币需求 M^d↑＋实际货币供给↓→r↑。

(三) 可贷资金利率理论

可贷资金利率理论是新古典学派的利率理论，是为修正凯恩斯的“流动性偏好”利率理论而提出的。实际上可看成古典利率理论和凯恩斯理论的一种综合。代表人物：剑桥学派的丹尼斯·霍尔姆·罗伯逊，瑞典学派的贝蒂·戈特哈德·俄林(Bertil Gotthard Ohlin)。

可贷资金论综合了前两种利率决定论，既肯定了古典学派考虑储蓄、投资对利率的决定作用,又肯定了凯恩斯关于货币因素对利率的影响。认为利率取决于可贷资金的供求。可贷资金的供给(=债券需求)包括三方面:实际储蓄(公众和政府)、实际资本流入、实际货币供给的增加;可贷资金的需求(=债券供给)也包括三方面:实际投资、政府借款弥补的实际赤字、公众增加实际货币持有而借款或减少存款。

债券的供求曲线如图 3-7 所示。

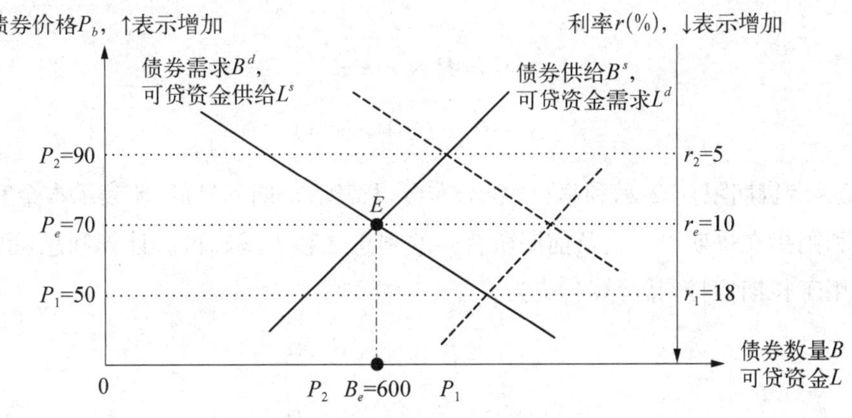

图 3-7 债券的供给与需求

图 3-7 中,债券市场(可贷资金市场)均衡为 E 点,此时债券的均衡价格 P_e 为 70 元,均衡利率 r_e 是 10%,且债券数量(可贷资金数量)B_e 为 600。若某种因素使得债券需求增加,B^d 线右移,则重新均衡时债券价格上升到 $P_2=90$ 元,均衡利率下降到 $r_2=5\%$。若某种因素使得债券供给增加,B^s 线右移,则重新均衡时债券价格下降到 $P_1=50$ 元,均衡利率上升到 $r_1=18\%$。

经约翰·里查德·希克斯、艾尔文·汉森等经济学家的改造可贷资金论转化成了我们熟知的 $IS-LM$ 模型。利率的决定取决于商品市场和货币市场的共同均衡。

均衡利率变动取决于可贷资金供给和需求的变动。我们分析影响可贷资金供求的因素,也就找到影响均衡利率变动的因素了。

影响可贷资金的供给(债券需求 B^d)的因素:

(1) 财富↑———B^d↑———B^d 线右移动--->r↓。

(2) r^e↑(其他资产预期收益↑)———长期债券预期回报率↓———B^d↓--->r↑。

(3) π^e↑———债券预期回报率↓———B^d↓--->r↑。

(4) 债券相对于其他资产的风险↑———B^d↓--->r↑。

(5) 流动性↑———风险↓———B^d↑--->r↓。

影响可贷资金的需求(债券供给 B^s)的因素:

(1) 各种投资机会的预期盈利性↑———可贷资金的 D↑———B^s↑--->r↑。

(2) π^e↑——>$r=i-\pi^e$———借款实际成本↓———可贷资金的 D↑——B^s↑--->r↑。

(3) 政府赤字↑———可贷资金的 D↑———政府出售债券↑———B^s↑--->r↑。

四、利率的计算

1. 单利(Simple Interest)和复利(Compound Interest)

单利和复利是两种不同的计息方式，其中，单利是指每期都按照固定的本金计算利息，其计算公式为

$$I=P\times r\times n \tag{3-8}$$

$$S=P\times(1+r\times n) \tag{3-9}$$

其中，n 表示借贷期限；r 表示利率；P 表示本金；I 表示 n 期利息额；S 表示本金利息之和。

而复利则指在每期以本金及前期所获得的利息之和为基础再次计算利息，也就是"利滚利"，一般用于长期信贷，其计算公式为

$$S=P\ (1+r)^n \tag{3-10}$$

$$I=P\times(1+r)^n-P \tag{3-11}$$

如果一年中计息 m 次，则 n 年的复利后本利和为

$$S=P\times\left(1+\frac{r}{m}\right)^{m\times n} \tag{3-12}$$

当 m 趋向于无穷大时，

$$S=P\times e^{r\times n} \tag{3-13}$$

2. 终值(Future Value)和现值(Present Value)

利息是收益的一般形式，所以任何现在的一笔资金，都可根据利率计算出未来某一时点上的等值金额，这个金额就是前面所说的本金利息之和，也称为"终值"，用公式表达为：

$$FV=P\times(1+r)^n \tag{3-14}$$

其中，P 表示期初投入的资金，r 为利率，n 为期限。

相反，如果我们知道未来某一时点上有一定金额的货币，就可以按照现行利率计算出来要取得这样的金额则现在所必须拥有的本金，即"现值"，用公式表达为：

$$PV=\frac{P}{(1+r)^n} \tag{3-15}$$

其中，P 为期末的资金，r 为利率，n 为期限。

3. 到期收益率(Yield to Maturity)

到期收益是指将证券持有到偿还期所获得的收益，包括到期的全部利息；而到期收益率

则是指使从金融工具上所获得的回报的现值与其今天的价值相等时的贴现率。

一般而言，到期收益率的公式可写成：

$$P=\frac{PMT_1}{1+r}+\frac{PMT_2}{(1+r)^2}+\cdots+\frac{PMT_n}{(1+r)^n}+\frac{F}{(1+r)^n} \tag{3-16}$$

其中，PMT 表示证券各期所付利息；F 表示证券的面值；r 表示到期收益率；n 表示证券的到期期限；P 表示证券在当前的市场价格。

根据第七章金融市场，我们推导了多种金融工具的到期收益率与价格的关系。包括普通贷款、定期定额偿还贷款、息票债券、零息债券、永久债券、股票等，通过对多种信用工具到期收益率的计算，我们可以得出一个重要的结论：当期债券价格与到期收益率呈负相关，即利率下降，债券价格上升；利率上升，则债券价格下降。

五、市场化条件下利率水平的决定

1. 决定利率的主要因素

(1) 平均利润率

当企业从银行和其他金融机构借入资金从事生产经营后，所得到的利润分为两部分，即支付给银行和其他金融机构的利息与企业留下的利润，因此，利息是利润的一部分，平均利润率是决定利率的基本因素。所以在制定利率时，要考虑企业的平均利润率水平。一般来说，平均利润率越高，利率也越高。平均利润率是利率的上限，利率在零与平均利润率之间变动。

(2) 资金供求状况

利率是信贷资金的价格，在市场经济条件下，利率水平主要由资金的供求状况决定。当资金供不应求时，利率会上升；当资金供过于求时，利率会下降。利率的高低反映出资金的供求关系，也能够调节资金供求关系。利率政策是国家调节资金供求的重要手段。

(3) 物价水平

当经济发生通货膨胀时，货币购买力下降，货币就会对内贬值，实际利率则会低于名义利率，则存款人会遭受经济损失，存款积极性受挫。为了维持吸收社会存款的规模，国家在进行调控时，会使名义利率随着物价的上涨而上调。同理，当发生通货紧缩时，国家一般会采取降息的措施以保持经济稳定。由此可见，名义利率与物价一般具有同向变动的趋势。

(4) 国家经济政策

现代市场经济国家的中央银行把调节利率作为调节信用，从而调节经济的一个重要手段。然而，利率政策只是国家经济政策的一个组成部分，应当与其他政策协调配合，制定利率必须以国家经济发展战略作为重要依据。

(5) 国际利率水平

在开放的经济体系中，一国国内市场利率受到国际市场利率的深刻影响，这种影响是通过资金在国际间的流动来实现的。当国际市场利率高于国内利率时，国内货币资本被兑换成外币资本流向国外。相反，当国际市场利率低于国内利率时，国外资本兑换成本币流进国内。不论国内利率水平是高于还是低于国际利率，在资本自由流动的条件下，都会引起国内货币市场上资金供求状况的变动，从而引起国内利率水平的变动。

2. 决定利率水平的其他因素

(1) 经济周期

经济周期表现为危机、萧条、复苏、繁荣四个阶段的往复循环。在危机阶段，由于需求过度，出现信用违约，故利率往往高企，甚至急剧上升，真实资本过剩。在萧条阶段，借贷资本供大于求，导致利率下降，直至降至最低程度。在复苏阶段，企业对借贷资本的需求增长，资本供给也缓慢增加，这样市场利率基本处于一个较低的稳定的水平；由于借贷资本处于相对过剩状态，因此，借贷资本的需求在低利率情况下即可得到满足。在繁荣阶段，随着生产规模的扩大，对借贷资本的需求持续增长，利率迅速上升直到产生过剩供给。

(2) 政策因素

国家的财政政策、货币政策、汇率政策等经济政策的实施会引起利率的变化，其中，以货币政策对利率变动的影响最为直接与明显。中央银行根据经济形势及国家预定的经济目标，通过运用存款准备金政策、再贴现政策、公开市场业务来影响市场利率，达到扩张或紧缩银根的目的。

(3) 税收

利息税是指将利息作为征税对象的一种税收，因此，利息税的征收情况关系着利息大小的偿付，并造成收益结构的变动。一般来说，投资者更注重的是税后利息收入，因而，是否对利息征税对利率的高低有重要影响。

(4) 利率管制

利率管制是一种非市场的因素。利率管制是指由政府有关部门直接制定利率或利率变动的界限，排斥各种经济因素对利率的直接影响。利率管制有其历史的原因，多数发展中国家的利率都是管制利率，这主要是因为发展中国家经济贫困、资金匮乏，实行利率管制可以防止利率过高和通货膨胀，配合全面的经济控制；同时，可引导行业走向，促进经济发展。

六、利率的结构

利率是一个很宽泛的概念，各种不同信用工具的利率因种类、期限的不同而不同。不同种类的资金使用有不同的利率，不同期限的资金使用也有不同的利率。前文主要介绍利率总体变化的决定因素，下文主要是了解各种利率之间的关系，也就是利率的结构。我们分两部分对利率的结构进行讨论：其一是对于相同期限、不同风险的利率之间关系的讨论，即利率的风险结构；其二是对相同风险、不同期限的利率之间关系的讨论，即利率的期限结构。

1. 利率的风险结构(Risk Structure of Interest Rate)

研究期限相同的债券为什么具有不同利率的理论,称为利率的风险结构理论。通过研究发现,违约风险、流动性、所得税这三个因素在利率的风险结构中起着决定性的作用。

(1) 违约风险(Default Risk)

在信用关系中,违约风险是指债务人不能按事先约定,按时足额地向债权人归还本金和支付利息。债券发行者可能存在违约风险,违约风险的高低随发行者的实力和信誉程度变化。对于投资者而言,在同期限和同等收益水平下,愿意购买违约风险最小的债券以保障投资收益的实现。因此,违约风险高的债券,为吸引投资者的购买,应当给予投资者更高的利息收益,以补偿投资者承担的风险。而有违约风险的债券与无违约风险债券的利率差额,称为风险溢价,这就是人们对持有风险债券的额外收益的补偿。由此可以得出结论:在到期期限相同时,具有违约风险的债券的风险溢价总是为正,且风险溢价随违约风险的上升而增加。基本原因是:若普通企业债券或公司债券的违约风险增加时,人们对普通企业或公司债券的需求下降,在其他条件不变的情况下,该债券的价格 Pc 下降,其利率 ic 上升;同时根据投资组合选择理论,此时人们对无风险债券(国债)的需求上升,因而国债的价格 P_T 上升,其利率 i_T 下降。据此逻辑,普通企业或公司债券的违约风险越大,$ic-i_T$ 的利率差就越大。

(2) 流动性(Liquidity)

流动性的强弱也是导致债券收益率差别的一个重要原因。以企业债券和国债为例,前者利率比后者高,除了企业债券比国债的违约风险高之外,也是因为企业债券比国债的流动性弱。国债的交易规模大,违约风险低,价格也相对稳定,因此国债很容易出手而且交易费用低;而企业债券的交易规模小,违约风险高,价格波动大,因而相对较难出手,尤其在紧急情况下,交易费用更高。因此,为吸引投资者购买流动性小的企业债券,应当给予投资者更高的利息收益,以补偿投资者承担的流动性损失。故风险溢价准确地说是"风险与流动性溢价"。

(3) 所得税(Taxation)

所得税是影响实际收益率而造成相同期限的不同债券之间利率差距的重要原因。对于债券持有人而言,税后的收益才是其持有该债券的收益。所以,只有对要征税的债券提高利率进行补偿,才会有人愿意投资该债券,否则人们将投资于实际收益率更高的其他债券。在美国债券市场上,市政债券比国债流动性低,违约风险大,而利率水平比国债高。但是,由于这两种债权的税收政策不一样,国债的利息收入要纳税,市政债券的利息收入享受免交国家和地方税的待遇,所以市政债权的利率比税后的国债利率更高。

总之,违约风险、流动性以及税收政策这三种因素都对期限相同的各种债券之间的利率差异起着决定性作用,这三种因素解释了债券的风险结构。

2. 利率的期限结构(Term Structure of Interest Rate)

利率的期限结构指在风险因素相同的条件下利率与期限之间的变化关系,利率期限结构通常用债券的收益率曲线(Yield Curve)来表示。

收益率曲线是指某一时点上，具有相同风险的债券的收益率与其剩余到期期限之间数量关系的一条曲线，主要有以下三种情形：利率与期限无关；利率是期限的正函数，期限越长(短)，利率越高(低)；利率是期限的反函数，期限延长(缩短)，利率下降(上升)。如图 3－8 所示。也有第四种收益率曲线，即随着期限延长，利率的变化趋势不确定。下面介绍三种期限结构理论：

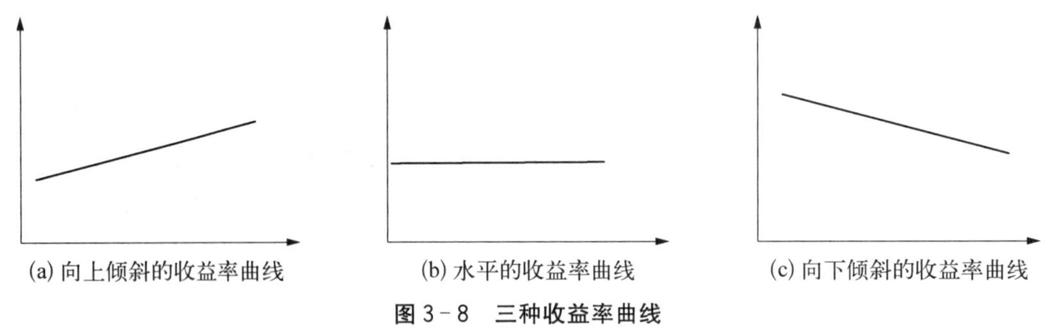

图 3－8　三种收益率曲线

(1) 纯粹预期假说(Pure Expectations Hypothesis)

在纯粹预期假说中，收益曲线与投资者对于远期利率的期望有最简单且最直接的联系，由于长期利率与投资者对将来通货膨胀率的预期紧密相关，纯粹预期假说也可以用来解释很多有趣的经济现象。

纯粹预期假说根据预期短期利率来解释利率的期限结构。依据该假说，若市场限定 2 年期债券的收益，那么这 2 年期债券的收益率大约等于 1 年期债券的收益率加上一年后购买的 1 年期债券的期望收益率。在这个理论框架下，向上倾斜的期限结构表明市场期望短期利率在将来会上升。比如，如果 2 年期的债券收益率高于 1 年期债券的收益率，那么根据纯粹预期假说，投资者预期一年之后的 1 年期债券收益率将会大于现在的 1 年期债券的收益率，这样投资 2 年债券的两种不同方式会取得相同的期望收益。根据此理论，可以求出更长期限债券的利率。例：投资者购买 1 年期债券，到期后再将本息用于购买 1 年期债券；他也可以现在就购买 2 年期债券。设期初 1 年期债券利率是 i_1，预期一年后 1 年期债券年利率为 i_2^e，2 年期债券的年利率 i_2。前一种投资的预期收益率是$(1+i_1)(1+i_2^e)-1$；后一种投资的预期收益率$(1+i_2)^2-1$。由于投资者对债券的期限没有特殊偏好，故均衡时两种策略的预期收益相等。从中可以求得

$$i_2=\sqrt{(1+i_1)(1+i_2^e)}-1\approx\frac{i_1+i_2^e}{2} \tag{3-17}$$

同理，可以推出 n 阶段债券的利率 i_{nt} 为：

$$i_{nt}=\frac{i_t+i_{t+1}^e+i_{t+2}^e+\cdots+i_{t+n-1}^e}{n} \tag{3-18}$$

上标 e 表示相应时段利率的预期值。(3－18)式表明，n 阶段债券的利率＝在该债券 n 阶段中，所有 1 阶段利率预期值的平均。

同样，平坦的期限结构表明投资者预期将来短期利率将保持不变，而往下倾斜的期限结构则表示投资者预期将来短期利率将下降。总结如下：

表 3－1　纯粹预期假说的含义

期限结构的形状	纯粹预期假说所表明的含义
向上倾斜	预期短期利率上升
向下倾斜	预期短期利率下降
水　平	预期短期利率不变

以上解释是纯粹预期假说最概括的含义。

那么纯粹预期假说如何解释向上隆起的收益率曲线？根据这个理论，当投资者预期远期 1 年期的收益率在几年内将会上升，然后再降低，那么收益率曲线将会先向上倾斜再向下倾斜。

表 3－1 所示的关系表明，收益曲线的形状涵盖了投资者对未来通货膨胀的预期。该理论的提出者费雪认为，名义利率是相对稳定的实际利率与预期通货膨胀溢价之和。在这个假说下，如果预期短期利率上升，投资者也预期通货膨胀率上升。向上(下)倾斜的收益曲线意味着投资者预期通货膨胀率上涨(下跌)。

预期理论的政策含义：随时间推移，到期期限不同的债券的利率有同向变动趋势；货币当局除非影响预期，否则它不能影响利率的期限结构；若中央银行想改变长期利率水平而不改变利率的期限结构，且不影响短期利率，则中央银行只需改变短期债券供给(影响短期利率预期)，而不需改变长期债券供给。

纯粹预期假说的不足之处在于，它假定投资不同期限的债券所承受的利率风险以及其他的风险因素对投资者来说是无差异的。

(2) 市场分割理论(Market Segmentation Theory)

市场分割理论的提出者们认为，不同期限的债券市场是相互分割、独立的市场(无替代性)，各种期限债券的利率由该种债券的供求所决定。因此，向上倾斜、向下倾斜或者平坦的收益曲线都是可能出现的。另外，投资者和借款者通常不会离开其偏好的市场而进入另一个市场，即使当期利率显示如果他们转向另一个市场将会获得更高的预期收益，他们也不会那样做。市场分割理论可用来解释任何一种形状的收益曲线。

根据这一理论，当短期资金的供求曲线相交处的利率水平低于长期供求曲线相交处的利率水平时，就会产生向上倾斜的期限结构。反之，当短期资金供求曲线的相交点的利率水平高于长期资金供给曲线的相交点的利率水平时，则会产生向下倾斜的期限结构。市场分割理论的政策含义与预期理论的政策含义有很大差异。根据分割理论，中央银行可以通过改变长期、短期债券的相对供给来改变利率的期限结构，但不能通过单方面改变短期债券供给来影响长期利率。

(3) 流动性偏好假说(Liquid Preference Theory)

流动性偏好理论又称流动性溢价理论。该理论认为,市场参与者希望因持有长期债券的利率风险而得到补偿。也就是说,尽管可能有些投资者持有期限较长的证券,但他们有偏爱短期证券的倾向。期限越长,利率变动带来的价格波动越大,因而投资者希望对这一风险得到补偿。根据流动性偏好假说,利率的期限结构是由对将来即期利率的期望和利率风险溢价决定的,因此也被称为无偏预期理论,是对预期理论的修正。其关键假设是:承认投资者对不同期限债券的偏好不同。到期期限不同的债券可替代,但非完全替代品。投资者更偏好期限较短的债券(这一点与市场分割理论相似),故只有当正的流动性溢价存在时,投资者才愿持有期限长的债券。

故长期债券的利率=长期债券到期前预期短期利率的平均值+随债券供求变动而变动的流动性溢价(或叫风险溢价、期限溢价)。假设投资者持有的是 2 年期债券,则

$$i_2 = \frac{i_1 + i_2^e}{2} + l_2 \tag{3-19}$$

i_1是期初 1 年期债券利率,i_2^e是预期一年后 1 年期债券年利率,i_2为 2 年期债券的年利率。l_2是 2 年期债券的流动性(期限)溢价,$l_2>0$ 且随债券到期日延长而增加。因为利率风险随期限而增加,故风险溢价也随期限而增加。

基于此理论,虽然投资者预期未来短期利率将上升、不变或下降,但是由于风险溢价随着期限而增加,这使得收益曲线很可能只表现为向上倾斜。也就是说,向上倾斜的收益率曲线可能表示未来短期利率将上升、不变或下降。这样,对于向上倾斜的收益率曲线而言,流动性偏好理论本身与未来短期利率的期望值无关。而对向下倾斜或平坦的收益曲线而言,假定流动性偏好理论预测利率的风险溢价随期限增加,那么该理论的结论与预期未来短期利率下降是一致的。

与流动性溢价理论紧密相关的另一种理论称为期限偏好理论(Preferred Habitat Theory)。它假定投资者对某期限的债券有特殊偏好(这一点与市场分割理论相似),但是如果他们认为投资其他类型的债券可以得到更高的收益,他们会改变自己的偏好。只有当其他期限的债券预期回报率足够高,他们才愿意购买其他债券。通常风险厌恶型投资者更偏好短期债券,故只有当长期债券预期回报率足够高,他们才愿持有长期债券。期限偏好论意味着任何一种形状的收益曲线都是可能的。该结论与流动性溢价理论相同,期限偏好理论也同时考虑到对将来即期利率的预期以及风险溢价这两个问题,但与其不同的是,期限偏好理论认为,风险溢价的产生并不必然与到期期限有直接的关系,它是一种额外的收益,具有诱使投资者和借款者转变其期限偏好的功能。因此,风险溢价在不同分割市场中既能起到正的作用也能起到负的作用。

本章小结

BRIEF SUMMARY

• 信用是一种借贷行为，它的存在与发展是债权人与债务人、时间间隔和信用工具三个要素相互作用的有机统一。

• 信用是调节国民经济、保证国民经济顺利运行的有力杠杆。它可调节经济总量和经济结构、有效配置经济资源，可促进有效投资规模扩大，提高经济总效用。

• 信用按产生的主体为标准，可分为商业信用、银行信用、政府信用和个人信用等。商业信用是银行信用的基础，银行信用由商业信用引起并为之服务。银行信用可克服商业信用的缺陷，但银行信用不可替代商业信用。政府信用的作用是：调剂政府收支不平衡、弥补财政赤字、调节货币流通和经济发展，为经济发展创造良好的社会条件。

• 不同(学派)的经济学家对利息的含义及本质的认识有所不同。其计量单位为利率。名义利率是指没有剔除通货膨胀因素的利率，也就是通常在金融机构挂牌所表述的利率。而实际利率指剔除物价变动，在货币购买力不变条件下的利率。而到期收益率则是指使从债务工具上所获得的回报的现值与其今天的价值相等时的贴现率。

• 市场化条件下利率水平由平均利润率、资金供求状况、物价水平等决定。

• 违约风险、流动性以及税收政策这三种因素都对期限相同的各种债券之间的利率差异起着决定性的作用，这三种因素解释了利率的风险结构。利率的期限结构指在风险因素相同的条件下利率与期限之间的变化关系，利率期限结构通常用债券的收益率曲线来表示。

• 市场化条件下利率决定理论包括古典学派利率决定论、凯恩斯学派利率决定论和新古典学派的可贷资金利率论。古典利率理论分析利率决定时不考虑货币因素，只考虑投资、储蓄实际因子的作用；凯恩斯的货币供求论认为决定利率是货币因素而非实际因素；可贷资金利率理论是新古典学派的利率理论，是古典利率理论和凯恩斯理论的一种综合。

• 凯恩斯认为交易性货币需求只与收入相关，是实际收入的增函数；投机性货币需求只与利率相关，是利率 r 的递减函数。凯恩斯认为货币供给 M^s 是中央银行控制的外生变量。货币需求线与货币供给线的交点决定均衡利率水平。但实际收入、物价水平、名义货币供给、预期物价水平和名义利率的变化，都会通过影响货币供给或货币需求而影响均衡利率水平。

• 可贷资金论既肯定了古典学派考虑储蓄、投资对利率的决定作用，又肯定了凯恩斯关于货币因素对利率的影响，认为利率取决于可贷资金的供求。可贷资金的供给就是债券需求，包括实际储蓄、实际资本流入、实际货币供给的增加三方面；可贷资金的需求就是债券供给，包括实际投资、政府借款弥补的实际赤字、公众增加实际货币持有而借款或减少存款这三方面。均衡利率变动取决于可贷资金供给和需求的变动。

• 影响可贷资金的供给(债券需求)的因素有：财富水平、其他资产预期收益率、预期通货膨胀、债券相对于其他资产的风险、流动性等;影响可贷资金的需求(债券供给)的因素有:各种投资机会的预期盈利性、预期通货膨胀、政府赤字等。它们的变化都会引起均衡利率水平的变化。

● 期限相同的债券但利率却不相同的现象,称为利率的风险结构理论。违约风险、流动性、所得税这三个因素在利率的风险结构中起着决定性的作用。

● 利率的期限结构指在风险因素相同的条件下利率与期限之间的变化关系,通常用债券的收益率曲线(Yield Curve)来表示。利率期限结构理论有纯粹预期假说、市场分割理论和流动性偏好假说三种。

复习题

REVIEW QUESTIONS

选择题

1. 假定某商业银行某笔一年期贷款的贷款年利率定为 7%,而当时年通货膨胀率为 2%,按照比较精确的计算方法,该银行放款的实际利率为(　　)。

   A. 4.90%　　B. 4.98%　　C. 5.11%　　D. 5.21%

2. 根据流动性溢价理论,若预期未来短期利率不变,则最可能的收益率曲线是(　　)。(下图横轴代表到期期限,纵轴代表到期收益率)

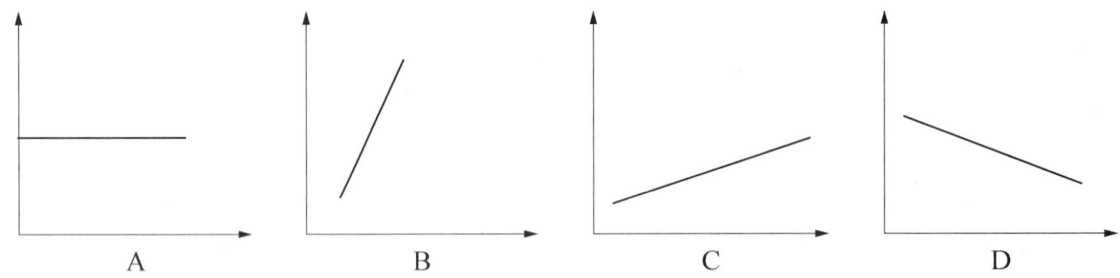

3. 根据可贷资金利率决定论:① 利率取决于可贷资金的供求　② 可贷资金的供给包括实际储蓄、实际资本流入、实际货币供给　③ 可贷资金的供给增加就是债券供给增加　④ 可贷资金的需求包括实际投资、政府借款弥补的实际赤字、公众增加实际货币持有而借款或减少存款　⑤ 可贷资金的需求增加就是债券需求增加　⑥ 社会财富增长导致债券需求增加,从而可贷资金供给增加　⑦ 当政府赤字增加时,为弥补赤字,政府须出售或发行债券,故对可贷资金的需求增加。其中,正确的说法是(　　)。

   A. ①②④⑥⑦　　B. ①③⑤⑥⑦

   C. ①②③④⑤⑥⑦　　D. ①②④⑦

判断与辨析

1. 银行信用比商业信用发达,但不可取代商业信用。 ( )
2. 信用的功能包括优化经济结构,提高经济效率。 ( )
3. 信用关系存在的一大价值是,可以提高资源的配置效率,但对消费而言,通过信贷行为有可能降低效用水平。 ( )
4. 一国信用机制和金融市场越发达,其投资越有效率、家庭福利就会越高。 ( )
5. 企业之间买卖商品时,以货币形态提供的信用是商业信用。 ( )
6. 消费信用既可以采取商品形态,又可以采取货币形态。 ( )
7. 利率的期限结构是指利率与金融资产期限之间的关系,是在一个时点上因期限差异而产生的不同的利率组合。 ( )

基本概念

信用	信用工具	银行信用	商业信用
政府信用	利率与回报率	贴现利率	挤出效应与挤入效应
单利与复利	利息与利率	利率政策	名义利率与实际利率
即期利率与远期利率	市场利率与官方利率	固定利率与浮动利率	收益率曲线
纯粹预期假说	市场分割理论	流动性溢价理论	无违约风险债券
风险溢价	到期收益率		

思考题

1. 学会结合实际理解为什么说银行信用在现代信用体系中起主导作用。
2. 领会信用在市场经济体系中发挥怎样的经济功能。
3. 比较商业信用与银行信用的特点,并说明两者之间的关系。
4. 影响利率的主要因素,利率水平是如何决定的。
5. 理解利息的性质、利率的种类、利息的计算方法。
6. 掌握利率决定理论(古典学派、凯恩斯学派)。
7. 理解利率的风险结构和期限结构。
8. 理解纯粹预期假说、市场分割理论、流动性溢价理论的政策含义。
9. 绘制收益率曲线。
10. 根据可贷资金说,分析决定利率的主要因素。
11. 一种三个月期的美国国库券面值为 1 000 美元,发行时售价为 970 美元,试计算其利率(指年利率)。
12. 预期理论是如何解释利率的期限结构的?如果 1 年期的证券利率为 3%,预期一年之后 1 年期的证券利率为 7%,那么根据预期理论,2 年期的证券利率是多少?

第四章——金融工具及其创新

早期的信用是利用口头承诺的方式进行的，这种口头承诺局限性很大，毁约风险也很大，于是人们通过书面证明来确认双方的信用关系。由于这种书面凭证反映了一定的信用关系，融通了借贷双方的货币余缺，这种书面凭证就是融资工具。融资工具是信用的三要素之一，是金融市场上的交易对象，是记载资金融通关系的书面凭证，也是借贷双方建立信用关系的一种书面凭证，它记载着融资活动的金额、期限、价格（或利息）等，对债权债务双方具有法律约束效力。一般地，它对于发行者来说是一种债务，对于购买者或持有人而言则是一种债权。

实践中，对融资工具有不同的称谓，包括金融商品、金融资产、金融工具、信用工具等。一般而言，不同的称谓有着不同的侧重点："金融商品"侧重于可交易性，"金融资产"侧重于对现金流的要求权，"金融工具"侧重考虑在交易中的中介作用，而"信用工具"则侧重在金融市场中信用中介的作用。本章中就以"金融工具"代称。

第一节　金融工具的特性与分类

一、金融工具的基本特点

（一）期限性(Maturity)

金融工具上一般都注明发行日和到期日，即偿还期限，称之为金融工具的期限性。各种金融工具的性质不同，其偿还期也不同。存在两种极端的情况：最长偿还期的是永久性公债，即英国的统一公债，这种公债由英国政府无限期的支付利息，但政府始终不偿还本金，其期限可视为无穷大。

最短偿还期的是钞票和活期存款，它们是即期的金融工具，可随时兑现。原理上偿还期为零，但实际上持有人从收入钞票和活期存款到使用变现之间总会有一定的时间间隔。在这个期间，持票人即对发行人提供了信用。其他各种金融工具的期限都介于零与无穷大之间。

（二）流动性（Liquidity）

金融工具的流动性是指金融工具在短期内转变为现金而在价值上不受损失的能力，称为变现能力。根据此定义，一种金融工具，它变现所花时间愈短，价值损失愈少，则其流动性愈强。故钞票和活期存款具有完全的流动性。而其他金融工具，或不易变现，或变现时易受价格波动损失，或需花费交易成本，其流动性相应减少。一般说来，金融工具的流动性与其偿还期呈反向变化，而与债务人或发行人的资信程度呈正向变化。金融工具的盈利率高低也是决定流动性大小的重要因素。

（三）安全性（Safety）

安全性是指金融工具的本金和预定收益免于遭受损失的保障程度大小，也可用风险性来表示。风险有三类：

（1）违约风险。债务人不能按期履行合约，不按期还本付息。这类风险的大小取决于债务人的信誉与经营能力，也取决于不同性质的信用形式。比如，同一企业发行的金融工具，债券违约的风险小于股票违约的风险。

（2）市场风险。由于市场利率上升或下降而引起证券的价格下跌或上涨的风险。

（3）购买力风险。由超出预期的高通货膨胀率引起最终偿还的本利的购买力低于投资者在购买金融工具时所预期的购买力的可能性。比如，债务人预计通货膨胀率为8%，因而愿意支付15%的利息以获得资金，但实际上通货膨胀率可能为10%，这时债权人遭受风险损失，而债务人获得风险收益。

（四）收益性（Yield）

收益性指金融工具能够带来价值增值，能为持有人带来一定收入。收益率是指净收益对本金的比率，有很多表示方法，以下是其中三种方法：

（1）名义收益率（Nominal Yield），指金融工具票面上载明的收益率，也称票面收益率。计算公式为：名义收益率＝票面收益/本金。例如，某债券面额100元，票面收益年息6元，则名义年收益率为6%。

（2）即期收益率（Current Yield），或称当期收益率，指金融工具（如证券）按市场价格出售时，票面收益与市场价格的比率。如上述债券可在市场上买卖，某日的市价为96元，则该债券的即期收益率是6.25%（＝6/96）。即期收益率也是名义上的收益率，但比名义收益率更有意义，只是二者均未能反映出债券偿还时的“实际”收益率。[①]

（3）实际收益率，也叫现实收益率（Actual Yield），指信用工具的年平均收益与市场价格的比率。

---

① 这里的“实际”二字之所以加上引号，是因为在大多数计算场合，这个收益仍然是“名义的”（nominal），而非“实际的”（real）。严格说来，它是最终持有到期或持有期结束时，实际发生的收益（actual yield）。

① 持至到期日：年均收益＝票面年收益＋(面额－购入价)/到期期限。如上例，该债券的偿还期限为10年，则该投资者的实际收益率为6.67%[＝(6＋0.4)/96]。

② 持至到期日前任一时间：年均收益＝票面年收益＋(卖价－买价)/持有期限。此处，若不特别说明，市场价格取买卖价的平均值。比如，若该投资者在5年后以98元的价格抛出，则它的实际收益率为6.60%[＝(6＋0.4)/98]。这里的分母通常取买入价和最终卖出价的算术平均值。

对收益率大小的比较要将银行存款利率、通货膨胀率以及其他金融工具的收益率等因素综合起来进行分析，还必须考察风险大小。

二、金融工具的分类

金融工具可以按不同标准进行分类。

按金融工具的流动性(可接受性)可划分为具有完全流动性的金融工具和具有有限流动性的金融工具。前者指的是钞票和活期存款，它们在公众之中已取得普遍接受的资格。后者是指在一定的条件下，可以流通转让被人接受的金融工具，如商业票据、有价凭证、股票、债券等。

按偿还期限的长短可划分为短期金融工具与长期金融工具。短期金融工具指期限在一年以下的信用凭证。如商业票据、银行票据、短期国库券、支票、信用卡等，长期金融工具指期限在一年以上的信用凭证，如公债、股票、抵押契据等。

按金融工具的性质可以分为直接金融工具和间接金融工具。前者是指最后贷款人与最后借款人之间直接进行融资活动时，无须通过第三方信用媒介的直接签署或发行的金融工具，也称“直接证券”。如商业票据、债券、股票和抵押契据等。后者是指最后贷款人与最后借款人之间进行融资活动时，通过第三方金融中介机构所发行和使用的工具，如各种银行票据(钞票、存款、大额可转让存单、银行债券)、人寿保险单和其他金融债券等。

第二节　常见的金融工具

一、商业票据(Commercial Bills)

在商业信用中以信用出售商品的债权人，为了确保债权，往往要掌握一种书面的短期债务凭证，注明债务人按规定期限无条件支付一定金额的义务。这种凭证就是商业票据，分为期票和汇票。

(1) 期票(Promissory Notes)，又叫本票。商业本票又称商业期票，是由债务人向债权人发出的，承诺在一定时期内支付一定款项的债务凭证。它有两个当事人，一是出票人(即债务人),二是收款人(即债权人)。

(2) 汇票(Bill of Exchange, Draft)。商业汇票是由债权人发给债务人,命令他在一定时期内向指定的收款人或持票人支付一定款项的支付命令书。它一般有三个当事人:一是出票人(即债权人),二是付款人(债务人),三是持票人或收款人(债权人或债权人的债权人)。商业汇票必须经过付款人承兑才能生效。承兑是指汇票的付款人在汇票上签名,用以表示到期付款的意愿的行为。凡是由商业企业承兑的称为商业承兑汇票(Commercial Acceptance Bill),凡是由银行承兑的称为银行承兑汇票(Bank's Acceptance Bill)。按付款时间的不同,商业票据分为即期汇票(Sight Bill or Demand Draft)、远期汇票(Time Bill, Usance Bill)。按有无附属单据,汇票分为光票(Clean Bill)和跟单汇票(Documentary Bill)。

商业票据的持有人可用未到期的票据向银行办理贴现。贴现是银行办理放款业务的一种方式。当商业票据的持有人需要现金时,可将未到期的票据卖给银行,银行则按市场贴现率扣除自贴现日至票据到期日的利息后,将票面余额支付给持票人。商业汇票具有抽象性,不可争辩性,流通性和实质经济性(反映真实资本的运动)。

商业票据的另一种含义是指由金融公司或某些信用较高的企业开出的无担保短期票据。其可靠程度依赖于发行企业的信用程度,可以背书转让,但一般不能向银行贴现。商业票据的期限在 9 个月以下,由于其风险较大,利率高于同期银行存款利率,商业票据可以由企业直接发售,也可以由经销商代为发售。但对出票企业信誉审查十分严格。如由经销商发售,则它实际在幕后担保了售给投资者的商业票据,商业票据有时也以折扣的方式发售。这种意义的商业票据按出票人不同可分为银行汇票(Banker's Draft)和商业汇票(Trade Bill)。

二、银行票据(Bank Bills)

银行票据是在银行信用基础上产生的,由银行承担付款义务的信用流通工具,是指由银行签发的汇款凭证。它由银行发出,交由汇款人自带或由银行寄给异地收款人,凭此向指定银行兑取款项。银行本票是由银行签发,也由银行付款的票据,可以代替现金流通。

1. 银行券(Bank Note)

银行券是代替商业票据流通的银行票据,当银行靠吸收外部资金如存款、借款不能满足贴现业务的需要时,就发行银行券来代替私人签发的商业票据,其特点包括:① 典型的银行券是金本位制度下,通过商业票据的贴现而投入流通的,其数量与经济发展客观需求相一致。② 是不定期信用工具,持票人可随时向发行银行兑换黄金。

现代的银行券已退化为纸币,由国家权力作保证。

2. 支票(Cheque)

支票指活期存款的存户通知银行,从其存款账户上支付一定金额给票面指定人或持票人的支付命令书。支票按不同的标准划分为不同的种类。按是否记载受款人姓名，分为记名支票和不记名支票；按支付方式不同分为现金支票、转账支票、保付支票；按支付期限分为即期支票和远期支票；还有旅行支票等。支票是在银行信用基础上产生的，它的付款人是银行，比商业票据有更大的信用保证，因而它的流通范围比较广泛。支票的流通产生了非现金结算，减少了现金流通量，节约了流通费用。

3. 存单

存单是银行向存款人出售的一种债务证书，它每年支付固定的利息，到期按购买价还本。1961 年之前，CD 不可转让。1961 年为了使 CD 更具流动性并使之对投资者更具有吸引力，美国花旗银行（Citibank）发行了第一张大额可转让定期存单（Negotiable Certificates of Deposit，简称 CD）面额一般在 10 万美元以上，可在二级市场转让。详见本章第三节。

三、政府债券（Government Bond）

政府债券的发行主体是政府，可分为中央政府债券和地方政府债券。中央政府发行的债券称为国债，是政府举借债务的凭证，也是政府承担还款责任的债务证书。国债期限有短期、中期和长期之分，分别称为短期国债（Treasury Bills）、中期国债（Treasury Notes）和长期国债（Treasury Bonds）。

1. 公债券（Public Bond）

一年期以上的中央政府债券称为公债券，是国家为弥补财政赤字和筹集公共设施或建设项目资金而发行的。一般有国家公债券和地方政府公债券。前者由中央政府发行，后者由地方政府发行。地方政府债券是地方政府为地方性建设项目筹集资金而发行的债券，一般为中长期债券。公债券大多为中长期公债券，且多为息票债券。

2. 国库券（Treasury Bill）

一般将一年以内的中央政府债券称为国库券，是政府为解决财政收支季节性和临时性的资金需要、调节国库收支而发行的短期融资工具，是国家债券的主体部分和主要表现形式，也是历史最为悠久的一种国债。国库券是流动性很强，安全性很高的信用工具，可以作为中央银行实施货币政策的有效工具。政府为解决急需的财政预算支出，由财政部发行的一种国家债券，一般向居民和企业出售，且为一年内到期的短期债券，属于零息债券，以拍卖打折方式发行，到期按面额偿还。具体参见第七章金融市场。

四、股份制企业证券

1. 股票（Stock）

以股份公司形式组织的企业发给股东以证明其入股金额并借以取得股息的凭证，它代表了股东对企业的所有权。根据对企业控制权和剩余求偿权组合的不同，股票可分为普通股和优先股两个基本类别。

普通股(Common Stock)是股份公司通常发行的股票,持有人即普通股股东是公司的基本股东。普通股的股息红利不固定,与公司利润成同方向变化。普通股股东有权出席股东大会,享有表决权,对公司的大政方针和决策进行控制,其控制权的大小取决于持股的数量。股东享有优先认股权,当公司决定增资配股时,向普通股股东发放认股权证,股东享有按特定价格认购新股的权利,以便维持老股东原有的持股比例和控制能力。在求偿权利方面,普通股股东排在债权人、优先股股东之后。

优先股(Preferred Stock)也代表持股人对公司的所有权,但是股息是固定的,不受公司盈利水平的影响。相对于普通股股东,优先股股东在剩余索取权方面较普通股优先,股息优于普通股发放。在公司破产、改组或解散时,首先清偿所有对外债务,剩余部分则先分给优先股股东,再次分给普通股股东。优先股股东一般没有投票权。

2. 公司债券(Debenture)

公司债券是指股份公司为了追加资本而发行的一种债务凭证。公司对债券做出承诺,在指定时间内按票面规定还本付息。债券持有者与债券发行公司之间为债权债务关系,定期取得利息收入,到期收回本金,没有参与公司管理的权利。

公司债券按照有无担保品分为两类:一类为有抵押公司债券,即发行企业以自己的不动产作抵押,到主管机关办理债券发行手续;另一类是无抵押公司债券,仅凭企业信用发行,为了保障持有者的利益,往往对发行公司规定限制条件,如对发行新债券数量、支付利息、红利的限制,一般只有声誉卓越的公司才能发行。按照是否可以转换,公司债券可分为可转换公司债券和不可转换公司债券。可转换公司债券是指持有人在一定时期内按规定的价格和条件将公司债券换成该发行公司的其他证券。可转换公司债券多转换成公司股票,使得公司债务下降,而资本额随之增加。

表 4-1 商业票据与公司债券的比较

	性　质	发 行 意 图	期限	流动性	票面收益
商业票据	反映真实资本的运动,与真实资本运动相一致	满足商品交易中流通手段不足的需要	短期	强	利率较低
公司债券	并非由于商品交易而产生,它是企业为了扩大生产规模或为了某项开发性建设项目筹集资金而发行,与真实资本的运动不一致	满足商品生产和交换中支付手段不足的需要(可能与商品交易有关,但并不直接服务于商品交易)	中长期	弱	利率较高

商业票据是在商业信用的基础上产生的,反映真实资本的运动,满足商品交易中流通手段不足的需要。公司债券并非由于商品交易而产生(可能与商品交易有关,但并不直接服务于商品交易),它是企业为了扩大生产规模或为了某项开发性建设项目筹集资金而发行的,与真实资本运动不一致。公司债券是为了满足商品生产和商品交换中支付手段不足的需

要。公司债券在发行时往往与金融机构订立契约,委托金融机构代理,以维护持票人的权利,同时也提高了企业的信誉。

表 4-2 公司债券与股票比较

	权限与性质	收　　益	风险	期　　限	清偿顺序
股票	持有者对企业拥有所有权,对决策有投票权	股利随公司利润的变化而变化,两者正相关	大	理论上普通股无到期期限,但股东可以把股票转手	分红付息或企业破产时企业最后清偿股东权益
公司债券	持有者无权干预企业的经营活动	债息固定,但无红利	小	有一定期限	先偿还债券利息

五、金融债券(Financial Bond)

金融债券是银行和其他非银行金融机构为了筹集资金而发行的债券。银行和非银行金融机构可以通过发行金融债券来改变资产负债结构,增加资金来源,相对于存款来说是一种主动负债。金融债券以中长期为主,风险比一般企业债券的风险小,这是因为金融机构具有较高的信用。我国专业银行从 1985 年发行金融债券,我国对非银行金融机构发行债券有比较严格的限制。近年来,我国金融债券的发行机构以政策性银行为主。

第三节　衍生型金融工具

我们把 20 世纪 60 年代以来发生的金融衍生工具,称为创新型信用或金融工具。按照金融创新的动因,我们把创新型金融工具分为规避利率风险的创新、规避汇率风险的创新、运用高新技术的创新、规避管制型创新和迎合理财需要的创新等。

一、规避利率风险的创新

(一) 大额可转让定期存单

大额存单是由商业银行发行的接受存款的凭证。凭证上印有一定的票面金额、存入和到期日以及利率,到期后可按票面金额和规定利率提取全部本利,逾期存款不计息。大额可转让定期存单可流通转让、自由买卖。

大额可转让定期存单于 20 世纪 60 年代初由美国纽约花旗银行创办,它是指按照某一固定期限和一定利率存入银行的资金可在市场上买卖的票证。可转让定期存单的发行和认购方式有两种:批发式是由发行机构拟定发行总额、利率、面额等,预先公布,供投资者认购;零售式则是按照投资者的需要,随时发行、随时认购,利率也可以商议。可转让定期存单的面额较大,由 10 万美元至 100 万美元不等,利率一般高于同期储蓄存款利率,且随时可在二级市场上出售转让，因此，对存户颇具吸引力。

CD的创新方法是复合或混合。CD复合了一般定期存单与流通股的特征，与一般存单相比，具有以下优点：

表4-3　CD与一般定期存款的区别

特点 票据	面额	是否记名挂失	利　率	存款期限	是否流通	三性要求
CD	大，固定	不	固定或浮动	短，3，6，9，12个月不等	是，二级市场活跃	较好
一般定期存款	大小不固定	是	一般固定	短长皆可	不流通	较差

1. 对企业而言，由于CD由银行发行，信誉良好，风险性小，利率高于活期存款，并且可以随时转让融资，不失为集盈利性、安全性和流动性为一体的优质信用工具。

2. 对银行而言，CD的发行手续较简单，发行费用低，吸收的资金数额大，期限稳定，是非常有效的筹资手段，为金融市场筹措资金及民间企业有效运用闲置资金、弥补资金短缺创造了有利条件。

银行发行大额存单主要为了吸引更多的资金，以满足额外的贷款需求。公开发行的可交易大额存单的发行量变动较大，当信贷需求增大或者中央银行采取限制政策时，大额存单发行量可能剧增。大额存单由那些需为大量资金寻找短期投资出路的贷款人所卖，原始购买者大多是公司、货币市场共同基金以及国外投资者。

20世纪70年代以后，美国、日本等国的CD发行量大幅度上升，目前，美日等国CD的利率对短期资金市场利率影响较大，发挥着越来越大的作用。我国大额可转让存单业务发展较晚，第一张CD于1986年问世，最初仅有交通银行和中国银行(Bank of China，BOC)发行。从1989年起，其他银行也相继开办此项业务。由于目前不允许上市交易，缺乏流动性，因此几乎成为变相的定期存款。

(二) 货币市场共同基金(Money Market Mutual Funds，MMMF)

共同基金是指将众多小额投资者的资金聚集起来，交由专门的经理人进行市场运作即投资，赚取收益后按一定的期限和份额进行分配的一种金融工具(现在也包括金融组织形式的含义)。而主要在货币市场上进行运作的共同基金，则称之为货币市场共同基金。

1972年，美国最早出现货币市场共同基金，当时政府出台限制银行存款利率的Q项条例，银行存款对许多投资者的吸引力下降，他们急于为自己的资金寻找新的能够获得不低于货币市场现行收益水平的收益途径。因此货币市场共同基金应运而生。在发达国家，货币市场共同基金在全部基金中所占比重最大。参见第七章金融市场。

（三）浮动利率票据(Floating Interest-rate Note，FIN)

1. 浮动利率票据的含义

浮动利率票据，顾名思义，利率每隔一段时间根据市场利率进行一次调整。美国浮动利率票据的利率水平主要参照 3 个月期限的国债利率，欧洲则主要参照伦敦同业拆借利率(LIBOR，指设在伦敦的银行相互之间短期贷款的利率，该利率被认为是伦敦金融市场利率的基准)。浮动利率债券产生于 1970 年，浮动利率债券自 20 世纪 80 年代以后得到了长足的发展，成为国际资本市场上重要的金融创新，其品种和发行条件也日趋多样化和复杂化，该类债券的发行人多为从事贷款业务的金融机构。

2. 浮动利率票据的特征

首先，浮动利率票据综合了中期银团贷款和长期债券的特点，从而既可为借款者提供长于银团贷款的资金，又可使投资者减少因利率上升而引起的资金贬值风险。FIN 的期限可变，发行人可以是公司或金融机构。证券市场参与者通常认为，浮动利率债券具有将风险平均分配于借款方和贷款方的作用，为双方提供了公平躲避利率变动风险的条件；从市场表现来看，浮动利率债券的市场价格较为平稳，买卖差价较小，债券发行人所负担的利息与 LIBOR 的差额不大，该券的流动性也较高，这充分体现了此种创新性金融工具的作用。

其次，债券利率随市场利率浮动，每隔一段时间根据市场利率进行一次调整。采取浮动利率债券形式可以避免债券的实际收益率与市场收益率之间出现任何重大差异，使发行人的成本和投资者的收益与市场变动趋势相一致。但债券利率的这种浮动性，也使发行人的实际成本和投资者的实际收益事前带有很大的不确定性，从而导致较高的风险。

其他方面的特点：FIN 的发行方式是附息发行，发行时可以有担保，或无担保；利息支付方式可以是定期或到期支付；变现方式：可以在二级市场出售，或定期重置到期日。

（四）可转换债券(Convertible Bond)

1. 可转换债券的含义

可转换债券是指发行人依照法定程序，赋予持有人在一定时间内依据约定条件将其转换成一定数量股票(绝大多数情况下是发行公司的股票)权利的公司债券。可转换债券使用复合的创新方法，取债券和股票的优点，舍两者的缺点，从而吸引投资者。可转换债券起源于美国，1843 年美国纽约伊利铁道公司发行第一张可转换公司债券。我国发行可转换债券的探索始于 20 世纪 90 年代。

2. 可转换债券的特点

可转换债券首先是一种公司债券：既可以是附息票债券，也可以是零息票债券；其发行主体既可以是未上市的股份有限公司，也可以是上市公司。

其次，持有人有行使“转换”的权利，但没有义务。持有人可以在规定的期限内，将债券按规定的转换价格和比率转换为相应公司的普通股,但在持有人不执行转换的权利之前,公司必须按时支付利息,如果可转债到期持有人仍未转换,则公司必须全额偿还本金。本质上讲,可转换债券是在发行公司债券的基础上,附加了一份期权。因此可转债兼具债权、股权和期权的三重特性。

正因为可转换债券具有可转换性,具有债权性、股权性和期权性三重特性,所以可转换债券利率一般低于普通公司债券利率,企业发行可转换债券可以降低筹资成本。

3. 可转换债券与附认股权证债券(Bonds with Warrants)

与可转换债券紧密相关,常被发行人使用的另一种融资工具是附认股权证的债券,两者的区别在于:可转换债券的转换权一旦行使,原可转换债券便不再存在,而是转换成了股票;而对附认股权证债券,认股权证是可以独立交易的,其债券部分不能转换成股票,只能在债券到期日由发行人还本付息,认股权证持有人可在一定期限内行使认股的权利,以现金认股,从而增加发行企业的资本。

随着金融创新发展,可转换债券还包括附认购债券类债券。

(五) 期权(Option)

股票期权于 1973 在美国芝加哥商品交易所(CME)首次交易,现在已经在所有主要的金融市场上被大量交易,标的资产也从最初的股票扩展到现在的股票指数、外汇、债券、商品和期货。

1. 期权的含义

期权,也称选择权,指赋予购买者在规定期限内(在到期日当天,或到期日前任一个工作日)按双方约定的价格(Striking Price, Exercise Price)购买或出售一定数量某种金融商品的权利,或者放弃这种权利的合约。期权合约的购买者称为买权人,合约卖者称为卖权人。

2. 期权的分类

按照权利性质对期权分类,一类是看涨期权(Call Option),也称买入期权,赋予期权买方(即买权人,Call-holder)在未来某一特定时间从权利卖方(即卖权人,Call-writer)手中购买一定数量的某种标的资产的权利。看涨期权的买方还可以在约定时间选择放弃执行这项权利,即不购买标的资产。另一类是看跌期权(Put Option),也称卖出期权,赋予买权人依照约定的价格,在未来某一特定时间向权利卖方出售一定数量某种标的资产权利。看跌期权的买方可以在约定时间选择放弃这项权利,即不出售标的资产。

按照权利执行时间不同分类,期权可分为欧式期权(European Option)和美式期权(American Option)。欧式期权只有在到期日当天决定执行或放弃,到期日之前期权不能被执行;而美式期权可以在到期日前任一个工作日决定执行或放弃。

3. 期权的到期价值及利润

首先,我们通过举例了解期权买卖中双方的考量:

如果一个买权人以如下合约提出：有权在 3 个月之后按 10 元/股买入 1 000 万股，或在 3 个月后放弃该期权合约。买权人在支付一定的期权费(也叫保险费)如 500 万元后，获得这项合约规定的权利。但由于到期日该股票的合约价格与市场上实际价格很可能不一致，因此买权人的选择(执行合约或者放弃合约)也是不同的。

如果 3 个月后该股票市场价格变为 15 元/股，我们来比较买权人不同选择的成本：若执行合约，成本＝1.05 亿元，若放弃合约，成本＝1.55 亿元，因此买权人执行合约。如果 3 个月后该股票市场价格变为 8 元/股，则买权人不同选择的成本变为：若执行合约，成本＝1.05 亿元，若放弃合约，成本＝0.85 亿元，则买权人放弃合约。

如果一个卖权人以如下合约提出：买权人有权在 3 个月之后按 10 元/股卖出 1 000 万股，或在 3 个月后放弃该期权合约。买权人在支付期权费 500 万元后，获得这项合约规定的权利。但由于到期日该股票的合约价格与市场上实际价格也可能不一致，因此买权人的选择(执行合约或者放弃合约)也不同。

如果 3 个月后该股票市场价格变为 15 元/股，则买权人不同的选择的收益：若执行合约，净收益＝0.95 亿元，若放弃合约，净收益＝1.45 亿元，则买权人放弃合约。如果 3 个月后该股票市场价格变为 8 元/股，则买权人不同的选择的收益变为：若执行合约，净收益＝0.95 亿元；若放弃合约，净收益＝0.75 亿元，则买权人执行合约。

由上例可以看出，由于买权人有选择是否执行合约的权利，因此期权合约的到期价值分为两种情况：如果买权人决定执行合约，按照执行价格购买或出售标的资产，那么合约的到期价值就等于市场价与执行价的价差；如果买权人决定不执行合约，那么到期收益为 0。理性的买权人会在这两个决策中选择价值较大者。

$$\text{看涨期权到期收益}\begin{cases}\text{买权人}=\begin{cases}(\text{市场价}-\text{执行价})\times\text{合约数} & (\text{市场价}>\text{执行价})\\ 0 & (\text{市场价}\leqslant\text{执行价})\end{cases}\\ \text{卖权人}=\begin{cases}(\text{执行价}-\text{市场价})\times\text{合约数} & (\text{市场价}>\text{执行价})\\ 0 & (\text{市场价}\leqslant\text{执行价})\end{cases}\end{cases}$$

$$\text{看跌期权到期收益}\begin{cases}\text{买权人}=\begin{cases}(\text{执行价}-\text{市场价})\times\text{合约数} & (\text{市场价}<\text{执行价})\\ 0 & (\text{市场价}\geqslant\text{执行价})\end{cases}\\ \text{卖权人}=\begin{cases}(\text{市场价}-\text{执行价})\times\text{合约数} & (\text{市场价}<\text{执行价})\\ 0 & (\text{市场价}\geqslant\text{执行价})\end{cases}\end{cases}$$

由于期权合约买方要向卖方支付期权费，因此买权人的到期利润为到期收益减去期权费；而卖权人的到期利润为收取的期权费加上合约的到期价值。

$$\text{期权到期利润}\begin{cases}\text{买权人}=\text{到期收益}-\text{期权费}\\ \text{卖权人}=\text{到期收益}+\text{期权费}\end{cases}$$

期权买卖双方的利润曲线如图 4－1 所示：

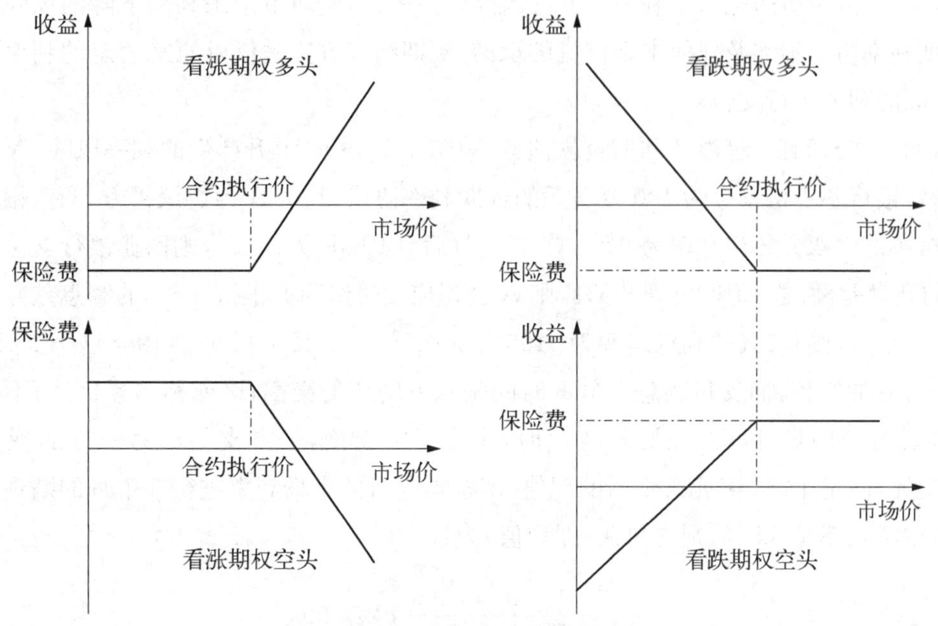

图 4－1 期权合约到期利润曲线

问题与思考：

已知：m 为期权费，Pc 是合约标的产品的单位价格，Q 是合约标的数量，P 是合约标的的市场价格。求：

(1) 看涨期权买权人、卖权人的净收益的函数表达式。

(2) 看跌期权买权人、卖权人的净收益的函数表达式。

4. 股票看涨期权与认股权证(Warrants)

认股权证是附加在公司债务工具上的赋予持有者在某一天或某一期限内按事先约定价格购买该公司一定股票的权利，股票看涨期权与认股权证有以下异同点：① 两者均为权利的象征，持有人可执行，可放弃；② 两者都是可转让的；③ 认股权证是由发行债务工具和股票的公司开出的，而股票看涨期权是由独立的期权卖者开出的；④ 认股权证是由发行公司为改善其债务工具的条件而发行的，获得者无须缴纳额外费用；期权则须购买才可获得；⑤ 有的认股权证是无期限的，但期权必须有到期日。

(六) 远期利率协议(Forward Rate Agreement)

远期利率是资金的远期价格，资金借贷的时间是未来的某个时间，而不是合同订立日。远期利率代表未来某一段确定时间内资金的价格。而远期利率协议是指交易双方约定在未来某段时间内，按照确定的利率水平借贷一定数量的某种货币的协议，远期利率协议的双方当事人中，一方希望防范未来利率上升的风险，另一方希望防范未来利率下降的风险。事实上，远期利率协议不涉及任何本金借贷的承诺，到期结算方法是仅以原来约定的利率与市场利率之间的利差进行支付。

例如，A 公司有一笔浮动利率贷款债务，为防止 LIBOR 上升产生的利率风险，A 公司可以与商业银行签一份本金为 100 万美元的远期利率协议，其中 A 为协议买方，商业银行为协议卖方，协议中双方约定利率为 9%。若三个月后，LIBOR 为 9.5%，则商业银行支付给买方 0.5%的利息差额；若 LIBOR 为 8.5%，则 A 公司应支付给商业银行 0.5%的利息差额。若计息期为 3 个月，则 0.5%的利息差额为：100 万 $\times$0.5% $\times$ 3/12 $=$1 250。由于这个 1 250 美元是 3 个月后的终值，而支付利息差额的时间是双方约定的交割日（或称结算日）而不是远期利率协议的到期日，因此，在履行协议时，本金不需交换，一方支付给另一方的现金不是 1 250 美元，而是 1 250 美元折现后的现值，即根据当时的市场利率进行 3 个月的贴现后的价值。若市场利率是 8.5%，则支付额（即现值）为：

$$\frac{1\ 250}{1+8.5\% \times 3/12}=1\ 223.99$$

（七）互换（Swap）

互换是一种双方约定在未来的某日彼此交换一系列现金流的金融衍生合约。互换合约要界定这段未来的时间，也要指明交易双方向对方进行支付的方式。最初的互换协议在 20 世纪 80 年代出现，之后迅速发展，目前已经成为最成功的场外交易的衍生合约。利率互换和货币互换是两种最基本的互换协议。我们这里只讨论利率互换（Interest Rate Swap）。

利率互换是指交易的一方同意在未来的一定期限内按照某一浮动利率，以一笔确定的名义本金（确定的币种和金额）为基础，支付一系列的利息给对方；同时，交易的另一方在同样的期限内按照事先商定的固定利率在同样的名义本金基础上支付一系列的利息给对方。

利率互换的交易目的是改变债务或者资产的利率安排，也就是将浮动利率改成固定利率，或反之。当预期市场利率上升时，债权人会偏好浮动利率，而债务人则偏好固定利率安排；若预期市场利率下降，则反之。对于长期融资而言，利率的走势不会固定不变，因而融资双方会随着市场条件而调整对利率变动的预期，从而改变对利率安排的偏好。互换协议能满足融资者因市场预期变动而引起的需求，从而规避利率上升或下降带来的风险。

例如，假设中国银行与花旗银行都想在市场上借入 1 000 万美元。中国银行预期利率会降低，因而想要借浮动利率贷款，花旗银行预期利率上升，所以需要固定利率借款。两个银行在借款时面临的利率安排如下：

表 4－4　BOC 与 Citibank 的借款条件

	固 定 利 率	浮 动 利 率
BOC	5%	LIBOR
Citibank	7.5%	LIBOR＋0.5%
借款成本差	2.5%	0.5%

根据表 4－4，BOC 和 Citibank 将面临两个方案来实现自己的融资需求：

(1) BOC 直接借浮动利率，Citibank 直接借固定利率，两者总的融资成本为 LIBOR＋7.5％。

(2) 虽然 BOC 不管选择何种利率安排，贷款成本都比 Citibank 低，但是在固定利率市场下优势更明显，因此若 BOC 选择固定利率贷款，Citibank 选择浮动利率贷款，则两者总融资成本为 LIBOR＋5.5％，比方案(1)低 2％。在此基础上，两者再通过签订互换协议，就可将 BOC 的固定利率换成浮动利率，同时将 Citibank 的浮动利率换成固定利率，满足双方的融资需求。

方案(2)使 BOC 与 Citibank 的整体融资成本下降了 2％，那么在制定互换协议时要考虑如何分配这 2％的收益。假设 BOC 与 Citibank 平分这 2％的收益，并且 BOC 向 Citibank 支付 LIBOR 利率，那么 Citibank 就该向 BOC 支付 6％的固定利率。两者的利率收支情况如图 4－2 和表 4－5 所示。互换之后，BOC 利息净支付为 LIBOR－1％，比方案(1)的融资成本减少 1％；而 Citibank 的利息净支付为 6.5％，比方案(1)的融资成本也降低了 1％。

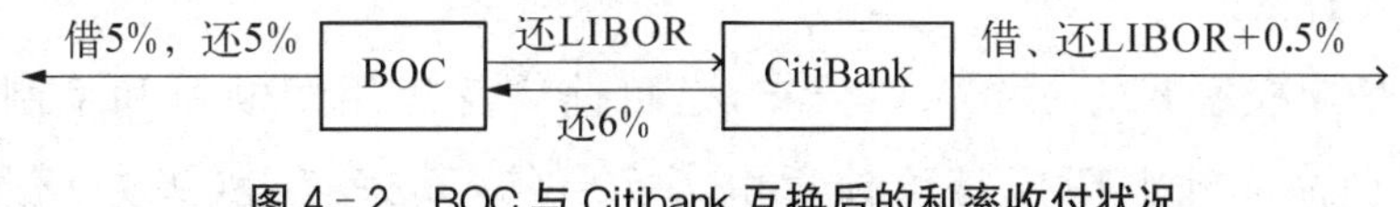

图 4－2　BOC 与 Citibank 互换后的利率收付状况

表 4－5　BOC 和 Citibank 的利率互换

固 定 利 率	浮 动 利 率	固 定 利 率	浮 动 利 率
付 5%	付 LIBOR	付 6%	付 LIBOR＋0.5%
收 6%	直接借 LIBOR	直接借 7.5%	收 LIBOR
盈 1%	盈 0%	盈 1.5%	盈－0.5%
BOC 净盈利 1%		CITI 净盈利 1%	

根据以上分析，可把利率互换总结如下：

(1) 利率互换是遵循比较优势基础上的利益互换。

(2) 借款机构通过利率互换合同锁定利差以规避利率波动风险。

问题与思考：

如何确定互换中双方各自支付对方的利率水平？取决于各自在谈判中的竞争力和话语权。在上文例子中，BOC在互换中须支付浮动利率给Citibank，则支付的最高利率是多少？支付的最低利率是多少？

同样，Citibank在互换中须支付固定利率给BOC，则支付的最高利率是多少？支付的最低利率是多少？

二、规避汇率风险的创新

（一）选择债券

选择债券在欧洲债券市场中很流行，债券的持有人有权按自己的意愿，在指定的时期内，以事先约定的汇率将债券的面值货币转换成其他货币，但是仍按照原货币的利率收取利息。这种债券大大降低了债券持有人的汇率风险。

（二）外币期权

1. 外汇期权的产生

外汇期权产生于20世纪80年代末，当时西方国家外汇市场汇率变幻莫测，美元的价值大起大落。最早的期权产生于1982年美国费城股票交易所，首次开始的交易为英镑期权和马克期权交易，并获得了美国证券交易委员会的批准，这标志着外汇期权交易成为一种正式的金融保值和投资工具。

2. 外汇期权的含义

外汇期权是期权家族的一个重要分支，是目前广泛运用于规避和控制汇率风险的一种外汇衍生产品。外汇期权是一种货币买卖合约，其持有者（买方）有权利而不是义务在合约规定的未来某一时刻或到期之前以约定的汇率用一定数量的某种货币买入或卖出另一种货币。期权持有者（买权人）可以在比较现行市场汇率和协议汇率后选择有利于自己的汇率，从而决定是否执行期权。外汇期权涉及两种货币，其中一种作为标的货币，用来规定合同的单位，并作为执行时的交割物；另一种则为计价货币，即外汇期权的各种价格用该货币报价，包括执行价格、市场汇率和期权本身的价格，因此也称为交易货币。

三、运用高新技术的创新

银行卡是运用高新技术创新的典型，是由银行向存款或资信良好的个人及机构签发的一种支付及信用凭证。获得这种支付或信用凭证的个人或机构，即持卡人，可在银行的营业机构、自助设备等办理存取款、转账等业务，可在指定的特约商户购物或取得服务。银行卡由特种材料制成,卡片较小便于携带,尽管本身并非货币,但可通过电子计算机网络系统或特约商户按照规定程序操作,广泛地用于支付、消费信贷、结算等领域。

(一) 银行卡的功能

1. 消费支付与消费信贷

持卡人凭卡可在特约商户直接购物消费,不需要用现金支付账款,而只要使用银行卡进行支付即可。发卡银行扣减持卡人银行卡账户资金后,将持卡人所支付款项划拨给特约商户。支付结算是银行卡最主要的功能,它能为社会提供最广泛的结算服务,方便持卡人与特约商户之间的购销活动。而消费信贷功能只属于贷记卡,持卡人无须事先在账户中存款,在凭卡支付结算的过程中,即实现了消费信贷功能。

2. 转账结算

持卡人可通过发卡银行约定的卡与卡、卡与账户之间的转账业务,或者在与发卡银行建立合作关系的特约商户如证券公司、基金公司等办理银行卡与对方账户之间的转账结算。目前普遍的银证转账业务,是指发卡银行通过接受证券公司委托,用储蓄卡实现股民储蓄账户与证券保证金账户资金双向实时划转业务的转账结算,这样也就提高了支付效率。

3. 存取现金

吸收公众储蓄与发放贷款一直是商业银行的主要业务之一。具有储蓄功能的借记卡可以帮助银行吸纳更多的存款,并且提高业务效率。银行对持卡人开立的银行卡存款账户,按照活期储蓄存款利率和计息方法计付利息。持卡人凭卡可在发卡银行提供的自动柜员机进行存取款和查询账户余额等。

4. 代收代付

发卡银行利用众多营业网点、网络、人员、借记卡账户管理等优势,为政府、企业、个人提供代理资金结算的代理服务,以代理人的身份为被代理人办理收付委托事项金融服务,从而获取中间业务收入。比如,代发工资是发卡银行网点按照委托单位协议,将单位职工的工资以转账的方式存入营业网点为职工开立的借记卡账户,职工凭借记卡办理存取款、支付和转账结算等业务。发卡银行可以按照煤气、供电、供水等各种行政单位的委托协议,代收、代付、代扣各种费用,通过扣划付款人开立的借记卡账户,以转账的方式划到委托单位账户。在代收代付过程中,银行保留缴费者的信用记录。

5. 综合理财

客户可以根据发卡银行为其提供的综合理财卡账户,凭卡在多个账户之间办理个人转账,办理贷款融资,完成股票、基金、外汇买卖等投资类产品的买卖,从而实现个人资产的保值与增值。

(二) 银行卡的种类

1. 借记卡(Debit Card)

借记卡是指发卡银行所属网点为客户签发的一种多功能的活期储蓄存款凭证和电子支付工具,客户凭储蓄卡可在自动柜员机办理存取款、转账、查询余额、更改密码等业务,可在特约商户购物以及在联网营业网点办理存取款业务。借记卡是指先存款后消费(或取现),没有透支功能的信用卡,其按功能不同又分为转账卡(含储蓄卡)、专用卡及储值卡,其中转账卡是实时扣账的借记卡,具有转账结算、存取现金和消费功能。

2. 贷记卡(Credit Card)和准贷记卡

贷记卡,也是狭义上的信用卡,是指发卡银行给予持卡人一定的信用额度,持卡人可在信用额度内先消费,后还款。贷记卡具有信用消费、转账结算、存取现金等功能。而准贷记卡是指持卡人须先按发卡银行要求,先交存一定金额的备用金,当备用金账户余额不足支付时,可在发卡银行规定的信用额度内透支。

3. 智能卡(Smart Card)

智能卡又称 IC 卡,全称为集成电路卡(Integrated Circuit Card),是由一个或多个集成电路芯片组成,并封装于卡片内。智能卡芯片具有暂时或永久存储数据的能力,其内容可供外部读取,亦可供内部处理和判断。一些智能卡通常也被称为储值卡,其芯片中存有一定的货币余额,每次使用时,所消费的金额将从芯片的内存中扣除。

4. 联名卡和认同卡(Co-branded Card & Affinity Card)

联名卡是商业银行与盈利性机构合作发行的银行卡附属产品,其所依附的银行卡品种必须是发卡银行已经发行的卡产品,并应当遵守相应的业务章程或管理办法。发卡银行和合作单位应当为联名卡持卡人在合作单位用卡提供一定比例的折扣优惠或特殊服务。而商业银行与非营利性机构合作发行的银行卡附属产品则为认同卡。

四、规避管制型创新

(一) 自动转账服务账户(Automatic Transfer Service Account, ATS)

自动转账服务于 1978 年开办,是当时美国商业银行进行的一种创新,其目的是规避不准对活期存款付息的规定。在 ATS 这种业务中,客户应该在银行开立两个账户,分别为储蓄存款(Saving Deposit)和活期存款(Demand Deposit)账户。后者的余额永远是 1 美元。当银行收到储户开出的支票要求付款时,可随即将支付款项从储蓄账户转到活期账户,以进行支付。

自动转账服务作为规避管制的一种金融创新工具,复合了储蓄存款和活期存款的优点,可以保证客户在未使用支票支付款项之前从储蓄存款账户获得相应的利息。当然,享受自动转账服务的存户要向银行支付服务费。

（二）可转让支付命令账户（Negotiable Order of Withdrawal Account，NOW）

可转让支付命令账户由马萨诸塞州的互助储蓄银行于 1972 年推行，其目的是规避不准对储蓄账户使用支票的规定。以支付命令书代替了支票，账户的存款人可以随时开出支付命令书向第三者汇款或者提现，且转账次数没有限制。实际上是一种不使用支票的支票账户。开立这种账户的存户，可以随时开出支付命令书，或直接提现，或直接向第三方支付，账户存款人可以依据储蓄存款的平均余额获取利息收入。账户的开立人以个人和非营利机构为限，营利机构不可开立此账户。可转让支付命令账户复合了支票账户和储蓄存款账户的优点。

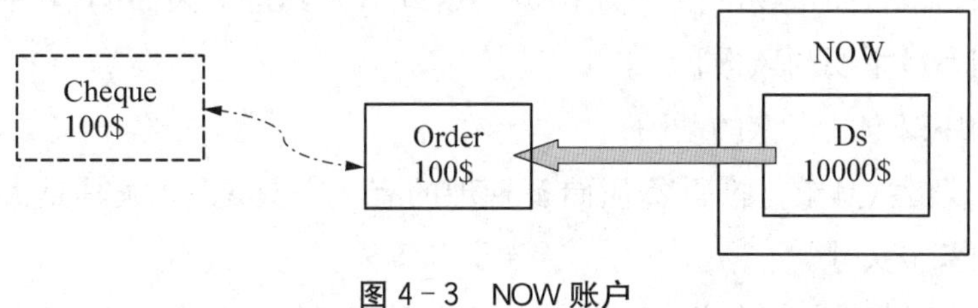

图 4－3　NOW 账户

（三）货币市场共同基金

关于货币市场共同基金，前文已作详细介绍。需要强调的是，货币市场共同基金的推出，主要是针对 Q 条例"限制银行存款利率"这一规定。货币市场共同基金的出现，提高了资金的收益率，规避了利率管制。

（四）货币市场存款账户（Money Market Deposit Accounts，MMDA）

货币市场存款账户，也称货币市场存款基金账户，是一种计息并允许转账的存款账户。这是美国银行于 1982 年兴办的第二种活期存款账户，是美国商业银行为应对来自 MMMF 的竞争而开发出的存款品种。货币市场存款账户可在货币市场基金（Money Market Funds，MMF）、商业银行、储蓄银行、储蓄与贷款协会办理。该账户的存款可以付息，并且不限存户对象。存款人每月可以使用该账户办理六次自动转账或电话转账业务，其中使用支票付款不得超过三次。在规定的限额以上，金融机构按照较高的利率计息，并有浮动空间；存款利息以公布的每日货币市场工具的平均收益率为基础进行计算。MMDA 账户曾经有 2 500 美元的最低余额要求，超过这一金额的存款不受当时仍然存在的利率限制，但是金融机构规定，客户提款时应提前七日通知银行。目前 MMDA 已没有法定最低存款平均余额限制。这种账户同样复合了活期存款与储蓄存款的优点。

（五）回购协议（Repurchase Agreement，RA）

回购协议是商业银行进行短期融资的一种方式，指商业银行在以出售证券的方式取得短期资金融通的同时，与证券的购买商签定协议，约定在一定期限后按原定价格或约定价格购回所卖证券。银行的证券回购属于间接金融工具，于 20 世纪 60 年代开拓。回购协议本质上是一种抵押放款，其抵押品为证券，通常为政府债券。根据 M 条例，银行所融通到的存款必须有相应的存款准备金，而商业银行通过回购协议融通到的资金可以不提缴存款准备金，从而有助于借款实际成本的减少。

银行间回购分为两种：质押式回购和买断式回购。二者的区别主要在于担保方式不同：质押式回购是资金融入方用债券质押给资金融出方作为担保，借款到期后，解除质押；而买断式回购则是资金融入方将债券卖给资金融出方并完成过户，资金到期后，资金融入方再将债券买回来。银行间市场的主流仍是质押式回购，尤其是 7 天回购，其一直是中国金融市场短期拆借利率最主要的风向标。

银行以回购协议方式借款的动因：

(1) 回购协议借款是银行推行负债储备管理的有力工具之一，尤其是大银行更偏好用回购协议调整准备金头寸。

(2) 回购协议所获借款无须提交准备金，这降低了回购协议借款的实际成本。

(3) 由于回购协议下有政府债券等金融资产作担保，资金需求银行所付的利息稍低于同业拆借利率。

(4) 回购协议的期限弹性佳。回购协议的期限虽多为一个营业日，但也有长达几个月的，而且双方可签订连续合同。在协议不产生异议的情况下，协议可自动展期。因此，回购协议为商业银行提供了一种比其他可控制负债工具更容易确定期限的工具。

五、迎合理财需要的创新

货币市场共同基金(MMMF)同时也是迎合理财需要的创新，前文已有详述。除此外，还有现金管理账户(Cash Management Account, CMA)。

现金管理账户于 1977 年由最大投资银行之一的美林证券(Merrill Lynch)公司首创，以阻止其他证券公司的竞争。CMA 将经纪账户、货币市场共同基金、支票账户和信用卡等多种金融功能融为一身，是一种全新的资金管理账户。CMA 突破了传统商业银行的业务，并且，当时的商业银行根据规定只能为储蓄账户提供 5%到 5.5%的利率，而 CMA 却能够给客户带来 12.5%的利率，所以，美林证券公司从零售银行和商业银行手中夺取了数量相当可观的市场份额。现金管理账户中的信用卡可用于日常交易的支出，每月结算时再从共同基金内扣除。CMA 的功能描述如图 4－4 所示。

现金管理账户最大的优点在于其功能的综合性：客户既可以在这个账户上实现证券交易，也可以像一般存款账户那样存取款项，还可以同信用卡公司进行结算，外加支票转账等各种支付功能。该账户的资金规模不固定，客户可随时按照自己的意愿提取资金或进行消费，在这点上又很符合活期存款和开放式基金进退自由的特点，管理人可以采取基金的直接投资形式。在投资服务方面，券商根据客户的风险偏好和资金规模，设计个性化的投资组

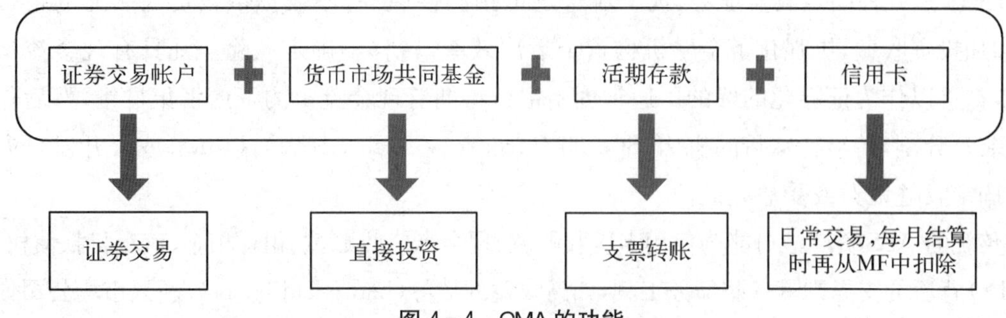

图 4－4　CMA 的功能

合,获取超过银行存款利率的投资收益,从而收取相应的管理费。除了获取专业咨询服务外,客户还可定期(每日、每月)知晓本人的资产状况。

迎合理财需要的创新工具还有很多。比如近年开发的余额宝账户、各大银行开发的许多理财产品等,参见后文的阅读专栏。下面介绍几种:

1. 房地产抵押贷款支持证券(Mortgage-Backed Securities, MBS)

房地产抵押贷款支持证券指发行人将房地产抵押贷款债权汇成一个资产池(Asset Pool),然后以该资产池所产生的现金流为基础发行的证券(主要是定期还本付息的债券)。

证券化融资的基本条件之一是基础资产能够产生可预期的、稳定的现金流。贷款所产生的现金流(包括本息偿还款、提前偿还款等)每个月由负责收取现金流的服务机构在扣除相关费用后,按比例分配给投资者。因此,购房者定期缴纳的月供是偿付 MBS 本息的基础。

2. 资产支持证券(Asset-Backed Security, ABS)

资产支持证券也叫资产担保证券或资产支撑证券。由银行、信用卡公司、其他信用提供者的贷款协议或者应收账款(将来收入产生的现金流)作为担保基础发行的债券或票据;它与 MBS 有所不同。ABS 是以非住房抵押贷款资产为支撑的证券化融资方式,是将房地产抵押贷款债权以外的资产汇成资产池,以该资产池所产生的现金流为基础所发行的证券,它实际上是 MBS 技术在其他资产上的推广和应用。

随着证券化技术的不断发展和证券化市场的不断扩大,ABS 的种类也日趋繁多,证券化资产的范围不断扩展,具体可以细分为以下品种:① 汽车消费贷款、学生贷款证券化;② 商用、农用、医用房产抵押贷款证券化;③ 信用卡应收款证券化;④ 贸易应收款证券化;⑤ 设备租赁费证券化;⑥ 基础设施收费证券化;⑦ 俱乐部会费收入证券化;⑧ 保费收入证券化;⑨ 中小企业贷款支撑证券化;⑩ 知识产权证券化;⑪ 门票收入证券化。

3. 担保债务凭证(Collateralized Debt Obligation, CDO)

担保债务凭证是资产证券化家族中重要的组成部分。它的标的资产通常是信贷资产或债券。这也就衍生出了它按资产分类的重要的两个分支:① 信贷资产的证券化(Collateralised Loan Obligation, CLO)。② 债券的证券化(Collateralised Bond Obligation, CBO),即市场流通债券的再证券化。

CDO是一种固定收益证券，现金流量之可预测性较高，不仅提供投资人多元的投资渠道、增加投资收益，更强化了金融机构资金运用效率，转移不确定风险。凡具有现金流量的资产，都可以作为证券化的标的。通常创始银行将拥有现金流量的资产汇集群组，然后作资产包装及分割，转给特殊目的机构(Special Purpose Vehicle，SPV)，以私募或公开发行方式卖出固定收益证券或受益凭证。

传统的ABS资产池可能为信用卡应收账款、现金卡应收账款、租赁租金、汽车贷款债权等，而CDO背后的支撑则是一些债务工具，如高收益的债券(high-yield bonds)、新兴市场公司债或国家债券(Emerging Market Corporate Debt、Sovereign)、银行贷款或其他次顺位证券，如传统的ABS、住宅抵押贷款证券(Residential Mortgage-Backed Securities，RMBS)及商用不动产抵押贷款证券(Commercial Mortgage-Backed Securities，CMBS)等资产证券化商品。

4. 信用违约互换(Credit Default Swap，CDS)

信用违约互换是在一定期限内，买卖双方就指定的信用事件进行风险转换的一个合约。信用风险保护的买方在合约期限内或在信用事件发生前，定期向信用风险保护的卖方就某个参照实体的信用事件支付费用，以换取信用事件发生后的赔付。CDS是国外债券市场中常见的信用衍生品。

在CDS交易中，违约互换购买者将定期向违约互换出售者支付一定费用(称为信用违约互换点差)，一旦出现信用违约类事件(比如债券主体无法偿付)，违约互换购买者将有权将债券以面值送卖给违约互换出售者，从而有效规避信用风险。由于信用违约互换产品定义简单、易实现标准化，交易简洁，自20世纪90年代以来，该金融产品在国外发达金融市场得到迅速发展。

在债券市场上，投资人购买债券会面临两个风险，一是债券所依附的实体发生了违约，比如破产、债务重组等造成无法在一定时间内支付本金和利息；二是市场基准利率上浮所导致的债券价格的下跌。为了规避风险，解决方式之一是买保险，通过先期缴纳保费来获得事件发生后的补偿。CDS和保险相似，表现在CDS购买者(即购买信用风险保护的一方)在参照实体的信用风险发生后可获得赔付。但在实践中，两者有很大差别。在监管要求上，CDS的监管比保险业弱；在参照标的物方面，CDS可以游离在标的物之外，即是说信用风险保护买方不需要持有参照债券就可以对CDS进行交易。以车险为例，事故发生后，获得赔付的车险投保人对报废汽车的车价并不关心，而CDS信用事件发生后，参照债券的价格仍然是CDS购买者所关心的。

阅读专栏4-1　中国工商银行“利添利”账户理财业务

中国工商银行创设的“利添利”账户服务简介

“利添利”账户理财业务是通过将客户的活期储蓄存款与货币市场、短债等低风险基金联接，为客户进行有效的现金管理和投资管理。如图所示。

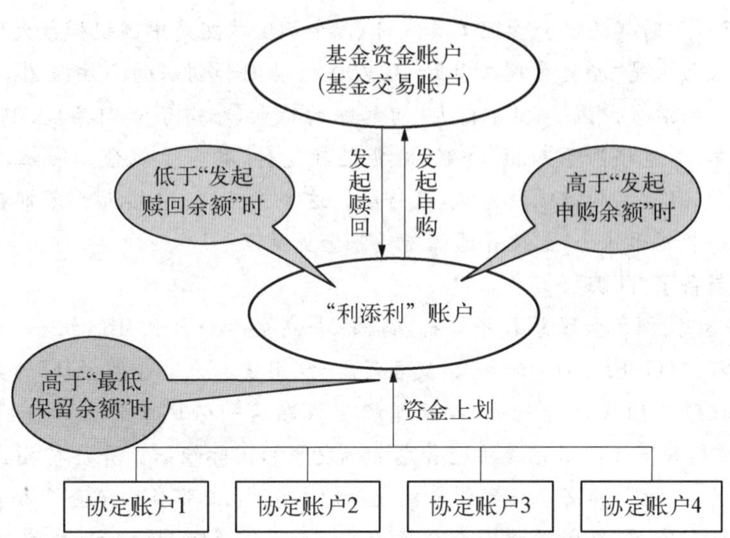

一方面,“利添利”账户理财业务将客户的多个活期账户的闲置资金自动申购客户指定的货币市场、短债基金,预计可获得超过活期储蓄利息的投资收入,实现闲置资金的有效增值。另一方面,当客户的活期账户需要资金时,“利添利”账户理财业务可以自动赎回货币市场、短债基金,保证客户资金的及时使用,便捷现金的管理。

1. 客户可对“利添利”账户设定“发起申购余额”和“发起赎回余额”,分别用于判断账户何时发起申购和赎回申请。当“利添利”账户的可用余额高于“发起申购余额”时,则将多出金额转入基金资金账户保留后,于次日(工作日)申购指定的基金产品;当“利添利”账户的可用余额低于“发起赎回余额”时,则发起赎回申请,赎回份额(以 1.00 元基金单位净值计算)补足到“发起申购余额”。

2. 客户若想将更多活期账户里的闲置资金获得更高收益,可以在签订“利添利”理财协议时,签订协定转账账户(最多不能超过 4 个)。对于协定账户 1—4,客户可以分别设置“最低保留余额”,当协定转账账户余额高于“最低保留余额”时,则将多出金额转入“利添利”账户中,通过“利添利”账户,触发申购。

3. “利添利”账户及协定账户 1—4,均为客户的活期储蓄账户。客户可以将其名下的任意活期账户指定为“利添利”账户和协定账户。

(资料来源:根据中国工商银行官方网站资料整理)

阅读专栏 4-2　余额宝和工银聚富

余额宝是蚂蚁金服旗下的余额增值服务和活期资金管理服务产品,于 2013 年 6 月推出。天弘基金是余额宝的基金管理人。

余额宝对接的是天弘基金旗下的余额宝货币基金,特点是操作简便、低门槛、零手续费、可随取随用。除理财功能外,余额宝还可直接用于购物、转账、缴费还款等消费支付，是移动互联网时代的现金管理工具。目前，余额宝依然是中国规模最大的货币基金。

定位—余额宝是“现金管理工具”。从创新的动因和创新的方法来看，余额宝更是多种金融工具的混合。第一，随取随用、可转账的特点，相当于活期存款，但收益远高于活期存款。第二，直接用于购物、转账、缴费还款支付，相当于现金。第三，收益高于一年期定期存款，且收益相对比较稳定，风险小。这个意义上，它接近于定期存款。第四，它实际上是一款货币基金，但比普通的货币基金更灵活。

余额宝具备了“品牌”

2016 年 3 月，蚂蚁金服总裁井贤栋在全球普惠金融合作伙伴组织——全球普惠金融合作伙伴组织(GPFI)2016 峰会上，发表了名为“用技术推进普惠金融”的主题演讲，分享了蚂蚁金服眼中的普惠金融观，以及蚂蚁金服在这一领域所作出的探索和成果，而 GPFI 是 G20 框架下专门研究和推进普惠金融发展的国际组织。井贤栋指出，蚂蚁金服之所以命名为“蚂蚁”，其寓意正契合普惠金融的本义，就是服务小微企业和普通人。

从支付宝起家，蚂蚁金服旗下至今已有支付宝、余额宝、招财宝、蚂蚁聚宝、网商银行、蚂蚁花呗、芝麻信用、蚂蚁金融云、蚂蚁达客等子业务板块。目前，支付宝的年活跃用户 4.5 亿，每笔支付交易的成本低至 0.02 元；余额宝服务 2.5 亿用户，为用户带来了 500 多亿元人民币的收益；基于数据的征信放贷系统，服务了 260 万小微企业，累计发放了 6 000 多亿元人民币的贷款。

以余额宝为例，根据蚂蚁金服公布的数据显示：2016 春节红包活动期间，余额宝转入用户与上一年同期相比增长了 44%，转入金额同比上年增长 60%。从地域上看，2016 年春节期间余额宝城市用户数同比增长了 43%，而农村地区比城市高出 11 个百分点，为 54%。三线、四线、五线城市的该数据分别达到 45%、59%、61%。河南省、贵州省、甘肃省、山西省、四川省、江西省 6 个省份同比增长均超过 60%，共有 15 个省份同比增长超过 50%。这大大打破了互联网金融的“尝鲜者”主要集中在一、二线城市的旧印象；而与城市相比，农村地区同比增幅更高，践行普惠金融这一目标得到进一步纵深发展。打破城乡鸿沟，越来越多人通过余额宝可以追求到“稳稳的幸福”。

余额宝的几次“变脸”

由于基金规模增长太快，2017 年 12 月 7 日，天弘基金宣布，将余额宝单日申购额度调整为 2 万元，即对于投资者个人交易账户单日累计超过 2 万元的申购申请将不予受理，该措施于 2017 年 12 月 8 日零时起实施。

2018 年 1 月 31 日，支付宝发布《余额自动转入余额宝暂停公告》，2 月 1 日起取消自动转入功能，且设置余额宝每日申购总量，当天购完为止。

2018 年 5 月 3 日晚，支付宝官方发布消息，正在进行余额宝的分流和体验升级，从 5 月 4 日起，部分用户能在余额宝里看到升级入口，升级后就可享受随时买、随时用的余额宝服务。本次余额宝升级将新接入 2 只货币基金，分别是中欧基金公司旗下的“博时现金收益货币 A”、“中欧滚钱宝货币 A”。加上天宏基金，买余额宝就有 3 个选择了。升级前，余额宝＝天弘余额宝货币；升级后，余额宝＝天弘余额宝货币＋博时现金收益货币 A＋中欧滚钱宝货币 A。

银行业的同质竞争

起初余额宝基金收益远远大于银行存款，甚至是一年期银行存款利率的2倍以上。因此吸收了大量的限制资金，特别是一些存户会将银行存款转入余额宝账户获取更高收益，使银行的客户资源遭到不小损失。基于此，各大商业银行也纷纷设立新的收益较高的"理财产品"，以应对余额宝的资金竞争。中国工商银行于2014年9月推出号称"让您躺着都挣钱的'工银聚富'"产品。由中国工商银行与工银瑞信基金合作开发，投资于工银瑞信货币基金的一款低风险、高流动性的账户管理服务。由于购买赎回均无费用、实时到账（不分节假日），因而一度被看成比余额宝还贴心的理财产品。

"工银聚富"是创新型现金管理类投资理财产品，具有投资门槛低、滚动复利、极速赎回等特点：T+0。

申购门槛低：1元起购、T+0实时到账的货币基金产品。

赎回瞬间到账：支持7×24小时资金随时赎回，瞬间到账，基本不受额度限制。

滚动复利：投资收益自动转为基金份额，实现滚动投资。

资金安全：主要对接投资工银瑞信货币基金，风险较低。

收益优势明显：2018年这个产品的七日年化收益率在4.0%，超越市场同类平均0.4%。因此，坊间传"账户管理用'聚富'，炒股理财两不误"。

渠道便利：登录"个人网银——分行特色"，或"手机银行——惠生活——本地服务"可以查看、购买本产品。

"工银聚富"将货币基金代销业务与赎回资金实时到账服务相结合，风险较低，兼顾资金收益性与流动性，有利于个人基础客户群体规模扩大，增加该行储蓄存款。

同样面临调整或"瘦身"

2018年5月，"工银聚富"货币基金被中国工商银行上海市分行暂停销售。T+0货币基金或面临"瘦身"。中国工商银行仅有"工银聚富"这一款货币基金产品，据中国工商银行上海地区网点透露，"工银聚富"已经达到200亿元的规模上限，同时由于工银瑞信基金管理有限公司系统升级，"工银聚富"暂停销售。但为满足客户需求，自2018年8月1日起恢复"工银聚富"购买服务。但需符合以下条件：

(1) 每次购买后，持有余额不超过10万元人民币。(2) 2018年8月1日前已经持有的余额，仍可继续持有，相关权益不受影响；但追加购买时仍需符合第1条的金额限制。

根据中国证监会、中国人民银行《关于进一步规范货币市场基金互联网销售、赎回相关服务的指导意见》规定，"工银聚富"服务于2018年6月25日发布调整后的服务协议，并自2018年6月26日15点起正式生效。主要交易规则调整内容如下：

(1) "快速取现"单户单日金额上限1万元，资金实时到账；"普通取现"资金次日到账。(2) 每个自然月度末的"月度清算"期间，"工银聚富"份额不享受工银瑞信货币市场基金的收益。

（资料来源：根据余额宝、天弘基金官方网站、中国工商银行官方网站资料整理）

本章小结

BRIEF SUMMARY

● 金融工具具有期限性、流动性、安全性和收益性等特征。可分为直接金融工具和间接金融工具。前者是指最后贷款人与最后借款人之间直接进行融资活动所使用的工具。后者是指金融工具在最后贷款人与最后借款人之间充当媒介进行间接融资活动所使用的工具。

● 按照发行主体不同，金融工具分为商业票据、银行票据、政府债券、股份制企业证券和金融债券等。

● 创新型金融工具分为规避利率风险的创新、规避汇率风险的创新、运用高新技术的创新、规避管制型创新、迎合理财需要的创新等。

● 规避利率风险的创新型金融工具有 CD、MMMF、可转换债券、浮动利率票据、期权、远期利率协议、利率互换等。

● 规避管制型创新金融工具有 ATS、NOW、MMMF、MMDA 和回购协议等。

● 迎合理财需要的创新金融工具有 CMA、余额宝账户、MBS、ABS、CDO、CDS 等。

复习题

REVIEW QUESTIONS

选择题

1. 可转让定期存单是由商业银行发行的，其特点是(　　)。

A. 面额一般不固定　　B. 不记名

C. 期限一般在一年左右　　D. 面额较小，可转让

2. 某证券的面值为 50 万美元，期限为 90 天，票面年利率为 5%。如果某投资者在该证券发行 30 天后以 50.20 万美元的价格买入，并持有至到期日。则该证券的现实收益率(或称实际收益率)(一年按 360 天计算)(　　)。

A. 大于 6%　　B. 小于 5%但大于 4%

C. 大于 5%　　D. 小于 4%

3. 20 世纪 60 年代以来，商业银行在资产、负债以及中间业务等方面都有所创新，下列不属于负债创新的是(　　)。

A. NOW 账户　　B. ATS 账户　　C. CD　　D. 票据便利发行

4. 在出售证券时与购买者约定到期买回证券的方式称为(　　)。

A. 证券发行　　B. 证券承销　　C. 逆回购交易　　D. 回购协议

5. 是否行使期权合约所赋予的权利，是(　　)的选择。

A. 买权人　　B. 卖权人　　C. 交易所　　D. 空头方

6. 下列关于投资基金的特点，正确的是(　　)。

A. 专家理财　　B. 投资组合　　C. 规模经营　　D. 收益率高

E. 服务专业化

7. 某债券面额 100 元，票面收益年息 6 元，债券的偿还期限为 10 年。其发行价为 96 元，设其名义年收益率为 ic，发行日的即期收益率是 ip，如果投资者持有至到期日时的实际发生的收益率(也称实际收益率)是 ia，则(　　)。

A. ic＜ip＜ia　　B. ic＜ia＜ip　　C. ia＜ ic＜ip　　D. ip＜ia＜ ic

8. 关于信用工具(金融商品)创新，描述正确的是(　　)。

A. ATS、远期利率协议和浮动利率票据属于规避利率风险的创新

B. NOW、远期利率协议和回购协议属于规避政府管制的创新

C. MMDA、MMMF 和回购协议属于规避管制型的创新

D. 中国工商银行的“利添利”账户、现金管理账户和利率互换属于迎合理财需要的创新

9. 关于期权交易，错误的描述是(　　)。

A. 某证券的欧式看涨期权合约价为 18.1 元/股，到期时市场价格为 17.0 元/股，则买权人放弃合约执行权

B. 美式期权的期权费率一般比欧式期权贵

C. 看跌期权的卖权人的收益是有限的，但其亏损可能非常大

D. 2019 年 12 月 2 日某股票的美式看涨期权合约价为 9.08 元/股，到期日为 2020 年 1 月 6 日。2019 年 12 月 18 日市场价格为 10.02 元，则买权人于 12 月 18 日当天执行合约

10. 甲公司预期利率下降，需浮动利率借款；乙公司预期利率上升，需固定利率借款。已知他们各自从金融市场借款时能够获得的固定和浮动利率借款条件如表所示。若双方须签订利率互换协议，则正确的说法是(　　)。

	固定利率	浮动利率
甲	6%	LIBOR＋2%
乙	8%	LIBOR＋2.5%

A. 甲借得的固定利率借款与乙借得的浮动利率借款进行利率互换

B. 甲借得的浮动利率借款与乙借得的固定利率借款进行利率互换

C. 乙在两类借款中都处于绝对劣势，所以无法进行互换

D. 甲在两类借款中都处于绝对优势，若进行利率互换，则甲处于主导地位

11. 题干同第 10 题。假设双方签订利率互换协议时，乙支付给甲的协议利率水平为 7%，甲支付给乙的协议利率水平是 LIBOR＋2.5%。不考虑互换的“交易成本”，则甲乙在这项利率互换中获得的净收益(或节省的利率成本)分别为(　　)。

A. 0.5%、0.5%　　B. 0.5%、1%　　C. 1%、0.5%　　D. 1.5%、1%

12. 题干同第10题。假设双方签订利率互换协议时，甲支付给乙的利率水平是LIBOR+1.5%，不考虑互换的"交易成本"，则乙支付给甲的最高利率、最低利率水平分别是（　　）。

A. 7%、6%　　B. 8%、6%　　C. 8%、5.5%　　D. 7%、5.5%

13. 股票和债券的主要区别是（　　）。

A. 收益率不同

B. 债券是一种债权凭证，股票是一种所有权凭证

C. 债券无红利，股票有红利

D. 债券到期还本付息，股票无偿还期

14. 国库券的利率很低，其原因主要有（　　）。

A. 国库券由国家发行，没有信用风险

B. 流动性强，容易在金融市场上转让

C. 发行方式独特，先按面值折扣发行，到期按面值兑现

D. 利息收入不需缴税

15. 股份公司发行股票的主要目的不是（　　）。

A. 筹集建设资金，作为公司的资本基础

B. 通过增资来充实自身的资本或改善财务状况

C. 通过增加股东人数，形成稳定的股东群体，使企业更加稳定

D. 收购其他公司

16. 普通股股东享有的权利不包括（　　）。

A. 企业日常经营管理权　　B. 股票转让权

C. 红利分配权　　D. 任命总经理

17. 我国社会公众的余额宝账户中的余额属于货币哪一个层次（　　）。

A. 属于M0

B. 属于M1

C. 属于M2

D. 从其流动性看靠近M1，但从其收益性看靠近M2

18. 下列哪种不属于广义货币总量M2？（　　）

A. 通货　　B. 货币市场存款账户

C. 隔夜回购协议　　D. 公司债券

19. 对金融创新的动因的总结有：① 规避利率风险　② 规避汇率风险　③ 高新技术推动　④ 规避管制　⑤ 迎合理财需要　⑥ 创造流动性的需要。正确的是（　　）。

A. ①②③④⑤　　B. ①②③④⑤⑥

C. ①③④⑤⑥　　D. ①③④⑤

20. 下列金融创新当中，不属于规避利率风险的创新的是（　）。

A. CD　　B. MMMF

C. 利率定价模式的创新　　D. “回购协议”交易

21. 下列金融工具的创新当中，不属于规避金融管制动因的是（　）。

A. ATS　　B. 信用卡　　C. NOW　　D. 回购协议

判断与辨析

1. 期权交易可以在到期日按合同规定交割证券，也可放弃。但合同必须是标准化的。（　）
2. 金融商品的交易者最应关注的是实际收益率，而非即期和名义收益率。（　）
3. 回购协议本质上是一种抵押贷款。（　）
4. 回购协议的利率与作为协议抵押的证券的利率无关。（　）
5. 某债券面额 100 元，票面收益年息 6 元，某日的市价为 96 元，则其名义年收益率为 6%，即期收益率为 6.25%。如果该债券的偿还期限为 10 年，则该投资者的实际收益率大于名义和即期收益率。（　）
6. NOW 账户是一种定期存款和储蓄存款复合的金融创新。（　）
7. 美式期权交易可以在到期日按合同规定交割证券，也可放弃。但欧式期权必须在到期日按合同规定交割证券，不可放弃。（　）
8. 远期利率协议和 MMMF 的创新动因不同，前者是规避管制型创新工具；后者是规避利率风险的创新工具。（　）

基本概念

直接金融工具与间接金融工具　直接证券与间接证券　可转换债券　浮动利率票据　回购协议　货币市场共同基金　ATS　NOW　CD　名义收益率　即期收益率　实际收益率　息票债券　零息债券　期权　看涨期权　看跌期权　远期利率协议　利率互换　贷记卡　准贷记卡　借记卡　专用卡　储值卡　MBS　ABS　CDO　余额宝

思考题

1. 掌握金融工具的基本品质特征，熟悉各种金融工具及其区别。
2. 理解金融工具创新的动机、成因及每一种创新工具的含义。
3. 直接金融与间接金融的比较。
4. 欧式期权与美式期权的比较。
5. 甲公司预期利率下降，需浮动利率借款，而乙公司需固定利率借款。目前甲公司的借款条件是固定利率 6%或浮动利率 LIBOR+0.5%,乙公司的借款条件是固定利率 8%或浮动利率 LIBOR+1%。试问甲乙能否进行利率互换?如果能,则乙向甲支付的最高利率、最低利率分别是多少(不考虑互换中的交易成本)?

6. 某息票债券面额 100 元,票面收益年息 6 元,债券的偿还期限为 10 年,每年付息一次。其发行价为 96 元,设其名义年收益率为 ic,发行日的即期收益率是 ip,到期收益率是 im;如果不考虑时间成本、投资者自发行购买日持有至到期日时的平均收益率(也称实际发生的收益率)是 ia(市场价按投资者买入时的价格计算,即发行价)。通过计算比较 ic,ip,ia,im 大小。

第五章——金融体系

本章主要阐述各种金融机构如何相互作用、相互影响形成一个有机的金融体系极其运作原理。

第一节　金融体系的模式与职能特征

概括地说，金融体系主要有三种模式：即以中央银行为核心的金融体系；高度集中的金融体系；没有中央银行的金融体系。分述如下：

一、以中央银行为核心的金融体系模式

以中央银行为核心的金融体系模式是各国普遍推行的金融体系模式，如美国、英国、德国、法国、日本、中国等国家。

这种金融体系由中央银行、商业银行、专业银行、投资银行、非银行金融机构构成。中央银行处于一国金融机构体系的中心环节，处于特殊地位，具有对全国金融活动进行宏观调控的特殊功能。如图 5－1 所示。多数国家只设有一家中央银行，也有个别国家设有多家中央

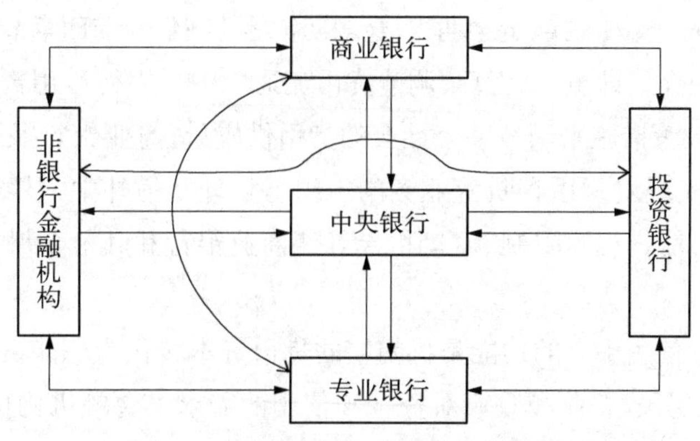

图 5－1　以中央银行为核心的金融体系

银行或金融当局。金融体系中各主体的关系如下：中央银行对商业银行等金融机构进行监管，包括两层含义，一是中央银行发送信息（发布制定的规则）；二是商业银行等金融机构的信息反馈。同时，各金融机构之间存在业务方面往来，是竞争与合作的关系。

这种金融体系模式下，金融体系作为一个整体与整个宏观经济运行发生联系，主要突出市场经济的效率。

二、高度集中的金融体系模式

高度集中的金融体系模式主要是在实行单一计划经济的国家实行。因为这些国家在经济管理方面实行高度集中的经济管理体制。如苏联、东欧诸国和经济体制改革前的中国等。其特点是金融机构单一，全国只有一个主要的国家银行，它既是中央银行，又行使商业（专业）银行的职能。

实行高度集中金融体系国家的国家银行由于集金融管理和商业经营于一体，往往降低了其金融管理的力度和效率。而层层设置的分支行也在业务经营上，大多僵硬单一，效率低下。

三、没有中央银行的金融体系

没有中央银行的金融体系只在少数国家和地区实行。如新加坡、中国香港等。其基本特征是：整个金融体系由众多的商业银行、投资银行及其他金融机构组成，但唯独不设立中央银行。货币发行由单纯行政机构的货币局发行（如新加坡），或由政府指定的某几家商业银行发行（中国香港的港币现由中国银行、汇丰银行和渣打银行发行）。这是一种不完善的金融体系模式。

一国金融体系不管属于上述何种类型，在经济的发展过程中一般都具有如下职能特征：

（1）创造中介。即创造信用工具。如银行券、纸币、存款账户、支票、银行汇票和银行本票等是金融体系创造的最传统的信用工具。随着经济金融的发展，信用工具的创新层出不穷，如NOW账户、ATS账户、金融互换、金融期权、金融期货等。我们在前面章节已作介绍。

（2）政策传导中介。即组织、管理、调节货币流通。中央银行运用再贴现、存款准备金、公开市场业务三大政策措施来调节整个社会的货币供应量；商业银行及其他金融机构按中央银行的政策要求实现对货币存贷等业务的组织与管理。另外中央银行还利用选择性政策工具如利率高限、信贷规模限制、窗口指导等使商业银行和其他金融机构改变货币信用关系。

（3）信用中介。信用中介的功能是将闲置的货币资本转化为职能资本。金融机构通过多元化的服务，满足居民、企业和政府对资金和信用的需求。金融机构可以把小额、分散和短期的资金汇聚起来，形成大额、中期和长期的可贷资金，为企业利用外部资金进行投资提供了极大的便利。克服了直接信用在时间、空间、需求、规模等方面的种种限制，有利于资源的合理配置。如果仅仅依靠企业或个人的内部资金的积累来进行投资和再投资，效率和速度要低很多，根本无法满足现代经济的要求，整个社会经济的发展就会受到严重的制约。

存款，借款 → 金融体系 → 贷款，投资

信用中介的另一个重要作用是在金融机构的参与下，社会交易的市场准则能够比较容易地确立起来并得到遵守。现代经济又称为信用经济，原因在于现代经济交易中涉及大量有关契约的活动。正是金融体系中金融机构的信用担保，才使得经济交易的范围和领域得以扩大。这不仅有利于改善本国的经济环境，而且促进了全球市场的一体化。

(4) 支付中介。金融体系可以充当支付中介，加速资金周转。金融机构作为经营货币的企业，自然可以为社会提供支付中介的职能。一方面，商业银行等金融机构为企业等客户办理转账结算、现金收付业务。金融机构自身创造出许多支付转移的手段，最重要的是支票账户和银行本票，以及后来发展形成的支付清算体系。支付中介同时能反映企业、单位的微观经济活动和国民经济发展的宏观经济活动。另一方面，金融机构又凭借自身雄厚的资金实力和优良的信誉，为商业票据、进出口信贷提供担保，扩大了商业票据的使用范围和规模，促进了世界各地的贸易和投资的迅速增长。

(5) 信息中介。由于金融体系在国民经济中的特殊地位，以及分支机构遍及城乡各个角落的优势，使其能够及时搜集获取比较真实、完整的信息，以便选择合适的借款者以及投资项目，避免或减少由于信息不对称产生的逆向选择和道德风险。金融体系凭借在信息处理能力和监督方面的优势，了解客户的个性化信息，掌握客户资金的运转动态，对客户的信用状况作出比较准确的判断，可为客户提供信息咨询服务，帮助客户在多变的市场中作出合理的交易选择。

(6) 资产转换中介。金融体系既能实现资产期限的转换，又能实现资产规模的转换。能够满足资金供求双方在不同期限和不同规模下交易的需求。

(7) 风险中介。金融机构提供风险中介服务，为投资者和融资者提供风险管理，降低投资和融资的风险。同时，金融体系也是风险分担者。

第二节 商业银行

一、商业银行的性质与职能特征

商业银行是以盈利为主要目标的金融企业。因此从性质上说，商业银行是一种以追求极大化利润为目标的金融企业。我国社会主义市场经济条件下的商业银行具有上述性质，

是独立自主、自负盈亏的金融企业。商业银行具有上一节讨论的金融体系的七个方面的职能特征，它充当企事业单位和个人的信用中介和支付中介等。但也具有一定的特殊性：

（1）商业银行是创造派生存款和信用工具的银行。其运行对国民经济的张缩效应大。关于派生存款的创造问题将在后面章节中论述。商业银行的基本含义是银行由原始存款起步，通过转账结算等机制创造出数倍于原始存款的派生存款。为便于存款的转移与流动，商业银行还创造支票、本票、汇票等信用工具，为国民经济的运行提供更多的流通手段和支付手段。创造派生货币和信用工具实际上也是商业银行作为支付中介职能的延伸。

（2）商业银行是中央银行货币政策传导的核心媒介。“信用创造”是现代商业银行最本质的特征。所谓的“信用创造”功能是指现代商业银行具有的创造存款货币，并用于扩大放款和投资的能力。银行通过这一功能直接影响社会货币供应总量，影响贷款和投资规模，从而影响币值的稳定。

（3）现代商业银行是“金融百货公司”。与其他金融机构相比较，商业银行能够提供更多、更全面的金融服务，能够吸收活期存款；其他金融机构不能吸收活期存款，只能提供某一个方面或几个方面的金融服务。随着金融自由化和金融创新的发展，商业银行经营的业务和提供服务的范围越来越广泛，商业银行正向综合性银行发展。向“万能银行”、“金融百货公司”发展，客户需要什么，银行就生产什么，客户可随时到银行购买金融产品。

二、商业银行体系—组织形式

目前各国商业银行体系主要有两种形式：单一银行制度和总分行制度。

（一）单一银行制度

银行体系由许多独立的银行组成，不设立、很少设立或法律规定不许设立分支机构。美国是具有代表性的单一银行制国家。有些国家之所以要建立单一银行制度的原因在于：① 单一银行的经营成本低于总分行，单一银行的规模更接近于银行的合理规模；② 单一银行体系能够更好地为地方经济服务；③ 单一银行制度有利于防止银行的集中和垄断，在业务上具有很大的灵活性和独立性。

但反对单一银行制的专家认为，这种制度存在如下缺陷：① 银行资金实力弱，抗风险能力差；② 成立注册比较容易，导致银行数目过多，资源浪费；③ 易受当地产业和经济发展状况的影响。

（二）总分行制度

总分行制度指法律允许商业银行在国内外普遍设立分支行的一种商业银行体系。这是各国普遍采用的一种银行制度，如英国、德国、法国、日本、意大利、瑞典和中国等。总分行制度具有如下优点：

(1) 银行的规模可以按业务的扩展而扩大，并达到“理想的规模”，从而降低成本，实现规模经济。

(2) 分支机构遍及各地，可以为社会提供相当广泛的服务，并能大量地搜集、传播金融信息，从而有利于分散风险。

(3) 由于分支机构多，因此在经营存款和其他负债业务时，各分支机构之间可以互相调剂资金，提高超额准备的利用效率。

(4) 银行家数少，便于货币当局和国家的直接控制与管理。

但同时，总分行制度也存在以下缺陷：

(1) 规模过大，可能导致规模不经济。比如中国的国有商业银行，目前都已成为世界500强，规模比起发达国家的大银行来，也具有明显优势，但可能存在规模不经济。原因是规模大小是相对的，企业的边界也是相对的，与一个企业的管理水平有关。

(2) 各分支机构之间可以互相调剂资金，产生两种效应：第一，总行在各分行之间调剂头寸时，有不良贷款地区的经济运行的亏空成本转嫁到其他地区。第二，当银行资不抵债时，中央银行增加基础货币发行，地方经济的亏空成本转嫁给全体纳税人。这显示了资金调剂的外部不经济性，也显示了经济的不公正性。

(3) 分支机构太多，内部管理上由于层次过多而有一定的困难，如信息传导的时滞长，信息由于传导环节多而可能变得扭曲等。从这个意义上来说，多而杂的商业银行分支体系不利于货币政策的有效传导。

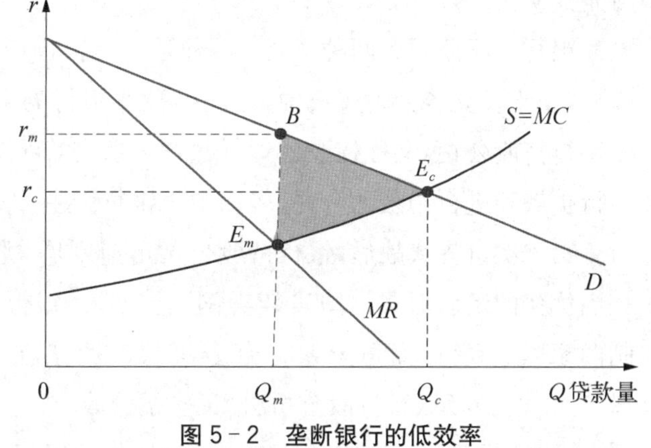

图 5-2　垄断银行的低效率

(4) 虽然银行家数少，但由于分支机构多形成的大规模，容易造成信贷市场的垄断。垄断导致低效、高价、低产、无谓损失（deadweight loss）。如图5-2所示。D 为贷款需求线，S 线是银行贷款供给线，若是竞争性银行，则 S 线与边际成本 MC 线重合。MR 是银行贷款边际收益线。竞争性贷款的利率是 r_c，同时贷款数是 Q_c；若垄断，按照 $MC=MR$ 原则，贷款的利率是 r_m，同时贷款数是 Q_m。阴影部分的 BE_cE_m 面积就是垄断银行所造成的“无谓损失”。

(三) 银行持股公司(Bank Holding Company)

银行持股公司是20世纪60年代西方迅速发展起来的商业银行制度。它指的是由某一集团成立一家股权公司，由该公司收购或控制一家或一家以上银行的股票。这是一种银行制度的创新，也是作为规避对设立分支行制度限制的一种对策。

持股公司20世纪初出现于美国，此后在其他国家得到广泛发展。起初，持股公司本身不从事商品生产或销售业务，主要通过发行股票或公司债券的方式组织货币资本，再用以购买其他公司的股票。后来其业务范围逐渐扩大，包括办理投资、信托、租赁等业务。在有些国家，持股公司也是投资银行的组织形式之一。

根据《格拉斯—斯蒂格尔法案》，美国实行严格的金融分业管理，同时许多州限制商业银行设立分支机构，但美国的《公司法》中没有限制公司跨行业经营或设立分支机构的规定。于是，商业银行纷纷利用这一管制漏洞成立银行持股公司。银行持股公司在美国得以迅速发展的主要原因是：

第一，持股公司可逃避州立法中不允许银行跨州设立银行分支机构的限制，拥有几家银行。将银行持股公司作为分支制银行的代替形式，通过持股公司的活动来拓展国内业务，实际上，很多持股公司只拥有一家或多家银行发行在外股票的一小部分，从而逃避货币当局和地方政府的管制。

第二，银行可以利用持股公司这种形式避开银行法对商业银行经营业务上的限制，扩大经营范围，办理商业银行不能或不便经营的投资、信托、租赁等业务，使银行打入非银行的业务领域，发挥更大的活动能力以追求更高的利润。

第三，持股公司能够以不允许银行本身使用的筹资方式为银行的发展筹集资金，例如，持股公司可以通过发行商业票据筹集资金供银行使用。持股公司这一优势对大银行的吸引力尤其明显。

银行持股公司有两种形式：一种是单一银行控股公司。这种公司控制一家商业银行的股权，便于设立各种附属机构，开展多种非银行的金融业务，多以大银行为主。另一种是多家银行持股公司，又称控股公司、股权公司。这种公司控制两家以上商业银行的股权，便于银行扩展和进行隐蔽的合并，多以中小银行为主。

第二次世界大战后，银行持股公司迅速发展，尤其是在美国，已成为国家银行体制中占相当优势的组织形式。1956年美国国会通过《银行持股公司法》，该法规定：凡直接、间接控制两家以上银行，而每家银行有表决权的股票在25%或25%以上的，就作为持股公司。1970年美国对《银行持股公司法》又作了修改，规定只控制一家银行25%以上股权的持股公司，也要进行登记。持股公司控制一定比例的银行股票，就能决定银行重要人事、营业政策，所以持股公司可以是大银行控制小银行的工具。

在德国，由于政府对银行限制很少，银行业务已综合化，银行可办一切业务，银行往往以参股形式直接控制企业。政府不但允许银行持有企业的股票，有的银行从企业开办、募股、发行债券到经营，均参与并提供贷款。银行还可以代表企业股东进行代理投票，大企业的股东人数多，而且分散，他们可以委托银行在股东大会上投票，银行的投票对企业的决策具有很大的影响力。

银行持股公司有利于扩大资本总量，增强银行的实力，弥补了单一制的不足。银行持股公司的发展是金融资本与工业资本融合，以增强竞争能力与控制市场能力的一种趋势。特别是自20世纪60年代后期以来，西欧银行、企业发生轰轰烈烈的兼并活动，由于激烈竞争而引起大银行、大企业排挤中小银行与企业的局面。或者中小银行与企业为了避免倒闭、破产，进行联合，渗透参股，发挥规模大、竞争能力强的集团优势。但是这种制度容易形成银行业的集中和垄断，不利于银行之间展开竞争。

三、商业银行的主要业务

概括而言，商业银行的业务有三大类：负债业务，资产业务，中间业务。其中前两项业务属于信用业务，即商业银行组织资金和运用资金的业务；中间业务为商业银行代客办理支付或其他委托事项并从中收取手续费的业务。

（一）商业银行的负债业务

商业银行的负债业务是商业银行的资金来源，是其经营活动的基础。资金的来源有两类，一是自有资金，包括发行股票所筹集起来的股份资本，公积金、未分配利润以及资本性票据和债券等。自有资本的作用是：补偿损失的能力，风险的最后承担者，防止亏损的最终防线。二是外来资金，外来资金主要是吸收存款，其次是借款。

1. 存款

（1）活期存款

活期存款是商业银行传统的、特有的业务。其特点是：第一，存款人一般是企事业单位；第二，无规定存款期限，存款人可以随时支取；第三，存款人系通过支票（现金支票或转账支票）进行各种支付行为，故此类存款亦称为支票存款。

活期账户一般是为了交易和支付，故存取交易频繁，银行需要花费较多的人力、物力来处理此项业务，成本较高。因此，银行在吸收活期存款时，不能以利率作为竞争手段，只能以优质服务取胜。

（2）定期存款

定期存款是企事业单位持有的、按照规定的存款期限，到期后才能支取的存款。对此类存款，银行不仅要支付利息，而且利率通常较高。存款期限因银行而异，较常见的有三个月、半年、一年、两年等。一般而言，存款期越长，利率越高。在存款到期之前，如果存款人要求提前支取，则对提前支取的部分按照活期存款的标准计付利息。定期存款大都采取存单形式存取。存单分为不可转让的普通定期存单和大额可转让定期存单。前者是记名的，且通常有存款人的印鉴或密码，不便转让。后者是不记名的，不能提前支取，但存款人可以在货币市场上转让该存单，以换回现金，在到期日银行将对任何一个持单人付款。由于这种可转让定期存单之金额为大额整数，所以其投资者主要是工商企业、政府及金融机构。此类存款的期限通常为一年或更短，往往取决于存款人的方便程度，对企业而言，投资定期存单是利用闲置资金的理想出路。只要使存单到期日与企业的现金支付日相衔接,既能保证现金支付,又可赚取较高的利息收入,从而降低经营成本。金融机构购买存单主要不是自己持有,而是为其受托基金投资。

(3) 储蓄存款

储蓄存款是指以存折办理存取手续的存款,亦称存折存款。储蓄存款分为定活期两类,银行均应支付利息。此类存款主要是作为价值储藏,其对象主要是个人和非营利组织。

近年来,出现了一些创新类存款,如大额可转让定期存单(CD)、付息的可转让支付命令账户(NOW)和自动转账服务账户(ATS)。银行通过这些账户扩大资金吸收的能力,以对付竞争的压力和市场的变化。

除了国内部分的存款外,许多商业银行还努力吸收国外的存款,主要是银行海外分支机构的存款和跨国公司以及政府国外机构的存款。

2. 借款

(1) 同业拆借

同业拆借是指资金不足的银行向有超额准备的银行借入资金,这项业务在美国称之为“借入联邦资金”。同业拆借一般是短期的,如日拆或隔夜拆借,经借贷双方同意可以续借。利息按日计算,利率根据市场资金供求状况随行就市。同业拆借一般不需要抵押品,全凭银行信誉。

(2) 转贴现和转抵押贷款

转贴现是指商业银行持经过自身贴现的未到期票据向其他商业银行申请贴现,以提前获得资金;转抵押贷款是指商业银行持经过自身抵押的未到期贷款向其他商业银行申请抵押贷款,以提前获得资金。

(3) 向中央银行再贴现与再贷款

中央银行作为银行的银行,必须执行“最后贷款人”的职能。最后贷款人又称最终贷款人,即在出现危机或者流动资金短缺情况时,负责应付资金需求(以满足流动性)的机构,通常是中央银行。当一些商业银行有清偿能力但暂时流动性不足时,中央银行可以通过贴现窗口或公开市场购买等方式向这些银行发放紧急贷款、提供流动性,条件是他们有良好的抵押品并缴纳惩罚性利率。① 所以,当商业银行资金不足时,可以向中央银行借款。商业银行向中央银行借款一般采取再贴现和抵押借款两种方式。再贴现系指商业银行对工商企业贴现而来的合格票据向中央银行申请贴现,即把票据转让给中央银行,由此获得资金。

在美国,商业银行一般不太愿意向中央银行办理再贴现,因为联邦储备银行对票据的审查非常严格,手续复杂,有时还要求审查贴现企业的财务报表。同时,银行亦担心企业和中央银行误认为银行申请再贴现是财务计划不周的表现,从而影响银行的信誉,所以,商业银

① 最后贷款人若宣布将对流动性暂时不足的商业银行进行融通,就可以在一定程度上缓和公众对现金短缺的恐惧,这足以制止社会恐慌而不必采取进一步的行动。

行通常都以政府债券或合格票据作担保来获得抵押贷款。

商业银行向中央银行借款按现行的贴现率计息。在贷款紧缩时，由于中央银行提高再贴现率，商业银行向中央银行取得资金成本提高，在此情况下，商业银行会尽可能地通过其他低成本的渠道借入资金。

(4) 国际金融市场借款

在国际市场上借款一般指借入欧洲美元存款。欧洲美元存款是指美国境外的银行所持有的以美元为面值的存款。欧洲美元存款的来源主要有以下几个方面：美国人或外国人将其在美国银行的存款转移到国外银行，而仍以美元存款；外国商人把收到的美国银行支票存入本国银行；拥有欧洲美元存款的银行将资金余额贷放出去，当贷给个人或公司的欧洲美元再次存入另一家美国境外银行时，又创造出欧洲美元存款。

现代欧洲美元市场是在第二次世界大战后建立起来的国际金融体系所面临的特殊环境中演变而成。20 世纪 50 年代初期，苏联及东欧国家由于担心他们在美国银行的存款被冻结，而将他们的美元资金转存到伦敦和其他国际金融中心，这一转移大大增加了欧洲美元市场的供给。另外，持续的贸易逆差迫使这些国家成为欧洲美元的重要借款者，由此推动了欧洲美元市场的发展。第二次世界大战后，英镑长期疲软，其作为国际贸易融资手段不如以前那么受欢迎，交易者由此转向美元，这也刺激了欧洲美元市场的发展。但对欧洲美元市场的发展刺激最大的是美国。20 世纪 60 年代中期，由于美国公开市场的利率突破了存款单的利率上限，美国国内银行存款急剧下降，为了满足贷款的需求，美国银行转向欧洲美元市场借款，借款额曾超过 150 亿美元。由于欧洲美元市场资金来源充裕、流通性强、交易量大、借款手续简便，商业银行愿意接受这种资金，尤其是在国内信贷资金紧张时，是商业银行很重要的资金来源。

(二) 商业银行的资产业务

商业银行的资产业务就是资金运用的业务，商业银行筹集资金的目的，就是为了运用资金从而获取利润，所以，资产业务是商业银行利润的来源。商业银行的资产业务主要是贷款和证券投资。

1. 贷款

贷款是商业银行最主要的、最传统的资产业务。贷款是商业银行利润的主要来源，从社会的角度来看，银行的放贷行为也扶助了工商业，促进了社会经济的发展。

(1) 按照贷款的期限可分为短期贷款、中期贷款和长期贷款

短期贷款是指期限在一年之内的贷款，这种贷款反映了最初的商业贷款理论，即贷款应该是短期的、能自动清偿的。现在，虽然商业银行发放了许多期限较长的贷款，但是短期的流动资金贷款或季节性工商业贷款仍然占很大的比重。

中期贷款的期限为一年以上，通常可长达八至十年，这种贷款一般是在贷款期内偿还。

长期贷款一般是指超过十年的贷款，商业银行的长期贷款主要是不动产抵押贷款。

短期贷款属于周转性贷款，中长期贷款属投资性贷款。短期贷款的流动性比较强，风险比较小，但利息收入也比较少；中长期贷款流动性比较差，风险较大，但可能获取较多的利息收入。

(2) 按贷款的方式划分，可分为信用贷款、抵押贷款和票据贴现贷款

信用贷款是指没有抵押品作担保的贷款，包括直接信用放款(直接以借款人的信誉作担保)和间接信用放款(以第三方的信誉作担保)。这种贷款完全以借款人的信誉、财务状况、预期未来收益和过去的偿债记录为依据。从理论上说，这种贷款的风险比较大，但实际上银行发放的贷款有相当大部分是无担保品的。银行之所以会发放这类贷款，主要是因为许多客户与银行保持经常性的往来关系，包括存款、贷款和银行其他各种服务。银行了解这些客户的资金状况，对于资信等级较高的客户，银行可以提供信用放款，既简化手续，又有利于与客户建立良好的信用关系。

抵押贷款是指以特定的抵押品作担保的贷款。贷款需要抵押品，是为了保护贷款的安全，使银行免遭损失。如果借款人不依约偿还借款，银行有权处理用作担保的抵押品，以此抵偿贷款。通常抵押品的价值必须大于贷款的金额，抵押贷款根据抵押品不同又可分为票据抵押贷款(又名质押贷款)、商品抵押贷款和不动产抵押贷款。

票据贴现是一种特殊的贷款，是指银行买入未到期的票据，借以获取利息收益的一种信贷业务。票据持有人在票据到期之前急需现金，可以将票据转让给银行，从而获得银行的资金融通，从表面上看这是一种票据的购买，实际上是银行资金的贷出，因为银行要等到票据到期时，才能向票据的债务人收回款项。所以，银行要向票据贴现的申请者收取一定的利息，即贴现息或折扣。贴现息的计算公式为：贴现息＝贴现票据面额×年贴现率×未到期天数/365，或贴现息＝贴现票据面额×年贴现率×未到期月数/12。例如：假设有一张票据面额为 10 000 元，90 天后到期，年贴现率为 5%，那么银行就要从票据面额中扣除贴现息 123.29 元，即 10 000×5%×90/365，而只付给申请贴现者 10 000－123.29＝9 876.71 元。

2. 投资

商业银行的投资业务主要指购买有价证券。商业银行进行证券投资的目的，一是为了获得较高的收益，二是可以实现资产多样化以分散风险，另外，购买诸如政府债券及其他流动性强的有价证券有利于提高资产的流动性。

商业银行持有的有价证券主要是政府债券、公司债券和股票。政府债券的最大特点是安全性好，流动性强，特别是短期的政府债券，期限在一年之内，还本付息期短，有活跃的二级市场，可以随时变现，是商业银行调节资产流动性的绝好工具，如短期的中央政府债券被称为商业银行的二级准备金。所以政府债券是商业银行投资的主要对象，通常占证券投资总额的 60%以上。这也是商业银行的一项重要的资产业务，是商业银行收入的重要来源之一。我国《商业银行法》规定，商业银行不得从事股票投资业务。因此，商业银行的证券投资

实际上就是债券投资。

3. 其他资产

其他资产包括现金资产和固定资产、在子公司的投资和预付费用等。现金资产又包括库存现金、存放在中央银行的款项、存放同业存款、应收账款等。库存现金和存放在中央银行的款项共同组成商业银行的准备金。库存现金是商业银行应付日常提存的现金资产。存放在中央银行的款项分为法定准备金(Required Reserves, RR)和一般存款,后者主要用于清偿支付票据交换的差额。超过法定准备金的那部分准备金叫超额准备金(Excess Reserves, ER),超额准备金可用于拆放给其他金融机构,亦可用于贷款或购买证券。

(三) 商业银行的中间业务

中间业务是银行依托业务、技术、机构、信誉和人才等优势,不需动用自己的资金,以中间人的身份接受客户委托,代理客户为客户承办收付款和其他委托事项,提供各种金融服务,收取佣金、手续费、管理费等费用的一种业务。中间业务不占用或很少占用银行资产。除结算、租赁等极少数业务之外,也不直接涉及银行自身资产负债额的变化,但能为银行增加收益,在国际结算中广泛使用的各种信用证以及信托、咨询等业务,都属于中间业务。

表外业务与中间业务都是独立于资产负债业务之外的业务,两者既有联系又有区别。

银行中间业务广义上讲"是指不构成商业银行表内资产、表内负债,形成银行非利息收入的业务"(2001 年 7 月 4 日中国人民银行颁布《商业银行中间业务暂行规定》)。它包括两大类:① 不形成或有资产、或有负债的中间业务(即一般意义上的金融服务类业务);② 形成或有资产、或有负债的中间业务(即一般意义上的表外业务)。

我国的中间业务等同于广义上的表外业务,它分为两大类,金融服务类业务和表外业务。金融服务类业务是指商业银行以代理人的身份为客户办理的各种业务,目的是为了获取手续费收入。主要包括:支付结算类业务、银行卡业务、代理类中间业务、基金托管类业务、咨询顾问类业务。而表外业务是指那些未列入资产负债表,但同表内资产业务和负债业务关系密切,并在一定条件下会转为表内资产业务和负债业务的经营活动。主要包括三大类:担保或类似的或有负债、承诺类业务、金融衍生业务。

表外业务与中间业务的联系:

(1) 都是收取手续费的业务。手续费是银行向客户提供各种服务所得的报酬,与银行通过信用活动获取的存贷利差收入不同。

(2) 传统的中间业务都是表外业务,但表外业务不一定是中间业务,表外业务与中间业务之间有一些重合。如信用证业务属于中间业务,但就其内涵来说,信用证业务又具有担保业务的性质,因此信用证业务既是中间业务又是表外业务。

(3) 都以接受委托的方式开展业务活动。商业银行在从事各类表外业务和中间业务时的主要特点是不直接作为信用活动的一方出现，一般情况下，不动用或较少动用自己可使用的资金，不以债权人或债务人的身份进行资金的融通，只是以中间人的身份提供各类金融服务或替客户办理收付和其他委托事项，也就是说都是一种受托业务（主要是应客户的要求）。因此，银行是否需要开展某种金融服务要看客户的需要。

表外业务与中间业务的区别：

（1）中间人的身份不同

在中间业务中，如支付结算、信托、代理等业务，银行都是以交易双方当事人之外的第三者身份接受委托，扮演中间人角色。表外业务却在业务发展中可能发生银行中间人角色的移位，成为交易双方的一方，即成为交易的直接当事人，如贷款承诺，就是由银行和客户签订的信贷承诺协议，并在协议签定时无信贷行为发生，故不在资产负债表上作出反映，是典型的表外业务，但是一旦具备了协议所列的某项具体贷款条件，银行就必须履行协议规定的向客户提供贷款的责任。

如：目前国际商业银行所从事的各种金融工具交易，除接受客户委托以中间人身份进行的代客交易外，还常常出于防范、转移风险的需要及实现增加收入的目的，作为直接交易的一方出现。目前国际商业银行正大力发展表外业务，并带来了与表内业务平分秋色的收益。

（2）业务风险不同

商业银行的中间业务，是不直接作为信用活动的一方出现的，不动用或较少动用自己可使用的资金，虽然业务经营中也要承担一定的风险，但其风险程度要明显低于信用业务。

随着金融创新的发展及业务领域的不断拓宽，大量与信用业务密切相关的高风险业务（表外业务）也随之发展，如银行在提供服务的同时，还以某种形式垫付资金，从而形成了银行和客户之间的另一种债权债务关系，其风险度加大。

例 1：早期的信用卡以转账结算和支付汇兑为主要功能，称为记账卡或支付卡，就像过去我国的信用卡要求先存款后消费，只有在特殊情况下允许在极短期限内的少量善意透支，这是较典型的中间业务，而目前国际较流行的标准信用卡主要是贷记卡，以银行为客户提供短期消费信用为特征，已变化成为一种消费信贷行为了（表外）。

例 2：对商业票据的担保——商业票据的发行人无力偿还债务时，银行要承担连带责任，因此对商业票据的承兑担保成为银行的一种或有负债（表外业务）。

例 3：新兴的表外业务——商业银行为获取收益而从事新兴的表外业务，如外汇及股价指数等期权、期货交易，其风险度超过了一般的信用业务。

（3）发展的时间长短不同

表外业务是近 20 年才发展起来的，与国际业务的发展、国际金融市场及现代通信技术的发展紧密相连。而在我国通常被称为银行中间业务的金融服务类业务，大部分是与银行的资产负债业务相伴而生、长期存在的。

下面简单介绍银行的具体中间业务。

1. 结算业务

结算业务是银行接受客户的委托，代客户清偿债权债务、收付款项的一种传统业务。按照收款客户和付款客户所在地不同，结算业务可分为国际结算和国内结算，国内结算又分为异地结算和同城结算。银行结算的方式有以下几种：

(1) 汇兑。汇兑业务是指银行接受客户的委托，将款项汇给异地指定收款人的一种业务。银行通过银行汇票或支付委托书向收款所在地的本行分支机构或有代理关系的他行(承兑行)发出支付命令，命令向收款人支付一定的款项。根据承汇行通知承兑行付款的方式的不同，汇兑业务分为票汇、信汇和电汇三种。票汇是指汇款单位或个人将款项交给当地银行(承汇行)，由当地银行签发汇票，由客户寄给异地收款人，再由持票人向承兑行取款、办理转账或支付现金的结算方式。信汇指承汇行以邮信的方式寄送支付委托书通知承兑行付款，结算时间较慢。电汇则是承汇行以电报或电传的方式通知承兑行付款，结算时间较短。

(2) 托收。托收是由债权人或收货人向银行提出委托收款申请，由银行通知债务人或购货人所在地的本行分支机构或有代理行关系的他行代收款项，当委托行收到被委托行收妥款项的通知后，即将托收款项付给委托人。根据委托人是否提交委托收款的依据，托收业务分为跟单托收和光票托收两种。委托人在提出委托收款申请的同时提交货运单据，为跟单托收；没有提交货运单据的，为光票托收。按照托收财产的性质及业务内容可分为动产托收、不动产托收。另外还有支票托收、票据托收、有价证券托收、商品凭证托收。

(3) 信用证结算。信用证结算是由客户(购货商)预先把款项存入银行，作为结算保证金，而后携带银行开出的信用证采购商品，售货商发货后，凭购货商提交的信用证到开户行提取货款。信用证结算在异地和国际贸易中广泛使用。首先，它是一种银行信用，只要审单无误，不管购货方是否付款，开证行必须付款，商业银行承担了第一付款责任。另外，它解决了买方不愿先付款，卖方不愿先交货的矛盾，因此货物交易双方在资金方面的负担相对平衡。买方在付款赎单后就可提货，卖方只要交单无误就可以获得货款议付。信用证包括货币信用证和商品信用证两种。货币信用证是客户将一定款项交与银行后，银行发给客户的一种记名凭证，证明客户有权在其他城市向该行分支行或其他往来银行兑取所交金额的一部分或全部。商品信用证是银行应客户(购货单位)的要求，按其所指定的条件开给销货单位的一种保证付款的凭证，解决买卖双方身处异地相互无法信任的矛盾。

2. 代理业务

代理业务是指商业银行接受政府、企业单位、其他银行或金融机构以及居民个人的委托，以代理人的身份代表委托人办理一些经双方议定的经济事务的业务。代理业务往往与资产业务混合在一起进行。商业银行的代理业务种类繁多，服务范围很广，如代理收付款、代理监督、代保管、代理证券业务、代理保险业务、代理投资基金业务等。以下简单介绍几种：

(1) 代理收付款业务。即商业银行利用自身结算便捷的优势，接受客户的委托，代为办理指定款项的收付事宜。如代理企事业单位发放工资和离退休人员的退休金，代企事业单位和个人收付公用事业费、税款、学费等各项费用。

(2) 代理融通业务。又称代收应收账款或保付代理业务，指商业银行接受客户委托，以代理人的身份代委托者收取应收账款，为委托者提供资金融通及其他服务，并承受代理额度内的倒账风险。

(3) 代理推销有价证券业务。又称承销业务，分为代销和包销。代理业务往往与资产业务混合在一起进行。如包销、保付代理等。

3. 信托业务

信托即信任委托，是指委托人依照契约的规定为自己或第三人(即受益人)的利益，将财产转给受托人，由受托人依据谨慎原则，代委托人管理、运用和处理所托管的财产，并为受益人谋利的业务。

与信贷业务不同，商业银行对于信托业务一般只收取有关的手续费，而运营中所得的收入则归委托人或委托人指定的受益人所有。同时，信托也不同于简单的代理活动，因为在代理关系中，代理人只是以委托人的名义，在委托人指定的权限范围内办事，在法律上，委托人对委托财产的所有权不变；而在信托关系中，信托财产的所有权从委托人转移到了受托人(商业银行信托部或信托公司)手中，受托人以自己的名义管理和处理信托财产。

银行信托业务的分类有很多种，如按照委托人的身份划分，有个人信托、公司信托、政府信托和公共团体信托；按照委托人和受益人是否为同一人，可分为自益信托和他益信托；按照信托财产的性质和业务内容，可分为动产信托、不动产信托、投资信托、融资信托、公益信托、职工福利信托等。

银行配备了大批金融技术人才，能够利用其经验、知识和能力为客户提供专业服务，而且银行拥有广泛的信息资源，可以根据市场需要设计出丰富多彩的信托品种，并进行恰当的操作。同时，银行的分支机构和代理机构众多，可以接触各类客户，开辟广阔的信托市场，更为重要的是银行实力雄厚、信誉卓著，奉行严格的财务会计制度，这些都是银行经营信托业务的显著优势所在。

4. 租赁业务

租赁是以收取现金为条件出让财产使用权的经济行为。它由财产所有者(出租人)按契约规定，将财产租给承租人使用，承租人按期缴纳一定租金给出租人，在租赁期内，出租人对财产拥有所有权，承租人享有使用权。租赁业务按其性质可分为：营业性租赁和融资租赁。两者都是将租赁物的所有权和使用权分离，以承租人向出租人交付租金作为后者向前者让渡使用权的报酬。租赁业务形式繁多，发展变化很快，涉及的领域和范围十分广泛。在金融组合化经营的潮流中，银行都重视和开发多样化和复合的租赁品种和业务，以扩大收入来源。

营业性租赁(Operating Lease)又称操作性租赁和服务租赁，适用于租期较短、通用性较强的财产、设备，如汽车、电脑、建筑机械等。营业性租赁在租赁契约期内由出租人负责设备的安装、保养、维修、缴纳税金、支付保险费和提供专门的技术服务等。承租方在提前通知的前提下，可以中途解约。营业性租赁的租期一般要短于设备的预期寿命。每一次租金的收入往往不足全部抵销设备成本，因此，营业性租赁又被称为未完全付清的租赁。租赁期满，不发生所有权转移，可以续租、退租，但不能以象征性价格购入。

融资租赁(Financial Lease)又称金融租赁或资本性租赁，是一种国际通行的长期租赁形式，指由出租方融通资金，为承租人提供所需设备，承租方定期偿还租金并获得设备资产的使用权。融资租赁的租金大致相当于设备折旧、贷款利息与管理手续费的总和。在融资租赁契约期内，租赁物的挑选、维修、保养、保险由承租人负责，承租人通常在租赁期满后以象征性价格取得设备的所有权。

融资租赁可以采用不同的形式。最简单的形式是直接租赁，即出租人一次性付清贷款，购进设备，并把它出租给承租人。当租赁设备价格昂贵、出租人难以独立承担时，也可以采用杠杆租赁或转租的方式。杠杆租赁是指出租人在购进租赁设备时，自己只提供一部分资金，而以租赁物为抵押，通过贷款的方式筹集设备购置所需的大部分款项，并通过设备出租后收取租金来归还这部分贷款，这种方式在国际上较为常见。还有一种特殊的租赁形式，叫做回租。回租是指企业将自己所拥有的设备出售给出租人，然后再以承租人的身份租回使用。当企业急需资金的时候，可采用这种租赁方式。

5. 咨询业务

咨询业务是指银行依靠自身在信息、人才、信誉等方面的优势，收集和整理有关信息，并通过对这些信息以及客户资金运动的记录和分析，形成系统的资料和方案，提供给客户，以满足业务经营管理或资产管理需要的服务活动。银行通过出售信息和提供治理服务收取费用。商业银行表面上是生产金融产品(或资金)的单位，实质上商业银行是生产信息的单位，信息是银行的最主要产品。银行既是信用中介又是信息中介。随着商业银行对外信息咨询服务的拓展，信息费收入将逐渐超越利息收入，成为商业银行的主要利润来源之一。

将上述负债和资产业务作一总结，明确商业银行的资产负债表(Blance Sheet)如表 5－1 所示：

表 5－1　商业银行的资产负债表(简表)

资　　产	%	负　　债	%
现金	8	存款	68
准备金	4	活期存款	23
应收现金	2	储蓄存款	20
银行同业存款	2	定期存款	25
证券投资	24	借款	24
放款	61	银行资本	8
其他资产	7		
合计	100	合计	100
资产总额＝负债总额＋银行资本金(所有者权益)			

第三节 专业银行与非银行金融机构

专业银行是指不经营零售业务，只是在特定的范围内提供专门性金融服务的金融机构。这类银行一般有其特定的客户，如融资性专业银行、投资性专业银行、政策性专业银行、清算银行等。这类银行的存在是社会分工发展在金融领域内的表现。随着社会分工的不断发展，要求银行必须具有某一方面的专业知识和专业技能，从而促使各种各样的专业银行不断出现。而商业银行、中央银行以及专业银行之外的金融机构称为非银行金融机构。

一、专业银行

（一）开发银行

开发银行系指专门为经济开发提供长期投资性贷款的银行，是属于非营利性的政策性专业银行。第一家开发银行1822年诞生于比利时，其主要职能是促进新工业的创立。1852年，法国信贷动产银行成立，该行通过接受存款和发行股票来动员资金投资于长期开发项目，然后再将这些项目向公众出售，虽然这家银行于1867年倒闭，但它被视作现代开发银行的先驱。当今，设立开发银行，是世界许多国家特别是发展中国家通行的做法。

广义上的开发银行包括三大类。第一类：全球性开发银行。目前指根据1944年美国新罕布什尔州布雷顿森林会议通过的《国际复兴开发银行协定》成立的国际复兴开发银行，亦称世界银行。它包括世界银行、国际开发协会以及国际金融公司三个相对独立的机构，称为世界银行集团。第二类，区域性开发银行。目前有亚洲开发银行（1966）、非洲开发银行（1963）、泛美开发银行（1959）、伊斯兰开发银行（1975）、加勒比开发银行（1970）等。第三类，本国性开发银行。狭义上的开发银行仅指本国开发银行，是一国政策性金融机构的组成部分。本节所述的开发银行是狭义的开发银行。

国内的开发银行一般是一国政府为了满足国内经济建设长期开发性投资需要设立的。国家经济建设的长期投资需要量大，占用时间长，见效慢，风险度高，商业银行等机构无力承担或不愿承担。但这些投资又是国家宏观的、长期的经济发展所必需的，于是各国政府便创办了不以盈利为目的的开发银行或类似的机构来服务和管理这类开发性投资活动。同商业性金融机构比较，有如下特征：一是任务特殊。它着重于贯彻政府政策意图，支持国家进行宏观经济管理，促进社会经济发展。二是经营目标特殊。它不以盈利为目标，主要从经济发展的角度来评价和选择项目。三是融资原则特殊。它的主要资金来源是国家财政划拨的资金和其他财政性资金、向金融机构发行的债券、向社会发行的由财政担保的建设债券和经批准在国外发行的债券，它不吸收居民储蓄存款。开发银行虽不以盈利为目标，但也讲求效益，择优选定项目，建立投资约束和风险责任机制。

1994年3月，我国国家开发银行成立，总部设在北京，下设总行营业部、国内分行和香港代表处，是直属国务院领导的政策性银行（以下简称国开行）。国开行的注册资本金为500亿元人民币，由财政部全额拨付。①

国开行的主要任务是：按照国家有关法律、法规和宏观经济政策、产业政策、区域发展政策，筹集和引导境内外资金，重点向国家基础设施、基础产业和支柱产业项目以及重大技术改造和高新技术产业项目发放贷款；从资金来源上对固定投资总量和结构进行控制和调节。其业务范围包括：① 管理和运用国家核拨的预算内经营性建设基金和贴息资金；② 向国内金融机构发行金融债券和向社会发行财政担保建设债券；③ 办理有关的外国政府和国际金融机构贷款的转贷，经国家批准在国外发行债券，根据国家利用外资计划筹借国际商业贷款等；④ 向国家基础设施、基础产业、支柱产业的大中型基建和技改等政策性项目以及配套工程发放政策性贷款；⑤ 办理建设项目贷款条件的评审、咨询和担保等业务，为重点建设项目物色国内外合资伙伴，提供投资机会和投资信息等。

1999年，国开行成立分支机构，贷款业务由外包转为自主操作。在政策性银行的改革过程中，管理层认为，改革根本上是要从建立市场化约束入手，切断政策性银行与财政之间的风险通道，使政策性银行成为独立经营、自担风险的市场主体。2008年12月改制为国家开发银行股份有限公司，成为第一家由政策性银行转型而来的商业银行。2015年3月，国务院明确国开行定位为开发性金融机构。2017年4月，“国家开发银行股份有限公司”名称变更为“国家开发银行”，组织形式由股份有限公司变更为有限责任公司。国开行注册资本4 212.48亿元，股东是中华人民共和国财政部、中央汇金投资有限责任公司、梧桐树投资平台有限公司和全国社会保障基金理事会，持股比例分别为36.54%、34.68%、27.19%、1.59%。

国开行主要通过开展中长期信贷与投资等金融业务，为国民经济重大中长期发展战略服务。截至2018年末，资产总额16.2万亿元，贷款余额11.68万亿元；净利润1 121亿元，资产收益率（ROA）0.70%，净资产收益率（ROE）8.82%，资本充足率11.81%，可持续发展能力和抗风险能力比较强。穆迪、标准普尔等专业评级机构，连续多年对国开行评级与中国主权评级保持一致。

国开行是全球最大的开发性金融机构，中国最大的中长期信贷银行和债券银行。国开行目前在中国内地设有37家一级分行和4家二级分行，境外设有香港分行和开罗、莫斯科、里约热内卢、加拉加斯、伦敦、万象、阿斯塔纳、明斯克、雅加达、悉尼等10家代表处。全行员工9 000余人。旗下拥有国开金融、国开证券、国银租赁、中非基金和国开发展基金等子公司。②

---

① 1994年还成立了其他两家政策性银行：1994年4月成立中国进出口银行；1994年11月成立中国农业发展银行。
② 本部分资料来源于国家开发银行官方网站。http：//www.cdb.com.cn/gykh/khjj/。

表 5-2　三家政策性银行

银行名称	成立时间	主要任务
国家开发银行	1994 年 3 月	承担重点项目中长期融资,促进"瓶颈"领域发展 国家基础设施、基础产业、支柱产业 "三农"、教育、医疗卫生和环境保护 国际合作业务 已推行商业化运作
中国进出口银行	1994 年 4 月	支持进出口贸易融资,促进进出口贸易 执行国家产业政策和外贸政策 扩大机电产品和成套设备等资本性货物出口
中国农业发展银行	1994 年 11 月	承担国家规定的农业政策性金融业务 ——筹集农业政策性信贷资金 ——代理财政性支农资金的拨付

(二) 投资银行

投资银行的定义,通常是根据投资银行的业务范围确定的。但是由于投资银行种类众多,各类投资银行的业务范围不尽相同,有的较为宽泛、有的较为单一。加之随着金融管制的放松,投资银行和商业银行的业务交叉越来越多,两者之间的业务分界越来越模糊,所以对投资银行作出明确的定义很困难。各金融专家及经济学者比较赞同的定义是:投资银行从事所有的资本市场业务,包括证券承销和公司理财、收购与兼并、提供咨询、基金管理和风险资本管理。它不包括向客户零售证券、消费者房地产经纪业务、抵押银行业务、保险产品及类似业务。

投资银行是在与商业银行的"合业—分业—合业"的变动中发展起来的。随着金融管制的放松,投资银行与商业银行在许多业务领域出现了交叉、融合、相互竞争的现象,但投资银行与商业银行仍存在很大的区别。首先,从资金来源来看:投资银行的资金主要是通过发行本行股票和债券筹集的。有些国家如英国允许投资银行接受大额定期存单。此外,这类银行也可以向其他银行取得贷款,但后二者均不是主要的资金来源。而商业银行的主要资金来源是各种存款及其他借入资金。其次,从主要业务来看:投资银行主要从事证券承销、交易,衍生工具的创造、交易,收购、兼并及相关服务和融资等。而商业银行主要的业务是存、贷款及金融服务。第三,从主要功能来看:投资银行向企业直接提供融资服务,而商业银行只能提供间接融资。第四,从利润来源来看:投资银行的利润来源是收取佣金、费用以及融资收益,而商业银行的利润来源于存贷利差及服务收益。最后,从监管机构来看:投资银行大多由证券监管部门监管,商业银行主要是由中央银行监管。

在历史上,投资银行业务实际上随着证券和股票的较大规模的发行,在 17 世纪甚至更早就出现在欧洲了。现代意义上的投资银行是由于美国 1933 年颁布的《格拉斯—斯蒂格尔法案》,使得投资银行与商业银行分离,此后投资银行作为独立的金融机构获得了飞速发展。

近年来，主要的投资银行都由以前的合伙人公司演变为上市公司，为资本基础的扩张获得了空间。同时随着各国金融管制的放松，投资银行也向传统的商业银行渗透，力图拓宽自身的资金基础和业务领域，减少经营中面临的风险。

（三）储蓄银行

储蓄银行是指办理居民储蓄并以吸收储蓄存款为主要资金来源的银行。世界上第一家地方储蓄银行是 1817 年由慈善团体在荷兰建成的，英、德等国也于 18 世纪末和 19 世纪初相继设立。与我国几乎所有金融机构均经营储蓄业务的情况有所不同，在西方不少国家，储蓄银行是专门的、独立的金融机构。对储蓄银行也大多有专门的管理法令，其主要内容一方面是保护小额储蓄人的利益，另一方面则是规定它们所聚集的大量资金应该投向何处。

储蓄银行的具体名称，各国各不相同，有的甚至不以银行相称。不论名称如何，其功能基本相同。如，储蓄贷款协会、互助储蓄银行、国民储蓄银行、信贷协会等。不少国家的邮政系统都办理储蓄业务，有的国家从推动居民住宅建设的角度发展起建房储蓄银行。我国的邮政储蓄系统主要是为国家集中闲置资金，作为国有银行信贷资金的一种来源。

储蓄银行汇集起来的储蓄存款余额较为稳定，故主要用于长期投资，如投资于政府公债、公司股票及债券，对市政机构发放贷款等。储蓄银行的业务活动也受到约束，如不得经营支票存款、不得经营一般工商贷款等。但近年来已有所突破，有些储蓄银行已开始经营过去只能由商业银行经营的业务。

二、非银行金融机构

一般来说，人们把商业银行、中央银行以及专业银行以外的金融机构列入非银行金融机构。非银行金融机构与商业银行及专业银行并无本质区别，都以信用方式聚集资金，并投放出去，达到盈利的目的。但非银行金融机构的业务面较为狭窄和专业化，它是为了满足社会多元化金融服务的需求而不断产生和发展的。

（一）保险公司

保险公司是金融机构的一个组成部分，是依法成立的在保险市场上提供各种保险商品，分散和转移他人风险并承担经济损失补偿和保险给付义务的法人组织。保险公司有着悠久的历史，第一家真正的互助保险公司在 1699 年 10 月成立于伦敦，此后由于业务发展的需要，保险公司形成不同的分支。一般而言，根据经营产品的性质不同，保险公司可分为人寿保险公司和财产与意外事故保险公司。

1. 人寿保险公司

人寿保险公司已经存在 200 多年了，但是城市化及工业化的进程才真正促使人寿保险业得到充分发展，并使其重要性得到社会的承认。

人寿保险公司的承保风险分为三类主要的形式：死亡、退休养老和伤残。保单持有人为获得对死亡、残废或年老退休等风险所带来的经济上的损失，向保险公司支付保险费，相应地，这些保险费将被保险公司汇集起来用于投资。当一名投保人索赔时，保险公司将把资产变现或减少其现金流量，以完成赔付。实际上，由于寿险公司所承担的风险发生率可以比较准确预测，所以保险公司可以把大量的资金投资于资本市场，包括政府债券、公司股票和抵押贷款等。这样，人寿保险公司在将居民储蓄转化为公司或政府的实务投资的过程中起到了金融中介机构的作用。

2. 财产与意外事故保险公司

财产与意外事故保险公司主要是对个人和企业因灾害及意外事故所造成的人身和财产损失予以承保的保险公司。

财产与意外事故保险公司和人寿保险公司有很大的不同，主要表现在：① 财产与意外事故保险公司所面临的风险更难以测定和把握，例如汽车发生交通事故的概率就比婴儿死亡率要难预测得多，而且有多少种个人和财产几乎就有多少种这样难以把握的风险；② 财产与意外事故保险公司受通货膨胀和经济周期的影响要比人寿保险公司大，在通货膨胀的情况下，其赔付的成本会迅速上升，而在经济萧条时期，保险公司的业务开展会遇到极大的困难；③ 对财产与意外事故保险公司的索赔随时可能发生，而大多数的人寿保险单是长期契约，所以对人寿保险公司的索赔通常是可以预期的。基于以上几点不同，财产与意外事故保险公司不得不保持比较高的流动性，同时要应付收取较少的保费却要支付较高赔付额的情况，而人寿保险公司几乎可以全额投资。

(二) 养老基金

养老基金是一种向参加养老计划者以年金形式提供退休收入的金融机构。养老基金提供退休年金的资金主要来自：① 劳资双方的资金集聚，即雇主的缴款以及雇员工资中的扣除或雇员的自愿缴纳；② 运用集聚的资金收益，如投资于公司债券、股票以及政府债券的收益等。

养老基金是第二次世界大战后迅速发展起来的，目前普遍存在于西方各国。通常情况下，养老基金的会员是按照固定比例来缴纳养老金的，所以养老基金的现金收入是稳定且可以预测的。这样，养老基金可以从事长期投资，诸如购买公司普通股、各种长期债券和进行房地产交易。此外，在美国，养老基金从投资中获得的利息和资本利得可以豁免联邦所得税。但是，这类机构也面临着严重的困难。一方面，由于人口老龄化，引起养老基金的收入减少而支出增加；另一方面，政府对养老基金的管理相当严格，基金不得不保持很高的资金准备比率以应付养老金的提取要求。同时，其他金融机构，如人寿保险公司、商业银行等也提供类似的养老金管理服务，加剧了竞争。

(三) 财务公司

财务公司亦称财务有限公司。由于各国的金融体系不同,财务公司承办的业务范围也有所差别。其中,有的专门经营抵押放款业务,有的依靠吸收大额定期存款作为贷款和投资的来源;有的专门经营耐用品的租赁或分期付款销货业务。财务公司在 18 世纪始建于法国,后来,美国、英国等国相继开办,近年来,在中国香港地区和内地均有所发展。财务公司的短期资金来源主要是货币市场上发行的商业票据,长期资金来源于推销企业股票、发行债券,多数财务公司接受定期存款,向银行借款的比重较小。当代西方财务公司与投资银行的业务无异。除上述业务外,大的财务公司还兼营外汇、联合贷款、包销证券、不动产抵押、财务及投资咨询等业务。

(四) 经纪人和证券交易商

由于证券市场的专业性较强,所以像其他市场一样,在证券市场也存在着中介人,他们将客户与整个证券市场联系起来,因此被称为做市商(market maker)。这类金融机构是证券经纪人和证券交易商,也包括投资银行,由于这些金融机构的参与,增强了二级市场的活力,保证了证券交易在更广的范围内开展。但这些机构并非严格意义上的金融中介机构,因为他们并不是通过与盈余单位和赤字单位签订契约来交换金融要求权的,而是帮助企业或个人投资于证券市场,仍然属于直接融资的范围。经纪人和证券交易商都是通过提供咨询和代理交易来赚取手续费和佣金,但不同的是,经纪人没有自营业务,而证券交易商则开展自营交易。经纪人由于不直接参与交易,因此不承担市场风险,而证券交易商因为持有证券,所以面临的风险较大。

(五) 租赁公司

租赁公司分为经营性租赁公司和融资性租赁公司,融资性租赁公司又称为金融租赁公司。金融租赁是以商品交易为基础的融资与融物相结合的特殊类型的筹集资本、设备的方式,它既有别于传统租赁,也不同于贷款,它具有融资、投资、促销和管理的功能。金融租赁即租赁公司根据企业的要求筹措资金,提供以"融物"代替"融资"的设备租赁;在租赁期内,作为承租人的企业只有使用租赁物件的权利,没有所有权,并按照租赁合同的规定,定期向租赁公司交付租金。租赁期满,承租人向租赁公司交付少量的租赁物件的名义货价,双方即可办理租赁物件的产权转移手续。双方也可以办理续租手续,继续租赁。

(六) 金融公司

金融公司是专门为消费者提供消费贷款和为企业提供商业贷款及其他资金的金融机构。这类金融机构在美国比较发达。在 20 世纪 70 年代以前,大体可以分为三种类型,即消费者金融公司(consumer finance companies),销售金融公司(sales finance companies)和商业金融公司(commercial finance companies)。近年来,由于兼并和重组,三大类金融公司的差别大为缩减。

消费者金融公司直接向个人和家庭发放小额贷款，如耐用消费品贷款和弥补家庭日常消费的贷款。此外，此类公司还积极开展信用卡服务，如著名的维萨（VISA）和万事达卡（Master Card）就是由家庭国际公司（Household International）开发的。

销售金融公司的业务重点在于向消费者提供间接的贷款。零售商为了促销，通常向消费者提供分期付款合同，而此类合同大多有销售金融公司购买。由于双方关系密切，许多此类合同的条款由销售金融公司制定。

商业金融公司与前两类公司不同，其经营重点是商业性贷款和企业贷款。这类金融公司主要为客户提供短期流动资金或设备更新贷款。另外，也发放长期贷款。

实际上，一些大型产品制造商为了方便产品销售或为了融资的需要而拥有自己的金融公司，如著名的通用汽车公司（GM）、国际商业机器公司（IBM）等。金融公司的资金大多来源于其他金融机构。现在，由于金融市场竞争加剧，金融公司为了保持资产的流动性，利用商业票据、母公司银行贷款和其他短期债券来融资。金融公司的贷款利率和手续费一般高于其他金融机构，这是因为金融公司要为众多的零散客户服务，面临更大的信用风险和不确定因素。

第四节　中央银行

中央银行是一国金融体系的核心，是最高的、统筹全局的、特殊的金融组织，是国家宏观经济的重要调节机构之一，在当今商品经济高度发展、金融业发达的时代，它担负着监督管理、保障本国金融制度健全稳定发展、执行货币政策、控制整个社会的信贷规模以及货币供应总量的特殊职责。因此，无论一国经济采取何种模式或形态，无论一国的货币制度发展到何种程度或阶段，都已普遍建立了中央银行。

一、中央银行的产生与发展

历史上，中央银行制度由产生、发展到基本完善，经历了三个阶段：中央银行制度的初创时期（17—19 世纪），中央银行制度的普遍推行时期（19 世纪末—20 世纪中叶，即第二次世界大战后），现代中央银行制度的形成时期（20 世纪中叶以后）。中央银行的形成基本上遵循两条道路：一是由商业银行逐步演变而成的传统功能型的中央银行，如英格兰银行；二是一开始自觉设计建立的现代功能型的中央银行，如美国联邦储备体系。

（一）中央银行制度的初创时期

17 世纪到 19 世纪 70 年代是世界中央银行制度的初创时期，在这一时期，资本主义生产力迅速发展,商业银行制度逐步形成,为中央银行制度的产生提供了必要的前提。一方面,由于银行券分散发行,货币流通紊乱,银行破产和信用纠葛迫使政府客观上必须对银行业及其金融活动进行有效的监督管理;另一方面,经济活动中已经出现一些大银行,它们拥有大量资本,并在广泛的范围内享有较高的信誉,在一定程度上垄断着全国的货币发行,控制着中小银行。因此,一旦政府意识到必须对银行业及其金融活动实施监控而谋求一个代理人时,就会出面使这些大银行的特殊地位和作用合法化。这样中央银行制度便应运而生了。

英格兰银行是全世界公认的现代中央银行的"鼻祖"。英格兰银行成立于 1694 年,是英王威廉三世特批设立的英国历史上第一家私人股份制银行,从一开始就是为了弥补财政支出。英格兰银行成立之初并无明确的中央银行职能,其业务是与其他商业银行一样的存款、贷款和贴现等。但是,它享有其他银行不具备的特权:向政府放款,抵补英国连年殖民战争的资金需要;获准以政府债券为抵押,发行等值银行券,是一家无发行保证却能发行银行券的商业银行;还代理国库管理政府证券。可见,英格兰银行从成立之初就与政府有着千丝万缕的联系,是"国家银行和私人银行之间的奇特的混合物"。后逐渐在政府的支持下,不断扩大资本,一步步垄断货币发行,逐步确立起银行界的中心地位。

作为货币发行中心是商业银行演变为中央银行的最重要标志。因此多数人认为,英格兰银行的中央银行地位确立于 1844 年《比尔条例》的颁布。该条例确立了英格兰银行的国家机构地位,并于 1844 年 6 月停止了其他发币银行的发币权,并承诺不再增加新的发币银行。

(二) 中央银行制度的普遍推行时期

19 世纪末到 20 世纪中叶是世界中央银行制度的普遍推行时期。在这一时期,以布鲁塞尔会议为主要推动力,中央银行很快在世界各国普遍建立起来,这一时期的历史背景是第一次世界大战期间主要资本主义国家相继放弃金本位而导致普遍通货膨胀,货币制度混乱。战后重建货币制度时,在比利时布鲁塞尔召开的国际经济会议建议:已经建立中央银行的国家要更充分地发挥中央银行的作用,未建立中央银行的国家要尽快建立中央银行。世界各国纷纷响应,1921 年到 1939 年共有 30 多家中央银行建立。第二次世界大战后宣布独立的国家也先后建立了自己的中央银行。

这一时期建立的中央银行主要是以美国联邦储备体系为代表,而美国联邦储备体系基本上属于自觉设计建立的现代功能型中央银行。1913 年 12 月,美国国会通过了《联邦储备条例》的改革方案,正式成立联邦储备体系。

(三) 现代中央银行制度的形成时期

20 世纪中叶以后,世界中央银行制度的发展走向一个新的时期。这一时期的表象是第二次世界大战后发达国家中央银行掀起国有化浪潮和大部分发展中国家国有资本形式的中央银行制度的兴起。这一时期的实质是中央银行制度在职能深化方面的重大进展。

1945年12月,法国率先将法兰西银行收归国有,股票由国家收购,原有股东换取了三厘利息的债券,法兰西银行被完全置于政府的控制之下。1946年英国政府宣布英格兰银行收归国有;1957年,联邦德国建立德意志联邦银行,这是国家直接投资建立的中央银行。时至今日,现代中央银行制度已经在世界各国普遍建立,尚未建立中央银行制度的国家如新加坡也有类似中央银行的政府机构在行使中央银行职能。比如,新加坡的货币局和金融管理局两个机构从不同角度分别执行和发挥中央银行的发币和监管职能。

现代中央银行的标志是功能比较齐全,在现代中央银行制度的形成时期,中央银行的功能进一步深化,不仅仅停留在初级形态的传统职能上,而是从最基本的“三大银行职能”发展到有政策性银行职能、监督管理职能等现代中央银行职能。至此,世界现代中央银行制度已经现实地成为各国政府贯彻执行货币政策、维持货币金融稳定、调节宏观经济的一个重要工具。

二、中央银行的性质、职能特征

(一)中央银行的性质是由其在国民经济活动中的特殊地位所决定的

法律上,中央银行对社会承担责任,是一国金融制度中最高的管理当局,是政府在金融领域内的代理人,无论资本归谁所有,都应被看做政府的一个职能部门或是在政府控制下的一个金融管理机构。

经济上,中央银行又是一个办理存款、放款和结算业务的银行,但是它的顾客不同于其他金融机构,因而是一个特殊的银行。它居于一国的货币、信用和金融机构的枢纽和中心地位,被赋予指定和执行一国货币政策的职责,负责监督和管理一国的银行体系和金融活动。中央银行是具有银行名称的国家管理金融的职能机关。

对于中央银行的性质,历来就有“中央银行是银行”、“中央银行是机关”以及“中央银行既是机关又是银行”等多种论断。

根据1983年9月国务院发布的《关于中国人民银行专门行使中央银行职能的决定》,“中国人民银行是国务院领导和管理全国金融事业的国家机关,是国家的中央银行”,表明了中国人民银行既是国家机关又是银行的双重性质。1995年3月18日,第八届全国人民代表大会第三次会议正式通过了《中华人民共和国中国人民银行法》,这是新中国成立以来颁布的第一部金融大法,也是金融法律体系中的基本法。它首次以法的形式明确规定:“中国人民银行是中华人民共和国的中央银行。中国人民银行在国务院的领导下,制定和实施货币政策,对金融业实施监督管理。”

可见,中央银行不是一般的政府机关,具体表现在:

(1)中央银行拥有金融业务,并控制全国的货币供应和银行的信贷活动,维持一国的币值稳定,促进经济增长,这是一般的政府机关所不具备的特征。

(2) 中央银行除采用行政手段和法律手段外，主要运用间接的经济手段实施金融宏观调控，而大部分政府部门则主要采取直接的行政手段施行政府干预。

中央银行这一“银行”也不同于普通银行，它是特殊的银行，具体表现在：

(1) 中央银行是国家宏观金融和经济调控的主体，而商业银行等一般金融企业则是宏观金融调控的对象。中央银行可以根据国家经济发展的情况，相应地制定和执行货币政策，控制货币供应总量，并调节信贷的投向和流量，把国家宏观经济政策和宏观经济调节的信息向各银行和金融机构以及国民经济的各部门、各单位传递。

(2) 中央银行公开宣布不以盈利为目的，不与商业银行争利。中央银行以金融调控为己任，以稳定币值、促进经济发展为宗旨。虽然中央银行在业务中也会获得利润，但盈利不是目的。

(3) 中央银行一般不经营商业银行和其他金融机构的普通金融业务，中央银行通常只与政府和商业银行等金融机构发生资金来往。

(4) 中央银行享有货币发行权，商业银行及其他金融机构没有这种特权。中央银行虽然也吸收存款，但吸收存款的目的不是为了扩大信贷规模，而是为了在全国范围内有效地调控信贷规模，调节货币供应量。

(二) 中央银行的职能

中央银行的职能并非一律明确记载在各国的中央银行法令中，但是，世界中央银行制度已经走向成熟，其主要职能趋向于标准化，因此，关于中央银行职能，人们不难取得共识。

中央银行的职能是中央银行性质的具体表现，基本职能有：

(1) 中央银行是“发行银行”：中央银行独占货币发行权，商业银行已不再享有这项权力，但是在有些国家，如美国、德国和日本，中央银行垄断“主币”的发行权，“辅币”由财政部发行。

(2) 中央银行是“政府的银行”：中央银行作为政府宏观经济调控的重要工具，执行货币政策，代理国库，买卖政府证券，接受政府的存款，并对政府提供必要的短期融资。中央银行还代理政府的外汇平准基金账户，保管黄金和外汇储备，授权买卖黄金和外汇，维持汇率稳定。中央银行还要充当政府的金融顾问，随时向政府提供金融情报、资料和意见。中央银行需代表国家参与国际金融活动，签订国际金融协定，推动本国经济国际化。

(3) 中央银行是“银行的银行”：中央银行负责保管本国商业银行和其他接受存款的金融机构按规定提存的存款准备金，并根据金融市场情况调整法定准备金比率。另外，中央银行要对商业银行办理再贴现和再抵押的融资业务，调整商业银行的筹资成本，从而影响到商业银行的贷款意愿和能力，控制全国的货币和信贷供应总量。中央银行还是全国的票据清算中心，组织本国的票据集中清算。中央银行在监督和管理全国的银行体系及其金融活动，在金融危机时期还要发挥“最后贷款人”的救援作用，保障存款人安全，维护银行体系的健全和稳定。

随着经济的发展与金融业在国民经济中的渗透力和扩张力的增强，也要求和促进了中央银行作为一国最高的金融管理当局的职能完善和增强，半个世纪以来，中央银行的职能取得了重大的发展。

1. 政策职能

中央银行的政策职能体现在中央银行负责制定和执行本国的货币政策上。货币政策是政府宏观经济政策的重要组成部分。中央银行的政策职能指中央银行为实现政府的宏观经济目标而在金融领域内采取的一系列方针和调节措施。货币政策内涵广泛，具体包括四方面：货币政策目标、中间目标、操作目标和政策工具。制定和执行货币政策成为中央银行金融宏观调控的一项重要职能，第二次世界大战后，其发展成为现代中央银行的首要职能。中央银行发挥政策职能是通过对货币供应总量的控制来实现的。它之所以能够有效的控制货币供应总量，是因为它掌握着货币发行大权，且还握有可以直接影响基础货币量和间接影响银行派生存款倍数的各种手段，如法定准备金、贴现率、公开市场业务等。

2. 监督和管理职能

中央银行的监督管理职能体现在对银行体系、金融业务、金融市场和货币政策的宏观执行等方面实施监督和管理。

作为一国的金融管理当局，中央银行对本国辖区内的银行和金融机构，包括本国内、外国的和内外合资的银行，负有不同程度的监督和管理责任。

凡在国内设立银行和其他金融机构，都必须经过中央银行批准，按照立法程序完成登记注册手续，本国银行在国外设立分支机构同样须报中央银行批准。

中央银行有权制定各项金融法案的实施细则，制定普通银行和其他金融机构的业务管理规章和条例，经常定期或不定期检查银行和其他金融机构的业务和账务，包括它们的资本充足率、资产流动性、贷款集中度、业务活动范围和外汇风险，等等。根据不同情况，中央银行酌情行使制裁权力。

管理和控制金融市场是中央银行监督和管理的重要内容，除了对金融市场的不同子市场及同一市场不同层次的交易实施各种行政的、司法的监督以外，中央银行还直接参与金融市场交易，其目的是吞吐金融证券，控制金融市场，使货币政策的意图在金融市场上得以传导和实现。

可见，中央银行的监督和管理职能是其基本职能的延伸，又是其政策职能的保证，重要性不言而喻。

3. 研究职能

中央银行的研究职能是指中央银行利用其国民经济神经中枢和信用制度枢纽的地位，掌握各种资料和数据，搜集和整理各种经济信息，准确预测、及时研究和制定有关金融政策的方案，供政府决策以咨询和参考。研究职能是中央银行政策职能的补充，具有强化中央银行政策职能的重要作用。

4. 开发或促进职能

中央银行的开发或促进职能指中央银行在“金融深化”方面的促进能力，中央银行利用自己在金融体系中的领导地位，通过必要的措施促进银行和其他金融机构的发展，从而推动储蓄和投资的良性循环，保证总体经济的均衡增长和健康发展。中央银行的开发或促进职能对于发展中国家有重要意义。

三、中央银行的组织形式及利弊

从组织形式来看，各国中央银行在制度和组织形式的设置上受到的影响和制约因素各不相同，但大体上可以分为以下几类：

（一）单一式中央银行制度

单一式中央银行制度又称为一元式中央银行制度，是指在一个国家内单独设立一家中央银行，实行这种制度的中央银行往往设立若干家分支机构。一般来说，货币政策的决策权和金融机构的监管权集中于中央银行总行。分支行不能独立制定货币政策，而只是负责执行总行制定的政策，并监管当地的金融机构和金融市场。世界上大多数国家都实行这种制度。

这种中央银行制度的优点在于：一方面，决策权集中于总行，不需要与分支机构协调商量，所以决策成本低、效率高；另一方面，金融调控和监督权集中于中央，政策调控力度强且便于政策的贯彻实施。但缺点是在多元经济结构的国家中，这种制度作出的决策不能充分反映地区经济的发展要求，可能对局部产生不利的影响。

（二）复合式中央银行制度

复合式中央银行制度，也称为二元式中央银行制度，是指一国在中央设立一个中央银行机构，并在地方设立若干个地方级中央银行机构的制度。中央级中央银行机构又称一级中央银行机构，享有制定货币政策和指导地方级机构工作的最高权力，地方级中央银行机构又称二级中央银行机构，受一级中央银行机构的监管，执行中央决策机构制定的金融方针和政策。但同时，地方级机构在本地区内行使中央银行的职能，享有较大的自主权，并不受地方政府的领导和管辖，也不属于中央机构的派出机构，与总行并非垂直的领导关系。这种中央银行制度的优点在于，由于地方政府的独立性较大，可以根据本地区的特殊情况制定和执行金融政策，并行使监督权。因此，地方性中央银行在管理本地区金融机构和金融市场上具有更高的效率和更强的针对性。它的缺点是，这种制度决策的成本较高，时间长，中央银行的宏观调控力度较差。一般来说，联邦制的国家较多采用这种中央银行制度。

（三）跨国中央银行制度

跨国中央银行制度也称为区域性中央银行制度，是指几个国家组成一个货币联盟，各成员国内不设完全意义上的中央银行，而是由所有成员国联合组建一个跨国界的中央银行制度。第二次世界大战后，许多地域相邻、货币都与某一发达国家货币挂钩的发展中国家在获得独立后，在原来的殖民主义货币区基础上建立了新的货币联盟，组建了区域性的中央银行。这些中央银行负责发行共同的货币，为货币联盟的成员国制定货币政策，并实施统一的外汇管理制度，其根本任务是协调并推动联盟各成员国的经济发展和避免通货膨胀及汇率风险。各成员国除了设有作为执行机构的二级中央银行机构外，并没有制定货币政策的权力。目前，实施这种中央银行制度的典型代表是欧洲联盟。其他的区域性货币联盟有：西非货币联盟、中非货币联盟、东加勒比海货币联盟等。

（四）准中央银行制度

准中央银行制度是指一国并没有设立完全意义上的中央银行，而是由几个政府机构，或者是受政府委托的商业银行，代行部分中央银行职能，构成中央银行体系的制度。

一些经济相对发达的国家和地区，由于经济体制和经济结构较为特殊、土地面积一般比较小，以及为了节省开支等原因，没有设立单独的中央银行，而是由若干个机构分别代行部分中央银行的职能，来组成类似中央银行的多元结构。新加坡、卢森堡、斐济和我国香港的中央银行制度便属于这种性质。①

另外，在一些发展中国家，如利比里亚、马尔代夫等，由于经济发展水平低，金融体制不健全，贸易上与某一发达国家关系密切，并希望本国货币能与该发达国家的货币保持固定汇率，所以只在本国设职能不完全的准中央银行机构。

阅读专栏 5－1　准中央银行制典型代表：新加坡和中国香港

新加坡

新加坡中央银行的职能由新加坡金融管理局（Monetary Authority of Singapore，MAS）和货币委员会两个法定机构共同履行。

新加坡金融管理局成立于 1971 年，归财政部所属。除不发行货币外，全面行使一般中央银行的职能，包括稳定金融、促进经济增长及对金融机构进行监督和管理。新加坡金融管理局是政府的银行、银行的银行，但不是发行的银行，其主要职责是：① 根据国家经济发展情况制定和实施货币政策；② 接受政府存款，代理政府发行国库券和其他政府债券，管理国库和国家外汇储备；③ 依据有关法律，审批银行、金融公司和其他金融机构的设立和撤并，并进行管理、监督、稽核；④ 管理和干预金融市场；⑤ 为银行及其他金融机构开立账户和接受其存款，并以“最后贷款人”身份向他们融通资金；⑥ 依据《保险法》对保险公司的业务实行管理和监督；⑦ 代理政府参加国际金融活动等。

新加坡货币委员会（BCCS）于 1967 年 4 月 7 日成立，负责发行货币和储备外汇。

① 1998 年，卢森堡中央银行成立，它自然就不属于“准中央银行制度”的国家了。

2002 年 10 月 1 日，新加坡金融管理局与货币委员会合并，金融管理局(MAS)从此也开始负担起货币发行的职能。目前新加坡金融管理局的职能为：作为央行，实施货币政策、监管支付系统、发行货币，以及作为政府的财务代理与经济顾问；监管金融机构及维系金融稳定；管理国家外汇储备；将新加坡发展成为国际金融中心。

中国香港

中国香港曾在很长时期没有一个统一的金融管理机构。货币制度方面，港币的发行由渣打银行、汇丰银行负责，长期实行英镑汇兑本位制；1972 年港币实行与美元挂钩，1983 年 10 月开始，港币实行与美元严格挂钩的联系汇率制度。1960 年代前，香港基本没有金融监管；1964 年颁布《银行业条例》后，香港的金融监管有所加强，中央银行的职能由政府、同业公会和商业银行分别承担。1993 年 4 月 1 日，香港成立了金融管理局(HK Monetary Authority)，下设货币管理部、外汇管理部、银行监管部和银行政策部，集中货币政策、外汇基金管理、金融监管及支付体系管理等中央银行的基本职能；但它不同于一般的中央银行，港币发行职能仍由渣打银行、汇丰银行履行。1994 年 5 月 1 日起，中国银行香港分行成为发行港币的第三家商业银行。票据结算管理一直由汇丰银行负责。

(五) 大一统的中央银行制度

大一统的中央银行制度又称为一体式中央银行制度，是指在一个国家内没有专门设立一家银行来单独行使中央银行的职能，而是设立一家集中央银行和商业银行为一身的国家银行的制度。这类国家银行不仅发行货币，还负责全国范围内的资金结算、汇总及储蓄业务。这类国家银行虽然名义上是中央银行，但是其职能并不健全，往往不能独立地制定货币政策，而只是作为财政部的一个附属机构来执行职能。20 世纪 60 年代后苏联和东欧国家以及经济体制改革前的中国便是实行这种中央银行制度的典型国家。

在第五章第一节“金融体系的模式与职能特征”中我们说过，实行一体式中央银行制度国家的国家银行由于集金融管理和商业经营于一体，减低了金融管理的力度和效率。而层层设置的分支行也大多业务经营僵硬单一、效率低下。所以，实行这种中央银行制度的国家在进行经济体制改革过程中，均已对这种制度进行改造并放弃了这种模式，因此，在当今世界上，已极少有国家仍采用这种形式的中央银行制度。

四、我国的中央银行

我国的中央银行是中国人民银行，于 1948 年 12 月 1 日在石家庄正式宣告成立，1983 年 9 月 17 日国务院发布《关于中国人民银行专门行使中央银行职能的决定》后，开始专门行使中央银行职能。此前，我国中央银行在 35 年间(1948—1983 年)一直采取“兼营式”的职能形式。

1983 年后,中国人民银行从一体式中央银行转变为单一制中央银行,由中国人民银行总行及其分支机构组成。总行设在北京,是国家领导、管理金融的职能部门。分行是总行的派出机构,其主要的职能是贯彻实施货币政策,按照总行的授权负责本辖区的金融行政管理和金融业务监督,不负责为地方经济发展筹集资金。中国人民银行分支行在 1999 年以前基本上是按照行政区划设置的。这种设置方式虽然曾经发挥了一定的作用,但其弊端也日益明显,主要表现在:① 按行政区划设置分支机构为各级政府不合理的干涉银行工作提供了便利条件,使总行的统一领导受到削弱,造成货币政策的执行不力和金融监管的效率低下;② 按行政区划设置的分支机构,人为制造了地区之间的交流障碍;③ 分支机构过细,造成机构重复,浪费了大量的人力、物力、财力。因此,1998 年底,中国人民银行的分支机构体系发生了重大的变化:撤销省级分行,新的中国人民银行的分支机构分为四级,总行——九大跨行政区分行和两个总行营业部——省市中心支行——县支行。9 个跨行政区分行分别是:沈阳分行(辖黑龙江、吉林、辽宁),天津支行(辖天津、河北、山西、内蒙古),济南分行(辖山东、河南),南京分行(辖江苏、安徽),上海分行(辖上海、浙江、福建),广州分行(辖广东、广西、海南),武汉分行(辖江西、湖北、湖南),成都分行(辖四川、贵州、云南、西藏),西安分行(辖陕西、甘肃、青海、宁夏、新疆)。两个总行营业管理部分设在北京和重庆。1999 年 1 月 1 日,九大跨行政区分行和两个营业管理部正式开始运作。

《中华人民共和国中国人民银行法》第四条规定中国人民银行履行下列职责:① 依法制定和执行货币政策;② 发行人民币,管理人民币流通;③ 按照规定审批、监督管理金融机构;④ 按照规定监督管理金融市场;⑤ 发布有关金融监督管理和业务的命令和规章;⑥ 持有、管理、经营国家外汇储备、黄金储备;⑦ 经理国库;⑧ 维护支付、清算系统的正常运行;⑨ 负责金融业的统计、调查、分析和预测;⑩ 作为国家的中央银行,从事有关的国际金融活动;⑪ 国务院规定的其他职责。

职能是职责的具体化。鉴于上述职责,中国人民银行的职能可归纳为:政策职能、服务职能(即三项传统的、基本的职能——"发行的银行"、"银行的银行"和"政府的银行")和监督管理职能。

(一) 中国人民银行的四次职能变化

1983 年,中国工商银行作为国有商业银行从中国人民银行中分离出来,使中国人民银行实现了中央银行与商业银行的分离。

1992 年 10 月 26 日,中国证监会正式成立;1998 年 11 月 18 日,中国保监会正式成立。证券、保险市场的监管职能从中国人民银行的职能中剥离出来。

2003 年 3 月 6 日,国务院提请十届全国人大一次会议审议国务院机构改革方案,提出新设立银监会,实现中央银行的货币政策与银行监管职能的分离。

作为国务院直属的正部级事业单位,银监会将根据授权,统一监督管理银行、资产管理公司、信托投资公司及其他存款类金融机构。其主要职责是：拟订有关银行业监管的政策法规，负责市场准入和运行监督，依法查处违法违规行为等。

随着银监会的成立，银行、证券、保险——中国金融业“分业经营，分业监管”的框架最终完成，新中国成立五十多年来中国人民银行集货币政策与银行监管于一身的“大一统”时代也宣告结束。银监会的成立，实现了货币政策与银行监管职能的分离。被剥离了监管职能的中国人民银行可不再受制于商业银行的安全与利益，而是能够从整个金融业乃至国民经济的全局出发来考虑货币政策的制定。而银监会专司银行监管，无法借助货币政策来掩饰监管的不足，从而专心致力于自身监管水平的提高，有利于维护我国金融安全。

而业内专家认为，鉴于混业经营、混业监管已成为金融业大势所趋，因此，长远看来，银监会所扮演的将是一个重要的过渡角色。

从国际情况来看，混业经营已成为金融业的主流趋势，一些主要国家，如英国、美国的金融企业大多是混业经营，政府所采用的也都是混业监管。目前，国内金融市场也出现了混业的苗头，一些金融控股集团已经出现。但是，多数金融混业经营的国家，都经历了相当长时间的分业监管及货币政策独立。我国尚处在完善分业监管的进程中。当前分业经营、分业监管体系的搭建正是为了实现“金融业规范地发展”。尽管短期内中国金融业还无法实现真正的混业经营，但随着市场条件的成熟，混业经营的变更势必带来银行、保险、证券分业监管的再度融合。

2018 年 3 月，根据国务院机构改革方案，将中国银行业监督管理委员会和中国保险监督管理委员会的职责整合，组建中国银行保险监督管理委员会。将中国银行业监督管理委员会拟订银行业、保险业重要法律法规草案和审慎监管基本制度的职责划入中国人民银行，不再保留中国银行业监督管理委员会、中国保险监督管理委员会。

（二）中国银行保险监督管理委员会

中国银行保险监督管理委员会贯彻落实党中央关于银行业和保险业监管工作的方针政策和决策部署，在履行职责过程中坚持和加强党对银行业和保险业监管工作的集中统一领导。主要职责是：

（1）依法依规对全国银行业和保险业实行统一监督管理，维护银行业和保险业合法、稳健运行，对派出机构实行垂直领导。

（2）对银行业和保险业改革开放和监管有效性开展系统性研究。参与拟订金融业改革发展战略规划，参与起草银行业和保险业重要法律法规草案以及审慎监管和金融消费者保护基本制度。起草银行业和保险业其他法律法规草案，提出制定和修改建议。

（3）依据审慎监管和金融消费者保护基本制度，制定银行业和保险业审慎监管与行为监管规则。制定小额贷款公司、融资性担保公司、典当行、融资租赁公司、商业保理公司、地方资产管理公司等其他类型机构的经营规则和监管规则。制定网络借贷信息中介机构业务活动的监管制度。

(4) 依法依规对银行业和保险业机构及其业务范围实行准入管理,审查高级管理人员任职资格。制定银行业和保险业从业人员行为管理规范。

(5) 对银行业和保险业机构的公司治理、风险管理、内部控制、资本充足状况、偿付能力、经营行为和信息披露等实施监管。

(6) 对银行业和保险业机构实行现场检查与非现场监管,开展风险与合规评估,保护金融消费者合法权益,依法查处违法违规行为。

(7) 负责统一编制全国银行业和保险业监管数据报表,按照国家有关规定予以发布,履行金融业综合统计相关工作职责。

(8) 建立银行业和保险业风险监控、评价和预警体系,跟踪分析、监测、预测银行业和保险业运行状况。

(9) 会同有关部门提出存款类金融机构和保险业机构紧急风险处置的意见和建议并组织实施。

(10) 依法依规打击非法金融活动,负责非法集资的认定、查处和取缔以及相关组织协调工作。

(11) 根据职责分工,负责指导和监督地方金融监管部门相关业务工作。

(12) 参加银行业和保险业国际组织与国际监管规则制定,开展银行业和保险业的对外交流与国际合作事务。

(13) 负责国有重点银行业金融机构监事会的日常管理工作。

(14) 完成党中央、国务院交办的其他任务。

(15) 职能转变。围绕国家金融工作的指导方针和任务,进一步明确职能定位,强化监管职责,加强微观审慎监管、行为监管与金融消费者保护,守住不发生系统性金融风险的底线。按照简政放权要求,逐步减少并依法规范事前审批,加强事中事后监管,优化金融服务,向派出机构适当转移监管和服务职能,推动银行业和保险业机构业务和服务下沉,更好地发挥金融服务实体经济功能。

五、中央银行的资产负债表分析

银行资产负债表给出了一定时点上银行的资产、负债和资本的全面情况。中央银行的资产负债是中央银行业务的基础,中央银行资产负债表是银行性业务中资产负债表的综合会计记录。各国中央银行一般在编制资产负债表时主要参照国际货币基金组织的格式和口径,表中主要项目与结构基本相同,表内主要项目是国外资产、对金融机构的债权、对政府债权三项。各国中央银行资产负债表项目中结构存在的差异,是各国中央银行资产负债业务的重点和特点差异的反映。我们以美国联邦储备系统(以下简称美联储)和中国人民银行为例来了解中央银行的资产负债表。

表 5-3　美国联邦储备系统综合资产负债表(2021 年 1 月 13 日)　单位：百万美元

资　产		负　债	
黄金和特别提款权账户	16 237	联邦储备券	2 043 387
硬币	1 572	逆回购协议	214 173
各类证券	6 765 622	银行存款	3 200 869
证券的未摊销溢价与未摊销折价	338 062	美国财政部存款	1 575 875
回购协议、贷款	53 152	外国和其他存款	197 742
净投资组合持有量	86 431	待付现金项目	187
待收现金项目	93	政府对信贷设施的捐款	51 778
央行流动性掉期	11 150	应计股息	10 752
银行房产	2 210	资本项目	39 205
其他联邦储备资产	59 439		
合计	7 333 968	合计	7 333 968

资料来源：Consolidated Statement of Condition of All Federal Reserve Banks，美国联邦储备统计公报(FEDERAL RESERVE statistical release)。https://www.federalreserve.gov/releases/h41/。

资产：① 证券是指美联储所持有的各种证券，其中主要是财政部发行的公债。另有一部分联邦机构债券和抵押担保证券。证券的金额是由美联储通过国债二级市场购买或出售来控制，目前它是美联储最大的一项资产。② 证券的未摊销溢价与未摊销折价是反映美联储购买证券的价格与面值之间的溢价或折价，经过未摊销。③ 黄金和特别提款权账户是一国的国际储备，特别提款权是国际货币基金组织对各国政府发行，用于清算国家间债务的记账单位。④ 硬币是资产中份额很小的资产，是美联储所持有的财政部发行的通货。美国的硬币由美国财政部下面的铸币局发行，并不由美联储发行。美联储拿到硬币后，计入其资产方。⑤ 回购协议以美国国债和联邦机构债务证券为担保的协议的现金价值。⑥ 贷款包括初级、次级和季节性贷款以及通过初级交易商信贷融资便利(Primary Dealer Credit Facility)、货币市场共同基金流动性融资便利(Money Market Mutual Fund Liquidity Facility)、薪水支票保障计划流动性融资便利(Paycheck Protection Program Liquidity Facility)和其他信用展期提供的信贷。⑦ 净投资组合持有量：包括根据信贷安排条款购买的资产以及与财政部对该信贷安排的供款有关的金额。⑧ 待收现金项目是银行间的结算，当支票被送交联储进行结算时，联储便把支票送交其签发银行，并通过从该银行在联储中的存款中减去支票金额的办法收回资金。在资金收回之前，这张支票就成为待收现金项目。⑨ 央行流动性掉期：本协议项下持有的外币的美元价值，按外币退还外国中央银行时使用的汇率计算。该汇率等于从外国中央银行获得外币时使用的市场汇率。⑩ 银行房产及其他联邦储备资产，包括计算机、办公室设备和建筑物等固定资产。

负债：① 联邦储备券是联储所发行的流通之外的联邦储备券(通货)，是美联储最主要的资金来源。② 逆回购协议是以美国国债、联邦机构债务证券和按揭抵押贷款支持证券为担保的协议的现金价值。③ 银行存款是银行在联邦储备体系中的存款，这些存款加上各银行的存库现金就等于商业银行的准备金。④ 美国财政部存款是财政部在联邦储备体系中的存款，财政部以此签发它的全部支票。⑤ 外国和其他存款，包括外国政府、外国中央银行、国际机构和美国政府机构在联储的存款。⑥ 待付现金项目是银行间清算时，应付未付的金额就是中央银行的待付现金项目，是联邦储备体系的一项负债。⑦ 应计股息，包括应付美国财政部的收入汇款。

从表 5-4 可以看出，我国中央银行的资产负债表的构成和美国联邦储备的资产负债表的构成基本一致，但是各项目所占比例却不相同。中国人民银行的负债主要是银行存款和流通中的货币。对金融机构的负债是各银行和其他金融机构上缴的存款准备金。中国人民银行的资产主要是外汇储备以及对银行和其他金融机构的贷款。对政府的债权，即持有的政府公债在我国中央银行资产中所占的比例较小，这是因为我国的金融市场不发达，政府发行的公债数量和种类都较少。

表 5-4　中国人民银行资产负债表(2019 年 12 月)　　单位：亿元人民币

资　　产		负　　债	
国外资产	218 638.73	储备货币	324 174.95
外汇	212 317.26	货币发行	82 859.05
货币黄金	2 855.63	金融性公司存款	226 023.86
其他国外资产	3 465.84	其他存款性公司存款	226 023.86
对政府债权	15 250.24	其他金融性公司存款	
其中：中央政府	15 250.24		
对其他存款性公司债权	117 748.86	非金融机构存款	15 292.04
对其他金融性公司债权	4 623.39	不计入储备货币的金融性公司存款	4 574.4
对非金融性部门债权	0	发行债券	1 020
其他资产	14 869.26	国外负债	841.77
		政府存款	32 415.13
		自有资金	219.75
		其他负债	7 884.48
总资产	371 130.48	总负债	371 130.48

虽然各国中央银行的资产负债表并不统一，但我们可以概括中央银行的资产负债表形式如表 5-5 所示。(A 表示资产，L 表示负债)

表 5－5　中央银行资产负债表

资　　产	负　　债
A1 对商业银行的贴现及贷款 A2 持有的政府债券 A3 外汇、黄金储备 A4 其他资产	L1 流通中的通货 L2 商业银行等金融机构存款 L3 政府部门存款 L4 国际金融机构存款 L5 资本项目
合　计	合　计

第五节　金融创新对金融体系的影响

一、金融创新推动金融机构体系不断完善与发展

金融创新下陆续有新的机构加入金融体系。20 世纪中叶以来涌现出许多新型金融机构，如无人银行、网络银行、跨国大型复合金融机构、金融超市等。特别是金融创新导致了非银行金融与银行金融格局的变化，银行的地位受到挑战。因为金融创新使得非银行金融机构迅速发展壮大，资金融通出现不通过银行或者不经过传统银行业务来完成的“脱媒”趋势或“体外循环”，形成了多元化金融机构并存的格局，强化了金融机构之间的竞争。金融创新引致下的金融竞争既提高了金融体系整体运作效率，使客户享受快捷、便利的金融服务，同时又进一步促进了金融创新。正是通过“创新—竞争—再创新”循环往复的过程，使金融机构和金融体系不断完善和发展。

二、金融创新拓广和深化了金融机构业务

金融创新丰富了金融体系和市场交易品种，使金融资产种类不断增加，衍生金融产品的序列不断延长，种类繁多且各具特色，技术性也越来越强。既有基础金融工具与衍生工具的嫁接，如外汇期货、债券期货、股票期权等，也有衍生金融工具之间的搭配，如期货期权、互换期权等“再衍生金融工具”，这给金融机构之间、金融体系与投融资主体之间的业务往来提供了更宽广的空间，各机构之间的业务渗透越来越深入、范围越来越广泛。

三、金融创新改变了金融机构的性质和运营模式

金融创新使得单个金融机构除了传统的存贷款、结算业务外，还涉猎信托、证券、保险、投资和金融产品创新等诸多领域，金融机构彼此之间业务渗透和交叉越来越深广，导致金融机构大型化、集团化，模糊了各金融机构间的业务界限，逐渐从分业经营模式转向金融混业经营。一些国家如美国、加拿大等从法律法规上解除了对分业经营的限制，对已有的金融创

新予以认可，并通过规范化制度安排进行制度创新。

各金融机构追求规模经济和范围经济，不断突破分业经营限制而相互融合，业务界限日益模糊增强了金融机构之间的竞争，导致金融机构业务多元化及金融机构同质化。

四、金融创新加大整个金融体系面临的风险

金融创新可以降低或者转移个别风险，但不能消除或减少整个金融业的系统风险。原因在于多元化和混业经营模式使各金融机构之间形成了密不可分的伙伴关系。金融机构之间、金融机构与非金融机构之间、国内金融机构与国际金融机构之间的依赖性大大增强。一旦某个环节、某个部门出了差错，很容易形成“多米诺骨牌”效应。同时，金融创新使金融机构在传统风险的基础上面临新的风险。比如，一些金融机构受利益驱动，不断加大金融创新力度，金融产品的复杂性和不透明性上升，金融机构杠杆率不断提高，增大了市场的潜在风险。监管缺失下的金融过度创新就是金融危机的重要原因。

本章小结

BRIEF SUMMARY

- 金融体系模式主要有以中央银行为核心的金融体系模式、高度集中的金融体系模式和没有中央银行的金融体系模式三种。以中央银行为核心的金融体系模式是各国普遍推行的金融体系模式。

- 金融体系具有创造中介、政策传导中介、信用中介、支付中介和信息中介等职能特征。商业银行是发挥这些职能最典型的金融机构。

- 目前各国商业银行体系主要有单一银行制度和总分行制度两种形式。两种形式各有优缺点，但总分行制度是大多数国家普遍接受的组织形式。另外，在实行单一银行制度的国家，银行持股公司是作为规避对设立分支行制度限制的一种对策，指由某一集团成立一家股权公司，由该公司收购或控制一家或一家以上的银行的股票。银行持股公司制是一种银行制度的创新。

- 专业银行是指不经营零售业务，只是在特定的范围内提供专门性金融服务的金融机构。开发银行系指专门为经济开发提供长期投资性贷款的银行，是属于非营利性的政策性专业银行。分为全球性开发银行、区域性开发银行、本国性开发银行三种。

- 投资银行主要从事所有的资本市场业务，包括证券承销和公司理财、收购与兼并、提供咨询、基金管理和风险资本管理等。随着金融管制的放松，投资银行和商业银行的业务交叉越来越多，两者之间的业务分界越来越模糊。

- 储蓄银行是指以吸收储蓄存款为主要资金来源的银行。储蓄银行汇集起来的储蓄存款余额较为稳定，故主要用于长期投资。

● 从组织形式来看，中央银行有单一式（又称为一元式）中央银行制度、复合式（又称二元式）中央银行制度和跨国中央银行制度等。其中一元式中央银行制度是各国普遍采用的形式。中央银行主要发挥“发行银行”、“政府的银行”和“银行的银行”的职能。

复习题

REVIEW QUESTIONS

选择题

1. 下列哪些项目属于直接融资？（　　）
   A. 甲公司发行普通股融资
   B. 一家企业从商业银行获得了一笔贷款
   C. 你借款给你的一位下岗表妹以帮助她开杂货店而再就业
   D. 中国国家开发银行发行金融债券
2. 银行发行的金融债券是（　　）。
   A. 直接融资　　B. 间接融资　　C. 多边融资　　D. 混合融资
3. 关于金融体系的职能特征的描述，包括：① 政策传导中介　② 信用中介　③ 支付中介　④ 信息中介　⑤ 创造信用工具的创造中介　⑥ 风险中介　⑦ 资产转换中介，其中正确的是（　　）。
   A. ①②③④　　B. ①②③⑤
   C. ①②③④⑤⑥⑦　　D. ②③⑤⑥
4. 下列（　　）不属于政策性银行。
   A. 中国人民银行　　B. 中国进出口银行
   C. 中国农业银行　　D. 国家开发银行
5. 现代金融机构体系主要由中央银行、商业银行、专业银行和非银行金融机构构成。其中在金融体系中处于核心地位的是（　　）。
   A. 中央银行　　B. 商业银行　　C. 专业银行　　D. 非银行金融机构
6. 当代各国普遍实行的商业银行组织形式是（　　）。
   A. 单元制　　B. 分支行制　　C. 代理行制　　D. 银行控股公司制
7. 中国的中央银行制度的类型是（　　）。
   A. 一元式中央银行制　　B. 二元式中央银行制
   C. 复合式中央银行制　　D. 联合式中央银行制
8. 投资银行的主要业务是代理工商企业发行证券，其主要资金来源通过（　　）来筹集。
   A. 证券的发行和交易　　B. 从其他银行取得贷款或同业拆借
   C. 吸收活期或定期存款　　D. 吸收活期和储蓄存款

E. 政府拨款或财政贷款

9. 投资银行的本源业务为(　　)。

A. 证券交易　　B. 证券承销　　C. 证券私募　　D. 资产证券化

10. 商业银行在现代经济活动中发挥极为重要的作用,其职能可能包括:① 支付中介 ② 信息中介 ③ 信用中介 ④ 创造信用工具的中介 ⑤ 政策传导中介 ⑥ 金融百货公司 ⑦ 资产转换中介 ⑧ 风险中介,其中正确的是(　　)。

A. ②③④⑤　　B. ②③④⑤⑥

C. ①②③④⑤⑥⑦⑧　　D. ①②④⑤

11. 下列金融机构中属于存款性金融机构的有(　　)。

A. 互助储蓄银行　　B. 投资银行

C. 货币市场互助基金　　D. 金融公司

12. 银行持股公司制在(　　)最为流行。

A. 美国　　B. 英国　　C. 德国　　D. 日本

13. 可以归入商业银行中间业务的有(　　)。

A. 信贷业务　　B. 汇兑业务　　C. 信用证业务　　D. 代收、代客买卖业务

E. 投资业务　　F. 贴现业务

14. 商业银行替客户办理中间业务可能获得的实际好处是(　　)。

A. 手续费收入　　B. 控制企业　　C. 双方分成　　D. 暂时占用客户资金

15. 关于中央银行的组织形式,正确的描述是(　　)。

A. 世界上大多数国家实行的是一元式中央银行制度

B. 一元式中央银行制度的优点是决策效率高,但无法全面考虑到地方经济的特性

C. 复合式中央银行制度克服了一元式中央银行制度的缺陷,因此是更好的形式

D. 我国由于香港独自发行港币,故属于复合中央银行制

E. ABC 都对

16. 信托与租赁属于商业银行的(　　)。

A. 资产业务　　B. 负债业务　　C. 中间业务　　D. 表外业务

17. 关于银行持股公司制,正确的说法是(　　)。

A. 银行持股公司制是应对单一银行制度管制的金融创新

B. 银行持股公司更容易进入资本市场筹资,可通过公司内部的利润调整来避税

C. 银行持股公司是指持有银行股的公司

D. 该制度兼具总分行制与单一银行制的特点

E. 银行可通过控股公司获得收入和利润来源分散的好处,减少风险敞口

18. 以下哪种不属于商业银行的表外业务?(　　)

A. 对银行承兑汇票进行贴现　　B. 对商业汇票进行承兑

C. 信用证　　　　　　　　　　　　D. 出售贷款承诺

19. 以下哪种属于商业银行的表外业务？(　　)

A. 对商业汇票进行贴现　　　　　　B. 买卖政府债券

C. 利用 NOW 账户开展业务　　　　D. 信用证业务

20. 主要通过发行国债、政府拨款作为资金来源的金融机构是(　　)。

A. 商业银行　　B. 开发银行　　C. 储蓄银行　　D. 投资银行

21. 中央银行是国家的银行，它代理国库，集中(　　)。

A. 国库存款　　B. 企业存款　　C. 团体存款　　D. 个人存款

22. 下列中央银行资产项目的变动导致准备金减少的是(　　)。

A. 中央银行给存款机构贷款增加

B. 中央银行代表财政部购买黄金，增加金证券储备

C. 向其他国家中央银行购买外国通货

D. 中央银行出售证券

23. 下列中央银行负债的变动使商业银行体系准备金增加的是(　　)。

A. 财政部在中央银行的存款增加　　B. 外国在中央银行的存款增加

C. 流通中的通货减少　　　　　　　D. 其他负债的增加

24. 下列中央银行的行为和服务中，体现其"银行的银行"的职能的是(　　)。

A. 代理国库　　　　　　　　　　　B. 对政府提供信贷

C. 集中保管商业银行现金准备　　　D. 发行货币

判断与辨析

1. 我国实行的商业银行制度是单一式银行制度。(　　)
2. 目前世界上多数国家实行的是二元式中央银行制。(　　)
3. 现代经济体系中投资银行在业务上可以覆盖商业银行。(　　)
4. 美国商业银行出现的"银行持股公司制"是应对单一银行制度管制的金融创新，这种制度兼具总分行制与单一银行制的特点。(　　)
5. 商业银行投资的证券都是股权证券。(　　)
6. 商业银行与其他专业银行及金融机构的基本区别在于商业银行是唯一能够接受、创造和收缩活期存款的金融中介机构。(　　)
7. 互助储蓄银行为较小的盈余单位在债券市场和股票市场上直接投资提供了一种方式。(　　)

基本概念

法定准备金　　超额准备金　　商业银行　　中央银行　　开发银行

投资银行	储蓄银行	最后贷款人	银行持股公司制	金融体系
再贴现	中间业务	表外业务	直接金融	间接金融

思考题

1. 从理论上比较单一银行制度和总分行制度的利弊。
2. 理解金融体系、商业银行的职能特征。
3. 理解、分析商业银行与投资银行的关系。
4. 理解中央银行的性质和职能特征。
5. 领会中央银行资产负债表,及各项目的变动对商业银行准备金的影响和对货币政策操作的启示。
6. 理解并比较中央银行各种组织形式的优劣。
7. 了解开发银行、投资银行、储蓄银行的性质和主要业务。
8. 理解中间业务和表外业务的关系。
9. 理解金融创新对金融体系的影响。

第六章——商业银行经营管理

第一节 商业银行经营管理的基本原则

商业银行的管理主要涉及资产与负债的“三性原则”，即银行的收益性(盈利性)、流动性、安全性，这是商业银行经营管理中必须遵循的基本原则。

一、盈利性原则

盈利性是指商业银行在正常经营状态下的盈利能力。银行的业务收入扣除业务支出后的净额，就是银行利润，对利润的追求是商业银行经营管理的核心目标，银行的盈利性关系到商业银行自身的生存和发展。银行一般会把追求最大限度的利润作为内在动力，合理安排资产和负债。盈利多少取决于银行资产收益、其他收入及银行各项经营成本费用的多少。显然，提高资产的收益能力、提供更多的服务以获得更多的服务费收入以及降低银行的经营成本是提高银行盈利能力的根本途径。现代银行经营管理理论认为银行在利差缩小和非中介化的情况下，应该广泛利用负债成本的缩减和扩大手续费收入来提高自身在竞争中的盈利能力。但是银行不能为追求盈利能力而顾此失彼。商业银行明智的做法是，在充分考虑流动性和安全性的基础上，尽可能地提高盈利能力，保持竞争优势。

二、安全性原则

安全性原则指商业银行按期收回资产本息和及时应付提存以避免风险损失的可靠程度。银行经营管理的安全性基本归为两方面，一对于存款客户和其他债权人，必须按契约还本付息，力求避免货币贬值和不能提取的损失；二对于银行债权和其他盈利性资产必须按契约如期收回本息。商业银行贯彻安全性原则的核心在于必须正确处置风险。

(1) 风险来自银行的资金构成和经营特点(不同于一般企业)。银行的自有资金比重很小，靠负债经营，要求留有一定的周转资金(准备金)。

从银行负债来看，若客户要求提款，银行必须立即予以满足，否则，就会触发挤兑风潮。所以，银行业务活动的进行，某种程度上取决于银行在客户中的信誉，若失去客户的信赖，则危及银行安全。

从银行放款来看，若申请贷款的客户在银行保留一定的存款余额，拒绝发放贷款，很可能导致客户提存，使银行处于更加不利的境地。

(2) 风险来自银行贷款、投资的规模及期限结构。若规模过大，超过了资金来源的可用限度，或资金来源期限短，而贷款、投资的期限长，则必然导致银行资金短缺，周转准备金不足，甚至有倒闭的危险。

(3) 信用风险分为两种：一是客户违约信用风险。其大小取决于借款客户的信用状况。若银行放款投资规模适当，期限结构合理，但因客户信用不佳，到期却不能偿还，或发生坏账，或投资的证券贬值，这必然影响存款的兑付和资金周转，引起第二种信用风险——银行违约风险。当存款者挤兑而银行无足够的现金准备，此时私人银行信誉扫地乃至破产，国家银行虽可紧急调运现金头寸，但因只能延期兑付，也影响银行的声誉及今后的资金来源。

(4) 市场风险。由于银行经营对象——货币的特殊性，易受各种因素影响，如资金成本、资金价格(利率)变幻莫测，资金运用能否收回难以预料，这里主要指利率风险；经济情况的不确定因素多，如不景气、商品市场上供求关系失灵、企业资金周转迟滞，造成债权债务链条中断，贷款收不回，危及银行安全；购买力风险，因通货膨胀或紧缩引起货币贬值或升值的风险。银行作为债权人和债务人的统一，这种风险的损益可能互相抵消，但对于贷款量大的银行而言，本金贬值会引起净风险损失。同时在通货膨胀的冲击下，银行存款资金来源受阻，使银行经营更加不利。

(5) 管理风险，又称内部风险，包括战略决策失误风险，新金融产品开发风险，营业差错风险，贪污盗窃风险。

(6) 其他。如汇率风险，政治风险等。汇率风险是因汇率变动而引起的，有四种形式：银行做多或做空时的买卖风险、交易结算风险、外汇评价风险、存货资产以外币计价时的存货风险。政治风险或称国家风险，与政治领导人更替、大政方针转变有关。如国有化措施、市场化改革、财政货币政策的变化等，很可能直接影响银行的经营收益。

上述(1)、(2)、(5)的风险是银行可以控制的，(3)、(4)、(6)的风险虽然银行不能控制，但可以预测，通过自身业务的适当安排，可在一定程度上避免风险。那么，银行怎样将风险降到最低限度保持资产与负债的安全性呢？我们可以从以下几个方面入手：

(1) 扩大自有资金在全部负债中的比重，巩固存款客户对银行的信任。

(2) 保持足够的准备金以满足客户提存。

(3) 加强对借款客户的资信调查和市场预测。具体见本章第五节的分析。

(4) 合理安排放款、投资的规模及期限结构，使其与负债规模、结构相匹配，保证银行的清偿力。

(5) 参加存款和资产保险。

(6) 配合上级机构的监管。

三、流动性原则

（一）商业银行流动性的含义

银行要维持一定比率和数量的现金资产以应付客户的资金需求，其一般由银行的库存现金、在中央银行的存款准备金和存放在同业的活期存款构成。银行的流动性包括资产的流动性和负债的流动性。资产的流动性包括三个方面的内容：(1) 银行的贷款和投资能否按契约规定及时收回，如能，则说明资产具有流动性。(2) 银行所持有的资产能否在不贬值的条件下迅速变现。如持有的票据、证券等在不受损失的情况下销售转化为可用资金，则资产具有流动性。(3) 银行能否提供合理贷款和投资的正常资金供应。如能，则资产具有流动性。负债的流动性包括两方面内容：(1) 从负债流动性需求角度看，银行要有足够的可用头寸满足存款提现和转移支付的需求。(2) 从银行负债流动性供给的角度看，指银行能随时以较低成本获得所需的可用资金。

（二）商业银行为什么要保持流动性

1. 银行是信用中介机构，能否做到对客户见票即付，是银行信誉好坏的标志，也是银行能否继续经营下去的关键。若不能做到见票即付，则银行信用一落千丈，可能引起银行间的挤兑风潮。

2. 银行资产流动性不仅是存款客户的要求，也同样是贷款客户的要求。在市场经济条件下，银行可以选择客户，客户也可以选择银行，银行要想留住客户，特别是资信良好的老客户，必须尽力满足其合理的借款需求。

3. 流动性也是非预期性的要求。在银行的日常支付中，有些支付有规律、可预测，如季节性、周期性生产的变化对资金的需求。但对于有些支付，银行无法预测，比如企业倒闭、战争、自然灾害等。银行必须能够应付这类支付，否则信誉受损，甚至关门大吉。

那么，商业银行如何保持资产与负债的流动性呢？我们从下面的简单例子入手，分别从资产与负债的流动性两个方面进行分析。

（三）商业银行如何保持流动性

先看银行有足够超额准备金的情况，假设某一银行的资产负债表初始情况如表 6 - 1 所示：法定准备金率是 10%，则该银行现有超额准备金 10 万元。

表 6 - 1　　单位：万元

A		L	
准备金	20	存款	100
贷款	80	资本金	10
证券	10		

若发生 10 万元的存款外流，此时资产负债表如表 6－2 所示：

表 6－2　　单位：万元

A		L	
准备金	10	存款	90
贷款	80	资本金	10
证券	10		

这时仍然存在 1 万元的超额准备金。

结论：只要银行拥有足够的准备金，存款外流就不会迫使银行变动资产负债表的其他部分。

现假定该银行无超额准备金，其资产负债表的初始情况如表 6－3 所示：

表 6－3　　单位：万元

A		L	
准备金	10	存款	100
贷款	90	资本金	10
证券	10		

如同样发生 10 万元的存款外流，其资产负债表如表 6－4 所示，即准备金等量减少。但根据规定，银行应保持 9 万元的法定准备金，现在准备金却荡然无存，即存在 9 万元的准备金缺口。为弥补这个缺口，就需对银行的负债与资产进行流动性管理。

表 6－4　　单位：万元

A		L	
准备金	0	存款	90
贷款	90	资本金	10
证券	10		

第二节　商业银行负债管理理论与方法

一、负债管理基本理论

（一）银行券理论

银行券理论是一种古老的银行负债理论。在商业银行发展初期，人们将金银或铸币存入银行，由银行开出支付凭证，允诺持票人凭票兑现。这种凭证即为银行券，有相应的贵金属在其背后做保证。但银行家们发现持票人一般不会同时要求兑现,也就是说发行的银行券并不需要相应的足额贵金属做准备,就会多发行银行券为银行谋取利润,构成银行的基本负债。但是,当银行券发行过多、贵金属准备不足时,就会造成信用危机,带来通货膨胀,迫使政府干预。虽然现代商业银行已不再拥有银行券负债,但其发行原理在当今银行发展中仍有一定的现实意义。

(二) 存款理论

随着各国中央银行制度的建立,商业银行没有了发行银行券的职能,存款理论应运而生,成为商业银行负债管理的主要理论。该理论认为,存款是商业银行最重要的资金来源。商业银行的一切资产经营活动都以存款为基础。由于存款是存款者放弃货币流动性以获得货币保值和增值的那部分货币,存款者的行为完全取决于存款的意图或投资于其他项目之间的选择。因而,商业银行吸收存款完全是被动的。既然存款者的存款动机是保值或增值,那么他们最关心的就是存款安全,而银行最担心的是存款者同时提现,发生挤兑,这也是安全性问题。因此,存款理论以安全性为核心,强调按照客户的意愿组织存款,遵循安全的原则管理存款,根据存款的状况安排贷款,通过贷款的收益支付利息。

以上两种理论都属于商业银行的被动负债理论。这两种理论只注重负债的安全性问题。在考虑资产的流动性时,往往只设法调整资产结构而基本不考虑负债结构。因此,这两种理论只是在资产管理理论占主导地位时指导负债业务。

(三) 购买理论

购买理论是一种关于银行流动性的理论。该理论认为,商业银行对于负债并非完全消极被动接受,其资金来源不仅仅是传统的被动性存款,还可以争取到其他存款和借款。只要商业银行的资金来源广泛且及时,就可以保证其流动性,不一定要保持大量高流动性资产,商业银行也可以将它们投入到高盈利的中长期贷款和投资中去,甚至可以通过借入资金扩大贷款规模,以获得更多利润。

购买理论的产生对于商业银行经营管理的改善有着重大积极意义。第一,它为商业银行的流动性管理提供了新方法。商业银行从此可以主动运用负债手段来保证银行的流动性需要,是使银行长期以来流动性和盈利性的矛盾得到较好的解决。第二,商业银行的经营管理理念也由原来单一的资产管理变为资产和负债相结合的管理,使银行的经营管理更为全面系统。第三,它为商业银行的业务扩展创造了条件。商业银行可以对负债进行主动管理,可以根据资产的需要来组织和安排负债,并通过负债推动资产业务的扩张。

(四) 销售理论

销售理论不再仅仅着眼于资金,它的立足点是服务,提倡创造金融产品,为更多的客户提供形式多样的服务。其含义包括：客户至上；金融产品必须根据客户的多样化需要供给；任何金融产品的实质是帮助资金的运筹，其外壳或包装可能是其他形式的商品或服务；金融产品的推销主要依靠信息的沟通、加工和传播；销售观念不限于银行负债，也涉及银行资产，主张将两个方面联系起来进行系统的管理。

购买理论和销售理论都是从盈利性出发的，为了满足商业银行追求最大限度盈利的要求，主动通过从同业金融机构、中央银行、国际货币市场以及财政机构借入（即购入）资金，或者为了迎合客户的需要，通过努力推销可转让存款单、回购协议、金融债券等金融产品，扩大零售银行资金来源，保证流动性，以提高银行的经济效益。然而如果采取负债管理的办法，流动性则依靠在货币市场购买资金来补充，而且商业银行还可以利用主动负债来不断适应盈利性资产的战略性扩张。购买理论和销售理论的出现促进了零售银行负债业务的创新，一些新的零售负债业务品种（如大额可转让存单等）应运而生。

二、银行保持负债流动性的方法措施

（1）向其他银行和金融机构借款或向国内、国际金融市场筹资。具体方法是同业拆借、申请转贴现或转抵押贷款，或发行金融债券、银行本票和大额可转让定期存单等。根据上例，筹资金额至少 9 万元。弥补缺口后的资产负债表如表 6－5 所示。这种措施的成本是该笔贷款或发行票据的利息。只要该成本低于相应资产的收益即可。

表 6－5　　单位：万元

A		L	
准备金	9	存款	90
贷款	90	借款	9
证券	10	资本金	10

（2）吸收新的存款。通过市场营销，从居民和企业获得新的存款。在此例中，至少需要获得 10 万元的额外存款。

表 6－6　　单位：万元

A		L	
准备金	10	存款	100
贷款	90	资本金	10
证券	10		

（3）向中央银行借款以获得准备金，可通过再贴现或再贷款来取得 9 万元的准备金。

表 6-7　　单位：万元

A		L	
准备金	9	存款	90
贷款	90	中央银行借款	9
证券	10	资本金	10

向中央银行申请贷款的成本有两项：① 必须向中央银行支付的利率；② 非明示的成本，即中央银行对该银行借款过多行为的一种责难，一家银行借中央银行的贴现贷款过多，中央银行可能拒绝其进一步的借款行动。

三、金融创新对银行负债流动性管理的影响

（1）金融创新为货币基金的快速崛起提供了机会，减少了银行负债来源。在互联网金融市场快速发展过程中，"余额宝"、"微信理财通"等产品的发展路途越来越顺畅。"余额宝"的快速发展，为天弘基金管理公司等获取了大量的资金支持，曾一跃成了国内最大的基金管理公司。金融创新使新的金融市场格局正在形成。在新的金融市场格局中，互联网金融产品因为其收益高、参与方式简单等优势，吸取了大量的客户，其中有很多是银行存款客户。银行存款客户数量的减少，使得银行的存款数量大幅度下降，而同时基金市场的扩大，也使得基金市场具有与银行签订协议存款的能力，如此一来，银行想要获得更多的资金，就需要以更高的利率与基金市场签订协议，银行的负债流动性管理成本增加。

（2）金融创新促进了同业业务的发展。所谓金融机构同业业务，就是指金融机构之间以同业资金融通为核心的各项业务，主要包括同业拆借、同业存款、买入返售、卖出回购①等。在金融市场发展初期，只有商业银行之间能够互相拆借，但在金融创新发展中，同业业务的影响力越来越大，已经成为商业银行发展中规避资本监管要求的主要措施。因为同业业务的发展，使得市场中的资金大多为短期流动资金，中长期流动资金匮乏，加之银行内部存在高度的脆弱性，一旦外部环境出现变化，就会引起银行间市场的流动性大幅波动。

第三节　商业银行资产管理理论与方法

一、商业银行资产管理理论

（一）真实票据论(Real-Bill Theory)

真实票据论也称"商业贷款理论"(The Commercial Loan Theory)，该理论认为，商业银

① 买入返售：先买入某金融资产，再按约定价格进行回售从而融出资金。卖出回购：先卖出某金融资产，再按约定价格进行回购从而融入资金。

行在分配资金时，应充分考虑保持银行自身的高度流动性，因为银行的主要资金来源是周期性很高的活期存款。由于存款决定是外在的，因此，银行只适宜发放短期的与商品周转相联系的商业贷款，这种贷款以真实商业票据为抵押，票据到期后会形成资金自动偿还，即随着物资周转、产销过程完成，贷款自然地从销售收入中得到偿还，以便与较高比重的活期存款相匹配。真实票据论还认为，商业银行不宜发放不动产抵押贷款和消费贷款，即使发放这些贷款，也应将其限定在银行自有资本和现有储蓄存款水平的一定范围内。

真实票据论的主要缺陷是忽视了活期存款余额相对稳定的一面，从而使银行资金配置过多地集中在盈利性较低的短期流动资金贷款上，而且与真实票据为抵押的商业贷款的自偿性相对。但是该理论可以说是最早的银行经营管理理论，它第一次明确了商业银行资金配置的重要原则，即资金的运用要考虑资金来源的性质和结构，以及商业银行要保持高流动性的重要性。这些思想为商业银行如何进行资金配置、稳定经营提供了重要的理论基础。

(二) 资产可转换性理论(The Shiftability Theory)

资产可转换性理论是美国的莫尔顿在1918年《政治经济学杂志》上发表的《商业银行及资本形式》一文中提出的。该理论仍然强调商业银行应考虑资金来源的性质而保持高度的流动性，但可放宽资产运用的范围。其主要内容为：流动性要求仍然是商业银行特别强调的，但银行在资金运用中可持有具有可转换性的资产，这类资产具有信誉高、期限短、容易转让的特性，使银行在需要流动性时可随时转让以获取所需资金。资产可转换性理论突破了商业性贷款理论对商业银行资产运用的狭窄限制，使银行在注重资产流动性的同时扩大了资产组合的范围。

(三) 预期收入理论(The Anticipated Income Theory)

预期收入理论是美国金融学家普鲁克诺1949年在《定期贷款与银行流动性理论》一书中提出。该理论认为，商业银行的流动性取决于贷款的按期还本付息，这与借款人未来的预期收入和银行对贷款的合理安排密切相关。只要贷款偿还是有保障的，银行按照贷款各种期限合理组合，使资金回流呈现出可控制的规律性，从而保障资金的流动性。

预期收入理论并不否认前两种理论中的科学部分，但极大地丰富了如何判断银行资产组合中流动性和盈利性关系的思维方式，强调了借款人的预期收入是商业银行选择资产投向的主要标准之一。预期收入理论为商业银行在更宽的领域内选择资产组合提供了理论基础。

(四) 超货币供给理论

超货币供给理论认为，银行提供货币只是达到经营目标的手段之一，除此之外，它不仅有多种可供选择的手段，而且有广泛的同时兼得的目标。因此，银行资产管理应跨过货币的狭隘界限，提供更多的服务。根据这一理论，银行在购买证券和发放贷款(总之，提供货币)

的同时，积极开展投资咨询、项目评估、市场调查、信息分析、管理顾问、电脑服务、委托代理等多方面配套业务，使银行业务达到了前所未有的广度和深度。这一理论的出现为零售中间业务的发展奠定了理论基础。

二、商业银行保持资产流动性的主要方法

（一）建立分层次的准备金制度

银行准备金按流动性强弱分为一级准备金和二级准备金。一级准备金为现金准备金，包括库存现金和银行存放在中央银行的法定及超额准备金，它们的流动性很强，但收益很低。二级准备金是流动性低于一级准备金，但收益率高于一级准备金的流动资产，主要为短期证券，包括国库券、银行承兑汇票、商业票据等。银行保持二级准备金的目的是为了保持流动性需要，且它强加给银行的成本不致过高。

（二）合理分配资产

银行在管理资产时必须通过资产的多样化来求得风险最小，即不要把所有的鸡蛋放在同一个篮子里，防止一损俱损。银行要购买不同种类的资产，如短期的、中长期的政府债券和其他市场债券；发行短期、中长期多种贷款等。若遇到流动性缺口，仍从上面提到的例子来看，则资产管理的途径是：

（1）银行减少贷款 9 万元，将收回的款项划入中央银行的准备金账户。结果如表 6－8 所示。

表 6－8 单位：万元

A		L	
准备金	9	存款	90
贷款	81	资本金	10
证券	10		

削减贷款可采取“收回”贷款或债权转让的方法。一般地，银行有许多短期放款可以展期。商业银行可通过某些贷款到期时不予展期以解决准备金不足的问题。然而这会由于不公平而招致未得到展期的客户的指责。对于银行来说，很可能会失去一些客户。

将贷款转让给其他银行而实现资产的流动性，成本也很高。因为其他银行很可能因并不了解债务人的资信状况而要求折扣购买这些贷款。美国许多银行都设有贷款转让部门。1984 年以后，银行创造了一种“可转换贷款便利”：以标准化形式写明借款条件、还款日期和可转换性质。利用这种便利可将一笔贷款化为一系列的贷款证，银行购买后可自由转让，从而有利于银行资产的流动性管理。贷款转让在我国尚处于探索阶段。1996 年 5 月，上海城市合作银行（现上海银行）首创了贷款合同转让业务；1998 年 8 月，中国银行上海分行将总额

为1亿元人民币的贷款债权转让给广东发展银行上海分行，成为全国首起实际贷款债权转让案例。从我国商业银行市场化发展趋势看，贷款转让技术有望成为我国商业银行改革和发展、促进资产流动性管理的大有作为的工具，特别是国有商业银行不良债权的剥离。

（2）出售证券以弥补准备金缺口。此时银行资产负债表变为：

表6－9　　　单位：万元

A		L	
准备金	9	存款	90
贷款	90	资本金	10
证券	1		

银行出售证券需支付经纪人手续费及其他交易费用。作为美国二级准备金的国库券流动性高，交易成本低，而其他证券的流动性低，交易成本高。如适逢经济不景气，为弥补准备金缺口有时不得不割肉抛售，即使成本损失再高也无可奈何。

因此，银行必须保持足够的超额准备金。因为当存款外流时，持有超额准备金可使银行免除如下成本：向其他银行和金融机构借款或向国内、国际金融市场筹资的成本；向中央银行借款的成本；交易证券的成本；收回贷款和转让贷款的损失等。可以说，超额准备金是对存款外流而导致的各种成本的保险。存款外流引起的成本越高，银行愿意持有的超额准备金就越多。

三、金融创新对银行资产流动性管理的影响

（1）“非标”投资模式受到冲击。金融创新使商业银行资产结构发生改变，其资产的非市场化部分受到影响，比如信贷规模、信贷比等。这些内容的改变，迫使部分商业银行为了规避监管，采取了一些投资“非标”方式进行变相超贷。随着我国金融市场的规范发展，出台了一系列的监管措施，迫使银行理财业务资金运作模式发生改变。以往商业银行是通过信托通道、券商资管通道等来购买表内信贷资产，以此进行超贷，但在银监会下发8号文件后，商业银行的“非标”途径被掐断，此时，商业银行改变表内自营资金投资“非标”模式，转为过桥银行出具保函等方式，以便转移、改变同业资金，从而商业银行的同业资金需求进一步增加，而短期内银行体系超储总量保持不变，故银行流动性必然趋紧。

（2）降低了风险和提高了流动性。商业银行在形成资产和潜在资产后，资产通过存贷款业务形成派生存款；潜在资产则通过贷款承诺、资产证券化等方式进行了流动性创造；最终商业银行通过金融创新将表内外资产整合创造出多种金融产品，实现了降低风险和提高流动性的目的。

（3）增加了流动性风险管理的难度。若监管当局没有相应合理的监管措施，则金融创新可能带来金融资产交易规模大增，价格上升，出现流动性非理性繁荣，催生金融泡沫。一旦条件逆转，将导致商业银行的投资组合价值下降，甚至是金融泡沫破裂。此时，若为了达到相应的监管指标而进行同业拆借，可能会给市场带来恐慌情绪，投资者抛售银行股票，存

款人挤兑，从而引发银行危机，使流动性风险管理丧失意义。

第四节　资产负债联合管理

一、资产负债联合管理的原则

(一) 规模对称原则

银行的资产规模与负债规模要相互对等、平衡。资金来源制约资金运用，以供给制约需求，这是传统经营理念，银行的功能已表现为信用创造。

(二) 结构对称原则

资产的各期限项目与负债的各期限项目相互对称、统一平衡。长期资产由长期性负债和资本金支持，短期资产由短期负债支持，其中的稳定余额部分可用于长期资产。

(三) 速度对称原则

银行的资金运用应由银行的资金来源的流通速度决定。如资产的平均到期日与负债的平均到期日之比大于1，表示资金运用过度，小于1表示资金来源过多，没有充分利用。资产增长速度与负债增长速度之比 $\Delta A/\Delta D$ 大于1，表示资金运用过度，小于1表示资金来源过多，没有充分利用。

(四) 目标替代原则

银行的"三性"要相互替代和补充，三性目标要结合起来综合平衡，实现总效用的最大化。如图6-1所示：流动性是银行平衡收益性和安全性目标的一个杠杆支点。如果银行的目标是追求高收益(当然意味着高风险)，那么"支点"就应向右移动，银行流动性下降；如果银行的目标是追求低风险(当然意味着低收益)，那么"支点"就应向左移动，银行流动性提高。

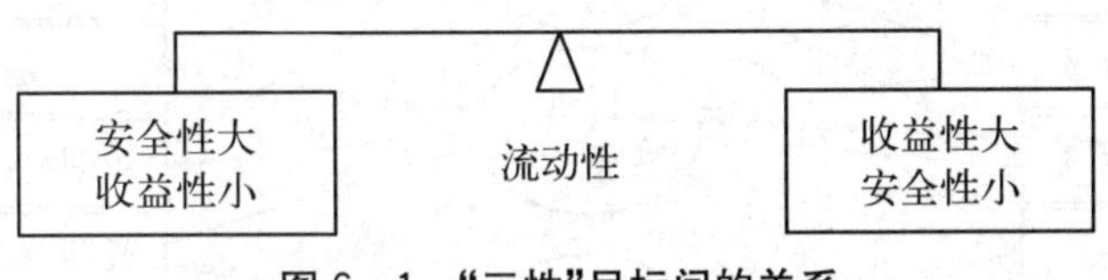

图6-1 "三性"目标间的关系

(五) 资产分散化原则

资产分散化原则即银行资产种类和贷款的客户要多样化(针对借款客户经营业务的行业性质)，适当分散，以降低经营风险。

资产负债联合管理理论吸收了资产管理理论和负债管理理论的优点，从资产和负债二者均衡的角度协调银行经营管理过程中的安全性、流动性和盈利性三者之间的矛盾，使经营管理理论日趋科学化，进而产生了多种具体的管理措施。

二、资产负债联合管理的主要措施

（一）资金汇集法（Pool of Fund Approach，POF）

银行将来自各渠道的资金汇集于一起，形成资金池，然后将资金池中的资金分配到不同资产上去，如图 6－2 所示：

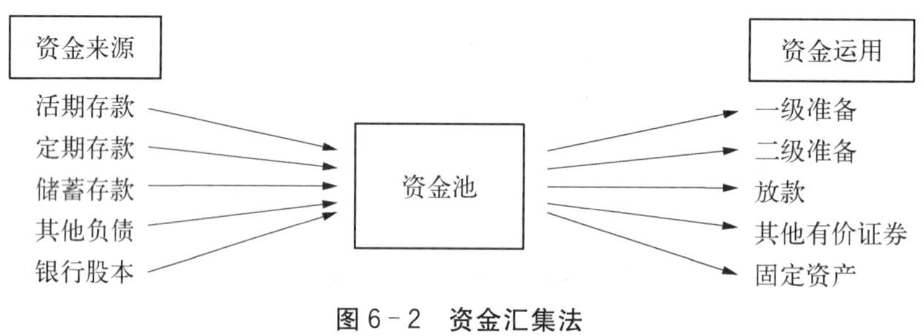

图 6－2　资金汇集法

该方法的主要缺陷是它仅仅强调单一的资产管理，并且与负债混在一起，没有区分资产负债的流动性。忽略了不同来源的资金具有不同的流动性问题。

（二）资产分配法（Asset-Allocation Approach，AAA）

资产分配法区别了不同的资金来源，将负债方按流动性大小划分若干子集合，形成“流动性—收益性中心”，每个中心进行资金分配时与其他中心相互独立。资产分配法坚持偿还期对称原则，即银行的资产回收期限与负债的偿还期限应保持高度的对称或一致关系。如图 6－3 所示。

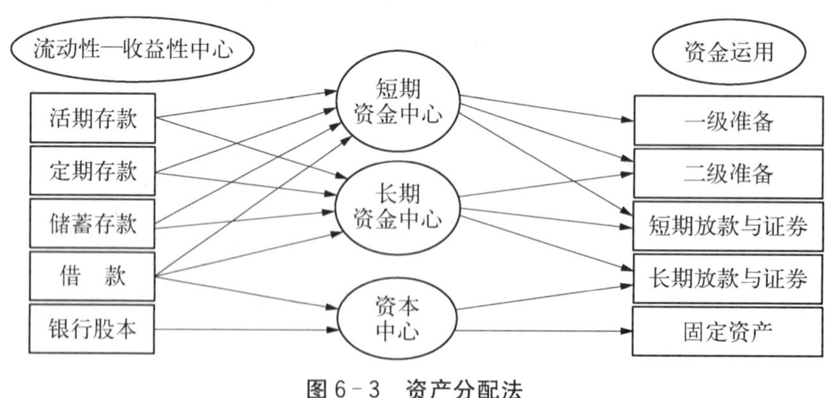

图 6－3　资产分配法

资产分配法的优点是，从资产与负债两个方面统筹安排，以流动性为中心进行分配。但此法可能也存在一定程度的偏误，即简单地把活期存款和短期存款等视为短期中心的来源，并主要投资于一、二级准备。

(三) 线性规划法

线性规划法是在一定约束条件下，求目标函数极值的一种方法。在银行的资产—负债的联合管理中，银行的目标是净利息、营业利润、税后利润、股票价格等；约束条件有三类：① 监管法规规定的指标；② 银行自身指定的控制指标(确保流动性、安全性)；③ 客观限制因素。

银行资产负债综合管理中线性规划法构建：

1. 确定银行的目标函数

(1) 确定目标变量。

(2) 确定中间变量及其系数。其中中间变量必须满足以下三个特征：相关性，即与目标变量之间有因果关系；可控性，即银行对该中间变量可直接控制，或理论上可控；可测性，即有一定取值范围，使目标函数不会任意发散。

2. 明确约束条件：$Y=f(x,\ c,\ v,\ \cdots)$

应用举例：

假设某银行有 5 000 万美元的资金来源，这些资金可用作贷款(X_1)和二级准备即短期债券(X_2)，贷款收益率为 12%，短期证券收益率为 8%，存款成本忽略不计。再假设银行管理短期资产的流动性标准为投资资产的 25%，即短期证券与总贷款的比例至少为 25%。用线性规划法求解银行的最佳资产组合。

解：首先确定目标函数及约束条件。目标函数为利润目标：

$$\text{Max}(Y)=0.12X_1+0.08X_2 \tag{6-1}$$

约束条件：① 总资产负债约束：$X_1+X_2\leqslant 5\,000$ 万美元；② 流动性约束：$X_2\geqslant 0.25X_1$；③ 非负约束条件：$X_1\geqslant 0$ 与 $X_2\geqslant 0$。

下面以直观的几何图示来表示线性规划法，如图 6-4 所示：

目标函数表示了各种盈利性资产对银行总盈利的贡献。图 6-4 中，目标函数表现为一条常数利润线，给定 Y 函数上的每一点都代表产生同样收益的贷款和短期证券的不同组合点。

第一个约束条件 $X_1+X_2\leqslant 5\,000$ 万美元表明，银行的贷款与短期证券的组合受资金来源总量的制约，可行的资产选择区域必须在 AB 线及以下部分。

第二个约束条件 $X_2\geqslant 0.25X_1$ 表明，用来作为二级储备的短期证券必须等于或大于总贷款的 25%，以符合流动性标准，因此可行的资产组合应在 OD 线及上区域。

第三个约束条件 $X_1\geqslant 0$ 与 $X_2\geqslant 0$ 表明，贷款和短期证券不可能为负数。三角形 AOE 区域表示满足三个约束条件的所有组合点。

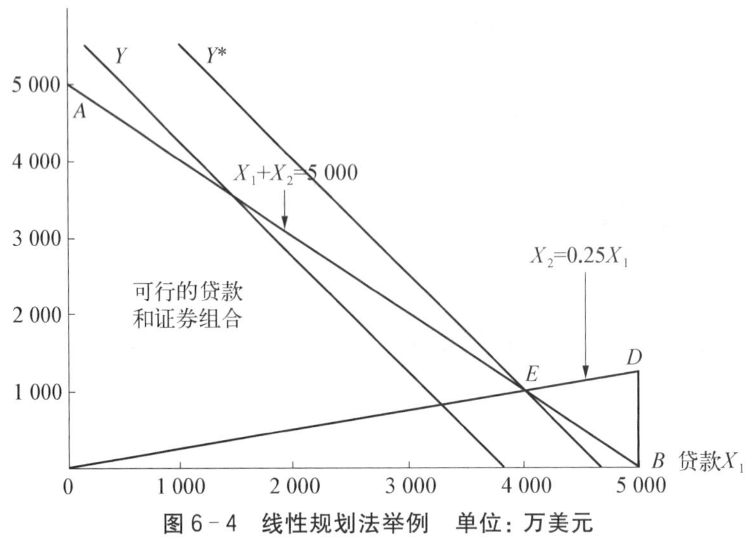

图 6－4 线性规划法举例 单位：万美元

为了确定最佳资产组合，通过反复验证，利润函数 Y 向右上方移动代表更高的总利润水平。只有在 E 点，所选择的贷款和二级准备组合同时满足三个约束条件，才能使银行利润最大化，这个点被称为最佳资产组合点。在这一点上，银行资金管理者在短期证券上投资 1 000万美元，贷款 4 000 万美元，目标函数 Y^* 代表总的收益 560 万美元。

以上假定的是银行在一组约束条件下单独使用一个目标函数达到最大值，而实际中的情况要复杂得多，银行往往要求实现多重目标最优。因此，运用线性规划模型的资产管理方法要求银行拥有一批专业技术人员。线性规划法只在一些大银行中获得成功，而一些小银行因缺乏专业技术人才，其运用的效果并不令人满意。

（四）利率敏感性缺口管理

1. 银行净利息收入（Net Interest Income，NII）

NII＝资产利息收入－负债利息成本，净利息收益率＝银行净利息收入/生息资产。

2. 资产与负债的利率敏感性

所谓利率敏感性，是指资产的利息收入和银行负债的利息成本对市场利率变动的反应程度。按资产与负债在考察期内是否重新定价将其划分为利率敏感性资产（Rate Sensitive Assets，RSA），非利率敏感性资产（Non Rate Sensitive Assets，NRSA），利率敏感性负债（Rate Sensitive Liability，RSL），非利率敏感性负债（Non Rate Sensitive Liability，NRSL）。利率敏感性资产和利率敏感性负债的定价基础是可供选择的货币市场基准利率，主要有同业拆借利率、国库券利率、银行优惠贷款利率、大银行的大额可转让定期存单利率等。

3. 利率敏感性缺口（Gap）

Gap＝利率敏感性资产（RSA）－利率敏感性负债（RSL）；与利率敏感性缺口含义相近的概念是利率敏感性比率（r），r＝利率敏感性资产（RSA）/利率敏感性负债（RSL）。

当 Gap>0，$r>1$ 时称资产敏感，当 Gap<0，$r<1$ 时，称负债敏感，当 Gap=0，$r=1$ 时称资产负债匹配。

利率敏感性缺口与净利息收入之间的关系为：$\text{NII}=\text{RSA}\times i_A-\text{RSL}\times i_L$，$\Delta\text{NII}=\text{RSA}\times\Delta i_A-\text{RSL}\times\Delta i_L=\text{Gap}\times\Delta i$（当资产和负债利率的变化幅度相等时）。

说明：Gap>0：$i\uparrow \longleftrightarrow \text{NII}\uparrow$，$i\downarrow \longleftrightarrow \text{NII}\downarrow$

Gap<0：$i\uparrow \longleftrightarrow \text{NII}\downarrow$，$i\downarrow \longleftrightarrow \text{NII}\uparrow$

4. 利率敏感性缺口管理措施

当利率走势明朗且持续时间较长，采取进攻性策略；反之，当利率变化无常，则采取防御性策略。

(1) 进攻性策略，包括：① 召集专家对金融市场上的利率走势进行翔实的分析与预测；② 确定利率走势后，对银行的资产与负债结构进行主动性调整：当利率上升时，尽可能扩大利率敏感性缺口，包括 RSA↑，RSL↓；或 RSA↑↑，RSL↑；或 RSA↓，RSL↓↓。使 RSA↑的措施有：增加短期证券和短期放款，减少长期证券和长期贷款，增加浮动利率贷款；使 RSL↓的措施有：减少短期存款和短期借款，增加长期存款（如发行长期 CD）和长期借款，减少浮动利率存款和浮动利率借款，增加固定利率存款和固定利率借款。

(2) 防御性策略。使用条件为：一是资产和负债规模不大，没有能力对金融市场行情（如利率）进行较为准确的预测的小银行。二是市场利率变化无常。做法是尽可能缩小利率敏感性缺口，使之等于 0 或接近于 0。

（五）久期管理

(1) 久期（Duration）又称持续期，指金融工具按照一定的到期收益率收回其现值的一段时间，是衡量银行收回一项投资项目需要的平均时间。通常小于金融工具的到期期限。当一次性还本付息时，久期等于到期期限；当分期偿还本金和利息、提前偿还部分本金时，久期小于到期期限。久期的定义式为：

$$D=\sum_{t=1}^{n}\frac{tP_t}{(1+i)^t}\Big/\sum_{t=1}^{n}\frac{P_t}{(1+i)^t} \tag{6-2}$$

D 为久期，i 为利率，t 为各现金流发生时间，P_t 为现金流量在 t 时间的价值。例如：某债券面值 100 元，期限 3 年，年息 10%，每年付息一次，到期还本，若市场利率为 10%，则久期 $D=\dfrac{\dfrac{10}{1.1}\times1+\dfrac{10}{1.1^2}\times2+\dfrac{110}{1.1^3}\times3}{\dfrac{10}{1.1}+\dfrac{10}{1.1^2}+\dfrac{110}{1.1^3}}=2.736$ 年。若市场利率是 6%，则 $D=\dfrac{\dfrac{10}{1.06}\times1+\dfrac{10}{1.06^2}\times2+\dfrac{110}{1.06^3}\times3}{\dfrac{10}{1.06}+\dfrac{10}{1.06^2}+\dfrac{110}{1.06^3}}=2.749$ 年。

(2) 久期 D 与金融工具现值的关系

$$PV=\sum_{t=1}^{n}\frac{P_t}{(1+i)^t} \tag{6-3}$$

(6-3)式两边对利率求导，得

$$\frac{dPV}{di}=-\sum_{t=1}^{n}\frac{tP_t}{(1+i)^{t+1}} \tag{6-4}$$

将(6-2)、(6-3)式代入(6-4)式得，

$$\frac{dPV}{PV}=-D\times\frac{di}{1+i} \tag{6-5}$$

定义金融工具现值的利率弹性：

$$E=\frac{dPV}{PV}/\frac{di}{i} \tag{6-6}$$

$$E=-D\times\frac{i}{1+i} \tag{6-7}$$

(6-7)式表明久期越长，金融工具现值对利率变化的敏感性越大。

(3) 久期缺口与银行净现值(银行股本)的关系

$$\frac{dPV_A}{PV_A}=-D_A\times\frac{di}{1+i} \tag{6-8}$$

$$\frac{dPV_L}{PV_L}=-D_L\times\frac{di}{1+i} \tag{6-9}$$

两边乘以 $\frac{PV_L}{PV_A}$，得

$$\frac{dPV_L}{PV_A}=-D_L\times\frac{di}{1+i}\times\frac{PV_L}{PV_A} \tag{6-10}$$

由(6-8)式、(6-9)式和(6-10)式，得

$$\frac{dPV_A-dPV_L}{PV_A}=-\frac{di}{1+i}\left(D_A-D_L\times\frac{PV_L}{PV_A}\right) \tag{6-11}$$

$dPV_A-dPV_L=dNP$ 为银行净现值变化额，$D_A-D_L\times\frac{PV_L}{PV_A}=Dgap$ 定义为久期缺口，则

$$\frac{dNP}{PV_A}=-DGap\times\frac{di}{1+i} \tag{6-12}$$

(6-12)式表明银行市值(净现值)变动、久期缺口和利率变动三者之间的关系。$DGap>0$,利率 $i\uparrow$ 时,由(6-8)式知 $PV_A\downarrow$,由(6-9)式知 $PV_L\downarrow$,从而由(6-12)式知 $dNP\downarrow$。因此久期管理基本策略是进攻性策略：$i\uparrow$ 时,缩小 $DGap$；$i\downarrow$ 时,增大 $DGap$。

第五节　信用风险管理

一、银行信贷风险

1. 银行与企业之外的环境风险。这种风险超出银行的控制范围,即使对于最安全型的借款人来说,这种不确定性依然存在。

2. 银行内部风险,即总行与分支行在信贷管理中存在信息不对称导致的"委托—代理问题"。我们可以从以下几个角度来分析：

(1) 针对一笔新增不良贷款,总行难以区分不良贷款是由分支银行草率行事甚至是寻租行为造成的,还是由于客观因素造成的。

(2) 总行作为委托人,期望付出既定的工资且只愿承担最小化的风险,是风险规避者。分支行是对信贷风险负有责任的代理人,它往往表现为风险中立者。分支银行的效用函数为：$A=A(e,r)$,其中 e 表示分支行在信贷过程中所付出的"努力",包括收集信息,认真审贷,严格监控企业的贷款使用情况等。e 和 A 正相关,因为分支行领导可以通过努力工作获得工资收入且寻求进一步升迁的机会。r 表示分支行所能支配的信贷资源的数量。r 和 A 存在高度正相关性,因为分支行领导可以从支配更大的资源中获得成就感或获得更多的寻租机会和数量更大的租金。

目前,银行系统一般采取定额薪酬,导致严重的激励不足,分支行在审贷和监控贷款的工作中的努力程度相对有限,也没有足够的动机在风险控制中投入更多的成本,包括发展适宜本机构的风险决策、控制模型、高薪雇佣专业人才以及对职员培训采取严格的态度。而且,由于实行了贷款责任终身制,信贷人员不愿承担责任而选择避险的"惜贷"策略,形成信贷市场的异常性收缩。信贷交易的内部性问题具有普遍性和周期性,但我国这个问题特别突出且有上升的趋势。这主要因为信用观念的缺失、金融体系演进的特性和激励约束机制不健全造成道德风险和逆向选择不断上升,成为新增不良资产的根源。

二、企业与银行之间信息不对称带来的风险：逆向选择与道德风险

(一) 信息与信息不对称

经济信息包括物品、劳务与生产要素的价格、数量与质量。信息产品具有如下特点：

（1）准公共性。具有准公共品性质，即具有非排他性、非竞争性，易出现免费搭车现象。

（2）难分割性。信息价值难以分割，故生产信息需要一定的规模；也意味着银行生产金融市场的信息有一定难度，必须借助于专门的机构来完成。

（3）价值事后性。信息价值只能在事后衡量，易形成交易双方"信息不对称"而产生两种现象：逆向选择与道德风险。信息是稀缺的，获得信息要付出一定的成本。私人信息是一个人所拥有而其他任何人获得都要付出成本的信息——信息不对称。信息不对称本身有两种形式：隐藏信息和隐藏行为。

（二）为什么要进行信用风险管理——信息不对称：逆向选择和道德风险

1. 隐藏信息与逆向选择(Adverse Selection)

交易的一方比如企业家、代理人、借款人、投保人等掌握交易的某些特性（即信息）如投资风险、偿还能力和自身的健康状况，而另一方（股东、委托人、贷款银行、保险公司）则无法观察、验证这些特性。这样的不对称信息结构叫隐藏信息。在此条件下，掌握私有信息的一方就会利用对方的无知为自己牟利。在信息经济学里，这种以次充好，以假乱真的现象就是逆向选择。典型例子是次品车市场。①

在商品流通领域，当信息对称时，若需求大于供给，则只要价格提高就可压缩需求和刺激供给，最终达到需求等于供给。但当信息不对称时，由于逆向选择，破坏了价格调节供求的作用，价格机制失灵了。在货币流通领域，价格机制失灵的表现尤为突出。当贷款利率（借贷资本的价格）升高，货币需求下降，但因逆向选择，退出市场的往往是好客户，留在市场的是信用差的客户。因为利率提高，贷款投资项目的风险增加，银行意识到逆向选择的存在及破产概率增大，故可能并不因利率而增加贷款，即价格提高了，资金的供给反而下降，供需可能仍不平衡。

因此在借贷市场中，逆向选择的基本含义是，在交易发生之前，由于信息不对称或隐藏信息的存在，最可能导致逆向结果即引起信贷风险的借款者，往往是谋求贷款最积极、最可能得到贷款的人，从而使贷款成为不良贷款的可能性增大。即便市场上有风险较低的贷款机会，银行也可能决定不发放任何贷款，即高风险的借款者将低风险的借款者驱出信贷市场（与货币制度发展历史上的劣币驱逐良币规律类似）。"逆向（不利）"有两层含义：① 银行逆向地选择了风险高的借款客户，对银行不利；② 低风险的借款客户被逆向地赶出了信贷市场，对借款客户不利。

2. 隐藏行为与道德风险(Moral Hazard)

隐藏行为往往在交易发生之后出现。发放贷款以后，由于借款客户从事一些违背合同规定或放款者不希望、不愿意看到的风险较大的经营活动，称为隐藏行为。由于借款客户的

① 2001 年诺贝尔经济学奖获得者之一的乔治·阿克洛夫在 1970 年的次品车市场模型中开创了逆向选择理论的先河。

隐藏行为而使放款得不到归还的可能性增大，就是道德风险。贷款者可能因此而决定不发放任何贷款。

三、降低信贷风险的主要措施

(一) 减少内部信息不对称：完善银行内部信贷运行管理机制

1. 设置合理的组织机构，健全内部控制机制

(1) 建立部门独立、业务分离、权力制衡的内部组织管理体系；

(2) 建立以业务操作规程为基础、岗位独立、人员分工、职责分明的业务操作制度；

(3) 建立以审批权限为核心的法人授权授信制度；

(4) 建立严密、有权威的内部监督制度；

(5) 建立完备的激励约束机制和以提高职员素质敬业精神为核心的人事管理制度。

2. 加大技术支持力度，充分运用先进工具

(1) 运用科学的、以数据统计为基础建立起的系统和工具。贷款决策系统，五级贷款分类、行业信用风险评级、抵押价值评估、贷后管理预警系统和信贷组合管理系统等，将贷前的评审、贷中的管理和贷后的监测考核有机结合起来。

(2) 建立银行内部系统，实现信息的快速流动。中国工商银行在 2001 年运用信贷管理综合系统等先进的科技手段，由总行对一级、二级分行的主要业务实行直接监控，充分发挥总行信贷监测控制中心功能，进一步完善加强了风险监测和快速反应机制，逐户逐笔监控信贷投放，每旬通报信贷资产质量状况。借鉴中央银行监管模式，建立内部警告、整改、停牌、市场禁入和责令退出制度，增强了总行对全系统的监控能力，2001 年末新增贷款不良率仅为 0.17%，信贷资产质量较上年明显好转。

(二) 克服企业与银行之间信息不对称带来的逆向选择和道德风险

1. 筛选和监控——有效生产信息的两种工具

(1) 筛选——防止逆向选择。具体方法：① 发送信息或进行信息披露；② 信用分级审核。涉及 5C、5P、5W 原则。

5C 或 5P 原则是指银行在发放贷款时对借款客户重点关注的五个方面。5C 是指品质(Character)、能力(Capacity)、资本(Capital)、抵押(Collateral)、经营条件(Condition of Business)。“品质”指顾客或客户努力履行其偿债义务的可能性，是评估顾客信用品质的首要指标，品质是应收账款的回收速度和回收数额的决定因素。“能力”指顾客或客户的偿债能力，即流动资产的数量和质量以及与流动负债的比例。“资本”指顾客或客户的财务实力和财务状况，表明顾客可能偿还债务的背景，如负债比率、流动比率、速动比率、有形资产净值等财务指标等。“抵押”指顾客或客户拒付款项或无力支付款项时能被用作抵押的资产，一旦收不到这些顾客的款项，便以抵押品抵补，这对于首次交易或信用状况有争议的顾客或

客户尤为重要。“经营条件”指可能影响顾客或客户付款能力的经济环境，如顾客或客户在困难时期的付款历史，顾客或客户在经济不景气情况下的付款可能。

后来，5C 被扩展为 6C，多了“连续性”(Continuity)这一因子，这是一个更为综合的用以评估借款人的因素，意指借款人的偿还能力、资本实力和经营条件或环境是否连续性变好，或者连续性变差等。

5P 原则包括个人因子(Personal factor)、目的因子(Purpose factor)、偿付因子(Payment factor)、保障因子(Protection factor)和前景因子(Perspective factor)。个人因子是指充分了解借款客户主要负责人的教育、健康、社会背景；品格及偿债意愿、经营能力、敬业精神；可预期的盈利能力；借款人与银行的往来情况，过去对银行的承诺和履行情况。目的因子意指清楚借款用途与目的，银行对资金周转性或生产性借款愿意发放，而对于投机性放款的控制较严。偿付因子包括掌握借款人是否有充分的还款来源；还款时间确定；分析借款人资产—负债及损益情况；过去还款的信誉。保障因子可分为保证保障、抵押保障、质押保障。前景因子是指对借款人所处行业的前景及将来发展进行预估、展望。

5W 原则就是应分析借款人(Who)、借款用途(Why)、有无担保物(What)、还款期(When)和如何还款(How)五个方面。

(2) 监控——防止道德风险。具体方法：

第一，监控与预警。充分利用银行信贷登记咨询系统，监控借款人的所有借贷行为，防止出现借款人利用银行间信息传递不畅的缺陷，通过多方借款实现循环质押和循环贷款。密切了解企业经营状况、贷款物质保证及各项指标完成情况，及时发现信贷资产质量转劣的苗头，并有针对性地采取措施。

第二，签订限制性契约。银行坚持风险管理原则，在贷款合同中明确写入限制借款人从事风险活动的条款，以此监控借款人是否正常经营。

2. 与借款客户建立长期联系

银行可以向重要企业的董事会中派驻代表，以更好地了解企业的财务状况、现金来往及管理层对未来经营的判断等，搜集企业全方位信息，为银行决策提供依据。同时，通过提供理财服务，协助客户进行债务的重组、融资的规划，解决客户实际困难，改善与企业的关系，提高企业还款的主动性。与客户建立长期联系的好处是：① 减少了收集信息的成本，便于监控，因为监控长期客户比监控新客户的成本低得多。② 使银行可以防范限制性契约中未曾预期的道德风险。③ 长期监控也使借款人主动规避风险，主动与银行的长期联系可以得到银行的低利贷款。

3. 抵押与建立补偿余额账户——弱化逆向选择和道德风险的后果

取得贷款的企业必须在其银行的支票存款账户上保留某一最低额度的存款资金。这笔资金称为补偿余额账户。其作用是：① 补偿贷款风险损失。② 有助于银行监控，提高贷款的可偿还性，借款企业在该银行保有补偿余额账户，银行可据此观察企业的支付活动，掌握该企业财务收入状况的有关信息，及时进行调查并向借款企业反馈信息。③ 补偿存款余额账户的建立还有利于提高银行的资产收益率。

4. 加强同业沟通，共同防范信息不对称

第一，互通信息，协调行动。同业之间应建立通畅的信息沟通渠道，做到客户信用等级等信息资源共享，预防和减少有严重道德风险倾向的不良客户利用银行间的业务竞争而重复借贷或多头骗取银行资金现象的发生。同时，对不良客户实施“黑名单”制度，统一制裁。

第二，积极推广银团贷款模式。银团贷款是当今国际信贷业务的通行做法。其优势是：① 贷款风险是由各贷款参加行按照份额承担，分散了银行的风险。② 多家银行会根据各自得到的不同信息对项目进行判断，导致坏项目不容易获得贷款或贷款后被及时中止，从客观上减少了信息不对称，有利于社会资源的优化配置，减少不良资款。

目前我国一个很普遍的现象是，银行对于一个项目或一笔贷款，要么全部承贷，要么不贷。各家银行为了争夺优质客户常陷入无序竞争中，纷纷对大企业提供综合授信和巨额贷款，从“惜贷”走向了另一个极端，形成了“局部的信用膨胀”，这实质上又加大了信息不对称，对银行信贷资产质量构成了新的威胁。因此，为了切实防范风险，必须加强同业间的合作，按照风险分散化的谨慎原则采用银团贷款模式。

（三）信用制度及社会信用管理体系建设

（1）树立正确的舆论导向，培育社会信用意识。加强宣传和信息披露，形成全社会讲信用、守信用、重信用的舆论环境。

（2）尽快建立完善社会信用管理体系：包括法律制度体系、市场监督体系、信用评价体系等。

（3）建立信用担保体系，借助专业担保公司实现企业信用提级，减少银行信贷风险，促进信贷交易形成。

四、金融创新对信用风险管理的影响

在金融创新的环境下，可以充分运用金融创新工具和业务进行信用风险缓释和信用风险转移，从而降低乃至消除信用风险。比如利用远期合约对冲信用风险，利用期权业务（如违约期权、信用贴水期权）对冲信用风险，利用互换交易（违约互换、总收益互换）来对冲信用风险。或者运用贷款证券化业务来转移信用风险，比如，条件成熟时，银行可通过发行房地产抵押贷款支持证券（MBS）、资产支持证券（ABS）、担保债务凭证（CDO）或信贷资产的证券化（CLO）、流通债券的再证券化（CBO）等创新工具来加强信用风险管理。当然，银行在得益于金融创新手段多元化和信用风险管理便利的同时，若手段运用不当，也会增加新的信用风险，或者引起其他的金融风险，比如利率风险、汇率风险、流动性风险等。

第六节　商业银行资本管理

一、银行资本的含义与构成

(一) 银行资本的含义

银行资本可以从会计资本、经济资本和监管资本(或法定资本)三个层面上来理解和定义。根据会计学中的定义,银行资本是银行总资产与总负债账面价值的差额,即银行的净值。因此,会计意义上的银行资本项目与一般工商业企业资本项目基本无异;经济资本指银行在财务困难时可用来吸收损失的最低所需资本,金融理论界和实务界认为,经济资本用以应付银行的非预期损失,也即用来抵补超过期望损失的风险;监管资本是一国金融监管当局对银行的资本要求,包含了用于抵补银行预期损失的准备金和银行非预期损失的经济资本部分。

(二) 银行资本的构成

按监管意义上的资本界定,银行资本可分为:

1. 权益资本

股份制银行的自有资本也称股东权益,由普通股、优先股、资本盈余、未分配利润组成。如果银行是国有独资,则自有资本包括财政拨入资本和利润提留。

2. 损失准备金与资本准备金

为应付意外事件,银行通常会在已实现的利润中按一定比例提取损失准备金,也叫备拨。贷款与租赁损失准备金以及证券损失准备金分别用于弥补贷款、租赁业务和证券投资损失。资本准备金用于未来回购股票、支付可能的法律诉讼费用、延期税收支付或偿付其他意外债务等项目。

3. 债务资本

商业银行通过发行长期次级债务工具作为资本的补充来源,持有者对银行收益和资产的要求权优先于优先股、普通股,但次于存款人和其他债权人,又称附属债务。此外,银行还可以发行具有债务和股本双重性质的混合资本工具,如可转换债券、长期优先股、累计永久性优先股。

二、银行资本充足度的衡量与演变(Capital Adequacy Ratio, CAR)

银行资本充足度是商业银行在市场竞争环境下自我约束的一项指标,能够反映商业银行应付金融风险的能力,资本充足度也是监管当局对银行实施外部约束的重要工具之一。

资本充足度的衡量标准随银行界和监管者对资本充足度认识的深化不断改进，经历了一个不断演进的过程。

（一）资本与存款比率

20 世纪初，银行面临的主要威胁是存款挤提，因此各国银行普遍将银行资本与存款总额的比率作为衡量银行资本量是否充足的尺度。

资本与存款比率的问题在于对银行的风险源缺乏深入分析，从表面看，不能应付提存是银行面临的主要风险，风险大小与存款额正相关。但存款被运用之前无风险，只有被用于贷款、证券投资时才有风险。故简单根据存款规模确定银行应持有的资本水平，忽视了银行的潜在损失与风险性贷款和证券投资的密切关系，而后者才是使银行遭受意外损失而丧失清偿能力的主要原因。

（二）资本与总资产比率

20 世纪 40 年代，银行家和监管当局逐渐意识到银行资本主要是用于弥补资产的意外损失，只有资产损失得到弥补，存款人的利益才可能得到保障。美国监管当局开始使用资本对总资产比率作为判断银行资本是否充足的标准。资本与总资产比率计算简便，在一定程度上能够反映银行资本抵御资产损失的能力。然而，银行各项资产的风险程度不同，该比率未能反映各银行资产的风险结构对资本需要量的影响。

（三）资本与风险资产比率

美国商业银行在第二次世界大战期间为帮助联邦政府筹资购买了大量公债，由于银行资产结构发生变化，银行监管的重点相应转向考察资本与风险性资产的比率。主要的风险资产是贷款和长期投资。1948 年，美国监管当局正式采用银行资本与风险资产总额的比率作为资本充足度的标准。该标准是对资本/总资产比率的改进，将银行资产区分为无风险与有风险资产，突出了资本抵御意外损失的功能。但资本与风险资产比率指标没有将风险资产进行细分，各种风险资产的风险程度存在较大差异，对风险度不同的资产保持相同的资本要求仍然不科学。

（四）资本与各种分类资产比率（纽约资本充足度公式）

为弥补资本/风险资产比率的缺陷，美国纽约联邦储备银行于 1952 年设计了一个更为细致地分析资本需要量的公式。该公式将银行资产按其流动性和风险的高低划分为六类，它们是风险加权资产（Risk-Weighted Assets，RWA），分别确定了不同的资本比率，将各类资产数额乘以相应的资本比率后加总，即得出银行的适度资本量。

资产风险类别与相应资本金要求比率的关系为：

1. 无风险资产。包括现金、存放同业、五年以内到期的政府债券以及其他性质相近和到期日很短的资产，如银行承兑汇票、贷出联邦基金等。这类资产流动性强，基本无风险，资本/资产比率为 0。

2. 风险较小资产。指流动性较高，风险较小的资产，包括五年期以上的政府债券、政府机构债券、政府担保的贷款和债券、由储蓄存单和人寿保险单担保的贷款、信用良好的商业票据以及其他性质相似的资产。这些资产只需相当于其总额 5%的资本。

3. 普通风险资产。包括政府公债以外的证券投资与证券贷款，又称为有价证券资产，资本比率为 12%。

4. 风险较大资产。包括由于债务人财务情况差或偿债信誉不良、抵押不足以及其他原因形成的较上一组风险更高的资产，要求具有相当于其总额 20%的资本金。

5. 有问题资产。包括被银行认定为有问题的可疑贷款、股票、已亏欠的债券。这些资产或超过偿还期限，或流动性很差，资本比率要求为 50%。

6. 亏损资产和固定资产。亏损资产是已造成损失，基本不能收回的资产，其损失须全部由银行资本承担。固定资产是银行为营业购置的土地、房屋、设备、办公用品支出所形成的固化资本，只有在银行停业时才能处置。这些资产要求 100%的资本金保证。

（五）综合分析法

在实践中，商业银行的资本需要量受多种因素的影响，除了资产规模及其风险程度外，还有银行的经营管理水平、盈利状况、资产负债结构、股东状况等，仅根据单一因素设定对银行的资本比率要求可能会产生误导。鉴于此，美国银行机构在 20 世纪 50 年代提出了综合分析法。其特点是不局限于银行业务的某一方面，而是在综合考虑银行的经营状况及市场环境的基础上，评估银行应保持的资本水平。综合分析法为判定资本充足性提供了更为全面的依据，但它不能用于精确确定商业银行所需资本的绝对量，只是大致估计银行资本需要量的一般水平，因而被称为定性分析法。在实际应用中，该方法一般与资本/风险资产比率结合使用。

三、为什么要进行资本充足性管理

第一，加强资本充足性管制有利于银行间的公平竞争。目前中资商业银行体系由三部分构成：国有商业银行、股份制商业银行和城市商业银行。国有商业银行在机构网点、客户资源、市场份额等各方面都具有绝对优势，同时还有国家信誉作保证，在同业竞争中有较强的竞争实力。如果监管机构不能做到“法律面前，行行平等”，国有银行在某些方面还拥有特权，就不可能形成公平竞争。各类商业银行资本充足率虽有较大差异，但达标与未达标的商业银行在业务范围、资产规模、费用支出和薪金待遇等方面却具有无差异性特征，从而形成了不公平的竞争环境。

第二，有利于控制信贷规模，提高资产质量。资本充足率作为一个“刚性”指标，会促使银行在资本不足时，积极消化不良资产，改变资产结构，减少风险权重资产，以达到8%的法定标准。即使资本充足，在资本一定的情况下，商业银行也必须根据此指标确定自己的业务规模。因此，资本充足性管制，有利于防止商业银行不顾自身实力，盲目扩张。正是由于这个“刚性”指标在中国被“软化”，才会出现商业银行一方面资本严重不足，另一方面为了近期目标（如稀释不良贷款率）而大幅增加信贷资产的情况。

第三，可以保障存款人的利益。一方面，商业银行作为信用中介，资金来源主要是存款负债，其中储蓄存款约占全部负债的60%；另一方面，作为资金运用的资产业务将资金投向各种盈利性资产，不可避免地存在各种风险，一旦风险转化为现实损失，它将面临弥补损失和满足存款人流动性要求的义务。加强资本充足性管制，可以提高商业银行抗风险能力，保障存款人特别是居民存款人的利益。

第四，有利于促进银行内部改革，改善银行的盈利状况。国有商业银行的资本来源于国家财政拨款和自身积累两个方面，自身积累是内源资本，是商业银行通过自身努力可以改变的部分，在目前的财政收支状况下，现实的操作方法是商业银行加快内部改革步伐，提高盈利能力。

第五，有利于推动国有商业银行业务创新。加强资本充足性管制，使商业银行的资产业务规模受制于资本规模，商业银行为了增加盈利必须另辟蹊径——发展中间业务，从而有利于推动国有商业银行在金融产品、服务方式、服务手段等方面的创新，提高竞争能力。

四、巴塞尔协议与资本充足性

巴塞尔协议是巴塞尔委员会制定的在全球范围内的主要银行的资本和风险监管标准。巴塞尔委员会由来自13个国家的银行监管当局组成，是国际清算银行的四个常务委员会之一。由巴塞尔委员会公布的准则规定的资本要求被称为以风险为基础的资本要求。自1988年以来，根据巴塞尔协议的签订、完善和修改情况，人们习惯于将之区分为《巴塞尔协议Ⅰ》、《巴塞尔协议Ⅱ》和《巴塞尔协议Ⅲ》。

1.《巴塞尔协议Ⅰ》

1988年7月，巴塞尔委员会颁布第一个准则文件《关于统一国际银行的资本衡量和资本标准的协议》（简称《巴塞尔报告》、《1988资本一致方针》、《巴塞尔协议》）。主要目的是建立防止信用风险的最低资本要求。1996年，《巴塞尔协议Ⅰ》作了修正，扩大了范围，包括了基于市场风险的以风险为基础的资本要求。1998年，巴塞尔委员会讨论了操作风险作为潜在金融风险的重要性，并在2001年公布了许多准则和报告来解决操作风险。

(1) 主要内容

① 资本构成：规定监管资本分为核心资本与附属资本。核心资本应占总资本的一半以上，即附属资本不能超过核心资本。

② 风险权重的计算标准：报告根据资产类别、性质以及债务主体的不同，将银行资产负债表的表内和表外项目按风险程度从小到大依次划分为“无风险”到“完全风险”五个风险档次。分别赋予0、10%、20%、50%、100%的风险权重。风险权重划分的目的是为衡量资本标准服务。表外业务也纳入资本监管。

③ 资本充足率(资本与风险加权资产比率)不得低于8%。有了风险权重，报告所确定的资本对风险资产8%(其中核心资本对风险资产的比率不低于4%)的标准目标比率才具有实实在在的意义。

(2) 评价

进步性：《巴塞尔报告》首次在全球建立统一的资本监管标准，规定银行必须同时满足总资本和核心资本两个比例要求，总资本和核心资本都必须按明确给定的标准计量和补充。促进银行业公平竞争；引导银行审慎发展业务，适当控制杠杆程度。注重资本金监管机制的建设。资本金监管的生命力在于它突破了单纯追求资本金数量规模的限制，建立了资本与风险两位一体的资本充足率监管机制。

缺陷：未全面覆盖各类风险，没有对银行面临的操作风险、流动性风险等予以考虑；风险权重仅设为五档，过于简单，难以准确反映银行所面临的风险，未能与银行的内部风险计量充分挂钩；区分经济合作与发展组织(OECD)和非OECD成员国规定不同的资产风险权重，影响了资本要求的合理性；容易导致银行过分强调资本充足的倾向，从而忽视银行业的盈利性及其他风险。

2.《巴塞尔协议Ⅱ》

新巴塞尔资本协定简称新巴塞尔协议或巴塞尔协议Ⅱ(Basel Ⅱ)，是由国际清算银行下的巴塞尔银行监督管理委员会(BCBS)所促成，内容针对1988年的旧巴塞尔资本协议(Basel I)做了大幅修改，以期标准化国际上的风险控管制度，提升国际金融服务的风险控管能力。《巴塞尔协议Ⅱ》2004年起正式实施。

(1) 主要内容

以指标为核心的数量型监管模式正在逐步向以风险管理为核心的质量监管模式过渡。最主要的内容是建立了有效资本监管的三大支柱，即“最低资本要求、监管当局的监督检查和市场约束”。

第一支柱：最低资本要求(Minimum Capital Requirements)。主要包括三方面的内容，其中资本的定义以及最低资本充足比率，仍维持1988年巴塞尔协议的规则不变，即最低资本充足率达到8%，而银行核心资本的充足率应不低于4%，其目的是使银行对风险更敏感，使运作更有效。但是，它同时强调，健全的会计政策和估值方法是最低资本要求的基础，只有在稳健、审慎的会计制度下，银行的资产负债及损益状况才能得到真实的反映，资本和储备状况才更加可靠和可信，否则薄弱的会计制度将有可能高估资本充足率。在第一支柱中，最具意义的是风险的衡量问题。新框架把各类风险分为三类：信用风险、市场风险和其他风险，并对信用风险的衡量及风险资产的计算方法做了重大修改。信用风险资本计提包括：标准法、基础内部评级法和进阶内部评级法。

第二支柱：资本充足性的监管约束(Supervisory Review Process)。监管者通过监测决定银行内部能否合理运行，并对其提出改进方案。该部分内容是首次被纳入新资本框架之中的。新框架认为，为了促使银行资本状况与总体风险相匹配，监管当局可以采用现场和非现场稽核等方法审核银行的资本充足状况。监管当局应该考虑银行的风险化解情况、风险管理状况、所在市场的性质以及收益的可靠性和有效性等因素，全面判断银行的资本充足率是否达到要求。在资本水平较低时，监管当局要及时对银行实施必要的干预。

第三支柱：市场约束(Market Discipline)。市场约束机制是第一次被正式引入新框架中。其目的在于，让市场力量来促使银行提高信息的透明度，使外界对它的财务、管理等有更好的了解，以促使银行稳健、高效地经营以及保持充足的资本水平。新框架指出，经营稳健良好的银行可以以更为有利的价格和条件从投资者、债权人、存款人及其他交易对手那里获得资金，而风险程度高的银行在市场中则处于不利的地位，它们必须支付更高的风险溢价，提供额外的担保或者采取其他安全措施。市场的奖惩机制有利于促使银行更有效地分配资金和控制风险。市场约束作用得以发挥的前提是提高银行信息披露的水平，加大银行透明度，要求银行提供及时、可靠、全面和准确的信息，以便市场参与者据此做出判断。

(2) 评价

进步性：构建了包含三大支柱的完整资本监管框架；更全面地反映银行风险；更敏感地反映银行风险，主要体现在评判资产风险的方法上为银行提供了多种选择；信息披露的要求也将使银行更透明地面对公众，激励银行提高风险管理水平。

不足：对资产证券化、交易业务、交易对手信用风险的资本计提不足；没有考虑流动性风险；伴随风险敏感性的提高，"顺周期性"问题凸显[①]；计量方法的适用性问题：新协议鼓励银行使用基于内部评级的计量方法，但真正具备长期经营记录，拥有足够丰富的数据、有高效处理这些数据的强大技术力量的大型银行毕竟属于少数，多数银行还是难以摆脱对外部评级及对当局建议指标的依赖；缺乏宏观审慎监管视角，不能有效防范系统性风险，因为监管对象主要还是商业银行，但在金融国际化大趋势下，银行百货公司不断涌现、非银行金融机构和非银行金融业务不断涌现，对此，新协议的作用空间将非常有限。

3.《巴塞尔协议Ⅲ》

2010年9月巴塞尔银行监督管理委员会管理层会议通过了国际商业银行资本监管的改革新规，并于11月在G20峰会上获得正式批准实施。

(1)《巴塞尔协议Ⅲ》的主要内容

在微观审慎监管方面：第一，明确资本定义，提高资本质量和水平。大幅度提高了对银

① 当经济处于上升阶段，资本监管的约束将弱化，银行信贷能力增强，将促进经济的进一步繁荣和资产泡沫的增加；当经济处于下行阶段，资本监管的约束将强化，银行信贷能力受严重限制，将促进经济的进一步衰退。

行一级资本充足率的要求。协议维持资本充足率 8%不变，但规定，全球各商业银行五年内必须将一级资本充足率的下限从现行要求的 4%上调至 6%，过渡期安排是：2013 年升至 4.5%，2014 年为 5.5%，2015 年达 6%。同时，协议将普通股最低资本要求从 2%提升至 4.5%，过渡期安排是：2013 年升至 3.5%，2014 年升至 4%，2015 年升至 4.5%。此外协议还对一级资本提出了新的限制性定义，要求一级资本只包括普通股和永久优先股。其主要目的是提高国际商业银行抵御金融风险的能力，保证银行持有足够的准备金，在不依靠政府救助的情况下能独立应对可能发生的金融危机，创建更加稳定的金融系统。第二，扩大风险覆盖范围，规定对交易账户、资产证券化、交易对手风险暴露的资本要求。第三，引入流动性监管指标，包括流动性覆盖率（LCR）和净稳定融资比率（NSFR）①两个流动性监管指标，对银行的流动性进行监管。

宏观审慎监管方面：第一，新协议提出了“逆周期缓冲”的资本要求，在银行信贷过于充足的情况下仍须未雨绸缪。缓解最低资本要求的顺周期性问题。第二，对系统重要性银行提出 1%的附加资本要求，降低“大而不倒”带来的道德风险。

兼具宏观审慎与微观审慎监管目标的方面：第一，留存资本缓冲。新协议引入了 2.5%的资本缓冲，其目的在于确保银行持有缓冲资金用于在金融和经济危机时期吸收损失，可以防止银行在资本状况恶化时仍然发放高奖金和高红利。第二，杠杆率等辅助性要求。该协议要求各国对 3%的一级杠杆率在同一时期进行平行测试，根据测试结果于 2017 年上半年进行最终调整。

（2）特点

《巴塞尔协议Ⅲ》在资本与监管方面的主要特点是：微观审慎监管与宏观审慎监管有机结合、流动性监管与资本监管同等重要、建立全球统一的流动性监管标准。

五、资本充足性管理的主要方法

首先，应借鉴国际经验，充分考虑我国商业银行的自律能力和监管机构的监管能力，制定出可操作性强的资本管制措施。美国在 1991 年 11 月通过了《1991 年联邦存款保险公司改进法案》（FDICIA），FDICIA 第 131 条款——立即改进措施（PAC），依据总资本比率、核心资本比率和杠杆比率三个指标来评价银行资本充足状况，并以此为基础将商业银行划分为资本良好、资本适度、资本不足、资本明显不足和资本严重不足五个等级，以便对那些资本不足的银行采取立即改进措施。PAC 允许联邦存款保险公司（FDIC）对资本不足的商业银行采取限制业务范围、暂停分红和提取管理费用、限制资产增长、限制管理人员的工资等强制

① 流动性覆盖率（Liquidity Coverage Ratio，LCR）＝优质流动性资产储备/未来 30 日的资金净流出量。LCR 的标准是不低于 100%。流动性覆盖率旨在确保商业银行在设定的严重流动性压力情景下，能够保持充足的、无变现障碍的优质流动性资产，并通过变现这些资产来满足未来 30 日的流动性需求。净稳定融资比率（Net Stable Funding Ratio，NSFR）＝银行可用的各项稳定资金来源/银行发展各类资产业务所需的稳定资金来源。其标准是大于 100%。NSFR 用于度量银行较长期限内可使用的稳定资金来源对其表内外资产业务发展的支持能力。

性改进措施,来加强资本充足性管制,促使商业银行提高资本充足率。如果一家银行的有形股权资本与总资产的比率降至2%或更少,该银行将被认为资本严重不足并将于90天内被列入破产或接管的对象,除非银行的主要监管者和FDIC出于对公众利益的考虑以及认为存款保险基金能使银行在目前股权和管理状况下继续经营。为避免被接管,银行必须有正的净值并且证明其原来状况得到了真正改善。

我们知道,美国银行监管机构存在一种称为CAMELS的评级制度。CAMELS评级制度是美国银行监管预警机制的一部分。C代表资本充足(capital adequacy),指能够承担面临各种风险的资产的能力;A代表资产质量(asset quality),表示与银行表内外业务相联系的信用风险的大小;M代表管理质量(management quality),表示银行管理层对风险的监测、处理和控制能力;E(earnings)是银行盈利能力,以及各种影响盈利的因素;L(liquidity)是银行保持流动性的能力和流动性管理的合理性;S则是对市场风险的敏感度(sensitivity to market risk),表示市场上各种价格如利率、汇率、一般物价水平和证券价格,对银行收益以及资本市值的负面影响程度。

我国银监会应借鉴美国等发达国家的经验,依据资本充足度的国际统一标准和各商业银行资本状况,将商业银行划分为不同的级别,并制定出适合中国国情的、可操作性强的资本管制措施。我们可以将管制措施分为强制性与非强制性两类,对商业银行可以按照资本充足率的不同分为三个层次:资本充足(总资本比率≥10%、核心资本比率≥6%)、资本适度(总资本比率≥8%、核心资本比率≥4%)和资本不足(两项或其中一项不达标)。对资本充足的商业银行不需要实行强制性资本管制措施来限制其业务活动;对资本适度的商业银行监管机构应限制高风险业务活动,并适当采取干预措施防止资本充足率降到最低标准以下;而对于资本不足的商业银行,监管机构应按照资本充足率的差异再细划为资本不足、资本明显不足和资本严重不足三级,并通过强制性管制措施来敦促其改变资本充足状况。强制性管制措施可以考虑以下几个方面:对商业银行业务范围的限制;对资产规模的限制;对管理费用支付的限制;对管理人员薪金支付的限制;对利率浮动权的限制;对分支机构开设的限制等。在具体操作中,建议监管机构根据各银行资本不足的程度来确定限制内容。非强制性管制措施的弹性较大,可以考虑提交资本补充计划、资本重组方案、资本结构调整等方面的内容。

其次,应合理确定调整期。中国银行、中国建设银行2003年底各获得了225亿美元的注资,资本充足率都有大幅提高,但未获得注资的中国工商银行与中国农业银行恰恰是离最低标准仍有较大差距的两家银行,其他股份制银行与城市商业银行资本充足度整体看也较低。因此,银监会必须考虑到各银行的现实状况,合理确定调整期,给各银行补充资本和降低风险权重资产的时间,以保证资本充足性管制的可行性和金融法律法规的严肃性。

第三,应保证监管的有效性和一致性。调整期限确定之后,监管机构必须严格按此期限进行监管。凡是在调整期资本充足率达到8%的商业银行,可以按照《商业银行法》及监管机构允许的业务范围从事业务活动，而没有到达此标准的商业银行，不管是何种组织结构和所有制形式，都应该在业务范围和分配制度等方面受到限制。目前银行同业竞争极其激烈，任何一家商业银行都希冀给客户提供全方位的优质服务、拥有优秀的专业人才，但资本充足度的“硬约束”会捆绑不达标商业银行的手脚，从而利用“倒逼机制”迫使商业银行改变目前的资本充足状况。

案例 6-1　大午集团非法吸收公众存款

背景

- 孙大午，河北大午农牧集团有限公司董事长
- 1954 年 6 月出生在河北省保定市徐水县高林村镇郎五庄村
- 1963 年在高林村镇在学
- 1971 年—1978 年 6 月在山西临汾二十八军八十二师服役
- 1979 年—1989 年在河北省保定市徐水县中国农业银行工作
- 1989 年，孙大午毅然辞去工作，创办河北大午农牧集团有限公司
- 1978 年—1982 年进修语言文学自修大学
- 1984—1986 年自修河北政法函授
- 1995 年，当选河北省保定市人大代表
- 1996 年 6 月被河北省人民政府授予“河北省养鸡状元”
- 1996 年 8 月，当选河北省保定市禽蛋产业联合会理事长
- 1996 年 9 月 20 日，被授予 1996 年度保定市捐资助教先进个人荣誉称号
- 2001 年兼任大午学校校长
- 2002 年 10 月被中国农业大学农民问题研究所聘请为高级研究员

“大午”案件始末

河北大午农牧集团有限公司位于河北省保定市徐水县，董事长孙大午靠养殖 1 000 只鸡、50 头猪起家，至今发展成集养殖业、种植业、加工业、工业、教育业为一体的大型科技民营企业——大午农牧集团，固定资产过亿元。1995 年，大午集团被国家工商总局评为全国 500 家最大私营企业之一。

孙大午虽然只有初中学历，却被北京大学、中国农业大学、北京理工大学等高校多次邀请，发表农民问题的演讲。

2003 年 5 月 29 日，孙大午因涉嫌非法吸收公众存款被当地公安部门拘捕。9 月 30 日，河北省保定市徐水县人民检察院以非法吸收公众存款罪对河北大午农牧集团有限公司及孙大午提起公诉。

2003 年 10 月 30 日，河北省保定市徐水县法院以孙大午“非法吸收公众存款罪”，判处孙有期徒刑 3 年，缓期 4 年执行，同时交纳 10 万元罚金。

事发——非法集资 1.8 亿元——大午三兄弟相继被捕

根据河北省保定市徐水县委宣传部向本报记者提供的消息，经徐水县公安局初步

侦查证实,“自1993年以来,大午集团未经中国人民银行批准,违反《中华人民共和国银行法》和国务院关于《非法金融机构和非法金融业务活动取缔办法》的有关规定,以高于同期银行利率、不收利息税等手段,使用大午集团统一印制的有‘数额、利率、期限及双方不得违约、到期保证偿还’等字样借据,并在借据中加盖大午集团财务专用章,由财务处及该处综合业务科下设代办点公开向内部职工及周边村镇群众变相吸收公众存款”。

“截止到2003年5月27日,中国人民银行徐水支行将大午集团涉嫌非法吸收公众存款案移送至当地公安局,该公司仍吸收4 742户储户存款3 526万余元,自1995年7月1日以来,大午集团累计吸收公众存款18 116.7万元。”

争议

· 北京律师要为孙大午作无罪辩护:民间借贷不同于地下钱庄。1995年以来大午集团从银行获得的唯一两笔大额贷款。贷款到期后,公司就通过“倒借据”的方式把利息还上,然后续贷。

·“这些年由于公司扩张需要大量资金,我们年年向当地银行申请贷款,但几乎就没有拿到过贷款。所以我们没办法,只有向职工和周围村民借钱。”

·“由于目前涉农企业贷款普遍困难,绝大多数民营企业都只能采取民间借贷的方式来寻求发展资金。而孙大午所采取的借贷方式与一些以高利贷盘剥为手段、追求赢利的地下钱庄是完全不同的。”

· 为孙大午进行无罪辩护的北京博景泓律师事务所朱久虎律师认为,大午集团的借款行为完全符合我国民法规定的意思自治原则和诚实信用原则,所借款项也没有被挥霍浪费或盲目投资,而主要用于公司发展和建设大午中学;另外借款范围仅限于与公司有相互信赖关系的职工及周围村民,具有特定范围,而不是针对不特定的一般社会大众。

思考——谁是信息不对称的受害者?谁是银行信用风险管理的受害者、受益者?

孙大午在走出法庭的时候对媒体抛下了一句话:我相信,现在银行会贷给我款了,因为他们应该了解我的企业了。

反思

第一,是否一定要用法庭呈供这样“非常”的手段,才能让银行相信一家既有可观规模,又在良好运行的企业的资信情况?

第二,除了将私营企业融资难的问题推给社会信用制度这个虚拟最终负责人以外,金融机构在私营企业融资问题中是不是也有所缺失呢?金融机构不仅是资金的提供者,还应该是市场信息的提供者和中介者,金融机构的存在和发展应具备的一个重要的能力是获取和判断信息的能力。

第三,从现在的融资实践中,不难发现,这种能力由于各种硬件条件和金融软件技术手段的提高正在逐渐被漠视。风险等级的评判中主观地将外资企业、国有集团企业的评分调高,而私营企业排在后面。这反映了我国经济金融制度是否存在某种局限?

(资料来源:“孙大午案件连锁反应大午集团集资1.8亿谁来还”,载《世界商业评论》2003年7月25日)

阅读专栏 6-1 美国次贷危机对商业银行的影响和启示

美国次贷危机的爆发对全球经济和整个金融市场产生重大影响，首当其冲的是信贷市场。迄今为止，危机已经造成美国多家住房抵押贷款机构和全球知名的商业银行、投资银行陷入严重财务困难，美国和世界主要国家的信用紧缩，面临流动性风险，甚至陷入银行危机，我国商业银行也受到一定的影响。

我国中国银行、中国工商银行、交通银行、中国建设银行、招商银行和中信银行 6 家金融机构购买了部分次级按揭贷款。到 2007 年底，中国持有次贷支持的债券面额超过 100 亿美元，中国银行持有 79.147 亿美元亏损额最大，其他银行持有份额小，亏损小。主要表现在三个方面：一是各家银行资产减值准备增加。到 2007 年末，中国工商银行提取的次贷拨备比例提高到约 30%，中国建设银行约为 40%，均分别提取了近 30 亿元的减值准备。二是商业银行 QDII 产品收益出现下跌，外币资产期望收益率下降。三是部分银行因持有雷曼兄弟相关债券有一定损失，并导致银行股大跌。

但是由于持有相关次债的银行投资规模不大，经营国际业务的能力不断增强，并在银监会的严格监管下，提高了房贷首付，增提了减值拨备，迅速采取了相应的风险管理措施，其带来的损失对公司整体运营而言，影响比较轻微。主要表现在：其一，我国银行流动性充足，抗风险能力较强，如 2007 年中期中国银行的资本充足率和核心资本充足率在扣除相关损失后仍维持在 10%左右。其二，银行次贷损失并未影响盈利的增长。

美国次贷危机对我国商业银行运作的启示：

第一，商业银行要扮演好自己的角色，把握好信用风险关口。

商业银行是储蓄投资转化的中间一环，是经营和管理风险的主体，坚持谨慎的经营理念，履行好自己的基本职能，是防范信用风险的头等大事。“把钱借给还得起钱的人”是商业银行始终应该坚持的基本天条。

东南亚金融危机中房价下跌超过 50%，但香港银行未放松基本的贷款条件和客户选择，贷款拖欠率在 1.5%以内，没太大影响。可见，商业银行如果执行了严格的贷款标准和风险管理，风险是可控的。

境内银行主要的业务是信贷业务，影响最大的还是信用风险。所以，一定要强调信贷业务经营管理中的风险控制，强调审慎、稳健的发展战略，业务管理上要加强市场、行业和区域研究，准确掌握客户信息，选择好市场和客户，把握第一还款来源，确保偿付能力，在经济调整周期更应严格准入标准，并做好贷款担保和抵押的动态管理，不断提高风险预警监控能力，保持信贷业务持续稳定发展。

第二，要处理好创新和规范、发展的关系，不打无准备之仗。

次贷危机中破产和受损金融机构最大的教训就是没有把握好创新的“度”。在风险不清的情况下盲目跟进，进入不熟悉和缺乏足够风险控制措施的业务领域。

美国的金融机构在此次危机中可以说是集体迷失了，但机构反应不同也导致了最终的命运迥异，有的大型投行存活了下来，很大程度上是因为它们及早撤离，受了伤但毕竟没有倒下去。

境内银行上市以后，对业务和管理创新提出了更高的要求，而创新一定要建立在长期、稳健的发展战略规划之上，树立风险管理理念和风险管理文化，按照严格监管标准，确定金融机构的整体风险承受水平，据此确定业务发展规模，并集中主要资源发展熟悉并具有优势的业务。谨慎进入不熟悉的领域，少接触看不清的业务。推进创新和发展新业务时，打好与之相适应的管理架构、信息资源和人员基础。

第三，要认清金融改革和国际化的总趋势，始终做好风险监控和合规管理。

次贷危机发展过程中，一些金融机构逃避外部监管、放松风险控制和信息披露的做法，虽然可能在短期内带来利润增加、股价上升，带来资本市场上的领导地位和良好形象，但风险控制放松带来的后果迟早会暴露。

中国的金融企业在危机中遭受了一定损失，但程度和影响都比较小，并不是因为境内银行的理念更先进、风险控制手段更完备，也不是从业者比那些华尔街精英们更精明，主要原因还是中国融入国际金融市场比例较小，经营活动关联程度比较低。

但也应该清醒地认识到，中国金融企业的国际化是一个发展趋势，相信这次金融危机不会是最后一次，在今后融入国际化的过程中，中国的金融企业如何少出问题将是一个重大的检验。面对国际金融动荡局面和国内经济调整因素，一定要认真接受监管部门的监管，贯彻全面风险管理战略，提升风险管理和监控能力，在各项业务中合规、审慎运作，实现长期可持续发展。

（资料来源：黄丽珠，美国次贷危机对我国商业银行的几点启示，金融时报 2008 年 11 月 10 日。摘自全景网＞新闻频道＞国内财经：www.p5w.net/news/gncj/200811/t1999350.htm）

本章小结

BRIEF SUMMARY

● 收益性（盈利性）、流动性、安全性管理，是商业银行经营管理中必须遵循的基本原则。

● 商业银行负债管理理论包括银行券理论、存款理论、购买理论、销售理论等。银行保持负债流动性的方法措施包括向其他银行和金融机构借款或向国内、国际金融市场筹资，吸收新的存款，向中央银行借款等。

● 商业银行资产管理理论包括真实票据论、资产可转换性理论、预期收入理论和超货币供给理论等。商业银行保持资产流动性的主要方法：一是建立分层次的准备金制度，二是合理分配资产。资产管理的具体途径是银行减少贷款、出售证券以弥补准备金缺口。

● 资产负债联合管理的原则包括结构对称原则、速度对称原则、目标替代原则、资产分散化原则等。资产负债联合管理的主要措施为资金汇集法、资产分配法、线性规划法、利率敏感性缺口管理和持续期管理。

● 信息不对称加剧银行信贷风险。减少内部信息不对称，需要完善银行内部信贷运行管理机制；克服企业与银行之间信息不对称带来的逆向选择和道德风险需要进行筛选和监控、与借款客户建立长期联系、抵押与建立补偿余额账户等；加强同业沟通，共同防范信息不对称；防范信用风险的宏观方面是加强信用制度及社会信用管理体系建设。

● 银行资本充足度的衡量指标包括资本与存款比率、资本与总资产比率、资本与风险资产比率和纽约资本充足度公式，其中最具现实意义的是纽约资本充足度公式。

●《巴塞尔协议Ⅰ》规定监管资本分为核心资本与附属资本，资本充足率（资本与风险加权资产比率）不得低于8%，其中核心资本比率不低于4%。《巴塞尔协议Ⅱ》以指标为核心的数量型监管模式向以风险管理为核心的质量监管模式过渡，其最主要的内容是建立了有效资本监管的三大支柱，即最低资本要求、监管当局的监督检查和市场约束。《巴塞尔协议Ⅲ》在资本与监管方面的主要特点是：微观审慎监管与宏观审慎监管有机结合、流动性监管与资本监管同等重要、建立全球统一的流动性监管标准[流动性覆盖率（LCR）和净稳定融资比率（NSFR）]。

复习题

REVIEW QUESTIONS

选择题

1. 如果能预测未来市场利率将提高，则商业银行在经营管理中应(　　)。

   A. 扩大利率敏感性缺口　　B. 紧缩利率敏感性缺口

   C. 维持准备金缺口基本不变　　D. 扩大持续期缺口

2. 解决商业银行出现的流动性缺口问题时，符合及时性、低成本性原则的有(　　)。

   A. 发行 CD　　B. 吸收新存款

   C. 同业拆借　　D. 发行债券

   E. 发行股票

3. 为了弥补商业银行出现的流动性缺口，下列手段最理想的是(　　)。

   A. 发行 CD、吸收新存款和同业拆借

   B. 出售短期证券和发行股票

   C. 发行债券和同业拆借

   D. 将某笔贷款打包转售、吸收新存款和同业拆借

4. 下列关于商业银行防范信用风险的方法中，针对道德风险的是(　　)。

   A. 筛选　　B. 监控并签订限制性契约

   C. 保持与借款人的长期联系　　D. 抵押制度

   E. 建立补偿余额账户

5. 关于商业银行信用风险管理举措，正确的是(　　)。

A. 筛选可以有效防止逆向选择

B. 监控可有效防止道德风险

C. 与借款人保持长期联系可以防止道德风险也可防止逆向选择

D. 签订限制性契约也是监控借款人的手段

E. 可以借助银团贷款方式来消除信贷风险

6. 商业银行降低风险、保持资产与负债的安全性的方法可能有：① 扩大自有资金在全部负债中的比重；② 参加存款和资产保险；③ 合理安排放款、投资的规模及期限结构，使其与负债规模、结构相匹配；④ 实行 5C、5P 原则管理；⑤ 加强对借款客户的资信调查，防止信息不对称；⑥ 保持足够的准备金，其中正确的是（　　）。

A. ①②③④⑤⑥　　B. ①②③⑤　　C. ①②③⑤⑥　　D. ②③④⑤⑥

7. 关于商业银行信用风险管理中的 6C 原则，错误的是（　　）。

A. 借款人的品行和偿付能力　　B. 借款人有无抵押品和抗风险能力

C. 借款人的经营环境条件和可持续性　　D. 借款人的资金实力和技术实力

E. 借款人的创新能力和攻坚克难能力

8. 认为银行只宜发放短期贷款的资产管理理论是（　　）。

A. 转换理论　　B. 预期收入理论

C. 真实票据理论　　D. 超货币供给理论

9. 可以用来充当商业银行二级准备的资产有（　　）。

A. 拆放同业资金　　B. CD

C. 在中央银行的存款　　D. 国库券

10. 根据偿还期对称原则，活期存款可用于以下哪些资产项目上？（　　）

A. 一级准备　　B. 二级准备　　C. 贷款　　D. 长期证券投资

E. 固定资产

11. 在上题中，定期存款可用于（　　），借款可用于（　　），而自有资本可用于（　　）。

判断与辨析

1. 资产负债联合管理的目标替代原则中，三原则只有替代性，没有互补性。（　　）

2. 5C 原则是金融机构管理中所用的对借款人进行资信调查的 5 个方面。（　　）

3. 当商业银行出现流动性缺口时，可以通过发行债券、发行 CD、吸收新存款和同业拆借等方式来应对，但不可以通过发行股票方式解决。（　　）

4. 债权类金融资产涉及到期期限和持续期的概念。对息票债券这种资产而言，持续期一般等于到期期限。（　　）

5. 商业银行业务经营的三原则既有联系又有矛盾。（　　）

6. 在商业银行出现正的利率敏感性缺口时，市场利率与银行净利息收益的变动方向一致。（　　）

基本概念

银行资产的流动性	银行负债的流动性	逆向选择	"三性"原则
道德风险	隐藏信息	利率敏感性资产	利率敏感性负债
利率敏感性缺口	持续期	持续期缺口	补偿余额账户
会计资本	经济资本	监管资本	资本充足度

思考题

1. 联系我国实际，领会商业银行如何才能保持资产和负债的安全性和流动性。
2. 理解商业银行经营管理的基本原则，以及如何把握这些原则间的关系。
3. 领会商业银行为什么要进行信用风险管理，掌握信用风险管理的主要措施。
4. 商业银行资产与负债联合管理遵循的原则与主要措施。
5. 应用：某银行资产负债表如下。现有 7 000 万元存款流出，存款的法定准备金率是 10%。应当采取怎样的措施防止银行倒闭？列出必要的资产负债表。

单位：万元

A		L	
准备金	12 000	存款	80 000
贷款	68 000	资本金	10 000
证券投资	10 000		

6. 商业银行如何进行资本充足性管理？
7. 熟悉《巴塞尔协议》的主要内容。
8. 理解金融创新对银行资产流动性管理、负债的流动性管理的影响。

第七章——金融市场

第一节　金融市场概述

一、金融市场的含义

金融市场是进行货币借贷、办理各种票据和有价证券(金融工具)买卖的场所及价格运行机制的总和,资金供求双方通过金融市场的交易活动,实现资金融通。

1. 资金融通的意义

在现代市场经济中,大致有居民、企业、政府部门、金融机构等经济主体,每一个经济主体的每一次经济活动最终都会反映为货币的收支运动。一般来说,收支正好相抵的情况为数不多,通常情况是存在着一部分收大于支的经济主体和一部分收不抵支的经济主体,我们将前者称为资金盈余单位,后者称为资金赤字单位。如果资金盈余单位无法从盈余资金中获利,而资金赤字单位没有资金运转,就会阻碍经济发展,导致资源浪费。如果资金盈余单位与资金赤字单位之间通过信用的方式进行资金调剂,则即可以满足赤字单位的需要,又可以给盈余单位带来回报。因此,盈余单位与赤字单位之间的资金融通,不仅可以使经济活动顺利进行,而且可以更有效地利用资金,使社会资源有效配置。盈余单位与赤字单位通过金融市场融资的活动有两种渠道,即直接融资与间接融资。

2. 直接融资

直接融资亦称"直接金融",是盈余单位,如政府、企事业单位和个人(以最终贷款人身份)直接把资金贷给赤字单位(最终借款人)使用,其方式或者资金盈余单位直接进入金融市场,通过与赤字单位直接协商,购入赤字单位创造的金融工具(股票、证券等),不需要经过金融中介机构;或者可以在公开市场上,赤字单位通过经纪人或交易商将创造的金融工具卖给资金盈余单位,实现二者之间的资金融通。融通的资金直接用于生产、投资和消费。最典型的直接融资就是公司上市。

在直接融资中,资金供求双方是通过买卖直接证券来实现融资目的的。直接证券是指非金融机构如政府、工商企业乃至个人所发行或签署的公债、国库券、债券、股票、抵押契约、借款合同及其他各种形式的票据等。直接融资的过程就是资金供求双方通过直接协议或在公开市场上买卖直接证券的过程。如图 7－1 所示。

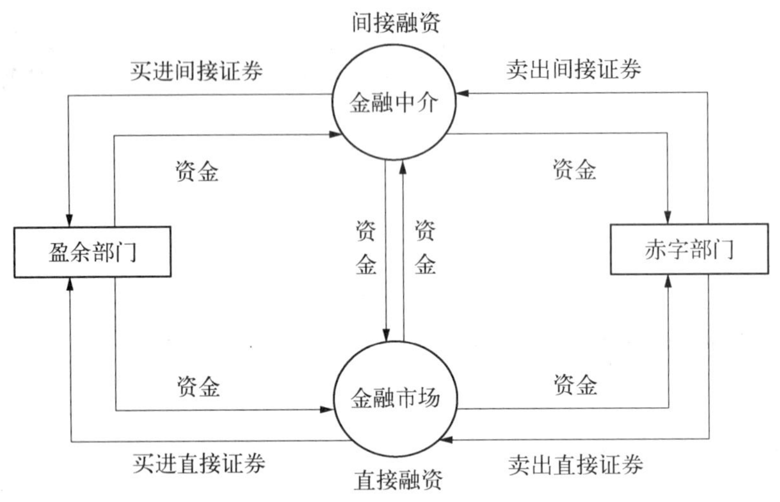

图 7－1　直接融资与间接融资

3. 间接融资

间接融资亦称"间接金融"，是指盈余单位将闲置货币盈余资金通过购买并持有金融中介机构的信用工具，转移给金融中介使用，如购买银行、信托、保险等金融机构发行的存单、有价证券；赤字单位通过金融中介机构以贷款、贴现等形式，取得对盈余资金的使用权，以弥补自己的赤字，或者由这些金融机构通过购买赤字单位发行的有价证券，把资金提供给这些单位使用，从而实现资金融通的过程。因此，间接融资是盈余单位（最终债权人）与赤字单位（最终债务人）以金融机构为信用媒介而进行的融资方式。

在间接融资中，金融中介机构通过发行间接证券从盈余单位融入资金，再通过购买赤字单位发行的直接证券来提供资金。间接证券是指金融机构所发行的钞票、存款、可转让存单、人寿保单、金融债券等。

4. 直接融资和间接融资的比较

直接融资与间接融资这两种不同类型融资的区别主要在于：

（1）融资行为主体不同：直接融资只有筹资者和投资者，其他机构只是为融资提供服务，并没有实质性的价值转让；而间接融资的主体是筹资者、投资者以及金融机构，其中金融中介机构是资金融通的中心主体。市场经济条件下最重要的金融机构为商业银行，它不仅可作为信用的中介，还可以创造信用货币。

（2）融资运动方式不同：直接融资中交易仅有一个过程，即资金通过购买证券，从资金盈余者流向资金短缺者；间接融资有两个过程，即资金盈余者将资金存入金融中介机构，金融中介机构再将资金以贷款或投资的方式转移到资金短缺者手中。

（3）融资的成本和风险不同：从成本来看，间接融资的成本包括利息和银行部门的营业费用,而直接融资的成本主要有股票、证券的股息和利息以及证券的发行费用,因此可以看出,间接融资的成本较低。从风险来看,对初始投资者来说,股票、债券的风险要高于银行存款,也就是直接融资的风险高于间接融资。在直接融资中,融资的风险由债权人独自承担。而在间接融资中,由于金融机构的资产、负债是多样化的,融资风险便可由多样化的资产和负债结构分散承担,安全性较高。

(4) 对货币流通量的影响不同:间接融资的主体是银行,银行可通过吸收存款、办理转账结算来创造信用货币,派生出初始货币成倍的增量,因此,间接融资的规模直接影响货币流通量。而直接融资根据期限的长短,对货币流通量的影响不一。在货币市场上融通短期资金,即企业通过商业汇票融资,实际上增加了作为支付手段和流通手段的货币数量;而在资本市场上流通的长期资金,不能增加狭义货币,但能改变货币流通的速度和结构。

可以看出,直接融资的方式虽然比较简捷,但是由于直接融资方式在使用范围上有局限性,而且融资效率比较低,融资成本高,风险大,所以间接融资方式在现代经济中地位非常重要,而且不断地发展,以银行为主体的间接融资方式在多数国家占主导地位,特别在发展中国家更是如此。银行等金融机构利用广大的分支网络,依靠比任何一个企业都高的信誉在全社会范围内集中资金,这是直接融资方式所不能比拟的。从国家的角度考虑,一个国家要承担巨大的经济责任和国内外的投资业务,必须拥有一定的资金支配和融通权力,这就必然需要利用银行信用支持必要的基础设施和重点投资项目,这不但解决了资金问题,还可以进行政策引导。另外,间接融资方式可以解决信息不对称的问题。很多投资者没有足够的知识来了解企业的财务状况、经营能力等,也无法获得筹资者的内部信息,而间接融资中的金融中介机构拥有专门技能和丰富的经验,可迅速获得信息,可以有效地实现资金的融通。但是从整个金融领域来看,直接融资和间接融资是相辅相成的,两者对经济发展的作用都很重要,只是不同国家在不同时期对融资的要求不一样。

阅读专栏 7-1　融资方式的复杂性

融资活动中只要有商业银行的参与,情况就会变得多元和复杂。以企业发行债券为例,在金融实践中,有相当部分的企业债券是由银行认购和持有的。我们知道,由于商业银行会计的特殊性,银行认购企业发行的债券,落实到具体的记账操作,一方面是在资产负债表的资产端记账增加一笔“债券投资”,另一方面是在负债端记账增加等额的一笔“企业存款”。这种情况下,银行投资企业债券的资金(以及等额派生出来的企业存款),乃是银行“无中生有”凭空记账新创造出来的,并不需要去存量动用银行其他客户在该行的存款资金、银行其他债权人借给银行的资金,以及银行股东投入的资金。这种融资方式,究竟算是“直接融资”还是“间接融资”呢?

再看国内外各家商业银行普遍重视的理财业务。在规范意义上,银行理财业务是投资者把资金委托给银行,银行按照与投资者的协议约定,对受托的资金进行投资和管理，努力为客户创造收益，本质上是银行“受人之托、代人理财”的一种金融服务。银行理财资金作为代理性质的资金，并不直接纳入银行的资产负债表，属于中间业务或表外业务。这些资金可以运用于债务类或权益类投资，满足相关经济主体的资金需求，此时会成为客户存款进入银行资产负债表。不难看出，银行理财业务是银行在发挥支付中介、信用中介和风险中介(投资中介)的作用，促成存量资金在社会不同经济主体之间的转移，应该兼具直接融资和间接融资的特点。

银行贷款普遍被认为是“间接融资”。银行向企业或个人发放贷款，其原理与银行投资企业债券类似，也是一个在银行资产负债表上“无中生有”的会计复式记账操作，即资产端新增记录一笔“客户贷款”，同时在负债端等额新增记录一笔“客户存款”。也就是说，银行向企业或个人发放贷款，与银行其他客户在该行的存款资金、银行其他债权人借给银行的资金，以及银行股东投入的资金，并没有什么直接关系，其本质是一个“增量资金的创造”过程，而不是一个“存量资金的转移”过程。

或许正是因为在纷繁复杂的金融实践中，并不容易精确区分“直接融资”和“间接融资”，特别是，如果认真去推敲“直接融资主要是股票或债券融资、间接融资主要是银行融资”这个似乎已被广泛接受的说法，就会发现实际情况并不简单。目前我们没有看到世界各国或国际性组织给出“直接融资”、“间接融资”令人信服的权威定义，也没有看到相应的官方统计数据。

[资料来源：参见微信公众号 huobige，货币哥(方卫星)，“刍议融资方式”2020 年 4 月 6 日]

二、金融市场的特征

1. 交易对象的特殊性

金融市场上买卖的不是普通商品，而是金融商品，如商业票据、银行票据、债券、股票等。其实这还是表面现象，实际上金融市场上交易的对象是货币资金，因为各金融商品都代表一定数量的货币资金，不像普通商品那样具有特殊的使用价值，而是具有一般的使用价值。

2. 抽象性——主要是无形市场

商品市场一般都有固定的有形场所。有的金融市场亦具有固定的有形场所，如证券交易所。但从总体看，金融市场往往没有固定场所和设施。同一类金融工具在同一时间受同一价格支配的无形市场区域，在此特定区域，市场参与者无特定限制，交易双方有的近在咫尺，有的远在天涯，通过电报、电传等手段相互联系，讨价还价，进行交易。

3. 公开性

金融市场又叫公开市场。“公开”有三层含义：(1) 任何个人和机构都可参加金融市场交易；(2) 各种金融工具，只要是合法合规的，都可进入金融市场成为交易对象；(3) 金融市场上的市场价格包括利率、汇率和金融工具买卖价格是公开的，保证了交易过程中的自由竞争。

三、金融市场的分类

按照不同的划分标准，金融市场可分成不同的类别。大致有以下几种划分：

（1）按交易对象的期限划分，可分为货币市场和资本市场。

货币市场又称为短期资金市场，一般是指融资期限在一年以下的金融市场，又可进一步细分为短期国库券市场、商业票据市场、同业拆借市场以及欧洲美元市场等具体市场类型。

资本市场又称为长期资金市场，一般是指融资期限在一年以上的金融市场，又可细分为股票市场、中长期国库券市场、中长期债券市场等。

（2）按融资工具划分，可分为证券市场、商业票据市场、可转让定期存单市场。

证券市场是指进行各种有价证券交易的市场，又可分为股票市场和债券市场。其中股票市场是以公司发行的股票作为交易对象的证券市场；而债券市场则是以政府、银行、企业发行的债券为交易对象的证券市场。

商业票据市场是指从事本票、承诺汇票等商业票据贴现、买卖的金融市场。

可转让定期存单市场是指以金融机构发行的大额可转让定期存单为交易对象的金融市场。

（3）按交易对象的不同类型，可分为本币市场、外汇市场、黄金市场、证券市场、现货市场、期货市场。

（4）按金融交易的性质与方式，可分为借贷市场、租赁市场、证券市场、公开市场、议价市场。

（5）按地域范围，可分为国内金融市场和国际金融市场。

四、金融市场的构成

（一）金融市场的参与者

金融市场的参与者是指在金融市场上进行金融交易的活动者，是市场主体，包括个人、企业、金融中介机构、政府及所属机构和中央银行等。参与者分别以筹资者或投资者身份参与金融市场活动。

1. 个人

个人作为金融市场的参与者主要是作为资金的供给者出现。在某些情况下，居民也能以投机者身份参与金融市场活动。

2. 企业

企业在金融市场上既可能是资金的需求者，又可能是资金的供给者。为弥补自有资金的不足，企业会通过发行公司债券、股票等有价证券筹集资金，成为资金需求者。同时，有些企业在生产过程中也会有部分闲置资金拿到金融市场上从事金融买卖，成为资金的供给者。

3. 金融机构

金融机构主要包括商业银行、证券公司、保险公司、信托公司等中介机构。这些金融机构一方面创造大量金融工具，另一方面也大量购买金融工具。它们的买与卖最终使金融市场中的其他参与者的买卖意愿得以实现。在自身获利的同时，也保证了金融市场交易的顺利进行。

4. 政府

政府在金融市场上主要充当资金的筹措者和金融市场的管理者。政府由于有各级政府的财政收入作偿还保证，其筹资信用级别最高，具有最高的安全性。同时政府债券种类多样，能够满足不同类型的投资者需要，因此，政府债券被认为是最佳的金融市场工具。同时，政府在出现临时的资金闲置时也会充当资金的供给者，通过特定的渠道将资金投放到金融市场中。

5. 中央银行

中央银行是金融市场上资金的最终供给者，同时也是金融市场的直接管理者。通过参与金融市场交易，使得国家的货币政策得以执行，货币供应量和币值得以稳定。

（二）金融工具

第四章我们已经探讨金融工具。它是用来证明贷者与借者之间融通货币余缺的书面证明，其最基本的要素为支付金额与支付条件。按不同的分类标准，金融工具的种类总结如表7－1所示。

表7－1　金融工具的种类

分类标准	种类
按不同期限	货币市场工具（商业票据、短期公债、CD、回购协议）
	资本市场工具（股票、公司债券、中长期公债）
按不同融资形式	直接融资工具（商业票据、股票、债券）
	间接融资工具（银行存款、CD、银行债券、人寿保单）
按不同权利义务	债权凭证（除股票外其他金融工具）
	所有权凭证（股票）
按与实际信用活动的关系	原生性金融工具（商业票据、股票、债券、基金）
	衍生性金融工具（期货合约、期权合约、互换合约）

所有的金融工具一般都具有期限性、流动性、风险性、收益性四个特征，但不同的金融工具在上述四个方面所表现的程度是有差异的，这种差异便是金融工具购买者在进行选择时所考虑的主要内容。不同种类的金融工具反映了各种特性的不同组合，故能够分别满足投资者和筹资者的不同需求。

（三）交易组织形式

金融市场的组织形式主要有交易所和柜台交易。交易方式主要有现货交易、期货交易、信用交易等。

五、金融市场管理

1. 金融市场管理的含义

金融市场管理是指国家对货币市场和资本市场进行的行政、法律和经济管理的总称。包括制定和颁布金融市场管理法规;检查和监督金融市场交易活动;审批金融机构和金融市场业务许可;采用经济方式参与金融市场活动,调节金融市场供求,保持市场稳定。

2. 金融市场管理的体制

金融市场有三种管理体制:

国家管理模式。如美国模式,它是根据国会立法设立专门管理金融市场的主管机构。美国证券交易委员会直接履行法律赋予的管理职责,对国会负责,不构成政府的一个部门。

政府管理模式。国家设立专门的金融市场管理机构,但隶属政府领导,构成政府的一个职能部门,履行管理职责。如日本的证券市场管理机构隶属于大藏省。

自我管理模式。管理金融市场的专门机构为民间性的自律管理组织,根据法律规定享有管理权限。如英国的证券投资委员会根据 1986 年《金融服务法》规定,享有管理金融市场的权力和职责,但该委员会本身则是一个非政府性的管理机构。

3. 金融市场管理的职责

一般来说,国家管理金融市场的专门机构由具备相当经验的经济师、会计师、审计师、经济分析专家、律师和法律专家组成,其主要职责是:① 制定和修改有关证券发行与交易活动的管理政策和发展方针;② 制定并解释证券市场的各种法律和管理规章,并组织实施;③ 管理一切证券发行和证券交易活动,制定证券发行与上市的条件和标准,维护证券市场秩序,调查、检查和仲裁证券发行与交易过程中的各种不法行为和交易纠纷,执行行政管理和法律管理措施;④ 作为全国证券发行和证券交易的信息中心,组织和传输证券市场信息;⑤ 管理投资机构,有权检查、监督金融市场各种机构投资人的业务经营。

4. 金融市场管理的形式

通过法律规范约束证券市场行为,以法律形式维护证券交易的公平性和合法性,是各国管理金融市场的基本形式。① 制定证券发行方面的法律,将证券发行的条件原则、发行申报制度、财务公开制度、证券发行人与投资者的权利义务关系加以法律化。② 按照证券交易法管理证券交易活动。有价证券交易法的基本内容包括:a. 证券交易组织者和管理者的权利与义务;b. 有价证券交易的基本原则、程序和方法;c. 对违反有价证券交易法的各种欺诈、投机行为的惩罚性条款等。③ 制定管理证券机构的法律,确定证券机构的经营原则、业务范围和应尽的义务。

5. 金融市场管理的手段和措施

金融市场上的经济管理主要体现为中央银行通过其政策手段影响金融市场的活动。中央银行在金融市场上具有双重身份,一方面中央银行为实施货币政策,调节货币供应量,开展公开市场业务，买进或卖出有价证券，成为市场的一个重要参与者；另一方面中央银行肩负维护金融市场秩序的职责，它可以通过自身的业务和管理手段调节与管理金融市场。

公开市场业务、法定准备率和再贴现政策，是中央银行调节宏观经济的主要手段，同时也是调节金融市场资金供求关系的重要措施。尽管在这三大手段中，公开市场业务对证券市场的影响最为明显，其他两项经济手段只能以间接的方式影响金融市场运行，但从总体看，由于中央银行在金融体系中居核心地位，当它运用各种经济手段干预金融市场时，其效果往往是明显的。

6. 金融市场的自律性管理

金融市场交易活动是非常复杂和分散的市场活动，一般来说，单靠国家机构和中央银行来管理金融市场上的证券投资活动是有限的，必须建立各种自律性管理组织实施证券市场的日常管理。所谓自律性管理，又称自我管理，是自己管理自己的投资行为，即通过自愿方式以行会、协会形式组织一定的管理机构，制定共同遵守的行为规则和管理规章，自我约束会员的证券投资行为。自律性管理组织通常包括证券交易所和各种证券商协会，以及同业拆借公会等。

第二节　货币市场

一、货币市场含义

货币市场是指一年期以内的短期金融工具交易所形成的供求场所及价格运行机制的总和。货币市场的融资工具主要有：商业票据、银行票据、国库券、大额可转让定期存单等。与资本市场相比，货币市场有以下三个特征：

1. 交易期限短

最长的交易期限不超过1年，最短只有半天，大多在3—6个月之间，反映了临时融资的需要。

2. 风险性低

货币市场筹集的资金主要用于解决短期资金周转、调整流动性寸头的需要，它能在短期内偿还，价格也相对平稳，因此风险较小。如国库券的安全性极高。

3. 流动性强

货币市场的交易活动所使用的金融工具因期限短、变现速度快，随时可以在市场上兑售成现金而接近于货币，故被称为货币市场。

二、货币市场功能

1. 调节器功能

调剂短期资金盈余与短缺，平衡短期资金的供求。货币市场是融通短期资金的场所，在这里，投资者可以为自己的闲置资金找到收益性、安全性和流动性都较好的投资工具；融资者也可以方便地获取资金以满足自己对流动性的需要。

2. 指示器功能

货币市场利率是金融市场银根松紧的指示器。货币市场存在着各种替代性很强的金融工具，参与者可根据利率变动情况改变自身的资产负债结构。这些改变导致货币市场各种利率共同运动，可以比较灵敏地反映经济形势和货币政策方向。

3. 联结器功能

协调银行资金，联结银行体系。货币市场使各家银行和金融机构的资金连为一体，相互调剂，使单个银行的存贷业务变成全国信贷市场的一部分。

4. 货币市场是中央银行执行货币政策的重要场所

中央银行调整法定存款准备金率、调整再贴现率以及进行公开市场业务操作，调节货币供应量，都是通过货币市场来完成。

三、货币市场分类

货币市场按交易内容不同可分为银行短期信贷市场、银行同业拆借市场、贴现市场、短期票据市场、货币市场共同基金市场、回购市场等。

1. 银行短期信贷市场

(1) 含义

银行短期信贷市场是指银行等金融机构对客户办理短期信贷业务的场所。银行短期信贷主要凭借信用。借款人无须交纳抵押品，借贷双方一般也不签订贷款协议，通过电话或电传就能达成交易，手续十分简便。

短期信贷的利率，按借贷期限的不同而变动。在国际货币市场上，欧洲美元短期信贷的利息支付采取的是贴现法，即在借款时，银行已经将利息从贷出款项中扣除，然后将扣除利息以后的余额付给借款人；在贷款到期的时候，借款人按贷款额偿还。这种利息先付的方法增加了借款人的成本，因而使贷款的实际利率高于名义利率。

(2) 银行对工商企业的短期信贷

银行对工商企业的短期贷款主要解决企业季节性、临时性的短期流动资金需要，因此银行在提供短期信贷时，需要注意资金的安全从而减少风险。为了保证贷款能按时收回，发放贷款前特别注重了解客户的资信、财务状况（包括债务状况）、款项用途，根据这些情况控制贷款的数量。

2. 银行同业拆借市场

(1) 拆借的含义

拆借是一种短期临时性的借款，又称拆放、拆款。拆借通常以 1—2 天为限，多则 1—2 周，或事先约定期限，借款人可随时归还，放款人也可随时通知借款人归还，但最多一般不超过一个月。拆借按日计息,称为拆息。拆息率每天不同,甚至一天之内也有变化。拆息率的高低,灵敏地反映着资金市场供求状况。

同业拆借是指金融机构(主要是商业银行)之间为了调剂资金余缺,利用资金融通过程的时间差、空间差、行际差来调剂资金而进行的短期借贷。我国金融机构间同业拆借是由中国人民银行统一负责管理、组织、监督和稽核。金融机构用于拆出的资金只限于交足准备金、留足5%备付金、归还中国人民银行到期贷款之后的闲置资金,拆入的资金只能用于弥补票据清算、先支后收等临时性资金周转的需要。严禁非金融机构和个人参与同业拆借活动。

(2) 拆借的方式

拆借有两种情况:一种是商业银行之间的相互拆借;另一种是商业银行对证券市场经纪人的拆借(通知放款)。商业银行之间的拆借,主要是互相买卖它们在中央银行的超额准备金存款余额。资金拆借的方式,一般由拆入资金的银行开给拆出资金的银行一张本票,拆出资金的银行则开给拆入资金的银行一张它在中央银行存款的支票(或用电话、电报通知),这样就可以将超额准备金动用起来。归还时,从拆入者账户转账划给拆出者账户。由于银行同业间拆借资金具有灵活、及时的特点,因而可以减少整个准备金数额,提高资金使用效率。

3. 贴现市场

(1) 含义

贴现市场是指为客户提供短期资金融通,对未到期票据进行贴现的市场,是商业票据市场的重要组成部分。

(2) 贴现的过程、实质

贴现指票据持有人将未到期的应收票据在背书后送交银行,银行受理后,从票据到期值(一般为面值)中扣除按银行贴现率计算确定的未到期利息,然后将余额付给持票人,作为银行对企业的短期贷款。所以,票据贴现实质上是企业融通资金的一种形式。

(3) 贴现市场构成

贴现市场的参加者主要是商业票据持有人(工商企业)、商业银行、中央银行以及专门从事贴现业务的承兑公司和贴现公司。商业银行、承兑公司和贴现公司对企业及个人办理贴现业务,中央银行则对商业银行、承兑公司和贴现公司办理现贴现业务。可贴现的票据主要有商业本票、商业承兑汇票、银行承兑汇票、大额可转让定期存单、政府债券和金融债券等。贴现市场是商业银行运用资金的有利场所,商业银行办理贴现比直接放款更有利。这种市场不仅便利了票据持有人的资金周转,同时还为中央银行实行宏观调控创造了条件。

4. 短期票据市场

短期票据市场包括国库券市场、大额可转让定期存单市场、银行承兑汇票市场和商业票据市场。

(1) 国库券市场

第四章我们已讨论,国库券是国家财政当局为弥补国库收支不平衡而发行的一种政府债券。因国库券的债务人是国家，还款保证是国家财政收入，所以它几乎不存在信用违约风险，是金融市场风险最小的信用工具。国库券期限短、流动性强、安全性高，被视为零风险债券或“金边债券”(Gilt edged Bond)。

我国国库券的期限最短的为1年，而西方国家国库券品种较多，一般可分为3个月、6个月、9个月、1年期四种，面额起点各国不一。国库券采用不记名形式，无须经过背书就可以转让流通。因此，当中央政府的年度预算在执行过程中发生赤字时，国库券筹资是一种经常性的弥补手段。

国库券的发行通常实行招标制，即每次发行前，财政部根据近期短期资金的需要量、中央银行实施货币政策调控的需要等因素，确定国库券的发行规模，然后向社会公告。各投标人在规定发行规模的约束下，分别报出自己拟购买的价格和数量。在众多参与价格投标的投标人当中，出价最高者首先中标，之后按出价顺序，由高到低依次配售，直至售完为止。这就是所谓的“竞争性投标”。也有一些小规模的金融机构，无力或不愿意参与竞争性投标，便按照投标最高价和最低价的平均数购买，这是“非竞争性投标”。

国库券因期限较短，故发行价格一般采用贴现价格，即以低于票面金额的价格发行，到期时按票面金额偿还。票面金额与发行价格的差，即是投资者的利息。国库券发行价格的计算公式如(7－1)所示：

$$\text{发行价格} = \text{面值}[1 - \text{贴现率} \times (\text{发行期限} / 360)] \tag{7-1}$$

国库券市场构成：在国库券的流通市场上，市场的参与者有商业银行、中央银行、证券交易商、企业和个人投资者。国库券行市的变动，要受景气动向、国库券供求关系、市场利率水平等诸多因素的影响。在美国，证券交易商在进行国库券交易时，通常采用双向式挂牌报价，即在报出一交易单位买入价的同时，也报出一交易单位的卖出价，两者的差额即为交易商的收益，交易商不再附加佣金。在英国，票据贴现就是国库券二级市场上最为活跃的市场主体。持有国库券的机构和个人如需转让，可向贴现所申请贴现。英格兰银行实施公开市场操作，也以贴现所为中介，先向贴现所买进或卖出国库券，然后贴现所再对商业银行进行买卖。

(2) 大额可转让定期存单市场

大额可转让定期存单是一种固定面额、固定期限、可以转让的大额存款凭证。大额可转让定期存单的发行单位为各商业银行，其他金融机构不得发行大额可转让定期存单。大额可转让定期存单的发行对象为城乡居民个人和企业、事业单位。各商业银行的储蓄机构只能对个人发行大额可转让定期存单。大额可转让定期存单的转让，采取自营买卖和代理买卖两种交易方式。自营买卖的价格不得低于存单面额，交易价格由交易机构自定，并公开挂牌；代理买卖的价格根据委托人的要求确定，并公开挂牌。

(3) 银行承兑汇票市场

商业汇票分为商业承兑汇票和银行承兑汇票。

银行承兑汇票是由在承兑银行开立存款账户的存款人出票,向开户银行申请并经银行审查同意承兑的,保证在指定日期无条件支付确定的金额给收款人或持票人的票据。对出票人签发的商业汇票进行承兑是银行基于对出票人资信的认可而给予的信用支持。我国的银行承兑汇票每张票面金额最高为1 000万元,承兑期限最长不超过6个月。承兑申请人按票面金额向承兑银行支付万分之五的手续费,承兑申请人在银行承兑汇票到期未付款的,按规定计收逾期罚息。

银行承兑汇票的出票人一般应具备以下条件:

① 在承兑银行开立存款账户的法人以及其他组织;

② 与承兑银行具有真实的委托付款关系;

③ 能提供具有法律效力的购销合同及增值税发票;

④ 有足够的支付能力,良好的结算记录和结算信誉;

⑤ 与银行信贷关系良好,无贷款逾期记录;

⑥ 能提供相应的担保,或按要求存入一定比例的保证金。

银行承兑汇票市场的优点:对于卖方来说,对现有或新的客户提供远期付款方式,可以增加销售额,提高市场竞争力。对于买方来说,利用远期付款,以有限的资本购进更多货物,最大限度地减少对营运资金的占用与需求,有利于扩大生产规模。相对于贷款融资,可以明显降低财务费用。

(4) 商业票据市场(详见第四章)

5. 货币市场共同基金市场

货币市场共同基金是指主要在货币市场上进行运作的共同基金。它是一种特殊类型的共同基金,是美国20世纪70年代以来出现的一种新型投资理财工具。购买者按固定价格(通常为1美元)购入若干个基金股份。

(1) 货币市场共同基金的发行与交易

货币市场共同基金一般属于开放式基金,即基金份额可以随时申购和赎回。基金的发行方式有公募和私募两种。一般可采取发行人直接向社会公众招募、由投资银行或证券公司承销或通过商业银行及保险公司等金融机构进行分销等办法。基金的初次认购按面额进行。货币市场共同基金的管理者就利用这些资金投资于可获利的短期货币市场工具(例如国库券和商业票据等)。由于开放型基金的份额总数是随时变动的,故货币市场共同基金的交易实际上是基金购买者增加持有和退出基金的选择过程,与其他投资于股票等证券交易的开放型基金不同,货币市场共同基金的购买或赎回价格所依据的净资产值是不变的,一般每个基金单位1元。

(2) 货币市场共同基金的特征

首先,货币市场共同基金是规模经营,因而成本较低。货币市场共同基金是一种开放式的基金,它可以将许多零散的机构及个人投资者的资金汇集起来,投入货币市场获利,从而吸引众多的机构及个人成为货币市场的主体。货币市场共同基金的投资方向是分散的，这样也就降低了投资的风险。基金的管理者都是理财专家，他们能专业地研究出更多投资机会，优于民众在信息不对称及无经验知识的情况下做出投资策略。专业理财人员提供专业化的服务，也使投资更加方便。一般而言，货币市场共同基金投资于货币市场中高质量的证券组合。

其次，货币市场共同基金提供一种有限制的存款账户。基金的投资者可签发以他的基金账户为基础的支票来取现或进行支付。该种基金实际上发挥了支票存款的作用。但其在法律上不算存款，不需要交法定准备金，也不受利率上限的制约。当然货币市场基金账户所开支票的数额有最低限额要求，一般不得低于500美元。

最后，该基金所受法规限制较少。由于货币市场共同基金是绕过存款利率最高限制的一种金融创新，所以其经营灵活，不受施加在商业银行及其他储蓄机构的利率上限限制。另外，不用缴存款准备金，资金运用充分，收益较高。

6. 回购市场

(1) 含义

回购市场是指通过回购协议进行短期融通的市场。回购协议（Repurchase Agreement）指在以出售证券的方式取得短期资金融通的同时，与证券的购买商签定协议，约定在一定期限后按原定价格或约定价格购回所卖证券。本质上，回购协议是一种抵押放款，其抵押品为证券，通常是政府债券。

(2) 回购协议交易原理

回购协议期满时，再用即时可用资金做相反交易。从表面上看，资金需求者通过出售证券获得了资金，实际上是资金需求者通过货币市场借入了一笔资金。对放款人而言，他获得了一笔短期内有权支配的证券，但这笔证券到期时要按约定数量和价格如数交回，故出售证券者实际上是借款人，购入证券者实际上是放款人。出售方允许在约定日期以原来买卖价加若干利息购回该证券。此时不论该证券价格涨落，均要按约定价格购回。

回购协议期限从一日到数月不等。若放款或回购的期限为一天，称“隔夜回购”；若期限长于一天，称为“期限回购”。

设 RP 为回购价格，P 为本金或证券原价，r 为回购时应付的利率，t 为回购协议的期限，则

$$RP = P(1 + r \times t/360) \qquad (7-2)$$

回购协议中证券交付一般不采用实物交付方式。特别是期限较短的回购协议，但为防范借款人在回购协议期间将证券卖出或与第三方作回购所带来的风险，一般要求资金借款人将抵押证券交放于放款人的清算银行的保管账户中，或借款人专用的证券保管账户中，以备随时查询。

中央银行可通过回购协议实现公开市场操作,故回购市场是中央银行执行货币政策的重要场所。

第三节　资本市场

一、资本市场的含义

资本市场亦称"长期金融市场"、"长期资金市场",是指期限在一年以上各种资金借贷和证券交易的场所及其运行机制的总和。因为在长期金融活动中,涉及资金期限长、风险大,具有长期较稳定收入,类似于资本投入,故称之为资本市场。资本市场是通过对收益的预期来引导资源配置的机制。

从最一般的意义上讲,资本市场至少应涵盖:证券市场(股票市场、长期债券市场——长期国债、企业债券、金融债券等)、长期信贷市场(长期抵押贷款、长期项目融资等)、衍生工具市场(金融期货市场、金融期权市场等)。

二、资本市场的功能

资本市场是现代金融市场的重要组成部分,本意是指长期资金的融通关系所形成的市场,但市场经济发展到今天,资本市场的意义已经远远超出了其原始内涵,而成为社会资源配置和各种经济交易的多层次的市场体系。在高度发达的市场经济条件下,资本市场的功能可以按照发展逻辑而界定为资金融通、产权中介和资源配置三个方面。

1. 融资功能

本来意义上的资本市场即是纯粹资金融通意义上的市场,它与货币市场相对称,是长期资金融通关系的总和。因此,资金融通是资本市场的本源功能。

2. 配置功能

配置功能是指资本市场通过对资金流向的引导而对资源配置发挥导向性作用。资本市场由于存在强大的评价、选择和监督机制,而投资主体作为理性经济人,始终具有明确的逐利动机,从而促使资金流向高效益部门,表现出资源优化配置的功能。

3. 产权功能

资本市场的产权功能是指其对市场主体的产权约束和充当产权交易中介方面所发挥的功能。产权功能是资本市场的派生功能,它通过对企业经营机制的改造、为企业提供资金融通、传递产权交易信息和提供产权中介服务,在企业产权重组的过程中发挥着重要的作用。

上述三个方面共同构成资本市场完整的功能体系。缺少任一环节,资本市场都是不完整的,甚至是扭曲的。资本市场的功能不是人为赋予的,而是资本市场本身的属性之一。从理论上认清资本市场的功能，对于我们正确对待资本市场发展中的问题、有效利用资本市场具有重要的理论与实践意义。

三、资本市场分类

1. 银行中长期信贷市场

银行中长期信贷市场是银行提供中长期资金信贷的场所。中长期信贷市场主要业务有：银行中长期贷款、1 年以上的大面额可转让存单、房地产抵押等。资金贷款期限在 1 年至 5 年的为中期贷款，5 年以上的为长期贷款。银行信贷资金的主要使用者是政府、企业和个人。

2. 证券市场

(1) 证券市场含义

证券市场是股票、债券、投资基金券等各种有价证券发行和买卖的场所。证券市场通过证券信用的方式融通资金，通过证券的买卖活动引导资金流动，有效合理地配置社会资源，支持和推动经济发展，因而是资本市场的核心和基础，是金融市场中最重要的组成部分。

(2) 证券发行市场

证券发行市场是证券发行者为扩充经营，按照一定的法律规定和发行程序，向投资者出售新证券所形成的市场，又称一级市场、初级市场，与二级证券市场不同。

在发行过程中，证券发行市场作为一个抽象的市场，其买卖成交活动并不局限于一个固定的场所；它是一个无形的市场，为资金使用者提供了获得资金的渠道和手段。

(3) 证券流通市场

证券流通市场是指买卖已发行证券的市场，又称二级市场、次级市场。证券流通市场由证券交易所和场外交易市场组成，是已发行的证券通过买卖交易实现流通转让的场所。证券流通市场一般由两个子市场构成，一是证券交易所市场，其交易有固定的场所和固定的交易时间，是最重要的证券流通市场；二是场外交易市场，是证券经营机构开设的证券交易柜台，不在证券交易所上市的证券可申请在场外进行交易。

证券发行市场是交易市场的基础和前提，交易市场又是发行市场得以存在和发展的条件。发行市场的规模决定了交易市场的规模，影响着交易市场的交易价格。没有发行市场，交易市场就成为无源之水、无本之木，在一定时期内，发行市场规模过小，容易使交易市场供需脱节，造成过度投机，股价飙升；发行节奏过快，股票供过于求，对交易市场形成压力，股价低落，市场低迷，反过来影响发行市场的筹资。所以，发行市场和交易市场是相互依存、互为补充的整体。

(4) 证券交易所

证券交易所是依据国家有关法律，经政府证券主管机关批准设立的集中进行证券交易的有形场所。我国有两个证券交易所：上海证券交易所和深圳证券交易所。

从股票交易实践可以看出，证券交易所有助于保证股票市场运行的连续性，实现资金的有效配置，形成合理的价格，减少证券投资的风险，联结市场的长期与短期利率。

通常情况下，证券交易所组织有下列特征：

① 证券交易所是由若干会员组成的一种非营利性法人。构成股票交易的会员都是证券公司，其中有正式会员，也有非正式会员。

② 证券交易所的设立须经国家的批准。

③ 证券交易所的决策机构是会员大会(股东大会)及理事会(董事会)。其中，会员大会是最高权力机构，决定证券交易所的基本方针；理事会是由理事长及若干名理事组成的协议机构，制定执行会员大会的基本方针和各种规章制度。

④ 证券交易所的执行机构有理事长及常任理事。

证券交易所分为公司制和会员制两种。这两种证券交易所均可以是政府或公共团体出资经营的(称为公营制证券交易所)，也可以是私人出资经营的(称为民营制证券交易所)，还可以是政府与私人共同出资经营的(称为公私合营的证券交易所)。

(5) 场外交易市场

场外交易市场，又称柜台交易市场，它和交易所市场完全不同，场外交易市场没有固定的场所，没有规定的成员资格，没有严格可控的规则制度，没有规定的交易产品和限制，主要是交易对手通过私下协商进行一对一的交易。场外交易主要在金融业，特别是银行等金融机构十分发达的国家。

(6) 证券交易方式

证券交易市场主要包括现货交易、信用交易、远期交易、期货交易、期权交易。不同的交易方式代表了不同的交易风险。信用交易、远期交易、期货交易、期权交易都蕴藏着高风险。

第四节　金融市场价格

我们根据第三章利率的计量——到期收益率的定义来考察金融市场上各种工具的定价。

一、证券价格的形成

以股票为例。P 为证券的价格，市场利率为 r，设证券的期限为 n，D 为投资者每一期从证券上取得的收入(比如股息)，S 为股票到期清偿时的残值。则：

$$P=\frac{D}{1+r}+\frac{D}{(1+r)^2}+\frac{D}{(1+r)^3}+\cdots+\frac{D}{(1+r)^n}+\frac{S}{(1+r)^n} \tag{7-3}$$

$n \to \infty$ 时，$P = \dfrac{D}{r}$

二、简式贷款

简式贷款即本金和利息期末一次性偿付的贷款。L 为贷款本金，贷款市场利率为 r，r 就是到期收益率。设贷款的期限为 n，到期一次性还本付息 Y。则：

$$L = \frac{Y}{(1+r)^n} \tag{7-4}$$

对于 n 年期后需要偿还 Y 的贷款而言，到期收益率满足上式。

三、定期等额清偿贷款

PL 为贷款本金，设贷款的期限为 n，每一期贷款利率为 r，R 为借款人每一期期末付给银行一个固定金额（含本金与利息），直到贷款期限结束。则：

$$PL = \frac{R}{1+r} + \frac{R}{(1+r)^2} + \frac{R}{(1+r)^3} + \cdots + \frac{R}{(1+r)^n} \tag{7-5}$$

例如，如果按月清偿贷款本息，贷款周期为 n 个月，则期末按等本息清偿的每月还款额 R 为：

$$R = \frac{PL \cdot r \cdot (1+r)^n}{(1+r)^n - 1} \tag{7-6}$$

四、息票债券（到期收益率与息票利率和价格关系）

P_c 为息票债券的价格，市场利率为 r，设息票债券的期限为 n，C 为投资者每一期从息票债券上取得的定额息票利息收入，F 为息票债券的面值，到期按面值偿付。则：

$$P_c = \frac{C}{1+r} + \frac{C}{(1+r)^2} + \frac{C}{(1+r)^3} + \cdots + \frac{C}{(1+r)^n} + \frac{F}{(1+r)^n} \tag{7-7}$$

令息票利息率为 r_c，则 $r_c = \dfrac{C}{F}$

考虑 r_c 与 r 满足何种关系时，债券的价格大于或小于其面值？

对于永久性债券而言，期限无限长，实际上是一种没有到期日，不偿还本金、永远支付固定金额息票利息的债券，其价格与到期收益率的关系为：

$$P_c = \frac{C}{r} \tag{7-8}$$

根据优先股的定义，我们发现优先股可以被看作是一种永久债券，因而若已知优先股股息、市场利率，则可依据上式计算优先股的市场价格。

五、零息债券

P_z为零息债券的价格，市场利率为r，设零息债券的期限为n个月（通常小于1年），F为零息债券的面值；到期按面值偿付。则：

$$P_z = \frac{F}{1 + r \cdot \frac{n}{12}} \tag{7-9}$$

六、商业票据

商业票据（Commercial Paper，CP）是指由金融公司或某些信用较高的企业开出的无担保短期票据。其可靠程度依赖于发行企业的信用程度，可以背书转让，可以贴现；期限在一年以下；由于商业票据风险较大，利率高于同期银行存款利率；可以由企业直接发售，也可以由经销商代为发售，但对出票企业信誉审查十分严格，如由经销商发售，则它实际对售给投资者的商业票据进行担保。商业票据有时也以折扣的方式发售。

发行商业票据可以获得短期融资，若将到期的商业票据展期，可以获得较长期的融资。商业票据的市场竞争力来自发行人良好的信用等级：如果低于投资级别，则须通过信用增进来提高信用等级；信用增进最经常采用的形式是由知名银行出具备用信用证。

当商业票据以折价方式发售时，发行价格要低于票据票面价值，票据发行的贴现金额是票据到期时借款方所付的利息。发行商业票据要耗费精力和成本，国际上多数公司发行商业票据的数额都要高于5 000万美元。

发行商业票据的成本/收益包括以下几方面：

(1) 贴现金额＝贴现率×面值×(到期天数/360)，故可用资金＝发行金额－贴现金额。

(2) 交易商费用＝年费用率×商业票据的发行规模×(到期天数/360)。

(3) 信用增进费用（分摊的备用信用额度费用）＝年备用信用额度利率×发行规模×(到期天数/360)。

据此得出发行商业票据的成本（年利率）为：

$$\begin{matrix}\text{发行商业票据}\\\text{年成本(年利率)}\end{matrix} = \frac{\text{贴现金额} + \text{交易商费用} + \text{备用信用额度费用}}{\text{可用资金}} \times \frac{365}{\text{到期天数}} \tag{7-10}$$

例：假设一家公司发行20天到期的商业票据5 000万美元，贴现率0.396%，给付交易商的费率12个基点，备用信用额度的费用率25个基点。

(1) 贴现金额＝贴现率×面值×(到期天数/360)＝0.396% ×5 000万×20/360＝1.1万美元，故可用资金＝发行金额－贴现金额＝5 000万－1.1万＝4 998.9万美元。

(2) 交易商费用＝年费用率×商业票据的发行规模×(到期天数/360)＝0.12%×5 000万×20/360＝3 333.33 美元。

(3) 信用增进费用＝年备用信用额度利率×发行规模×(到期天数/360)＝0.25%×5 000 万×20/360＝6 944.44 美元。

$$\text{发行商业票据年成本(年利率)}=\frac{\text{贴现金额}+\text{交易商费用}+\text{备用信用额度费用}}{\text{可用资金}}\times\frac{365}{\text{到期天数}}$$

$$=\frac{11\ 000+3\ 333.33+6\ 944.44}{49\ 989\ 000}\times\frac{365}{20}=0.78\%$$

投资者的名义收益率(即期收益)为:

$$\text{投资商业票据的名义即期收益率}=\frac{\text{贴现金额}}{\text{购买价}}\times\frac{365}{\text{到期天数}}$$

$$=\frac{11\ 000}{49\ 989\ 000}\times\frac{365}{20}=0.40\%$$

第五节　金融创新对金融市场的影响

一、金融创新影响金融市场的体制和结构

本节从金融市场主体增加、金融产品和金融市场层次丰富、金融市场边界拓宽和新金融市场体系模式形成四个方面进行分析。由于多样化的金融创新对金融市场体制和结构的这些影响,增强了金融市场的资源配置和整合的能力。由于传统金融机构和新型影子银行的共同作用,在不同层次的金融市场体制下,将金融资源凭借多样化的金融创新工具进行重置和调整,有利于提高金融资源的利用率。

1. 金融创新使市场主体呈出多元化发展之势

随着金融创新的迅猛发展,对金融市场的资源配置不再仅仅局限于银行、证券和保险等传统的金融机构,越来越多的金融服务公司、互联网金融企业等新型金融机构和非金融机构,如计算机和网络通信公司、电子商务企业以及科技企业等"新型影子银行"也逐渐融入金融市场的配置队伍。特别在支付结算领域,非金融机构已经成为各类新的金融支付工具创新的主要力量。

2. 金融创新丰富了金融市场产品和金融市场层次

金融创新极大地丰富了金融产品,金融创新产品开始超越传统的货币、信用对象,一些与金融无关的因素(比如空气、污染等)也逐步成为金融创新的重要领域。不同类型的金融产品(不同风险、期限、收益、动因)在交易中逐渐根据市场供求关系,制定不同的交易规则,

形成不同层级或层次的金融市场。比如,除了传统的直接和间接金融市场、场内和场外交易市场外,我国就出现多层次证券市场,包括主板(含中小板)、二板(创业板、创新板)、三板(全国中小企业股份转让系统)和四板市场(区域性股权交易市场)。十八届三中全会审议通过的《中共中央关于全面深化改革若干重大问题的决定》中,在阐述完善金融市场体系时,提出通过金融创新丰富金融市场层次和产品。近年来,我国金融产品开发创新呈快速发展趋势,对缓解中小微企业融资难、调整信贷结构、开拓银行中间业务、发挥证券市场直接融资功能、支持三农经济发展发挥了重要作用。

3. 金融创新拓宽了金融市场的边界

传统金融市场的创新发展主要依靠金融市场体系内部的闭环运行,其限制了金融市场的开放程度和发展速度,金融市场的边界很难发生根本性变化。但金融创新拓宽了金融市场的边界,以新兴技术(比如计算机技术和网络技术)的传播为基础,渗透于各种类目的产业,服务于社会的各个群体,满足客户批量化、碎片化、标准化和定制化的服务要求,金融市场的内涵得以丰富和补充,金融市场的外延显著拓宽,金融服务的主体皆从中获利。

4. 金融创新促进了新金融市场体系模式的形成

传统的金融市场模式以线下服务体系为主。由于金融创新发展和市场需求的变化,金融市场逐渐从传统的纯线下金融市场体系发展为线下和线上一体化的模式,这也迎合了全球经济一体化的时代背景。金融创新促进了新金融市场体系的形成,以及整个金融市场体系的发展和完善。

二、金融创新影响金融市场波动与风险

1. 对市场价格波动的影响

一般认为,金融创新既可加剧也可抑制金融市场价格波动。有研究认为,某些金融创新会导致大幅度的市场波动甚至市场崩溃。但默顿·米勒反驳了这一观点,认为创新并没有加剧市场价格的波动,只不过会使交易高峰期的市场容量显得不足。[①] 亚历山德罗·奇坦纳认为,不同的金融创新导致价格波动有别,有的金融创新引起价格波动幅度较大,而有的创新只引起较低水平的波幅。他还发现,金融创新可以被用作控制市场价格波动的工具,在经济运行不确定性较高时,可以利用金融创新来管理和控制价格波动,而且不确定性越大,越容易实现通过金融创新来降低价格波动。[②]

2. 通过引起市场参与者流动影响市场风险

一方面,金融创新产品进入市场为投资者提供了新的转移和分散风险的方式以及投机的工具,吸引一部分投资者进入市场,而且新的投资者参与市场又将降低整个市场参与者的

---

① Merton Miller, Financial innovations and market volatility[M]. Blackwell, 1991.

② Alessandro Citanna, 1996. Financial innovation and price volatility, GSIA Working Papers 20(9): 1631 - 1633. Carnegie Mellon University, Tepper School of Business.

总体风险水平。另一方面，一种新金融产品进入市场，增加了市场供给，会对市场上原有资产的价格产生冲击，使得一部分市场上原有资产的投资者退出市场，或者转向追逐对创新产品的投资。① 总之，金融创新引起市场参与者复杂的流动，对推动或抑制不同资产价格波动和金融风险高低起着重要作用。

三、金融创新影响金融市场竞争的格局

1. 助推小型金融机构的竞争转型

金融创新可以减轻小型金融机构的竞争劣势和风险。由于小机构的资金调配能力和服务点的规模都弱于大型金融机构，传统业务的竞争必然不敌大机构。但金融创新可以为小机构的发展开辟新机，小机构利用其"小"的优势可以较快地完成金融市场的转型，积极融入多样化的运行，用最少的付出获得最大的收益，转被动为主动，在金融市场占有一席之地。

2. 加剧传统金融行业和新兴金融行业竞争

第三方支付服务的发展，比如支付宝业务、微信支付以及其他类型的金融创新，对传统金融机构的发展形成巨大压力。初始，传统金融机构一直处于被动的状态，但是随着时间推移，传统金融机构逐渐地进入反攻模式，转被动为主动。由于传统金融机构经营历史悠久、风控能力强、市场信誉度高，这些优势非常有利于传统金融机构开展并推广其多样化的金融创新业务。在创新推动下，新兴金融行业和传统金融业间的竞争必将日益增强。

阅读专栏 7－2　老虎基金倒闭

老虎基金原是美国第二大对冲基金，仅次于索罗斯的量子基金。1980 年，著名经纪人朱利安·罗伯森集资 800 万美元在纽约自立门户，取名为老虎基金管理公司，其中的 200 万美元是自掏腰包。

1993 年，老虎基金管理公司旗下的对冲基金——老虎基金攻击英镑、里拉成功，并在此次行动中获得巨大的收益，老虎基金从此声名鹊起，被众多投资者所追捧。老虎基金的资本迅速膨胀，最终成为美国最为显赫的对冲基金之一。

罗伯森以精选"传统价值型"股票而著称，偶尔也介入债券与外汇市场一试身手。所谓"价值型"股票是指盈利前景良好、被市场低估价值的传统型工业股票。老虎基金只在 1985 年和 1994 年业绩欠佳，而其他年份都是"笑傲江湖"，因而声名大噪，有钱人纷纷找上门来入伙，以至于老虎基金的资金规模迅速膨胀。1998 年年初，老虎基金创造了历史的辉煌，管理的资金高达 220 亿美元。

20 世纪 90 年代中期后，老虎基金管理公司的业绩节节攀升，在股市、汇市投资中同时取得不菲的业绩，公司的最高盈利(扣除管理费)达到 32%，在 1998 年的夏天，其总资产达到 230 亿美元的高峰，一度成为美国最大的对冲基金。

① 龚明华，雷电发.金融创新、金融中介与金融市场：前沿理论综述[J].金融研究，2005(10)：185－191.

对冲基金神出鬼没，凭着雄厚的资本实力，对股市、债市及汇市能产生巨大的拉动作用，索罗斯的量子基金已经让许多国家领教了“金融大鳄”的厉害，而老虎基金也被许多国家的金融当局列入“黑名单”。罗伯森为了显示自己的威力，给旗下的子基金起了非常狂野的名字，如老虎基金、美洲豹基金、美洲狮基金、狮基金等。尽管有令人生畏的名字壮胆，但老虎基金没能抵挡住1998年的挫折。

在俄罗斯被打了一记闷棍

1998年的下半年，老虎基金在一系列的投资中失误，从此走向下坡路。像长期资本管理公司一样，1998年罗伯森也被俄罗斯债务危机打了一记闷棍，一夜之间在俄罗斯市场损失16亿美元。而当年的汇市炒作也没给罗伯森带来多少好运。1998年8月，日元兑美元的汇价一度跌至147∶1，老虎基金借机炒作，大肆卖空日元，指望一举突破1美元兑150日元大关，尽收暴利。但是日元却在日本经济没有任何改观的情况下，反其道而行之，在短短的两个月内急升至1美元兑115日元，在有统计的单日（1998年10月7日）最大损失中，老虎基金便亏损了20亿美元，1998年的9月和10月，老虎基金在日元的投机上累计亏损近50亿美元，令老虎基金损失20亿美元之巨。栽在日元手上的老虎基金从此不敢再碰汇市。但罗伯森并没有就此罢休，又押到了日本股票上，在上一年日经指数大涨时放空日股，指望日股重挫时大捞一把，然而却“偷鸡未成再蚀一把米”，日经指数走势再次朝罗伯森预测的方向逆转。与此同时，老虎基金在美国国内的股票投资业绩也极不理想。1999年，如该公司持有美国航空公司15%的股权，这个股票却从1999年5月每股59美元的高价位一路下滑，跌至每股25美元。另外，老虎基金持有的联合资产管理公司的股票也表现平平。

据消息透露，老虎基金1999年亏损达18.64%，到2000年2月底，又亏损了15.8%，3月份亏损3%，累计亏损超过30%。按照对冲基金的行规，基金经理只有在弥补这些亏损后，才能收取基金管理费用。换句话说，他必须在余下的时间里，盈利率达到85%才能负担得起各部门经理的奖金及各种费用。身心疲惫的罗伯森深感回天乏力，摆在他面前的似乎只有一条路：投资科技股，因为纳斯达克指数1999年就上升86%，但罗伯森一直以投资“价值型”股票见长，最不擅长的领域就是高科技股。即使在高科技股炙手可热的今天，老虎基金也只拥有少量的微软、英特尔和三星电子之类的股票。

固执己见，投资走老路线

罗伯森以性格固执而闻名，他的一位雇员说，罗伯森太坚信自己的“价值型”投资战略，以致我们犯错误的时间太长了。

由于近两年来老虎基金业绩不佳，从1998年12月开始，近20亿美元的短期资金从美洲豹基金撤出。老虎基金1999年年会在纽约广场饭店举行，面对如此差劲的基金业绩表现，机构投资者们像热锅上的蚂蚁，其中两位投资者当面质问老虎基金掌门人朱利安·罗伯森长达15分钟之久，让罗伯森下不了台。从这一天开始，罗伯森不得不考虑他的出路。到1999年10月，总共有50亿美元的资金从老虎基金管理公司撤走，投资者的撤资使基金经理无法专注于长期投资，从而影响了长期投资者的信心。1999年基金只剩下150亿美元。因此，面对大量投资者赎回资本的要求，1999年10月6日，老虎基金做出硬性规定，罗伯森要求从2000年3月31日开始，旗下的“老虎”、“美洲狮”、“美洲豹”三只基金的赎回期改为半年一次，但这一切未能阻挡投资人撤资的步伐。到2000年3月31日，罗伯森在老虎基金从230亿美元的巅峰跌落到65亿美元的不得已的情况宣布将结束旗下六只对冲基金的全部业务。老虎基金倒闭后对65亿美元的资产进行清盘，其中80%归还投资者，朱利安·罗伯森个人留下15亿美元的私人财产继续投资。2000年2月，罗伯森第一次向人们谈起，他没能认真考虑投资疯狂的高科技股，不过未来也不打算尝试。

罗伯森曾预言：科技股崩盘将是美国股市最惨烈的一页，“价值型”股票终究会受到投资者的青睐，但还没等到这个时候自己先完蛋了。罗伯森在接受记者采访时继续大力赞扬“价值股”的投资价值，将股民远离“价值型”股票的行为斥之为非理性。他自称并不后悔，说没有必要冒险拿投资者的钱放到看不懂的高科技股中去。罗伯森还宣布，公司200名员工中的85%将在4月中旬辞退，只留下五六名分析师帮助他管理剩下的股票，择机出手，直到公司完全停止运作。公司的几大基金经理将转至另一家对冲基金管理公司工作。

纵观罗伯森20年的投资业绩，老虎基金公司年平均盈利高达25%，换句话说，当时投资10万美元，现在已经变为800万美元。罗伯森无疑创造了华尔街的奇迹。但近两年来的败绩使这位“股神”晚节不保。股市就像赌场，纳斯达克股市更是赌风日盛，这里没有常胜将军。索罗斯基金的一个合伙人德鲁肯米勒说，“这并不是悲哀的一天，他就像一个高尔夫球手，最后一杆打了一次臭手，但他赢得了整个锦标赛”。

（资料来源：《评析：老虎基金缘何倒闭?》，新浪财经网：http://finance.sina.com.cn/worldstock/2008-04-03/26438.html）

阅读专栏7-3　索罗斯攻击港币

黑色星期一

也许，在许许多多的香港人的记忆当中，1987年10月的香港“股灾”就像一场噩梦，至今仍心有余悸。

1997年的金秋十月，又一轮“大熊市”席卷整个香港股市。10月20日是美国华尔街股市惨剧“黑色星期一”的10周年纪念日，正因为此，它成了投资分析家们最为焦灼不安的一天，然而，恐怖气氛却并未在华尔街股市出现，恰恰相反，道·琼斯指数一周之间跌落210点之后，当天却反弹了74点。正当投资分析家们额手相庆之际，在地球的另一端却早已危机四伏、暗潮汹涌。事隔10年之后又一个“黑色星期一”开始降临，只不过，这次笼罩的是有“购物天堂”之称的香港。10月20日，香港股市开始下跌。10月21日，香港恒生指数下跌765.33点，22日则继续了这一势头，下跌了1 200点。23日，对于港元前景的担忧使香港银行同业拆借利率节节上扬，21日仅为7%左右的隔夜拆息一度暴涨300倍。在这种市场气氛下，港股更是连续第四次受挫，下跌达10.41%。香港特区财政司当天表示，香港基本经济因素良好，股市下跌主要是受到外围因素暂时投机影响，投资者不必恐慌。虽然此前一天晚间有炒卖港元的投机活动，但此时炒卖活动已被平息。与此同时，香港金融管理当局总裁任志刚也发表讲话，声称金管局已于前一天晚上击退炒家。

也许是因为特区政府强有力的干预措施，也许是因为特区政府和金融管理人士的信心感染了投资者，24日，在连续4个交易日大幅下跌后，香港股市在这天强力反弹，恒生指数上升718点，升幅达6.89%，27日，曾荫权再次重申，香港现行的联系汇率制度不会改变，在这次活动中受损失的只会是投机者。此时，全球各地股市形成恶性循环式的普遍狂跌，27日，纽约道·琼斯指数狂跌近554.26点，是有史以来跌幅最惨的一天，因而导致中途自动停盘一个小时。东京股市开盘后即狂跌800多点。28日香港恒生指数狂泻1 400多点，跌幅达13.7%，全日最低达8 775.88点，以9 059.89点收市，下跌点数创历史之最，在这种状况之下，香港股市的震荡已并不仅仅局限于自身因素了。

香港舆论则表示了强烈的信心，《星岛日报》发表评论指出："过去，在经历了经济危机后，本港会很快复苏，而且更加蓬勃，这次亦应不例外。美国财政指出，自1987年全球股灾后，香港股市过去10年的回报率居全球股市之首。经过九七股灾后，本港只要大力发展经济，十年后的回报率又可能是全球之最。"

港币保卫战

由索罗斯所引起的这场"看不见的战争"，如火山喷发般地震惊了全球，身处震源中心的泰国、马来西亚自是苦不堪言。另一面，隔海相望的中国香港比以往任何时候都更加绷紧了自己的神经。人们都意识到：这股"黑色金融暗潮"登滩港岛了。面对国际金融炒家们咄咄逼人的气焰，时任香港特区行政长官董建华谨慎地表示，香港特区的外汇储备丰富，经济正稳步增长，更重要的是，香港特区背后有强大祖国的支持。所以这一风暴对香港不会形成特别严重的影响。事实上，早在1997年8月份，投机商就几次试探性地对港币进行了冲击，8月14日和15日，一些实力雄厚的投资基金进入香港汇市，他们利用金融期货手段，用3个月或6个月的港元期货合约买入港元，然后迅速抛空。致使港元对美元汇率一度下降到7.75∶1。7.75被称为港元汇率的重要心理关键点。香港金融管理当局迅速反击。通过抽紧银根、扯高同业拆息去迎击投机者。金管局提高对银行的贷款利息，迫使银行把多余的头寸交还回来，让那些借钱沽港元买美元的投机者面对坚壁清野之局，在极高的投机成本下望而却步。故在很短的时间内，即8月20日使港市恢复平静，投机商无功而返。然而，人们心里非常明白，这批炒家并不会就此罢休，双方的血腥搏斗终不可避免。香港当局更是未雨绸缪，政策、舆论攻势双管齐下，提醒这批"金钱游鳄"不要轻举妄动。香港金融管理当局态度极其明确：坚决维护联系汇率制的稳定。正在英国访问的特区行政长官董建华离开伦敦前强调，特区政府有极大的决心维护联系汇率；香港总商会发表文告声明支持联系汇率制度，并呼吁金融市场中人冷静思考，重新检视香港经济根基，从而稳定市场。

国际投机者三番五次狙击港元的行动不仅志在港元汇价上获利，而且采用全面战略，要在股票市场和期货市场上获益，他们的做法是，先在期指市场上积累大量淡仓，然后买远期美元,沽远期港元,大造声势。待港府为对付港元受到狙击而采取措施大幅提高息口时,股票气氛转淡,人们忧虑利率大升推低股市与楼市,这时投机者便趁势大沽期指,令期指大跳水。于是,股票市场上人心惶惶,恐慌性地沽出股票,炒家就可平掉淡仓而获取丰厚的利润。换言之,投机者虽然在港元汇价上无功而返,甚至小损,但在期指市场上却狠捞一笔。

对此,香港金融管理当局进行了针锋相对的斗争.他们的措施,一是动用庞大的外汇储备吸纳港元,二是调高利息并抽紧银根。一番对攻之后,港股在连续下跌中止住脚步并开始强劲飙升,主要是有中资及外地资金入市,24 家蓝筹、红筹上市公司从市场回购股份,推动大市上扬。中国电讯重上招股价以上水平,也产生一定刺激作用,令红筹、国企作出反弹。加上祖国内地减息亦成大市上扬的题材,这些因素令恒指急速反弹。在股市强劲反弹之下,港元汇价恢复稳定。至此,这场惊心动魄的港币保卫战告一段落。这场较量虽说以香港金管局的艰难取胜而告终,但它所带给人们的震撼却并不仅仅局限于这场危机本身,它迫使更多的人去思考。

(资料来源:张纪康:《索罗斯与金融风暴》,四川人民出版社,1997;孙飞、赵文锴:《金融风暴启示录》,新世纪出版社,2008)

本章小结

BRIEF SUMMARY

• 金融市场是进行货币借贷、办理各种票据和有价证券(金融工具)买卖的场所及价格运行机制的总和。盈余单位与赤字单位通过金融市场融资的活动有直接融资与间接融资两种渠道。

• 金融市场的特征是交易对象的特殊性、抽象性(无形市场)和公开性。

• 按照不同的划分标准,金融市场可分成不同的类别。按交易对象的期限划分,可分为货币市场和资本市场,这是本章研究的重点。

• 货币市场是指一年期以内的短期金融工具交易市场。货币市场按交易内容不同可分为银行短期信贷市场、银行同业拆借市场、贴现市场、短期票据市场、回购市场和货币市场共同基金市场等。

• 资本市场亦称“长期金融市场”、“长期资金市场”,是指期限在一年以上各种资金借贷和证券交易的场所及其运行机制的总和。其功能可以界定为资金融通、产权中介和资源配置三个方面。资本市场按交易对象分为银行中长期信贷市场和证券市场。

• 根据到期收益率的定义,可以确定金融市场上各种工具(包括简式贷款、定期等额清偿贷款、息票债券、零息债券和商业票据等)的价格。金融工具的价格与到期收益率呈负相关。

复习题

REVIEW QUESTIONS

选择题

1. 属于资本市场的工具的是(　　)。

A. 息票债券　　B. 零息债券　　C. 回购协议　　D. 货币市场共同基金

E. 可转债

2. 在① 息票债券　② 零息债券　③ 回购协议　④ 货币市场共同基金　⑤ 商业承兑汇票　⑥ 18 个月贷款六种金融工具中,属于货币市场工具的是(　　)。

A. ①②③④⑤　　B. ②③④⑤　　C. ②③④⑤⑥　　D. ②③⑤

3. 下列各项中,属于资本市场的是(　　)。

A. 短期债券市场　　B. 回购协议市场

C. 股票市场　　D. 同业拆借市场

4. 某息票债券的面值是 F,票面利息是 C,到期收益率为 r,价格为 P_c,息票利率是 r_c,当 $r_c > r$ 时,(　　)。

A. $P_c > F$　　B. $P_c < F$　　C. $P_c > F - C$　　D. $P_c < F - C$

5. 决定债券收益率的主要因素是(　　)。

A. 期限　　B. 票面利息率

C. 发行者的经济效益　　D. 债券的市场价格

6. 金融机构之间发生的短期临时性借贷活动称为(　　)。

A. 贷款业务　　B. 票据业务　　C. 同业拆借　　D. 再贴现业务

7. 金融市场上交易的对象是(　　)。

A. 有形商品　　B. 无形商品　　C. 金融商品　　D. 实物商品

判断与辨析

1. 金融市场的特征是抽象性、公开性和交易对象的特殊性。(　　)

2. 资本市场中交易的全部是债权证券,而货币市场中权益证券与债权证券的交易都有。(　　)

3. 有价证券价格与预期收益成正比,与市场利率成反比。(　　)

4. 金融创新增强了金融市场的资源配置能力。(　　)

基本概念

金融市场　货币市场　资本市场　息票债券　零息债券

到期收益率　回购市场　货币市场共同基金　投资基金市场　场外交易市场

信用交易　期货交易　期权交易　同业拆借市场　联邦基金
直接融资　间接融资

思考题

1. 理解金融市场的主要特征。
2. 掌握构成货币市场的几个主要子市场。
3. 掌握直接融资和间接融资的异同。
4. 理解各种金融工具的现值与到期收益率的关系。
5. 应用：假定利率为10%。某种三年期债券，一年后向你支付110元，两年后向你支付121元，第三年支付133.1元。求该债券的现值；若该债券以350元的价格出售，则到期收益率大于还是小于10%，为什么？
6. 应用：有两种面额1 000元的债券，A种期限20年，售价800元，当期收益率为15%。B种期限一年，售价800元，当期收益率为5%。通过分析回答哪一种债券的到期收益率更高？
7. 理解金融创新对金融市场发展的影响。

第八章——货币供给理论

货币供给亦称货币供应，是指一个国家流通中的货币总额，是该国家一定时点的除中央政府或财政部、中央银行或商业银行以外的非银行大众所持有的货币量。货币供给是一个存量概念，而不是一个流量概念，即它是一个时点的变量，而不是一个一定时期的变量。货币供给对经济的影响广泛，不仅涉及一国经济的总体状况，而且也影响着社会大众的日常生活，这样，货币供给的变化自然成为人们关注的焦点。本章将简要介绍主流凯恩斯主义和货币主义理论的相关内容以及20世纪70年代后发展起来的内生货币供给理论及最新发展。

第一节 基础货币

一、关于货币供给的若干概念

这里的货币供给是指我们第一章讨论的各种层次的货币量。包括流通中现金M0，狭义货币M1和广义货币M2等。

（一）货币存量与货币流量

通常所说的货币供给量与货币需求量都是一个静态的存量概念。货币存量是指某一时点的货币供给量，货币流量是指某一段时期内货币周转的总额，货币所完成的交易量总和。货币流量的大小等于货币供给量乘以货币流通速度。

（二）内生货币与外生货币

在理论分析中，将决定货币供给的主体分为两个：一是中央银行，二是私人部门，即非金融业的工商企业（但包括私人银行）、居民构成的经济体系。

内生货币（Endogenous Money），又称“内部货币”、“不可控货币”，指在一个由私人部门构成的经济体系内部，由各单位之间互相借贷所自主决定(而非由中央银行所决定)产生的货币余额。内生货币为内生变量、非政策变量，在经济机制内部由纯粹的经济因素所决定的变量，不为政策所左右。在发达国家中，大多数货币都是由私营银行向客户贷款而产生的，故内生货币的主要形式是私人银行的存款。这种货币的所有者，不是债权人就是债务人，其所借贷数额正好相抵。

外生货币(Exogenous Money)，又称"外部货币"，是内生货币的对称。它不是由货币市场自主决定的，而是由中央银行等政府部门所决定的货币供给。中央银行决定的货币供给，是处在私人部门构成的经济体系之外的，所以称为"外生货币"。外生货币为外生变量、政策性变量，在经济机制中易受外部因素影响，是由非经济因素决定的变量。外生货币是由政策决策人控制，用作实现其政策目标的变量。在金本位制下，金币是外生货币。在现代不兑现纸币制度下，通货和存款准备金，或基础货币是外生货币。

内生货币和外生货币的区分意味着货币供给具有内生性与外生性，货币供给的外生性与内生性之争起源于人们对货币供给与货币当局之间关系的不同认识。这种争论与货币政策有效性之争有一定联系。

(三) 基础货币、原始存款和派生存款

1. 原始存款与派生存款

银行存款的来源可分为原始存款和派生存款，前者是指以现金方式存入银行的直接存款，后者是指由银行的放款、贴现和投资行为而派生出来的存款，又称衍生存款、衍生货币、派生货币。基础货币、原始存款和派生存款都是货币供应量的一部分。

2. 基础货币的定义

基础货币(Base money)又称货币基础(Monetary base)，是指商业银行的准备金与流通于银行体系之外而为社会公众所持有的现金之和。基础货币是银行体系倍数扩张、货币创造的基础，是流动性最强的货币，也可看作是中央银行对整个社会的货币性负债。当中央银行扩张或收缩基础货币时，通过银行体系的创造或收缩过程，可使市场货币供给量多倍扩张或收缩。因此基础货币是一种活动力强、具有高能量的货币，故又称"高能货币"或"强力货币"(High-powered Money)。

3. 基础货币的构成

从基础货币的来源来看，它是指货币当局的负债，即由货币当局投放并为货币当局所能直接控制的那部分货币，它只是整个货币供应量的一部分。从基础货币的运用来看，它系由两个部分构成：一是商业银行的存款准备金；二是流通于银行体系之外而为社会大众所持有的现金，即通常所谓的"通货"。由此可知基础货币的构成公式为：$B=C+R$。其中：B 为基础货币，C 为流通中的现金，R 为金融机构存放于中央银行的存款准备金，包括法定存款准备金(RR)和超额准备金(ER)两部分。存款准备金是指商业银行为了保证满足正常的贷

款和提存要求，防止挤兑，对所吸收存款所准备的一定比例的保证金，它包括商业银行持有的库存现金、法定存款准备金（RR）和超额准备金（ER）。

基础货币的组成部分中只有法定存款准备金是充分发挥了存款扩张机制的基础货币，而流通中的现金和商业银行的超额存款准备金以及库存现金都没有加入存款扩张过程，因而是没有扩张的基础货币，尽管它们都存在潜在的扩张能力。同时，商业银行不能直接用流通中的现金来创造存款货币，这是因为流通中的现金不被商业银行直接掌握，而是已经通过商业银行的信用扩张而投入流通的货币，即能量已经释放。流通中的现金只有流入商业银行转化为商业银行的库存现金和超额存款准备金时，才能成为商业银行信用扩张的基础。商业银行的库存现金和超额准备金一旦加入银行这一社会的存贷循环过程中，就会扩大社会的货币供应量。

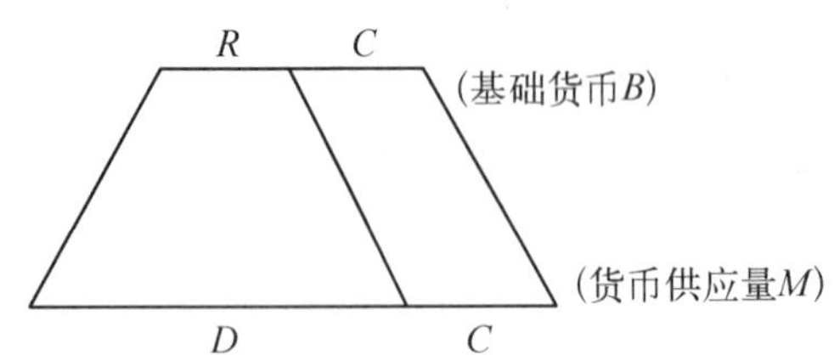

图 8－1　基础货币与货币供给的关系

值得注意的一点是，基础货币并不等于货币供应量，它与货币供给的关系可用图 8－1 来表示。

二、基础货币的供应与控制

1. 基础货币供应途径

以中央银行的资产负债表为基础分析基础货币的供应，从表 8－1 中可以看出基础货币的形成渠道主要有以下几个途径：

表 8－1　简化的中央银行资产负债表

资　　产	负　　债
1. 贷款	1. 通货
2. 投资	2. 存款
3. 外汇	
4. 黄金	

（1）国内贷款，主要是中央银行对国内金融机构的放款。中央银行对商业银行和其他金融机构发放贷款，这些银行或金融机构在中央银行的存款增加。当商业银行和其他金融机构对企业发放贷款时，企业存款相应增加。当企业使用这部分存款时，上述银行或金融机构的存款减少。在经过存款的一系列派生过程之后，一部分转化为金融机构存款准备金，另一部分转化为流通中的现金、财政性存款等。在西方国家，中央银行向商业银行发放贷款有很大一部分是通过再贴现业务的，使基础货币相应增加。

（2）购买国内证券，通常是购买政府债券。当中央银行购买证券时，不论中央银行是向商业银行或其他金融机构还是向公众购入，出售证券的单位或个人均将获得一笔等值的款项。因此，中央银行在购入证券的同时投放了等值的通货。相反，当中央银行抛出证券时，则回笼货币。中央银行通过在公开市场买卖证券，调整基础货币，抵消其他因素造成的基础货币的波动。例如，当中央银行为维持汇率的稳定，被迫在外汇市场买入外汇时，会扩大基础货币供应量，通过在公开市场卖出等额证券，基础货币恢复到原来水平，这种操作方法称为冲销。

(3) 购买对外资产。中央银行在外汇市场上购买外汇，同时向流通中投放了等额本币，扩大了基础货币的供应量；相反，中央银行在外汇市场上出售外汇，则同时回笼了本币，减少了基础货币的供应。

(4) 购买黄金。在信用本位制下，黄金不允许在国内流通，而是由国家加以收购。当中央银行购入黄金时，无论它是从本国购买还是从国外购入，出售黄金的人均将获得一笔等值的款项。因此，中央银行在收购黄金的同时，投放了等值的通货。

2. 中央银行控制基础货币的主要手段

一国的中央银行通常采取准备金政策、公开市场业务和再贴现业务三种主要手段控制该国的基础货币。

(1) 准备金政策。中央银行运用准备金政策是通过法定准备金率的高低来实现的。中央银行如果降低法定准备金率，各商业银行就增加了可用于贷款的货币量，并将通过货币乘数成倍地扩大，而且，法定准备金率的降低还会使货币乘数本身增大；反之，中央银行如果提高法定准备金率，则会导致货币供给的减少。这一手段由于会改变所有商业银行可贷放的资金量，作用很猛烈，尤其是提高法定准备金率，容易导致存款额较少的中小银行经营困难甚至破产。所以，许多国家的中央银行一般不轻易采用这一政策工具。然而，在世界经济面临困境和我国经济出现过热的情况下，我国中央银行已经多次调整存款准备金率。表 8－2 是我国自 1984 年以来调整法定准备金率的情况。

表 8－2　存款准备金率历次调整

次数	时　间	调整前%	调整后%	调整幅度%	备　注
57	2019.09.16	11.5，13.5	11，13	↓0.5，↓0.5	逗号前后分别指中小金融机构、大型金融机构
56	2019.01.25	12，14	11.5，13.5	↓0.5，↓0.5	
55	2019.01.15	12.5，14.5	12，14	↓0.5，↓0.5	
54	2018.10.15	13.5，15.5	12.5，14.5	↓1，↓1	
53	2018.07.05	14，16	13.5，15.5	↓0.5，↓0.5	
52	2018.04.25	15，17	14，16	↓1，↓1	
51	2016.03.01	15.5，17.5	15，17	↓0.5，↓0.5	
50	2015.10.24	16，18	15.5，17.5	↓0.5，↓0.5	
49	2015.09.06	16.5，18.5	16，18	↓0.5，↓0.5	
48	2015.04.20	17.5，19.5	16.5，18.5	↓1，↓1	

（续表）

次数	时　间	调整前%	调整后%	调整幅度%	备　注
47	2015.02.05	18,20	17.5,19.5	↓0.5,↓0.5	逗号前后分别指中小金融机构、大型金融机构
46	2012.05.18	18.5,20.5	18,20	↓0.5,↓0.5	
45	2012.02.24	19,21	18.5,20.5	↓0.5,↓0.5	
44	2011.12.05	19.5,21.5	19,21	↓0.5,↓0.5	
43	2011.06.20	19,21	19.5,21.5	↑0.5,↑0.5	
42	2011.05.18	18.5,20.5	19,21	↑0.5,↑0.5	
41	2011.04.21	18,20	18.5,20.5	↑0.5,↑0.5	
40	2011.03.25	17,19.5	18,20	↑1,↑0.5	
39	2011.02.24	16.5,19	17,19.5	↑0.5,↑0.5	
38	2011.01.20	16.5,18.5	16.5,19	N,↑0.5	
37	2010.12.20	16,18	16.5,18.5	↑0.5,↑0.5	
36	2010.11.29	15.5,17.5	16,18	↑0.5,↑0.5	
35	2010.11.16	15,17	15.5,17.5	↑0.5,↑0.5	
34	2010.05.10	14.5,16.5	15,17	↑0.5,↑0.5	
33	2010.02.25	14,16	14.5,16.5	↑0.5,↑0.5	
32	2010.01.18	13.5,15.5	14,16.0	↑0.5,↑0.5	
31	2008.12.25	14,16	13.5,15.5	↓0.5,↓0.5	
30	2008.12.05	16,17	14,16	↓2,↓1	
29	2008.10.15	16.5,17.5	16,17	↓0.5,↓0.5	
28	2008.9.25	17.50	16.5	↓1	除中国工商银行、中国农业银行、中国银行、中国建设银行、交通银行、中国邮政储蓄银行暂不下调外，其他存款类金融机构人民币存款准备金率下调1个百分点，汶川地震重灾区地方法人金融机构存款准备金率下调2个百分点。
27	2008.6.25	17	17.5	↑0.5	汶川地震重灾区法人金融机构暂不调
26	2008.6.15	16.50	17	↑0.5	汶川地震重灾区法人金融机构暂不调
25	2008.5	16	16.50	↑0.5	
24	2008.4.25	15.5	16	↑0.5	
23	2008.3.25	15	15.50	↑0.5	

（续表）

次数	时　间	调整前%	调整后%	调整幅度%	备　注
22	2008.1.25	14.5	15	↑0.5	
21	2007.12.25	13.5	14.50	↑1	
20	2007.11.10	13	13.50	↑0.5	
19	2007.10.25	12.5	13	↑0.5	
18	2007.9.25	12	12.50	↑0.5	
17	2007.8.15	11.5	12	↑0.5	
16	2007.6.5	11	11.50	↑0.5	
15	2007.5.15	10.5	11	↑0.5	
14	2007.4.16	10	10.50	↑0.5	
13	2007.2.25	9.5	10	↑0.5	
12	2007.1.15	9	9.50	↑0.5	
11	2006.11.15	8.5	9	↑0.5	
10	2006.8.15	8	8.50	↑0.5	
9	2006.7.5	7.5	8	↑0.5	
8	2004.4.25	7	7.50	↑0.5	对部分城市商业银行和城市信用社实施差别存款准备金率
7	2003.9.21	6	7	↑1	
6	1999.11.21	8	6	↓2	
5	1998.3.21	13	8	↓5	
4	1988.9	12	13	↑1	
3	1987	10	12	↑2	
2	1985	中央银行将法定存款准备金率统一调整为 10%			
1	1984	中央银行按存款种类规定法定存款准备金率，企业存款 20%，农村存款 25%，储蓄存款 40%			

（资料来源：中国人民银行网站，http://www.pbc.gov.cn/；同花顺 iFinD）

（2）公开市场业务。公开市场业务是指中央银行通过在公开市场上买卖有价证券以控制基础货币。当中央银行在公开市场上买入有价证券时，若有价证券的出售方是商业银行，则会等额增加商业银行的准备金；若有价证券的出售方是非银行公众，当其将出售有价证券的所得以现金形式持有时，会等额增加流通中的现金数量，而当其将所得存入银行时，会等额增加商业银行的准备金。根据基础货币的构成，我们可以看出，无论中央银行是向商业银行或社会公众购入有价证券，无论出售方是将所得以存款还是以现金形式持有，都会使基础货币增加相应的金额。相反，若中央银行出售有价证券，无论购入方是商业银行还是社会公众，都会使基础货币减少相应的金额。由于公开市场业务能够精确、灵活地增减一定数额的基础货币，从而达到中央银行的预期目的，所以它成为发达国家中央银行控制基础货币的最主要的方式。

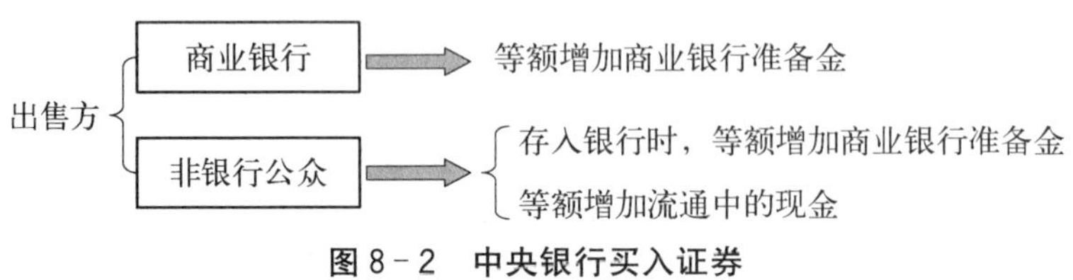

图 8-2　中央银行买入证券

（3）再贴现业务。中央银行增加对商业银行再贴现贷款时，会使基础货币增加；商业银行归还贷款时，新增的基础货币消失。中央银行不能直接控制商业银行的再贴现数额，只能通过调整再贴现的利率来间接影响商业银行的贷款需求，从而影响再贴现的数量。当然，中央银行也可以通过提高审核再贴现资格的标准对其进行进一步控制，但总体上，中央银行对再贴现贷款的控制能力不如公开市场业务灵活和精确，所以发达国家再贴现这项工具已处于次要地位。但在一些发展中国家，由于证券市场不发达，公开市场业务受到很大限制，所以再贴现业务仍然是中央银行控制基础货币的重要手段。

3. 影响中央银行控制基础货币的主要因素

（1）商业银行的再贴现需求。虽然中央银行可以通过调整再贴现率来影响商业银行的贷款需求，但并不能直接决定商业银行的再贴现数额。例如，当中央银行想通过降低再贴现率来刺激再贴现需求，从而增加基础货币的投放时，如果整个社会对经济前景不乐观，不愿意向银行借款来增加投资，银行资金贷不出去，即使中央银行再降低贴现利率，也不能使商业银行增加再贴现的数量。相应地，当商业银行资金困难，急需中央银行资金援助，作为“最终贷款人”的中央银行从金融稳定的角度出发，即使它想紧缩信用，也不得不增加再贴现额。所以，商业银行的再贴现需求直接影响中央银行对基础货币的控制。

（2）财政收支状况。财政赤字或财政盈余也影响着基础货币的增减。例如，当财政出现赤字时，一般可以通过三种方式来弥补：一是动用历年财政收入盈余弥补赤字，使财政存款下降，潜在的基础货币转化为现实的基础货币，基础货币得到扩张；二是向中央银行透支或借款来弥补财政赤字，使中央银行的资产项目中财政透支增加，基础货币等量增加；三是通过发行国债弥补赤字，若中央银行购进国债，则中央银行的国债资产上升，同时等量放出基础货币。相反地，当财政出现盈余时，则可能减少基础货币。

（3）国际收支状况。国际收支状况会直接影响外汇市场的汇率。当国际收支顺差达到一定程度时，在外汇市场上，本国货币升值可能过于迅速，以致影响到本国的出口，中央银行

用历年财政盈余弥补 ⟹ 财政存款下降 ⟹ 基础货币扩张
向中央银行透支 ⟹ 基础货币等量扩张
发行国债

图 8-3　财政赤字增加基础货币流程

就可能被迫购进外汇，抛出本币，以阻止本币升值，同时也意味着本国基础货币投放增加；反之，当国际收支逆差达到一定程度时，中央银行为稳定汇率而被迫抛出外汇，基础货币随之减少。

(4) 电子货币的发展。电子货币的发展不可避免地使传统的基础货币结构和内涵受到冲击。如果电子货币只是完全地替代通货，那么只需将电子货币余额加入基础货币中，即基础货币扩展为商业银行的准备金、流通于银行体系之外的通货与电子货币余额之和。但是，由于目前发行电子货币的机构不只是中央银行，因此，电子货币还没有完全起到高能货币的作用，同时由于电子货币的信用作用，也使得它创造货币能力与传统的存款货币能力不同。总之，电子货币的发行削弱了中央银行控制基础货币的能力。

第二节　存款创造与存款乘数

一、派生存款创造的三个基本条件

1. 部分准备金制度，即法定准备率小于 1。在这种制度下，当客户在银行存入一笔现金或支票之后，银行不必将这笔金额都放在保险柜里，或者存入中央银行，以等着客户来提取，而只要保留一定的比例作为准备金就可以了。其余的部分银行可以贷放出去，或者用来购买证券。在后面的分析中我们将看到，正是在银行将存款的一部分用于贷款或购买证券的过程中，新的存款被创造出来。

2. 必须存在转账结算，即最多只能是部分现金提取。银行在收到一笔存款之后，留一定比例作为存款准备金，而把其余部分贷放出去。但是如果借款人在获得这笔贷款之后，立即以现金的形式将它全部从银行取走，而且在贷款归还之前这笔现金始终在公众手中流通，而不被存入银行，这时也不会有存款创造。但是现实中这种百分之百的现金提取是不可能的。银行向某一借款人发放一笔贷款之后，通常是把该笔资金贷记在该借款人的支票存款账户上或是为他新开一个支票存款账户，借款人利用这笔款项进行支付时，通常也只是通过票据清算把它转到收款人账户上。收款人的账户既可以在同一家银行，也可以在别的银行，对于整个银行系统来说，产生的效果是相同的。当然借款人也可以把贷款提取出来，用现金进行付款，但是收到现金的一方通常还是要把它存入银行。因此，真正以现金的形式游离在银行系统之外的只能是贷款的一部分，而不可能是它的全部。这就使多倍的存款扩张成为可能。

3. 商业银行体系或整个金融体系，必须是在由多家银行组成的商业银行体系或整个金融体系中才有所谓的“多倍创造”。单个银行不存在多倍创造存款的问题。

为了分析问题的方便，再强化条件，将创造货币的过程分析简化，假定：

1. 不存在现金漏损，金融体系全部转账结算。

2. 银行的负债全部是活期存款，不存在定期存款。

3. 所有的银行都处于均衡状态。不存在超额准备金，也不存在准备金不足的情况。

二、派生存款的创造过程与简单的存款乘数——T 型账户分析法

为了简化和便于对派生存款过程的理解，我们假设先出现一笔原始存款，并由此开始一轮派生货币的过程。设法定准备金率 $r=20\%$，银行 1 初始处于均衡状态。现收到一份 10 000 元的原始存款，立即表现为银行 1 在中央银行的准备金存款增加 10 000 元。因为要维持银行均衡，除上缴 2 000 元法定准备金外，剩下的 8 000 元全部贷款。资产负债表变化如表 8 - 3 所示：

表 8 - 3　银行 1 的资产负债表变化　　单位：元

资　产		负　债	
准备金	+2 000	存款	+10 000
贷款	+8 000		
总额	+10 000	总额	+10 000

银行 1 贷出 8 000 元，借款者将这笔款项支付银行 2 的客户并全部存入银行 2。银行 2 的资产负债表变化如表 8 - 4 所示：

表 8 - 4　银行 2 的资产负债表变化　　单位：元

资　产		负　债	
准备金	+1 600	存款	+8 000
贷款	+6 400		
总额	+8 000	总额	+8 000

银行 2 贷款 6 400 元，借款人用于支付给银行 3 的客户，从而使银行 3 也取得存款 6 400 元。银行 3 也同样按照中央银行规定的法定存款准备金比率 20%，提取准备金 1 280 元，并将余下的 5 120 元用于贷放。这样，银行 3 的资产负债表的变化如表 8 - 5 所示：

表 8－5　银行 3 的资产负债表变化　　单位：元

资　产		负　债	
准备金	＋1 280	存款	＋6 400
贷款	＋5 120		
总额	＋6 400	总额	＋6 400

通过转账贷款、转账存款的循环往复，整个银行体系创造的活期存款货币过程如表 8－6 所示。

表 8－6　存款创造过程(原始存款增加额 10 000 元，法定准备率为 20%)　　单位：元

银　行	活期存款增加额	准备金增加额	贷款增加额
1	10 000	2 000	8 000
2	8 000	1 600	6 400
3	6 400	1 280	5 120
4	5 120	1 024	4 096
5	4 096	819.2	3 276.8
…	…	…	…
合计	50 000	10 000	40 000

每家银行新增加的活期存款呈递减级数(如表 8－6 第二列)，整个银行体系新增加的活期存款总额是

$$\begin{aligned}\Delta D &= 10\,000 + 8\,000 + 6\,400 + 5\,120 + 4\,096 + \cdots \\ &= 10\,000 + 10\,000(1-20\%) + 10\,000(1-20\%)^2 \\ &\quad + 10\,000(1-20\%)^3 + 10\,000(1-20\%)^4 + \cdots \\ &= 10\,000 \times 1 \div [1-(1-20\%)] = 50\,000\end{aligned}$$

将表 8－6 中的数据一般化，如表 8－7 所示。一般地，当活期存款的法定准备率为 r，银行的原始存款为 $D_0 = \Delta R$，则在前面的六个假设前提下，整个银行体系的支票存款增加额 ΔD 为：

$$\begin{aligned}\Delta D &= D_0 + (1-r)D_0 + (1-r)^2 D_0 + (1-r)^3 D_0 \\ &\quad + (1-r)^4 D_0 + \cdots + (1-r)^{n-1} D_0 + \cdots \\ &= D_0 \times 1/r \\ &= \Delta R \times 1/r\end{aligned} \tag{8-1}$$

表 8－7　存款创造过程(原始存款增加额 D_0 即初始准备金增加额,法定准备率为 r)

银　行	活期存款增加额 ΔD	准备金增加额 ΔR	贷款增加额 $\Delta L=\Delta D-\Delta R$
1	D_0	$D_0 r$	$D_0-D_0 r=(1-r)D_0$
2	$(1-r)D_0$	$(1-r)rD_0$	$(1-r)^2 D_0$
3	$(1-r)^2 D_0$	$(1-r)^2 rD_0$	$(1-r)^3 D_0$
4	$(1-r)^3 D_0$	$(1-r)^3 rD_0$	$(1-r)^4 D_0$
5	$(1-r)^4 D_0$	$(1-r)^4 rD_0$	$(1-r)^5 D_0$
…	…	…	…
n	$(1-r)^{n-1}D_0$	$(1-r)^{n-1}rD_0$	$(1-r)^n D_0$
…	…	…	…
合计	$D_0\sum_{n=1}^{\infty}(1-r)^{n-1}=\frac{D_0}{r}$	$rD_0\sum_{n=1}^{\infty}(1-r)^{n-1}=D_0$	$D_0\sum_{n=1}^{\infty}(1-r)^n=\frac{1-r}{r}D_0$

通过以上分析,可以得出以下结论:

1. 当原始存款 D_0 全部转化成金融体系的准备金时,银行的存款创造才停止。

2. 根据以上推导,定义简单存款乘数 K 为整个银行体系的活期存款的最大扩张额与原始存款增加额的比值,它反映了商业银行通过贷款或投资业务创造派生存款的扩张或收缩倍数。则:

$$K=\frac{\Delta D}{D_0}=\frac{\Delta D}{\Delta R}=\frac{1}{r} \tag{8-2}$$

简单存款创造过程表明,对于整个银行体系来说,通过贷款和存款之间的相互转化,某个银行新增的原始存款最终被完全转化为整个银行体系的法定准备金,即新增的原始存款被银行体系的新增准备金完全消化了。

多倍存款收缩的原理和多倍存款创造的原理是完全一样的,只不过变化的方向相反。

3. 需要说明的几点:一是现实中,银行任何增减资产的行动都会引起存款的伸缩,如贴现和证券投资;二是上述存款的伸缩过程针对的是整个银行体系而言的,而非针对单个银行,这就意味着整个银行体系存款创造的总规模是既定的,银行体系内部各银行之间的原始存款发生变动时只是改变了各个银行的存款创造能力;三是上述分析均建立在若干假设基础上,而它们在现实中往往很难成立,因而需加入现实因素,对存款乘数进行修正。

三、对存款乘数的修正

将上述六个假设条件的后三个条件逐一排除,即现实化。

1. *考虑现金漏损*

现金漏损率是指客户从银行提取的现金额(即现金漏损)与活期存款总额之比,用字母 c

表示，设每家银行的现金漏损率一样，如用 ΔC 表示每家银行的现金漏损额，ΔD 为活期存款增加额，则 $c=\Delta C/\Delta D$。当存在现金漏损时，银行创造派生存款的能力下降。存款乘数变小。现金漏损率与存款总额、与存款乘数呈负相关。

$$K=\frac{1}{r+c} \tag{8-3}$$

2. 考虑存在超额准备金

超额准备率(e)是银行超额准备金(ΔE)与活期存款总额(ΔD)的比率，$e=\Delta E/\Delta D$，设每家银行的超额准备率相同，当存在超额准备率时，银行创造派生存款的能力下降，存款乘数变小。超额准备率与存款总额、与存款乘数呈负相关。

$$K=\frac{1}{r+c+e} \tag{8-4}$$

3. 考虑定期存款准备金对存款创造的限制

定期存款准备率(r_t)是银行定期存款准备金(ΔR_t)与定期存款总额(ΔD_t)的比率，$r_t=\Delta R_t/\Delta D_t$，如定期存款占活期存款的比率为 t，则银行的定期存款准备金(ΔR_t)与活期存款总额(ΔD)的比率就是 $t\times r_t$，假设每家银行的定期存款准备率相同，当考虑定期存款准备率时，银行创造派生存款的能力进一步下降，存款乘数进一步变小。定期存款准备率与存款总额、与存款乘数呈负相关。①

$$K=\frac{1}{r+c+e+t\cdot r_t} \tag{8-5}$$

根据以上修正可知，存款创造的充分必要条件是要同时满足部分准备金制度、转账交易和商业银行体系或金融体系三个条件。

四、是存款创造了贷款还是贷款创造了存款

以上关于派生存款创造过程的分析思路，即先有原始存款，后通过贷款、投资等过程创造出派生存款的思路，在实物货币或纸币大量流通的货币制度下，这种思路可实践、可理解、可接受。

目前已进入纯粹信用货币或电子货币时代，现代的货币银行体系本质上是一个庞大的电子化会计记账体系。全社会绝大部分货币的产生、流转和消失，都主要是银行电脑系统里的纯数字记账单位。银行是通过会计复式记账的方式，来记录货币的产生、流转和消失。为了便于理解，我们先将全社会银行体系简化为一家，来聚焦存款货币是如何产生的，现实操作是，银行通过发放贷款等资产业务，“无中生有”创造出来的。根据会计复式

① 陶江在《货币供给乘数分析中的一个理论误区》(经济科学·1999 年第 2 期)指出：“货币乘数公式不可避免地走入存款乘数的内在矛盾所设下的理论误区”，“目前的货币乘数公式不论在教学上还是在理论研究上都是不能令人满意的。”

记账原理，当银行向企业或个人发放一笔贷款时，会在资产端借记“客户贷款”，同时在负债端贷记“客户存款”，两边金额相等、账户保持平衡。货币的流转，则是存款资金在银行的不同客户账户之间的存量转移。货币的消失，通常是因为客户归还银行贷款，反映在会计账目上，与上述发放贷款正好反过来，是资产端的“客户贷款”和负债端的“客户存款”同时等额减少。①

也就是说，许多场合是银行贷款在创造存款，而不是相反，在给企业或个人发放贷款时，银行根本不需要事先准备好一笔钱，也不必动用任何客户存款资金，更不需要从资产负债表的其他科目下存量腾挪出一笔钱来转换为贷款，而完全是“无中生有”凭空记账出来的。这个“无中生有”凭空记账，是银行会计区别于公司会计的根本所在。

当然，考虑到现实银行体系并不止一家银行，假如A银行发放一笔贷款所创造出的存款并没有留存在A银行，而是因为支付结算的需要转账去了B银行，这种情况反映在会计记账上的具体步骤为：一是A银行资产端借记“客户贷款”、负债端贷记“客户存款”，二是A银行负债端借记“客户存款”，资产端贷记“超额准备金”，三是B银行资产端借记“超额准备金”、负债端贷记“客户存款”。也就是说，A银行通过“无中生有”凭空记账方式发放贷款创造存款，但由于存款转至B银行，A银行不得不将等额的超额准备金转给了B银行，从整体记账结果看，新增了一笔客户贷款和一笔客户存款，并发生了超额准备金在两家银行之间的存量转移。

第三节　货币乘数与货币供给的决定

一、货币乘数的含义

货币乘数是表示货币供应量相对于基础货币之间的伸缩倍数，即中央银行增加或者减少一个单位的基础货币使货币供应量相应增加或者减少的数额，也称货币扩张系数。用ΔB表示基础货币变化，ΔM_s表示货币供应量的变化，K_m表示货币乘数，则：

$$K_m = \Delta M_s / \Delta B = (\Delta C + \Delta D) / (\Delta C + \Delta R) \qquad (8-6)$$

在基础货币一定的条件下，货币乘数决定了货币供给的总量。从根本上说，货币乘数概括了除基础货币以外的所有决定货币供应量的因素。特别是，它反映了公众对金融财富存量在通货、活期存款、定期存款和其他金融资产之间分配的投资搭配决策，也反映了商业银行在准备金和生息资产之间进行资产划分的投资搭配行为。货币乘数表达了一种对基础货币的放大因素，它对货币供应量的决定起重要作用。

① 参见微信公众号 huobige，货币哥（方卫星）“银行在拿什么钱放贷?”，2020年1月14日。

二、M1 和 M2 层次的货币乘数

(一) M1 层次的货币乘数(K_{m1})

1. 不考虑超额准备金和定期存款的情况：

$$K_{m1}=\frac{1+c}{r+c} \tag{8-7}$$

推导：$K_{m1}=\frac{\Delta M1}{\Delta B}=\frac{\Delta C+\Delta D}{\Delta R+\Delta C}=\frac{\Delta C/\Delta D+\Delta D/\Delta D}{\Delta R/\Delta D+\Delta C/\Delta D}=\frac{1+c}{r+c}$

式中 ΔC 是流通中的现金变动额，也是银行体系的现金漏损变动额，ΔR 是活期存款的法定准备金变动，ΔD 是活期存款的变动额，r 是活期存款的法定准备率，c 是现金漏损率。

2. 考虑到银行持有超额准备金 ΔE，则 M1 的乘数变为：

$$K_{m1}=\frac{1+c}{r+e+c} \tag{8-8}$$

推导：

$$K_{m1}=\frac{\Delta M1}{\Delta B}=\frac{\Delta C+\Delta D}{\Delta R+\Delta E+\Delta C}=\frac{\Delta C/\Delta D+\Delta D/\Delta D}{\Delta R/\Delta D+\Delta E/\Delta D+\Delta C/\Delta D}=\frac{1+c}{r+e+c}$$

式中 ΔC 是流通中的现金变动额，也是银行体系的现金漏损变动额，ΔR 是活期存款的法定准备金变动，ΔE 是银行体系的超额准备金，ΔD 是活期存款的变动额，r 是活期存款的法定准备率，c 是现金漏损率，e 是超额准备率。

3. 考虑定期存款准备金 ΔR_t，则 M1 的乘数进一步变为：

$$K_{m1}=\frac{1+c}{r+e+t\cdot r_t+c} \tag{8-9}$$

推导：

$$\begin{aligned}K_{m1}&=\frac{\Delta M1}{\Delta B}=\frac{\Delta C+\Delta D}{\Delta R+\Delta E+\Delta R_t+\Delta C}\\&=\frac{\Delta C/\Delta D+\Delta D/\Delta D}{\Delta R/\Delta D+\Delta E/\Delta D+\Delta R_t/\Delta D+\Delta C/\Delta D}=\frac{1+c}{r+e+t\cdot r_t+c}\end{aligned}$$

式中各字母的含义同上。

结论：M1 的乘数比相应的存款乘数大。因为 M1 的范围大于活期存款。

(二) M2 层次的货币乘数(K_{m2})

1. 不考虑超额准备金的情况：

$$K_{m2}=\frac{1+t+c}{r+t\cdot r_t+c} \tag{8-10}$$

推导：

$$K_{m2}=\frac{\Delta M2}{\Delta B}=\frac{\Delta C+\Delta D+\Delta D_t}{\Delta R+\Delta R_t+\Delta C}=\frac{\Delta C/\Delta D+\Delta D/\Delta D+\Delta D_t/\Delta D}{\Delta R/\Delta D+\Delta R_t/\Delta D+\Delta C/\Delta D}=\frac{1+c+t}{r+t\cdot r_t+c}$$

2. 当考虑超额准备金时：

$$K_{m2}=\frac{1+t+c}{r+e+t\cdot r_t+c} \tag{8-11}$$

推导：

$$K_{m2}=\frac{\Delta M2}{\Delta B}=\frac{\Delta C+\Delta D+\Delta D_t}{\Delta R+\Delta E+\Delta R_t+\Delta C}$$

$$=\frac{\Delta C/\Delta D+\Delta D/\Delta D+\Delta D_t/\Delta D}{\Delta R/\Delta D+\Delta E/\Delta D+\Delta R_t/\Delta D+\Delta C/\Delta D}=\frac{1+c+t}{r+e+t\cdot r_t+c}$$

结论：M2 的乘数大于相应的 M1 的乘数，更大于相应的存款乘数。

阅读专栏 8－1　关于货币乘数的争议与讨论

乘数中 t 值的选择有两种不同的理论模式。第一种理论模式中 t 表示从新增支票存款当中转化出的定期存款比例。第二种模式中 t 表示新增加的支票存款和与之相适应的新增加的定期存款的比例。两种模式存在一定冲突。

第一种理论模式可以解释定期存款的来源，但作为社会整体行为，一笔新增的支票存款，其最大转化率不可能达到或超过 1。但现实中的定期存款与支票存款的比很可能大于 1，故第一种模式给定的 t 值，无法使转化的最终结果适应现实中这两种存量的比例。

如果选择了第二种模式，可以采用现实中的支票存款与定期存款的比例代表 t 值，这可以使最终的计算结果接近现实。但它无法解释存款创造过程的每一环节中，这种数倍于新增支票存款的新增定期存款的来源，因而与动态的推导过程相矛盾。它是静态公式，不能转换为动态公式，也不能用于动态过程的分析。

矛盾的根本原因在于，活期存款与定期存款的职能区别。前者的主要职能是流通手段，后者的主要职能是贮藏手段。这种职能上的区别导致两者在货币创造中产生重大差异。活期存款的流通速度很高，如美国，银行活期存款年周转速度近 1 000 次，主要纽约城市银行一年 4 000 次以上；定期存款的流通速度很低，一般一年仅几次。从短期看，新增基础货币会使活期存款快速增加，而定期存款的增加则相对缓慢。从长期看，活期存款存量的增长速度很慢，但其流通速度增加较快；而定期存款存量的增长速度较快，但流通速度变化不大。从增长条件看，支票存款的增加受收入水平和不同时期支付体系技术水平的影响，也依赖中央银行的货币投放，有政策断续性；而定期存款的增加主要依赖于财富的逐渐积累和扩大，有收入持久性。这些由于职能区别导致运动规律的差异是十分值得研究的。

（资料来源：陶江，《货币供给乘数分析中的一个理论误区》，《经济科学》，1999 年第 2 期）

三、影响货币乘数和货币供给量的主要因素

基础货币是决定货币供应量大小的基础，当货币乘数不变或很稳定时，基础货币增加会使货币供应量成倍增加；当基础货币不变或稳定时，货币乘数的变化会影响货币供应量的变化。下面就来分析影响货币乘数的因素，进而找出影响货币供应量的因素。根据M2层次的货币乘数(8－11)式，可以看出影响其变化的主要因素有以下几方面：

(一) 居民持币行为

居民持币行为的主要指标是现金对活期存款的比率 c。c 增加时，货币乘数变小。当基础货币不变时，货币供应量缩小。c 的变化与社会公众的流动性偏好有关，在其他情况不变，人们的流动性偏好增强时 c 上升。c 的变化还与存款利率存在负相关。而收入或财富的变动对 c 的影响则较为复杂，一方面收入或财富的增加会同时增加现金和存款的持有量，且存款的增加量会大于现金的增加量，引起 c 下降；另一方面，收入的增加使人们对预期收入期望上升，增加当前消费，使 c 上升。

(二) 居民和企业行为

居民和企业行为的主要指标是储蓄与定期存款对活期存款的比率 t。通常当 t 增加时，货币乘数变大。当基础货币不变时，货币供应量扩张。有两类因素会使 t 增加，一类是收入或财富上升，另一类则是定期(储蓄)存款利率高出活期存款利率的利差变大。

(三) 商业银行与金融机构行为

商业银行与金融机构行为的主要指标是超额准备率 e。e 增加时，货币乘数变小。当基础货币不变时，货币供应量缩小。使 e 发生变化是出于商业银行的两种动机。

1. 成本—收益动机。一般而言，商业银行存放在中央银行的准备金存款没有利息或利率极低，若这笔资金用于贷款或证券投资则能获得较高利息收入，所以，从机会成本的角度考察，当市场利率提高时，商业银行应尽可能把超额准备金降到最低水平，以增加资金的运用、增加收益、降低机会成本。

2. 风险规避动机。风险规避动机是指商业银行为应对存款流出所可能造成的损失而必须保有一定的超额准备金。银行在经营过程中出现大量存款外流时，若无超额准备金进行缓冲，就要采取诸如出售证券、收回贷款、同业拆借等措施，这会在短期内显著增加成本，使资产负债管理工作陷于被动；若以上措施仍然无法弥补准备金缺口，则商业银行不得不求救于“最后贷款人”(向中央银行借款)；若短期内流动性问题无法解决，可能会导致银行破产。因此保有超额准备金，实际上是银行应对流动性风险的一种保险。保有超额准备金数量与预期存款外流数量及其不确定性呈正相关。

总之，市场收益率提高、中央银行的再贴现率或再贷款利率下降时，都会促使商业银行降低超额准备率，换言之，当商业银行的净机会成本(净机会成本＝市场利率－再贴现率)增加时，商业银行会减少超额准备金。

(四) 中央银行的行为与货币供应量

典型发达的市场经济条件下，货币供应量的控制机制有两个环节：基础货币与乘数，中央银行只能通过调控这两个因素来间接调控货币供给数量，而不能直接控制。

1. 中央银行可以通过决定活期存款法定准备率 r、定期存款法定准备率 r_t 而影响货币乘数和货币供应量

r 与 r_t 增加(下降)时，货币乘数变小(变大)。当基础货币不变时，货币供应量缩小(扩大)。同时，两比率增加(降低)使准备金增加(降低)，于是商业银行等金融机构可用资金减少(增加)，从而影响信贷规模、货币供应量减少(增加)。两方面的共同作用使得货币供应量降低(增加)。但是两方面相较而言，存款准备金上涨的幅度小于乘数 K 下降的幅度。

$r/r_t(+/-) \Longrightarrow K(-/+) \Longrightarrow M^s(-/+)$

└ $\Longrightarrow R(+/-) \Longrightarrow$ 金融机构可用资金$(-/+) \Longrightarrow$ 信贷规模 $M^s(-/+)$

(注：－/＋表示减少/增加)

2. 中央银行对商业银行的债权规模影响基础货币和货币供应量

主要是中央银行向商业银行提供再贴现和放款，中央银行扩展上述两种资产业务，直接使商业银行准备金账户上的货币金额增加，就是基础货币的等量增加，在货币乘数的作用下，货币供应量多倍扩张。反之，若中央银行缩减对商业银行的信用支持，比如收回放款，则商业银行的准备金相应减少，基础货币和货币供应量减少。

$$i_d +/- \Longrightarrow ER +/- \Longrightarrow e +/- \Longrightarrow K -/+ \Longrightarrow M^s -/+$$

中央银行可直接用贴现贷款来影响基础货币：例如当中央银行向金融机构发放 100 美元的贴现贷款时，将所得款项贷记在中央银行的准备金账户。资产负债表变化如下：

商业银行

A		L	
存款准备金	+100	贴现贷款	+100

中央银行

A		L	
贴现贷款	+100	存款准备金	+100

此时，中央银行的货币性负债增加 100 美元，基础货币亦增加 100 美元。

但若银行归还中央银行的贷款，则减少了中央银行的100美元的贷款。资产负债表变化如下：

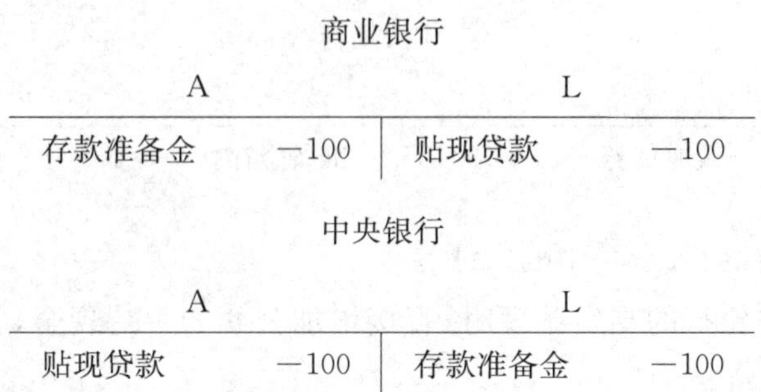

商业银行

A		L	
存款准备金	−100	贴现贷款	−100

中央银行

A		L	
贴现贷款	−100	存款准备金	−100

3. 中央银行公开市场业务(主要对财政的债权规模)影响基础货币和货币供应量

中央银行对财政贷款或购买政府债券，增加了财政金库的存款，该存款是要支用的，一旦支用，就会增加基础货币和货币供应量。

当中央银行从商业银行等金融机构、社会公众(个人和公司)购入证券(主要是国库券、公债券)，会造成基础货币的增加。由于证券出售者获得支票后处理方式不同，会形成不同形式的基础货币。

(1) 中央银行从商业银行或其他金融机构购入的情况：例如购入债券100万元。付给卖方100万元支票。这家金融机构对支票的处理假设有以下两种情形：

① 将支票兑现以增加库存现金，资产负债表的净变化如下：

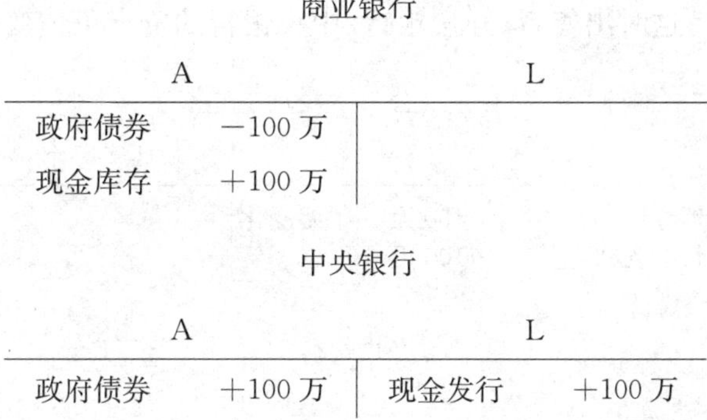

商业银行

A		L	
政府债券	−100万		
现金库存	+100万		

中央银行

A		L	
政府债券	+100万	现金发行	+100万

② 将款项存入在中央银行开立的准备金账户中，资产负债净变化表如下：

商业银行

A		L
政府债券	−100万	
在中央银行的准备金存款	+100万	

超额准备金增加100万元，若银行持有超额准备金，则货币供给量不变，但持有超额准备金没有收益，所以商业银行一般都愿意利用超额准备金去扩张信用，最终 M^s 增加量将超

过 100 万元。商业银行在利用新增 *ER* 去扩张信用时，通常会压低贷款利率，以吸引借款者。因此货币供应量增加与利率下降同时出现，起到放松银根的作用。

中央银行

A		L	
政府债券	+100 万	准备金存款	+100 万

（2）中央银行从社会公众手中购入证券

① 出售者将中央银行的支票兑现时，直接增加公众的手持现金，社会公众和中央银行的资产负债账户分别如下：

公　众

A		L	
政府债券	−100 万	无变化	
手持现金	+100 万		

中央银行

A		L	
政府债券	+100 万	现金发行	+100 万

从而，货币供应量只增加了 100 万元，银行信用创造能力不受影响。

② 出售者将中央银行的支票存入自己的开户银行，使商业银行的存款来源增加，其准备金和贷款随之增加。这时出售者、开户银行、中央银行的资产负债变化情况如下：

公　众

A		L	
政府债券	−100 万	无变化	
在银行的支票存款	+100 万		

开户银行

A		L	
在中央银行的准备金	+100 万	支票存款	+100 万
（法定准备金	+10 万）		
（超额准备金	+90 万）		

这时超额准备金增加了 90 万元，若商业银行愿持有超额准备金，则货币供应量只增加 100 万元（即公众在银行增加的 100 万元支票存款），若商业银行愿利用 90 万元超额准备金去扩张信用，则货币供应量成倍增加，但因超额准备金 90 万元低于前例的 100 万元，所以货币供应量增加得少。

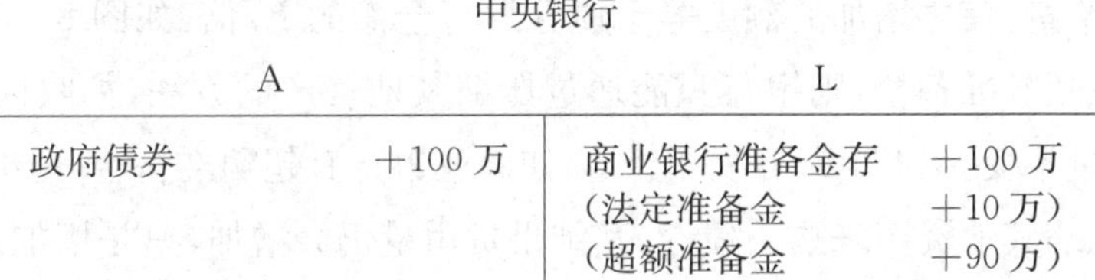

中央银行

A		L	
政府债券	+100 万	商业银行准备金存	+100 万
		(法定准备金	+10 万)
		(超额准备金	+90 万)

上述案例表明：中央银行通过公开市场购买债券可以增加流通中的现金或银行的准备金(即增加基础货币)，从而使货币供应量增加。反之，若中央银行出售债券，则可以减少流通中的现金或银行的准备金，使得货币供应量下降。不过是增(减)现金，还是增(减)准备金，还是两者在增减过程中的比例不同，会导致不同的乘数效应，因而货币供应量增(减)的规模也有所不同。

中央银行持有证券+/−→商业银行、金融机构准备金+/−；→公众手持现金 C+/−；二者合为基础货币 B+/−⟶ M^s +/−

4. 外汇、黄金占款规模影响基础货币和货币供应量

黄金、外汇等储备资产是中央银行通过注入基础货币来收购的。这些储备资产的规模大，意味着基础货币投放多。

(五) 财政收支行为与货币供应量

当一国出现了财政赤字时，货币当局可以通过增税、举债或现金发行来弥补这一赤字，由于货币乘数的作用必然会影响到货币供应量的变化。

1. 增税

根据简单的会计转账规则，税收 T 的增加会直接降低总需求，减少公众在银行的存款余额进而使货币供给量减少；同时增加的税收 T 必然用于弥补赤字进行支出，即政府购买 G 等额增加，使总需求上升；而这笔政府购买又进入公众的银行存款账户，导致货币供给量增加。由于在一定的货币乘数下货币供给量的增加和减少正好抵消，因此货币供给量总体不变。

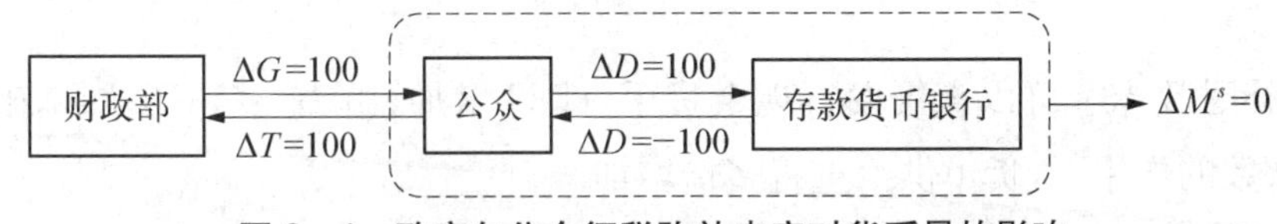

图 8-4　政府向公众征税弥补赤字对货币量的影响

2. 举债

(1) 向中央银行举债，即向中央银行发行债券，用获得的货币弥补财政赤字会增加货币供给量。

(2) 向商业银行举债，分三种情况：① 当某银行存在充足的超额准备金时，银行对财政部门的货币供给增加，同时为弥补财政赤字必然会使政府支出 G 等额增加，进而增大总需

求，增大货币供给量，使之增加的额度等于债券发行金额的 K 倍，如图 8－5 所示。② 如果商业银行不存在超额准备金，则银行只能通过压缩其他资产的方法（如收回贷款 L）购买债券，其结果货币量不变。如图 8－6 所示。③ 如商业银行有超额准备金，但准备金不充分，则银行只能通过压缩其他资产来购买债券，其结果货币量仍会增加，只是增加的幅度比第一种情况小。

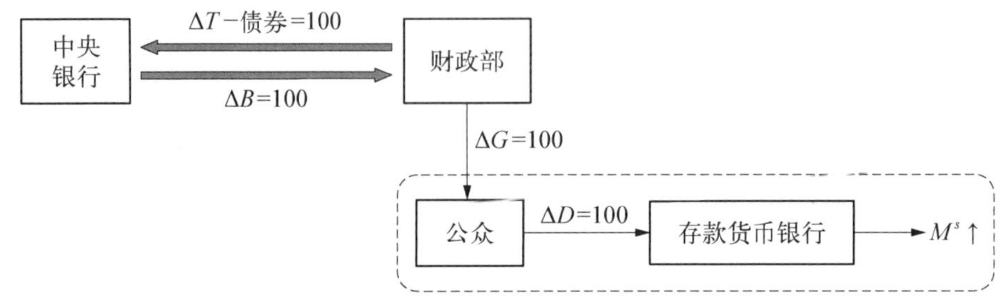

图 8－5　政府向中央银行举债引起货币量变化

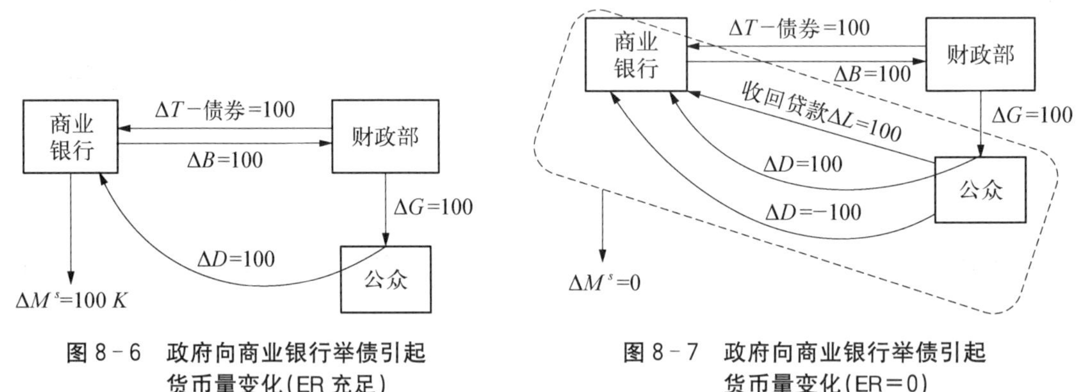

图 8－6　政府向商业银行举债引起货币量变化（ER 充足）

图 8－7　政府向商业银行举债引起货币量变化（ER＝0）

（3）向公众举债，这不会造成货币供给量的变化，因为在转账结算环境下，公众获得债券的同时，其银行存款减少；同时政府弥补财政赤字后，公众获得了等额的政府支付，公众的这些收入是通过划账方式转为银行存款。这意味着整个银行体系的存款数量保持不变。

3. 现金发行

为了弥补财政赤字可以直接发行现金货币，即 C 增加，由 $B=C+R$ 知基础货币 B 增加，在货币乘数的作用下，货币供给量将多倍增加。

（六）金融自由化与创新的影响

金融自由化与创新使世界经济日趋虚拟化、泡沫化。目前，国际金融体系是以全球化、一体化、证券化和电子化为特征的，其结果是虚拟资本规模急剧膨胀，并在全球范围内加速流动，又主要投资于高风险的证券、房地产、衍生金融工具等虚拟经济部门，追求高额利润，形成巨大泡沫，使虚拟资本与实体经济严重脱离。同时，国际游资横冲直撞，加之金融创新，使货币的定义与计量变得困难与复杂。但有一点是肯定的，货币的现实作用在扩大，其使用范围已成为衡量一国经济，乃至国际经济发达程度的重要指标。

值得关注的是电子货币对货币乘数的影响在加大。详见本章第五节。

第四节　货币供给新论

一、货币供给新论主要内容

在主流凯恩斯主义和货币主义的经济模型中，货币供给被视为由中央银行决定的外生变量。产生于20世纪70年代的后凯恩斯主义则认为居主流地位的凯恩斯主义对凯恩斯经济学的解释偏离了凯恩斯的原意。因此，它试图对凯恩斯经济学作出新的解释和发展，其代表人物有保罗·戴维森、西德尼·温特劳布、海曼·明斯基、巴兹尔·摩尔、斯蒂芬·罗西斯等人，近期的主要代表人物包括A·C·道、谢拉·C·道、威尔斯、维多利亚·奇克、克里格等。这些后凯恩斯主义经济学家从不同角度分析了货币的创造过程，提出了内生货币供给理论，该理论不仅是后凯恩斯主义货币经济学的中心内容，也是宏观经济理论的基石。

传统的外生货币供给理论没有考虑到银行贷款在货币供给中的作用，这一点正是后凯恩斯主义经济学家重点批评之处，他们强调银行贷款对货币供给有因果作用。在内生货币供给理论中，传统的存款创造贷款的观点被逆转过来，成为银行贷款创造存款，这是后凯恩斯主义经济学家们一致认同的观点。对于内生货币供给理论的贷款→存款的因果关系，有下列实证证据支持：(1) 中央银行本身的证据，它越来越认识到依赖货币存量作为一个控制变量的难度；(2) 格兰杰因果检验，表明因果关系是从存款到储备，从贷款到存款；(3) 数据表明1980年《存款机构放松管制和货币控制法案》之前的成员和非成员银行经历了相似的资产选择过程，虽然非成员银行服从于更低的准备金要求。早期的后凯恩斯主义经济学家将中央银行的行为纳入内生货币供给的研究范围之中，但逐渐地，他们将重点放在了考察商业银行和其他金融机构的行为方面，并出现了分歧。一种观点认为当银行和其他金融中介机构的储备不够充足时，中央银行必须适应性地供给，否则金融结构将不稳定，甚至危及整个经济。这种方式称为适应性内生供给，持这种观点的有卡尔多、温特劳布、摩尔等。另一种观点所强调的是，当中央银行限制非借入储备的增长时，额外的储备通常是在金融机构本身内产生的，通过创新的负债管理在联邦市场、欧洲美元市场和信用违约互换合约(CDS)市场[①]上借入资金。这种观点称为结构性内生供给，主要代表人物有明斯基、罗西斯等。20世纪七八十年代后凯恩斯主义内生货币供给理论的发展主要是围绕着这两种观点的争论展开的。

---

① CDS是一种合同。全称credit default swap，意思是信用违约互换合约。也有人称之为信用违约掉期，或贷款违约保险。它是一种价格浮动的可交易的保单，该保单对贷款风险予以担保。

(一) 适应性内生供给理论

拉维依(1985)总结了适应性内生供给理论的观点:"在平时,商业银行准备提供所有的贷款,中央银行准备提供所有的储备或在现有的利率水平上提供所需的差额……贷款创造存款,存款创造储备。货币供给在中央银行或银行系统给定的固定利率上是内生的。它可以用一条给定利率上的水平直线来表示。"

适应性内生供给的观点可用下式表示:

$$M=(1+c)L[(1+m)i_F,\ \cdots]/(1+t-k_1-k_2\cdot t-e) \tag{8-12}$$

其中: M 为货币供应量; L 为银行贷款; i_F 为联邦基金利率,由货币当局外生决定; m 为加成系数; t 为定期存款与活期存款的比率; e 为超额准备金率; c 为现金与活期存款比率; k_1 (k_2)为活期(定期)存款的法定准备金率。联邦基金利率 i_F 的变化导致银行贷款 L 和货币供给 M 的变化,准备金自动调整以适应存款扩张的要求。这一理论最重要的贡献是将贷款需求与银行部门的资产负债表联系起来,保证了银行贷款市场的出清,从而得出了贷款需求影响货币供给的结论,并从贷款→存款→储备的顺序表明了内生性货币供给的观点。但是由于它暗含的假定是经济主体满足于持有银行贷款所创造的任何水平的存款,忽略了货币需求,而这将影响最终均衡。

关于利率,适应性内生供给的观点认为中央银行基本上可以控制利率,尤其是短期利率。这一控制力来源于以下两点:一是中央银行直接控制贴现率,二是中央银行通过公开市场操作影响银行之间拆借资金市场的短期利率(在美国是联邦基金利率)。一旦中央银行直接确定了贴现率和间接确定了联邦基金利率,其他利率就会随之而动。总的来说,卡尔多在没有区分短期利率和长期利率的情况下,将这一观点概括为:"在任何时候,或在一切时候,货币存量将由需求决定,而利率则由中央银行决定。"

(二) 结构性内生供给理论

在适应性内生供给理论中,中央银行提供所有的储备,而在结构性内生供给理论中,不仅假设中央银行对供应的储备施加数量限制,而且银行和其他金融中介一般也不愿意去贴现窗口寻求资金。通过上述假定条件,结构性内生者认为负债管理可以通过"先贷款,再寻找储备"的方式提供所需要的储备。

结构性内生供给的观点可以用下面两个公式表示:

$$C(i_F,\ A_2)+kD(i_F,\ A_2)=NBR(i_F,\ A_1)+BR(i_F-i_d) \tag{8-13}$$

$$L(i_F,\ A_2)=(1-k)D(i_F,\ A_2)+T(i_F,\ A_2)+BR(i_F-i_d)-S \tag{8-14}$$

其中: C——现金; D——活期存款; T——定期存款; NBR——非借入储备; BR——借入储备; i_d——存款利率; A_1——扩张性货币政策变量; A_2——正向贷款变化变量; S——银

行持有的二级储备。内生变量是 i_F 和 S，外生变量是 A_1，A_2，k 和 i_d。上述公式中货币供给的含义不是直接的，也不是随着银行贷款的增加而一对一地增加的。与公式(8－12)相比，其创新之处在于引入了银行持有的二级储备，这样就缓冲了贷款需求和活期存款、定期存款的需求的变化。银行的资产负债管理使银行有动机寻求最廉价的融资方式，这种动机在适应性内生供给模型中是没有提到的。

对结构主义者来说，关键一点是在给定的制度结构下，负债管理的加强对利率有向上的压力。如果银行要维持目前的利差，这些高额的成本将转嫁给借款者。但是，通常这种向上的利率压力会引发金融创新，使得负债管理的利率不再继续上升，中央银行限制储备的增长也是如此。这类成功的金融创新可以使中介贷款利率向上的压力消失。与适应性内生供给理论的观点相反，结构性内生供给理论认为利率的决定不是由中央银行决定和控制的单向过程，而是一个相互作用的过程。中央银行当然会有重要影响，但市场力量尤其是金融市场的创新力量也起着重要作用。结构性内生供给理论的另一个重要观点是通过负债管理而产生储备的过程并不一定产生所需要的足够的储备。当货币市场不能产生足够的储备供应时，就会出现流动性不足：中介机构将不得不收回贷款，出售资产以满足其储备需要，新贷款的扩张将会消失。这将可能导致信贷困境和金融危机。换言之，金融危机完全是内生的现象。相反，适应性内生并没有系统地分析金融不稳定和金融危机。

（三）理论争论与实证检验结果

如上所述，适应性内生理论与结构性内生理论的主要区别在于解释寻找储备的过程，即银行(和其他金融中介机构)一旦决定扩张信贷，那么在创造更多存款的过程中，如何获得额外的储备？适应性内生供给的观点可概括如下：短期资金的成本由中央银行决定，银行则在此基础上加成一个价格，作为贷款价格。贷款供给曲线是水平的，银行贷款的数量是由贷款需求决定的。此外，中央银行必须适应储备的需要，后者源于增加的银行贷款或金融结构整体稳定性的需要。与此相对，结构性内生供给的观点认为：总贷款供给曲线是正向倾斜的，银行贷款的数量和价格反映了同时考虑贷款需求和供给，供给曲线的斜率受中央银行政策的重要影响。可见，两种理论的不同点在于额外的银行贷款对货币供给的最终影响和总贷款供给曲线的斜率。两种理论的另一个区别在于前者考虑了银行贷款在决定货币供给中的作用，但是没有考虑到银行的资产负债管理，或非银行机构的资产选择，后者则考虑了银行主动管理其资产和负债。在适应性内生供给理论中，中央银行作为唯一流动性供给的来源，被动地供应额外的银行贷款所创造出来的流动性(即储备)，而结构性内生供给理论允许商业银行本身管理资产和负债，以适应流动性短缺的要求。这一流动性可以通过银行与非银行公众的资产交换获得，也可以通过银行本身的平衡表中的负债转换获得。提高流动性的方法包括：① 银行出售二级储备；② 提高定期存款和其他非活期存款的利息率，从而引发现金和活期存款与其他资产的替代；③ 减少超额储备，提高借入储备。美国经济学家罗伯特·波林对这两种理论进行了实证检验,结果更支持结构性内生的观点,表现在以下三个方面:① 贷款并没有与储备成比例增长,负债管理允许贷款的增长超过储备的增长;② 借入储备与非借入储备的替代程度似乎很弱,并且随着负债管理重要性的增加,这一程度还有所减弱;③ 市场利率并不严格受联储的控制,它们更多地是由联储和金融市场复杂的相互作用决定的。托马斯·帕雷用格兰杰因果检验的方法也得出了同样的结论。

二、货币供给新论的发展

20 世纪 80 年代后期以来,后凯恩斯主义内生货币供给理论在迅速发展的同时也有所拓展,主要体现在两个方面:一是融入流动性偏好理论;二是加入国际背景。

(一) 后凯恩斯主义流动性偏好理论的发展

对流动性偏好最早的研究可以追溯到凯恩斯早期著作中对银行行为的研究以及在第一次世界大战爆发时对银行和其他金融机构之间的关系的研究,其货币需求的投机动机、预防动机和交易动机一起构成了流动性偏好理论最著名的表述。《通论》出版后,凯恩斯又增加了货币需求的金融投机动机。但新古典综合派淡化了流动性偏好,而一些更接近于凯恩斯的学者试图发展凯恩斯原来的见解,包括琼·罗宾逊扩展了利率模型、里查德·卡恩重新论述预防性动机、乔治·沙克尔(Shackle, G.L.S)指出了资产市场上均衡状态的内在不稳定性。后凯恩斯主义者重新提出并论述了这些问题。海曼·明斯基(Hyman Minsky)的金融脆弱性周期变化模型是将流动性偏好理论扩展到债务分析结构的一种概括。银行的资产组合选择需要综合考虑盈利性和流动性才能决定,根据这种选择,银行买入资产、发行债务,并据此确定最终货币供应量。货币的创造以及非银行代理人获得货币都是资产组合决策的结果,银行对公众需求的敏感度取决于适应这种资产决策的偏好。由于银行的资产比负债缺乏流动性,所以银行本质上是投机性代理人。银行可以将金融资源投入到金融循环中(如当它们购买政府长期债券或短期债券时),也可以投入到产业循环中(如它们为企业的流动资金融资),因此,依银行所作出的选择,不仅货币供应量会发生相应的变化,而且货币的可得性与总需求之间的联系也可能不同。就银行而言,考虑流动性偏好会使货币供给增添内源性特征,从而证明货币至少部分是内生的。

(二) 国际环境下的后凯恩斯主义货币理论

在开放经济条件下,国际信贷不仅使信贷供给内生化,而且在国际金融市场上还存在可得性约束。在国际借贷数量既定,以及可供选择,并反映流动性比率大小的信贷工具既定的条件下,后凯恩斯主义者将流动性偏好和货币的内生化特征融入国际货币理论体系中。在国际环境下,后凯恩斯主义者特别分析了发展中国家的经济发展。一种是"中心—周边"理论的借贷款模型,当出口市场繁荣时,预期投资收益上升,以直接投资形式的资本流入增加。

当出口下降和外资从国内撤出时，就迫切需要借款融资以弥补国际收支赤字。如果无法从国际市场获得资金，那么，对于趋于下降的收入调整，必须采取救助措施，提高低水平的人均收入。另外一种是冈纳·缪尔达尔提出的累积因果理论，即生产率优势是累积的。由于发达国家的金融部门享有生产率优势，因此新兴国家要在本土培育出能进行国际竞争的金融部门非常困难。这种不利条件对经济发展所产生的抑制作用称为“回流效应”。但是，同时也存在抵消性的“扩散效应”，这种效应是指发达国家对新兴经济也有益：出口商品市场、技术转让、可为新兴经济投资进行融资的财富存量，以及精巧复杂的金融体系。第三种是奇克提出的银行结构进化理论，主要根据银行体系创造贷款的范围、银行体系随制度和经济环境变化的过程及变化方面来分析银行体系的历史发展过程。在发展中国家，银行体系仍处于进化的早期阶段，银行的信贷创造活动受到较多的限制和约束，银行同业市场也很不发达，所以银行要受自身准备金的严格约束。现在的发达国家当时处于银行进化的相同阶段时，是在市场竞争的压力下经历和完成这一系列的进化发展的，而今发展中国家的金融需求，部分已经可以在国际资本市场上获得满足。这种状况不仅可能抑制本土银行体系的发展进化，而且也会影响借贷款的性质。

三、内生货币供给理论对我国货币政策的启示

内生货币供给理论是后凯恩斯主义经济学的基石，它反主流经济学外生货币供给的假定，认为货币供给是内生的，并由此出发，提出了一套完全不同的理论和政策主张。这些对于处于转轨时期的中国，其理论内容和政策主张有一定的借鉴之处。

第一，货币供给的内生性对货币政策中介目标和有效性的影响。值得注意的是，后凯恩斯主义经济学家虽然强调货币供给是内生的，但并不否认货币政策的有效性。不过，由于货币供给是内生的，所以他们认为不应以货币供应量作为货币政策的中介目标。我国的货币供给具有明显的内生性，多年来通过调控货币供应量的实践表明，作为中介目标的货币供应量在指标可控性、可测性和与最终目标关联度上，与当初的预期相去甚远。从 1996 年我国正式确定 M1 为货币政策中介目标、M0 和 M2 为观测目标开始，货币供应量的目标几乎没有实现过。同时，货币供给的内生性也使货币政策的有效性下降。因此，我国在制定货币政策中介目标以及评价货币政策效果时要充分考虑货币供给的内生性影响。

第二，金融市场一体化对货币政策的影响。加入世界贸易组织后，经济和金融市场一体化的步伐加快，根据后凯恩斯主义内生货币供给理论，金融一体化不仅加大了货币供给的内生性，而且会阻碍本国银行体系的发展，而且这种阻碍作用会由于国内资产流向国际资本市场而显得更加严重。更重要的是，当有贷款需求时，一体化会造成贷款更依赖于远离本土的大金融机构。在这种情况下，如何结合我国金融运行的实际情况，调整和完善我国的货币政策，成为迫切需要研究的重要课题。

第五节　金融创新对货币供给的影响

一、扩大货币供给主体

金融创新推动了金融业务综合化和金融机构同质化趋势，模糊了商业银行和其他非银行金融机构之间的业务界限，混淆了二者在货币创造功能上的本质区别。例如，电子资金划拨系统、可转让存单、电话付款、证券化贷款业务的逐渐完善，使得存款货币的创造不局限于商业银行，其他非银行金融机构以及影子银行也有创造存款的功能，而且随着创新的深入，这种能力还有不断增强的趋势。

总体上说，金融创新使货币供给主体由中央银行和商业银行两类金融机构，扩大到中央银行、商业银行和非银行金融机构三类金融机构；随着互联网技术发展，又扩展到中央银行、商业银行、非银行金融机构和非金融机构四类主体。后两类机构有时被人们称为“影子银行”。

阅读专栏 8－2　影子银行

影子银行一般指那些有着部分银行功能，却不受监管或少受监管的非银行金融机构及工具、产品。影子银行的判定标准：(1) 业务是否具备导致系统性风险的四个特征：期限错配、隐藏信用风险、高杠杆、流动性风险；(2) 业务是否受到有效监管；(3) 业务是否引起系统性风险和监管套利。

我国传统的影子银行主要包括：信托公司、担保公司、典当行、地下钱庄、货币市场基金、各类私募基金、小额贷款公司以及各类金融机构理财等表外业务、民间融资等，它们总体呈现出机构众多、规模较小、杠杆化水平较低但发展较快的特征。随着电子技术和互联网技术的发展，出现了互联网＋影子银行这样的“新型影子银行”，包括：互联网货币基金如“余额宝”、第三方支付、网络借贷 P2P、众筹融资和互联网理财(银行、信托、基金、保险等行业均可通过互联网开展财富管理业务)。

二、扩大货币乘数，增加金融机构创造货币的能力

由于任一时点上的货币供给量都可以视为基础货币与货币乘数的乘积，因此，在中央银行提供的基础货币既定时，货币乘数的增加会对货币供应量增加起关键作用。对货币乘数起决定作用的因素有：通货比率、定期存款比率、法定存款准备金率和超额储备。金融创新对这四个因素的影响力为：① 通货比率下降，货币乘数增加。通货比率是指公众持有现金与银行存款的比率。金融创新从提高持币成本和促进金融制度发展两个方面使通货比率下降，比如，电子货币代替部分现金后，流通中的现金 C 将会减少，通货比率 c 将会下降，货币

乘数提高。② 定期存款比率不稳定，货币乘数不稳定。定期存款比率是公众保有的定期存款与活期存款的比率，它与货币乘数同向变动。金融创新中大量非存款金融工具的涌现和金融市场发展，定期存款作为价值贮藏手段的吸引力可能降低，一部分定期存款将可能转化为证券类金融资产，这将降低定期存款比率，扩大货币乘数。但如果银行在金融创新中不断推出有吸引力的定期存款工具，当活期存款比率不变时，定期存款比率有可能提高，所以定期存款比率可能出现忽高忽低的情况，使货币乘数不稳。③ 法定存款准备金下降，货币乘数增加。在金融创新中商业银行不断创造出介于活期、定期存款之间的或逃避提缴法定准备金的新账户，比如，电子货币代替存款，使法定存款准备金的实际提缴比率 r 下降，货币乘数增大。④ 超额准备率下降，货币乘数增大。金融创新使银行保有超额准备金的机会成本减少，拆借市场的发达使拆借资金的价格降低，公众对通货偏好减弱使银行保有的通货需求减少，这一切最终导致超额储备率减少，货币乘数增大，从而有利于货币供给量增加。

虽然金融创新如电子货币的大量使用会使货币乘数上升，但是现实中发行主体为了应付客户的提现要求，仍然会持有一定的准备金，加上电子货币在货币创造过程中，客户持有的电子货币中的一部分有可能变为现金或存款，出现"漏损"，这都会限制货币乘数的上升。

三、货币供应的内生性增加

货币供给的内生性主要是指货币供给受经济体系内部因素支配的程度，它与中央银行对它的可控性是此消彼长的关系。金融创新一方面通过发挥减少货币需求、充分动用闲置资金、节约头寸、加快货币流通速度等作用，改变货币供应相对量；另一方面通过扩大货币供给主体、提高货币乘数、创造新型存款货币等对现实货币供应产生决定性影响，致使货币供给在一定程度上脱离中央银行控制，而越来越多地受经济体系内部因素的支配。随着金融开放度提高，当国际游资利用套利、套汇参与证券市场业务或利用新的衍生工具进行投机活动时，金融资产之间的替代性空前增大。作为货币的货币与作为资本的货币难以区别，交易账户与投资账户、广义货币与狭义货币、本国货币与外国货币之间的界限日益模糊。货币的定义与计量变得困难与复杂。因此，在经历了金融创新后，货币供给量不再是完全受中央银行控制的外生变量了。除基础货币外，它受经济变量和金融机构、企业、居民等内生因素的支配大大增强，货币的内生性增强，大大削弱了中央银行对货币供应的控制能力和控制程度。

第六节　我国的货币供给

货币供给属性之争是货币经济理论界长期存在的现象。在实际争论中，无论是货币供给外生论者还是内生论者都将货币供给机制的运作方向作为其立论基础。外生货币供给理论坚持货币供给“乘数机制”，认为货币供给是基础货币通过乘数效应实现的，是基础货币决定货币供给量。而内生性理论则相反，认为货币供给机制可称之为“倒逼机制”，而货币供给量对基础货币供给的“倒逼”是最后一个环节。同时，在现实经济实践中，货币政策制定者都以货币供给机制的运作方向为依据而制定货币政策，故以基础货币供给为主要货币政策工具。因此，研究一国的货币供给机制运作方向，尤其是基础货币供给机制的运作方向，无论是对货币经济理论的发展，还是对一国现实货币政策有效性的评判以及货币政策工具的选择都具有重大意义。

一、信贷资金管理体制与货币供给

还是回顾一下历史，看看我国宏观经济政策以及信用渠道在经济发展中所发挥的作用。

（一）“统存统贷”信贷管理体制下的货币供给（1955—1979）

这个时期，信贷计划指标额度决定着基层银行机构的贷款规模，从而决定货币供给的渠道和总量。银行信贷规模只受计划制约，不存在存款制约贷款的机制。

（二）“存贷差额控制”信贷管理体制下的货币供给（1980—1984）

在这一阶段，利用控制存贷差额来控制货币供给。从全国来看，存贷差额实际上就是现金发行量，即“贷款－存款＝现金”。故控制存贷差额就是控制现金发行与回笼。实行差额控制体制是期望通过控制住差额达到控制货币供给量的目的。

但控制住差额，并不能完全控制住银行的信贷规模，容易导致信贷规模失控，即信贷膨胀。

（三）“实贷实存”信贷管理体制下的货币供给（1985—20世纪90年代中期）

该时期实行“统一计划、划分资金、实贷实存、相互融通”。这一阶段基础货币和货币乘数具有以下特殊内容：

1. 在“实贷实存”管理体制下，中国人民银行与专业银行之间对存款实行分成，财政性存款由中国人民银行支配，非财政性存款由专业银行掌握。这种负债结构对基础货币的供给有决定性影响。

财政性存款与活期存款的比率是货币乘数的一个重要决定因素。财政性存款所起的作用与现金、准备金存款所起的作用类似，其增加将使各专业银行的信用创造能力受到抑制；反之，财政性存款减少，则意味着专业银行的存款增加，使专业银行的信用扩张能力得以扩张。

“实贷实存”信贷管理体制下的货币供给以“统一计划、划分资金、实贷实存、相互融通”为原则，该体制是建立在以中国人民银行单独行使中央银行职能，各专业银行独立核算的基础上的。其实行使基础货币的供给独立了出来，中国人民银行运用再贷款方式提供基础货币。同时，它保留了专业银行存贷挂钩的做法，并建立了存款准备金缴存制度，有利于使专业银行的存款派生机制置于中央银行的调控之下。此外，由于基础货币的供给独立，建立起了存款准备金制度，从而由货币乘数和基础货币共同决定货币供给的机制开始形成。

2. 在"实贷实存"管理体制下，各种信贷计划指标管理导致派生货币多倍扩张机制受到限制。因为银行的负债经营与资产运用之间自由转化的前提不存在。

(四)"比例管理"信贷管理体制下的货币供给(20世纪90年代中期至今)

20世纪90年代中期，全面推行限额管理下的资产负债比例管理制度。各商业银行在限度内可多存多贷，有利于提高各银行吸收存款的积极性，提高信贷资产质量和银行经营的安全性。从1998年起，中央银行取消对商业银行的指令性计划，实行完全的资产负债比例管理。

二、我国社会经济主体的行为对货币供给的影响

我国社会经济主体的行为对货币供给的影响和决定作用具有特殊的内容。从以下四个方面详细分析。

(一)长期以来，中央银行、商业银行、企业特别是国有企业之间的货币供给存在着"倒逼机制"

理论上，中央银行完全能控制基础货币 B 和法定准备率 r，从而调控货币供应量，必须具备两个前提：① 中央银行必须是真正意义上的中央银行(即货币发行银行、银行的银行、政府的银行)，能够独立自主地制定和执行货币政策；② 商业银行、企业必须是真正意义上的独立法人。

而在我国，上述两个条件都没有完全达到。我国的特殊性在于，长期以来需要资金的企业主要是国有企业，提供资金的银行主要是国有银行(过去是国有专业银行，现在是国有商业银行)，扮演"最后贷款人"角色的中国人民银行又不具有完全的独立性。我国双轨制中的货币供给机制与典型的市场经济体制下货币供给机制大相径庭。

下面简单就典型的市场经济体制下货币供给机制与我国转轨经济体制下货币信贷供给机制做个比较：如图8-8、图8-9所示。

典型的市场经济体制下信贷货币供给机制：[虚线表示信号(命令、信贷条件)传递，实线表示资金流动]

我国转轨经济体制下货币供给机制：虚线表示信号(命令、信贷申请)传递，实线表示资金流动：我国相当一部分企业尚未成为真正独立的市场主体，企业再生产所需资金，很大程

图 8-8 典型市场经济的货币供给与信贷传导机制

① 表示中央银行根据市场信息制定货币政策并公示政策内容，比如改变再贴现率等；② 表示商业银行和金融机构根据中央银行的政策指导制定放款条件并予以告示；③ 表示商业银行根据居民、企业的反应（即市场的反应）决定扩大或收缩从中央银行的融资；④ 商业银行向市场扩大或收缩融资。

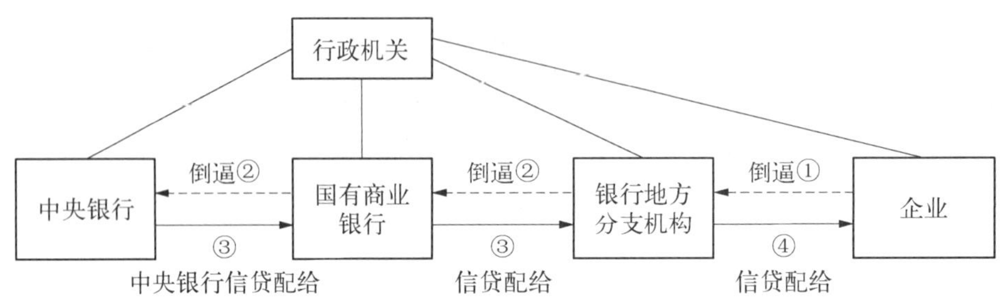

图 8-9 我国信贷倒逼机制的过程

① 表示企业主要是国有企业在地方行政机关的支持下提出向国有银行贷款或追加贷款申请信息，比如为了地方经济的发展或者稳定就业，要求当地的国有银行加大安定团结贷款等；② 表示商业银行和金融机构根据"市场"的信息向中央银行提出扩大再贷款的申请（分行逼总行，总行逼中央银行）；③ 表示中央银行在商业银行的严正要求下决定扩大或收缩再贷款；④ 商业银行在国有企业的严正要求下向"市场"扩大或收缩贷款。

度上依赖国有银行贷款；而银行或在政策规定上，或在行政干预下，也负有解决企业资金"短缺"的责任。由此形成企业对信贷资金的依赖和银行对企业资金的支持的货币资金供给关系。而由这种关系造成企业特别是国有企业无止境的资金需求对银行信贷资金的挤压，迫使中国人民银行增加基础货币的投放。

国有企业的盈利能力相对于其扩张能力而言显得过于不足。由于体制原因，很多国有企业效益低下，自我积累能力差，还有很多社会保障任务，故用于增加企业资本金积累的部分就更少了。由于国有企业仍然是中央和（或）地方政府投资的主要承担者，在上述情况和我国股票市场容量有限、公司债券市场几乎停滞不前的条件下，要保持较高的投资增长速度，只能靠大规模银行信贷资金的支持，扩张性货币政策能使这些国有企业比较容易取得信贷资金，而不太成熟的中小民营企业则很难如愿取得信贷。一方面，许多经营不善的国有企业因有政府的支持，并不能经正常破产程序退出生产经营，继续参与市场竞争，重复生产、各地区产业结构趋同、产品积压，负债超常规增长而膨胀，造成资源浪费；另一方面，真正的优质中小企业难以得到国有银行的信贷资金支持，其负债仍然处于紧缩局面。因此扩张性货币政策在没有有效供给的国有企业一边表现为信贷膨胀，似乎有效，实则无效或弱效；在有能力提供有效产出的众多中小企业一边则表现为信贷紧缩，政策弱效，呈现结构性矛盾。

(二) 我国居民行为对货币供给的影响

我国居民行为对货币供给的影响主要表现为居民持币行为对货币供给的扩张形成压力。在双轨体制下,就业、医疗、住房、子女教育等社会保障制度的改革使居民对收入前景的预期具有不确定性,从而持币动机增强,致使货币乘数和信贷乘数有缩小趋势。

(三) 银行行为对货币政策影响

20 世纪 90 年代至今,银行各项存款总额和贷款总额都在逐步增长,但贷款增长幅度低于存款增长幅度,这一方面与 20 世纪 90 年代初中央银行的紧缩性货币政策有关,另一方面也与商业银行的风险意识增强有关,以至在 1998、1999 年实行扩张性货币政策的情况下,银行信贷增长率仍然锐减,存贷款差急剧扩大,存贷比大幅升高。

(四) 财政收支行为对银行货币供给有决定性影响

中国人民银行代理财政金库,意味着财政的收入过程,就是货币由国有商业银行账户流入中国人民银行账户;财政的支出过程,就是货币由中国人民银行账户流入国有商业银行账户,这样的流进流出对货币供给产生总量上的张缩效应。因为财政的支出会增大基础货币的供给,财政的收入则减少基础货币的供给,从而影响存款货币的派生。

以上分析说明我国存在较高的信用中介成本,使信用渠道受到堵塞,储蓄难以转化为投资,货币流通速度下降,促成了通货紧缩的局面,通货紧缩更弱化了货币政策信用传导机制。

三、信贷倒逼的企业动机说明

(1) 假定企业在规模报酬不变条件下运用资本和劳动两种生产要素进行生产。生产函数为:

$$Y=f(L,\ K) \tag{8-15}$$

(2) 企业投资需求旺盛,并且在 t 期没有自有资金积累,故必须在生产过程开始之时依靠银行贷款来预付工资和投资生产,即企业存在事前流动性(Liquidity-in-advance)约束。这与中国转型经济中的企业依赖负债经营的特点相吻合。设银行贷款量为 L_t,劳动力实际雇佣量为 N_t,资本使用量为 K_t。就中国特有的经济状况而言,要素需求并非纯粹由市场力量和完全竞争结果所决定。现实情况是,国有企业对劳动力需求存在一个准政策性的“最低限量”N_0,即国有企业实际雇佣劳动力数量 N_t 要大于 N_0。同时国有企业的资本使用量 K_t 又存在一个政策性“最高限量”,即计划规定的信贷额度 L_0(中央银行的信贷配给),通常不许突破信贷规模。因此名义预算约束方程为:

$$L_t=W_tN_t+R_tK_t,N_t\geqslant N_0,\ K_t\leqslant K_0 \tag{8-16}$$

将(8-16)式两边除以物价水平 P_t,可得实际流动性约束方程:

$$L_t/P_t=\omega_t N_t+r_t K_t \tag{8-17}$$

ω_t和r_t分别是实际工资率和实际资本利息率，r_t外生既定。众所周知，不论在我国还是在市场化发达的国家，名义工资会随物价水平有一定程度的补偿性调整，我国国有企业也不例外。但我国名义利率则长期固定或调整很缓慢，这便造成实际工资率ω_t比实际利率r_t具有更快的向上调整倾向(在通货膨胀时期)。方程式(8－17)表明实际信贷量L_t/P_t可以决定国有企业的实际工资率ω_t与资本需求量K_t。此方程式虽然简单，但却揭示了银行信贷在国有企业的工资收入分配与资本设备购置和改造之间的分摊所面临的一些矛盾。由于企业实际雇佣劳动力数量已定(即不得低于N_0)，在20世纪90年代初，由于通货膨胀较高，实际工资率上升较快，国有企业实际的意愿劳动力需求量降低。如果按照市场化追求最大利润原则，企业将裁员，以提高均衡状态时劳动力的边际和平均产出，但当时企业制度决定了裁员的艰难性或者说不可能性。就是现在，国有企业的人事问题并没有完全按市场化原则操作，仍然存在相当规模的冗员。而劳动工资却是"大锅饭"，所有的在职职工N_t(即使出工不出力的"职工")都能"有福同享"，因而实际工资率的相对提高使生产劳动成本相对增大，但平均劳动生产效率并未提高，劳动力要素对产出的贡献并未增加。但真实工资率相对提高的影响可从两方面分析，一是会在既定信贷规模总量条件下缩减对资本要素的报酬支付，二是在不减少对资本要素的报酬支付条件下，由于膨胀性投资需求必然要求增加从银行的信贷规模总量，而且这两方面又有一定的因果联系。比如上述第一个方面，或是企业相对减少资本设备使用量，使劳动与资本的要素配比失衡；或是企业减少对既有资本设备的成本偿付，如不合理地减少折旧摊提、虚增资产价值、拖欠购买或租赁资本设备的款项等，影响生产效率。长期而言，企业发展必然缺乏后劲，必然持续地依赖银行信贷进行高负债经营。20世纪80年代中期到90年代中期，国内固定资产投资增长率远高于相应各期GDP的增长率。说明我国在这一时期，企业处于投资膨胀之势。由于我国当时企业投资主要依靠国家银行资金(拨款或贷款)，因此投资膨胀的背后预示着信贷膨胀。

(3) 国有商业银行资产负债。假定国有银行的主要资产为向工商企业的贷款L_t和在中央银行准备金R_{Rt}，其主要负债是公众存款M_t和中央银行再贷款S_t。设商业银行的存款准备为存款量的一个固定比例a，即$R_{Rt}=aM_t$。同时假定国有银行由于其体制特征，当出现流动性缺口时，具有"偷懒"行为，即不主动或没有积极性通过市场化途径(增加M_t)来弥补流动性缺口。上述假定符合我国20世纪90年代初的实际。资产—负债平衡方程式为：

$$L_t+R_{Rt}=M_t+S_t \text{ 即 } L_t=(1-a)M_t+S_t \tag{8-18}$$

(8－18)两边除以物价总水平P_t，可得：

$$(1-a)M_t/P_t+S_t/P_t=L_t/P_t \tag{8-19}$$

(8 - 19)式表明当国有银行信贷规模不断扩大时，由于前述条件存在[不主动或没有积极性通过市场化途径(增加 M_t)来弥补流动性缺口]，则终将导致银行资产—负债比例失衡，从而需要依靠中央银行追加再贷款来解决银行的流动性危机。从表 8 - 8 亦可看出 1980—1993 年银行贷款增长率也远远超过 GDP 增长率，贷款超过存款的差额以及贷差占 GDP 的比例也呈越来越大之势。

表 8 - 8　我国信贷膨胀指数及与 GDP 的比较

	GDP 增长率%	贷款增长率%	存贷差额(亿元)	存贷差/GDP
1980	7.8	18.4	− 753.1	− 16.7
1981	5.2	14.5	− 729.0	− 15.0
1982	9.1	3.5	− 832.8	− 15.7
1983	10.9	20.0	− 669.5	− 11.3
1984	15.2	28.8	− 1 033.5	− 14.4
1985	13.5	33.6	− 1 632.5	− 18.2
1986	8.8	28.5	− 2 208.5	− 21.6
1987	11.6	19.0	− 2 360.3	− 19.7
1988	11.3	16.8	− 3 125.7	− 20.9
1989	4.1	17.6	− 3 395.4	− 20.1
1990	3.8	22.2	− 3 668.1	− 19.8
1991	9.2	20.5	− 3 258.8	− 15.1
1992	14.2	18.2	− 2 854.9	− 10.7
1993	13.5	52.4	− 3 316.1	− 9.6

资料来源：《2000 中国经济年鉴》、《2002 中国金融年鉴》，或数据计算所得

从上述模型分析和表中的数据可以看出，在企业自有资金严重不足的情况下，国有企业经营需要依靠大量的银行贷款来应付事前(进入实际的投资生产流程之前)的流动性。在 20 世纪 90 年代存在严重通货膨胀的条件下，原材料成本较高，企业资本的维护与更新扩大没有得到应有的重视，直接影响企业产出效率。加之重复生产、无效供给、相对过剩的大环境，寻求"生存发展"的企业必然进一步依赖银行信贷维持投资经营。企业高负债经营和信贷资产质量下降又迫使国有银行发放新的超规模贷款，国有银行在资产—负债失衡、信贷资金不足条件下又不得不继续向中央银行申请再贷款，从而形成信贷供求中的倒逼机制。倒逼机制的存在，使中央银行为治理通货膨胀而试图压缩信贷的努力效果减弱。

为进一步全面理解我国经济中出现过的信贷膨胀的"倒逼机制"，我们下面分析关于这个问题的银行动机。

四、倒逼机制的银行动机分析

(1) 国有商业银行隐藏信息和隐藏行为的逐利动机,“倒逼”中央银行扩大信贷规模。中央银行的信贷配给机制主要是对国有商业银行总行的信贷总规模限额管理和再贷款的运用(1998 年 1 月 1 日取消贷款规模控制)。信贷计划的制定是一个自下而上的过程,即商业银行逐级提出计划信贷资金需求,由中央银行进行汇总,在信贷计划制定过程中,国有商业银行作为信贷规模的需求者,希望得到尽可能多的信贷规模;中国人民银行核定国有商业银行信贷规模指标时,根据货币政策目标,采用使本期计划信贷规模指标与上期预计实现指标直接挂钩的办法,这实际上是中央银行委托商业银行确定适应于经济发展需要的信贷规模并对其实施监督。但是“挂钩”可能导致各国有商业银行及各基层分支机构采取各种各样的隐藏行为和隐藏信息虚报上年的信贷基数,以谋取更多的信贷指标,在信贷计划的执行过程或信贷再配给的过程中,国有商业银行及内部基层机构没有按信贷计划指标向企业提供相应贷款,而是在贷款发放时,基层组织倾向于商业性贷放以谋取高额利润,使国家政策性计划目标贷款指标无法完成,迫使上级银行和中国人民银行为保证政策目标的实现不得不追加信贷规模。结果不论经济高涨还是紧缩的时期,实际贷款投入都超过信贷规模计划数,形成“计划—调整—突破”的格局。

(2) 中央银行信贷配给机制下的“倒逼”机制的形成与地方政府干预银行信贷计划的制定和执行“难舍难分”。由于地方政府干预,银行只管自身利益,对实际贷款风险把关不严,不负责任地把风险全部转移给国家。这里暗含着银行在信贷问题上存在隐藏行为、道德风险及与政府合谋的行为。由第四章对我国银行业组织结构弊端的分析可知,我国地方政府作为各级公有产权的代表,干预国有商业银行的分支机构,使地方政府和各级银行之间形成“利益互动”的格局。地方政府为了当地经济发展的需要,一方面介入信贷计划的制定(如鼓励其控制的企业间接地向当地银行争贷款规模或直接介入贷款)以增加当地基层银行在信贷计划制定过程中的讨价还价能力,甚至与基层银行机构“合谋”向上级银行“要”更高的信贷规模,迫使国有商业银行总行向中国人民银行“要”(倒逼)信贷规模,导致中央银行被迫突破贷款规模计划;另一方面代表所辖企业向基层银行施加影响和压力,争取数量更多,期限更长的贷款来满足地方利益,使国有银行对企业的信贷计划指标被突破。地方政府在这里似乎成了信用中介的“中介”,国有银行也似乎对货币政策的要求置之不理,形成如图 8 - 9 所示的“倒逼”传导机制。

(3) “倒逼”与信贷漏损。① 银行信贷漏损途径之一,国有商业银行的地方分支机构在利益驱动下,一方面从银行的信贷指标中划出一部分由附属的非银行金融机构去经营,从中获得高于放款的利益。同时政府为扩大基本建设规模,要求企业将部分国家专项基金贷款转为非银行金融机构的“信托存款”,而企业又把正常周转的资金存入非银行金融机构谋取高息收入,其流动资金缺口又由银行信贷资金解决。② 银行信贷漏损途径之二是账外贷款。基层银行以实际的高贷款利率采用各种手段绕过货币当局的信贷控制，摆脱信贷规模约束发放账外贷款。

在1984—1993年期间“倒逼”和“信贷漏损”两者互为因果，相互强化，使围绕规模的信贷灰市产生和快速发展。信贷灰市是由前面论述的两种信贷漏损行为造成的，它使大量信贷资金游离于中央银行信贷计划控制之外，信贷灰市虽然依附于现有的信贷配给机制，具有一定的市场风险，但由于其“非法”性，使银行的风险防范无从保障，因此银行往往寻求把这部分信贷的风险转嫁给计划内的贷款由国家承担，这就是前面所说的银行的“隐藏行为”及“道德风险”效应。它又会导致进一步的“逆向选择”效应，即如果银行预期到风险转嫁能顺利实现，灰市上的利率波动会使借款人“隐藏信息”，并导致逆向选择，增大了银行业的风险。这一方面导致货币紧缩政策下，国有部门反而局部性信用膨胀，另一方面，导致货币政策信用配给机制扭曲。因此，亚洲金融风暴以来，我国已经对中央银行“非均衡”信贷配给及实施方式进行了改革，有效地防止了国有商业银行的“倒逼”行为以及由此形成的信贷漏损。但由于改革的循序渐进性，目前并没有完全消除这两种现象。从另一个视角看，信贷配给机制中“漏损”和“倒逼”行为的实质，是国有商业银行规避信贷管制的一种创新，这种创新的结果是信贷配给市场化，使中央银行的非均衡信用配给转变为商业银行市场化的均衡信用配给，改变着国有商业银行单一的资产负债结构，促进真正银行信贷市场的形成。

当前，在金融领域扩张性的倒逼机制比20世纪90年代要弱得多，但并没有完全消除，部分大型国有企业仍然很容易从商业银行获得信贷，具有局部信用膨胀趋势。不但如此，当前的“倒逼机制”变得更加复杂化。其表现在，一方面，扩张性“倒逼”使部分大型国有企业获得膨胀信贷，另一方面，又存在紧缩性的倒逼机制，即市场上的诚信环境欠佳、金融信贷风险很大、过去企业犯有的扩张性“倒逼机制”给商业银行“逼”出来巨额不良资产的“前科”，都反过来逼着改革中的商业银行对扩大信贷谨小慎微，即使在中央银行扩张性货币政策信号的“指挥”下，银行常常“无动于衷”，或曰“惜贷”。同时，国内宏观经济金融环境没有根本扭转虚拟交易市场(股票市场)和实质交易市场之间的收益预期，使企业的投资预期不确定，即宏观经济金融环境的不良预期也会迫使许多企业不敢轻易增加投资信贷，或曰“惜借”。在扩张性“倒逼机制”时期，中央银行控制货币供给无效，而在紧缩性“倒逼机制”时期，中央银行通过扩张货币政策启动需求无效。

五、我国基础货币供给“倒逼机制”的实证研究

羌杰选取了1998—2006年的季度统计数据，运用协整分析、格兰杰因果关系检验、方差分解、脉冲反应分析等计量经济学方法对我国货币供给量与基础货币之间的关系进行了实证检验。[①] 实证结果表明，我国基础货币供给具有显著的“倒逼”特性，基础货币的变动取决

① 羌杰，我国基础货币供给的“倒逼特性”的实证研究[J].中国集体经济(下半月)，2007(04)：106-108.

于货币供给量的变动。第一，在货币供给量与基础货币的长期均衡关系上，无论是广义货币供给还是狭义货币供给都与基础货币供给之间存在协整关系，说明我国的货币供给与基础货币之间存在长期均衡关系。这一点，主流的内生货币供给理论和外生货币供给理论都是认可的。第二，从货币供给和基础货币的格兰杰因果关系来看，无论是广义货币供给还是狭义货币供给对基础货币的变化都存在显著的格兰杰影响，表明我国货币供给机制存在显著的"倒逼"特性，而不是外生货币供给论者所长期坚持的由基础货币通过乘数效应决定货币供给的外生性思想。第三，方差分解的估计结果表明，货币供给在长期和短期对基础货币的影响是非常显著而持续的，"倒逼"特性明显。第四，通过向量自回归脉冲响应函数模型分析，发现货币供给对基础货币的冲击效果是持续而稳定的。估计结果不仅再次验证了货币供给对基础货币的"倒逼"特性，而且具体描述了货币供给对基础货币的动态影响。

本章小结

BRIEF SUMMARY

- 基础货币是商业银行的准备金与社会所持有的现金之和，可以通过国内贷款、购买国内证券、购买对外资产和购买黄金四条渠道形成。一国的中央银行通常采取准备金政策、公开市场业务和再贴现业务三种主要手段控制该国的基础货币。
- 存款创造的充分必要条件是要同时满足部分准备金制度、部分现金提取和商业银行体系或整个金融体系三个条件。派生货币的创造及存款乘数描述的是在整个银行体系中，在部分准备金制度和部分现金提取的条件下，原始存款的多倍创造过程。
- 货币乘数是表示货币供应量相对于基础货币之间的伸缩倍数，即中央银行增加或者减少一个单位的基础货币使货币供应量相应增加或者减少的数额。货币乘数可以有狭义和广义之分，基础货币和货币乘数的变化共同影响着一国货币供给量的变化，这是主流凯恩斯主义和货币主义在货币外生基础上提出的主要观点，即货币供给被视为由中央银行决定的外生变量。居民持币行为、居民和企业存款行为、商业银行与金融机构超额准备金多少、中央银行的调节行为与财政收支行为是影响货币乘数和货币供给量的主要因素。
- 与此相反的内生货币供给理论在20世纪70年代开始发展，认为货币供给是内生的，提出了适应性内生货币供给理论和结构性内生货币供给理论。货币供给理论在20世纪80年代后期得到了新的发展，加入了流动性偏好和国际因素来分析货币供给理论。
- 金融创新扩大了货币供给主体范围；扩大货币乘数，增加金融机构创造货币的能力；使货币供应的内生性增加。
- 我国的货币供给存在着"倒逼机制"，这与中国的经济体制有紧密联系。

复习题

REVIEW QUESTIONS

选择题

1. 一笔原始存款进入金融部门，能够创造多倍的派生存款的基本前提是（　　）。
   A. 部分准备金制度，即法定准备率小于 1
   B. 必须存在转账结算，不存在现金漏损
   C. 利用商业银行体系或整个金融体系
   D. 银行的负债全部是活期存款
   E. 所有的银行都处于均衡状态，不存在超额准备金，也不存在准备金不足的情况
2. 通货比率的变动主要取决于（　　）的行为。
   A. 中央银行　　B. 非银行金融机构
   C. 商业银行　　D. 社会公众
3. 下列银行中，（　　）对货币扩张影响最小。
   A. 中国人民银行　　B. 浦东发展银行　　C. 中国工商银行　　D. 中国进出口银行
4. 其他条件不变，商业银行的超额准备金率越高，货币乘数（　　）。
   A. 越大　　B. 越小　　C. 不变　　D. 不确定
5. 金融创新的影响，正确的是（　　）。
   A. 使人们对 M1 的需求偏好增加
   B. 金融创新限制了货币供给的主体
   C. 金融创新使货币需求稳定性下降，特别是投机性货币需求不稳定性增加
   D. 金融创新使得中央银行更易识别货币政策中介目标
   E. 上述所有选项都正确
6. 下列经济因素中，使商业银行持有较高超额准备金的是（　　）。
   A. 市场利率上升　　B. 经济处于上升周期
   C. 中央银行贷款条件苛刻　　D. 同业拆借市场利率稳定
7. 以下观点中，不属于货币供给新论的观点的是（　　）。
   A. 非银行金融机构的负债不是普遍接受的支付工具，因而不是货币
   B. 货币理论能以资产组合理论方法进行分析
   C. 货币供应是一个受商业银行及其他经济单位行为影响的内生变量
   D. 银行的存款扩张机制必须受边际收益等于边际成本的法则的制约
8. 詹姆士·托宾等货币供给新论的支持者认为货币供给不是一个只由中央银行决定的外生变量，他们的主要理由是（　　）。
   A. 银行体系创造货币的能力从对货币乘数的分析来看完全取决于基础货币和法定准备

金这些变量

B. 银行体系的存款创造的过程必须考虑各种漏出

C. 其他金融机构与商业银行在吸收存款方面竞争激烈，从而会增加商业银行的准备金

D. 银行的资产负债规模及公众的货币需求量具有很大的利率弹性

判断与辨析

1. 当我们发现金融机构的超额准备金减少时，可认为货币供应量增加了。 （　　）
2. 财政部为弥补赤字实行举债的行为，将引起货币供给量的增加。 （　　）
3. 财政部为了弥补 100 万元的财政赤字，特向中央银行发行 100 万元债券以取得融资，此财政行为将使整个社会的货币供应量增加 100 万元。 （　　）
4. 目前财政部有 1 000 万元的预算赤字，希望向商业银行定向发行 1 000 万元债券以取得融资并弥补赤字，此财政行为将使整个社会的货币供应量增加。 （　　）
5. 假如财政部有 X 元的预算赤字，故委托商业银行向社会公众定向发行 X 元债券以弥补赤字，则此财政行为将引起整个社会的货币供应量增加 kX 元($k>1$)。 （　　）
6. 一国的存款乘数小于货币乘数。 （　　）
7. 认为货币供给的变动将受制于各种经济因素的变动及微观经济主体的决策行为，这是货币供给外生论的观点。 （　　）
8. 金融创新将导致一国经济的货币乘数变大。 （　　）
9. 假如中国人民银行决定向商业银行体系定向发行中央银行票据 6 亿元，则此行为将引起整个社会的货币供应量减少额超过 6 亿元。 （　　）
10. 中央银行在公开市场买入政府债券会使整个商业银行体系的准备金增加。 （　　）
11. 基础货币又称强力货币，它仅包括中央银行的货币供应量，不包括财政部的货币供应量。 （　　）
12. 通过征税或发行新的债券来筹集资金，在一段时期内并不会影响基础货币。 （　　）
13. 货币供给新论的支持者认为银行贷款不能仅受准备金要求的影响，银行只能贷出公众所需要的数量，而不是更多。 （　　）
14. 货币供应新论认为对商业银行和其他非银行金融中介机构作出严格的区分是没有必要的。 （　　）

基本概念

存款乘数	货币乘数	货币层次	原始存款	基础货币
派生存款	冲销	内生货币	外生货币	影子银行
货币供应量				

思考题

1. 领会派生存款的创造过程、基本前提，并学会推导存款乘数。
2. 理解 M1、M2 的乘数是如何确定的，学会推导。
3. 理解居民持币行为、企业行为、商业银行与金融机构行为、中央银行行为和财政收支行为对货币供应量的影响与控制机制。
4. 理解金融创新对整个社会货币供给的影响。
5. 了解开放经济条件对货币供给的影响。
6. 简要阐述主流凯恩斯主义和货币主义、货币供给新论的异同。
7. 何为"倒逼机制"？根据你所学知识和计量经济学方法，说明我国是否存在"倒逼机制"。
8. 结合实际分析影响一国货币供给的主要因素，并由此简要分析一国货币供给是否属于内生货币。
9. 某国商业银行体系共持有准备金 300 亿元，公众持有的通货数量为 100 亿元。中央银行对活期存款和非个人定期存款规定的法定准备率分别为 15%和 10%，据测算，流通中的现金漏损率为 25%，商业银行的超额准备率为 5%，而非个人定期存款比率为 50%。试求：

   (1) 活期存款乘数与货币乘数(这里的货币指狭义货币 M1)。

   (2) 狭义货币供应量 M1。

第九章——货币需求理论

货币供求理论是货币理论的核心理论之一，货币供给和货币需求及其相互作用理论构成了货币供求理论，因此，研究货币供给理论和货币需求理论极为重要，前面一章已经详细介绍了货币供给理论，本章将对货币需求理论做详细的介绍。现代西方货币理论发展大致分为三个阶段：第一阶段是古典货币数量论占据统治地位；第二个阶段是凯恩斯的货币需求理论，即流动偏好理论，成为古典货币数量论之后的主流理论；第三个阶段是随着货币主义的兴起，以米尔顿·弗里德曼为代表的现代货币数量论对凯恩斯货币理论提出了质疑，在一定程度上重新肯定了古典货币数量论并加以补充和发展。在这三个阶段中，马克思的货币必要量理论以及在凯恩斯理论基础上发展起来的一些货币需求理论也值得重视。

第一节　古典货币需求理论和马克思货币必要量理论

一、古典货币需求理论

古典货币数量论最早产生于 17 世纪，当时并不是完整系统的论述，而是散见在许多学者的论述中，其主要意思是货币本身没有内在价值，对经济并不发生实质性的影响，物价水平的变动由货币数量的多少决定。古典货币数量论在 20 世纪 30 年代发展到了顶峰，并采取了数学的表达方式。其中影响最广的是费雪的现金交易数量说和马歇尔、庇古为代表的剑桥学派的现金余额数量说。

（一）现金交易数量说——费雪的交易方程式

1. 公式

美国经济学家欧文·费雪在 1911 年出版的《货币购买力》一书中，对传统货币数量论作了系统清晰的阐述。费雪十分注重货币的交易媒介功能，认为货币是用来交换商品和劳务，以满足人们的欲望，货币最终都将用于购买。因此，在一定时期内，社会的货币支出量与商品、劳务的交易量的货币总值一定相等。据此，费雪提出了著名的数量方程式：

$$MV = PT \tag{9-1}$$

(9－1)式中，M 为货币数量；V 为货币的流通速度，即一段时间(一年)内单位货币流通的次数。P 为加权平均的一般物价水平；T 为交易总量。V 是由社会惯例、个人习惯、技术发展状况等决定；T 在充分就业条件下，商品、劳务的交易量变动很小，费雪将两者均视为不变的常数。

2. 结论

(1) 货币数量 M 的变动将导致物价 P 同比例、同方向的变动；

(2) 公式变形为 $M = PT/V$，当货币市场均衡时货币数量 M 就是人们的货币需求量 M_d，所以 $M_d = PT/V$，表明货币需求仅为名义收入 PT 的函数，利率对货币需求没有影响。

(二) 现金余额数量说——剑桥方程式

1. 公式

以马歇尔和庇古为代表的剑桥学派从微观经济学中关于需求的一般理论出发，对货币需求问题进行了研究。庇古认为，行为人持有货币可以随时满足行为人对于交易的需求(也就是交易动机)，因此，货币需求可以根据行为人的效用最大化原则推导出来。由于交易水平与收入水平之间具有稳定的比例关系，货币需求应当与收入水平正相关。此外，剑桥学派认为，由于货币还具有价值储藏功能，因此，持有货币会有一定的机会成本，这样，货币需求就应与利率水平负相关。剑桥学派认为，在短期内，如果其他情况不发生变化(特别是利率保持稳定)，有如下的货币需求方程式：

$$M = KPY \tag{9-2}$$

(9－2)式中，M 为货币需求量；K 为人们愿意以通货形式持有的财富占总财富的比例，视为不变的常数；P 为一般物价水平；Y 为实际国民收入，在充分就业条件下视为常数，PY 为名义国民收入。因此，此公式从形式上与交易方程式没有什么区别。

2. 结论

剑桥方程式表明，实际货币需求由实际收入水平决定，并且与实际水平同比例变化，这与费雪交易方程式的结论是一致的。

由此可知古典理论中货币需求的收入弹性是 1，而货币需求的利率弹性是 0。

(三) 由结论到政策含义

由上述对古典货币数量理论的分析结论可知，货币是中性的。所谓“货币中性”是指名义货币供给数量的(一次性)变化最终只引起名义变量(物价、名义工资)的变化，而不影响实际变量(如就业、实际 GDP、实际工资、实际利率、实际消费等)。当名义货币供给水平的连续变动(即名义货币增长率变动)不会对实际经济变量产生任何影响时,称为"货币超中性"。它包括两层含义,一是货币中性,二是通货膨胀的变化不影响真实经济增长。总之,在古典经济下,存在"货币中性"和"货币超中性",因此我们得出的政策含义是:货币政策无效。

(四) 现金交易数量说与现金余额数量说的比较

费雪和剑桥的古典经济学家都发展了货币需求的古典理论,而且他们的货币需求公式的数学意义基本相同,但他们在很多方面还是存在差异:

(1) 交易方程式强调货币的交易手段职能,为"飞翔的货币"(money on the wing);而剑桥方程式更注重货币的储藏职能,认为不仅交换需要货币,而且持有货币也是持有资产的一种,强调"栖息的货币"(money sitting)。

(2) 交易方程式中的交易量 T 与剑桥方程式中的实际国民收入 Y 是两个内涵不同的概念。

(3) 交易方程式没有深入研究影响货币流通速度的因素;而剑桥方程式认为现金余额的变化是影响货币流通速度的重要因素。

(4) 费雪重视影响交易的金融及经济制度等因素;而剑桥学派则重视持有货币的成本与持有货币的满足程度的比较,重视预期和收益等不确定性因素。

(5) 费雪没有明确地区分名义货币需求与实际货币需求,所以,交易次数、交易量以及价格水平都影响到货币的需求;而剑桥学派的货币需求是实际货币需求,它不受物价水平的影响,物价变动只能影响名义货币需求。

(6) 现金余额数量说分析了人们货币需求的动机,是一个突破。

显然,费雪和剑桥学派的着眼点是不同的,费雪主要是从整个宏观经济的角度来考察货币数量与整个经济的最终产品和劳务支出总量之间的关系;而剑桥学派着眼点是个人对货币持有的需求,重视微观主体的行为。

总之,剑桥学派的现金余额数量说比较费雪的现金交易数量说是货币需求理论的一大进步。

二、马克思的货币必要量理论

马克思的货币需求理论的最大特点是建立在劳动价值论基础之上的货币需求理论。马克思的货币流通规律公式对等的基础是劳动创造的价值,即货币价值或货币符号所代表的价值与商品的价值对等。根据马克思的劳动价值论和货币贮藏职能理论,在金属货币流通条件下,货币的贮藏职能像一个储水池,会通过自发调节,使流通中的货币量与待实现的商品数量相适应。因为不仅商品的价值由劳动决定,货币作为商品的价值也由劳动决定,按照等价交换的原则,只能是等值的商品和等值的货币相交换,而不会是多值的商品和少值的货币相交换,或多值的货币和少值的商品相交换。当流通中的货币量多于流通中所需要的货币量时，多出的那部分货币就会自动退出流通，形成贮藏货币。当流通中的货币量少于流通中所需要的货币量时，就会有一部分贮藏货币自发地补充到流通中来，满足流通需要。这种情况会使流通中的货币量与流通中的货币必要量基本上相适应，而不存在货币量脱离流通中的商品量而无序变动的问题。按照马克思的观点，在金属货币流通条件下，商品价格的变动只能来自生产商品和货币金属的劳动量的变动和商品供求关系的变动。

(一) 理论前提

马克思的货币必要量理论前提条件主要有：

(1) 关于金币作为货币商品的假定。虽然马克思也分析了纸币流通规律，但主要是阐述金币流通，并且认为纸币流通规律服从于金币流通规律。

(2) 关于商品价格总额既定的假设。马克思指出："商品世界的流通过程所需求的流通手段量，已经由商品价格总额决定了。"

(3) 关于金属货币蓄水池功能的假定。马克思认为金属货币具有蓄水池功能，能自发调节商品流通，但是有条件的。

(4) 关于简单商品流通的假定。在马克思的论述中，简单商品生产主要是与资本主义商品生产相区别而使用的一个范畴，在简单商品流通条件下，货币主要体现为一种单纯的媒介物。

(二) 公式

马克思认为一定时期内货币流通的必要量取决于三个必要因素：待实现的商品量；商品的价格水平；货币的流通速度。这一规律可以表述为"流通手段量决定于流通商品的价格总额和货币流通的平均速度"，其公式为：

$$M = PQ/V \tag{9-3}$$

(9-3)式中，P 表示商品的价格水平，Q 表示流通的商品量，V 表示货币的流通速度，M 表示货币需要量。

随着经济发展和信用的出现，货币作为支付手段的职能也要考虑进来。马克思指出：假定流通手段和支付手段的流通速度是已知的，这个总额就等于待实现的商品价格总额，减去彼此抵消的支付，最后减去同一货币交替地时而充当流通手段，时而充当支付手段的流通次数，即

$$\begin{array}{c}\text{流通中所需要}\\\text{的货币量}\end{array} = \frac{\begin{array}{c}\text{待实现的商品}\\\text{价格总额}\end{array} - \begin{array}{c}\text{延期支}\\\text{付总额}\end{array} + \begin{array}{c}\text{到期支}\\\text{付总额}\end{array} - \begin{array}{c}\text{彼此抵消}\\\text{支付总额}\end{array}}{\text{同名货币流通速度}} \tag{9-4}$$

(三) 纸币流通规律

在金属货币流通的本质的基础上,马克思又进一步提出了纸币流通规律:“纸币的发行限于它象征地代表的金(或银)的实际流通的数量。”[①]从这个纸币流通规律中,完全可以导出纸币流通数量与金属货币流通数量之间的逻辑关系。首先,流通中的商品数量、价格水平和货币流通速度决定了流通的金属货币量;其次,流通中的金属货币量又决定了纸币的发行量与流通量。这种流通关系可以表示为:

$$M_d = M = PQ/V \tag{9-5}$$

其中,M_d代表纸币发行量或流通量。

当然,由于纸币流通不具有自我调节功能,有可能“超过了自己的限度,即超过了能够流通的同名的金币量”,但这也丝毫不会改变“它在商品世界只是代表由商品世界的内在规律所决定的那个金量,即它所能代表的那个金量”[②]这种逻辑关系。在马克思看来,纸币流通规律是货币流通规律的延伸,纸币流通与金属货币流通具有本质上一致性,那就是商品流通决定货币流通。

第二节 凯恩斯的货币需求理论:流动性偏好论

一、凯恩斯货币需求理论的主要内容

凯恩斯经济理论是在 20 世纪二三十年代资本主义经济出现大萧条的背景下产生的。他强调经济的长期性和非充分就业。凯恩斯在 1936 年出版的《就业、利息和货币通论》一书中,对货币需求提出著名的流动性偏好理论。

(一) 货币需求的含义

货币需求,即“流动性偏好”,指特定时期社会公众能够而且愿意持有的货币量,人们之所以需要持有货币,是因为货币具有极强的流动性,人们偏好这种流动性。

(二) 货币需求的三种动机

凯恩斯认为货币需求基于交易动机、预防动机、投机动机。交易动机是指人们为进行日常交易而产生的持有货币的愿望。基于交易动机而产生的货币需求称为货币的交易需求或交易性货币需求。凯恩斯认为,交易性货币需求是收入的增函数,即它随着人们收入水平的增减而增减。

预防动机是指人们为了应付不测之需而持有货币的动机。基于预防动机而产生的货币需求称为货币的预防需求或预防性货币需求。凯恩斯认为,预防性货币需求也是收入的增

---

① 见马克思《资本论》第一卷(第 2 版),人民出版社,2004 年 2 月,第 150 页。
② 同①。

函数，即它随着人们收入水平的增减而增减。因此凯恩斯将交易性货币需求和预防性货币需求合称为交易性货币需求，记为 L_1。

$$L_1 = L_1(Y) \tag{9-6}$$

Y 为实际收入。投机动机是指人们根据对市场利率变化的预测，需要持有货币以便满足从中获利的动机。由于利率变化将引起债券价格的涨跌，使得人们有机会在货币与债券之间进行选择。由这一动机引起的货币需求称为投机性货币需求，记为 L_2。凯恩斯认为，投机性货币需求是利率的减函数，即当利率高时，人们预期利率在将来会下降，由于债券价格与利率成反比，这意味着人们预期债券价格会上升，那么，现在以低价买进债券将来就会获利。因此，为了投机盈利，人们就会抛出货币，购买债券，即人们的货币需求会减少。反之，当利率低时，人们预期利率今后会上升，即人们预期债券价格会下跌。为了避免资本损失，人们就不愿持有债券，而愿持有货币，即人们的货币需求会增加。

$$L_2 = L_2(i), (i \text{ 为利率}) \tag{9-7}$$

(三) 凯恩斯的货币需求函数

根据以上分析，可得出凯恩斯的货币需求函数是：

$$\frac{M_d}{P} = L_1 + L_2 = f(i, Y) \tag{9-8}$$

其中，$\frac{M_d}{P}$ 是实际货币需求余额，i、Y 分别为利率和实际收入。$\frac{M_d}{P}$ 是利率 i 的减函数，是实际收入 Y 的增函数(如图 9-1 所示)。

由于在短期内收入是相当稳定的，故在短期内，货币需求量的主要决定因素是利率。而利率的变动是经常的，所以货币的需求量是不稳定的。当利率提高时，货币需求减少，人们抛出货币，结果使货币流通速度加快；反之，当利率降低时，货币需求增加，人们持有更多货币，结果使货币流通速度减缓。

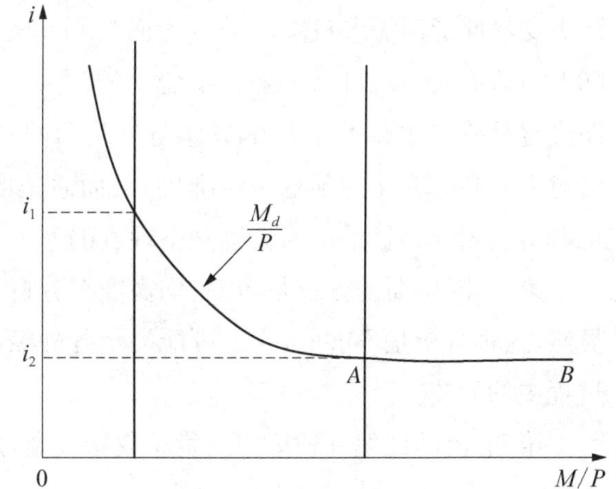

图 9-1　凯恩斯货币需求曲线及利率决定

(四) 流动性陷阱

凯恩斯指出，通过改变货币供应量来改变利率的做法在产业周期的特殊阶段是无效的。当货币供应量增加时，利率下跌，投机性货币需求将增加。但当利率下跌到一定水平(如 i_0)时，人们的投机性货币需求趋向于无穷大，货币需求曲线几乎成为一条水平线(图中的 AB 段)，这就是所谓的“流动性陷阱”。之所以产生这种现象，是因为当利率降低到一定程度时，债券的价格处于较高水平，人们预期利率不可能再降低，债券的价格不可能再高，人们持有债券将会因债券价格下降而蒙受损失。于是在利率为 i_0 时，人们纷纷抛售债券，以货币形式持有全部财产。即使货币供给增加，也会被人们无限持有，人们的货币需求达到无限大。

二、对流动性偏好理论的评价

(一) 进步性

第一，流动性偏好论第一次提出货币需求的利率弹性问题，强调货币需求与利率的关系。这是对货币理论的贡献。

第二，凯恩斯的货币需求理论为其学派倡导的相机抉择的财政政策和货币政策提供了重要的理论依据。

(二) 历史局限

第一，在分析货币需求时，凯恩斯把货币的需求归结为受流动性偏好决定，完全从人们的主观动机出发，研究人们的心理因素对经济活动的影响，并根据人们的心理状态去把握经济活动的客观必然性。这显然是错误的。人的心理因素虽然对经济活动有一定的影响，但仅仅根据人们的心理状态来分析社会的现实生活，显然不可能对资本主义生产方式进行科学的分析。这样，以心理预期为基础的流动性偏好决策也很难成为中央银行执行货币政策的依据。

第二，凯恩斯在分析货币需求时，将货币需求分为交易性货币需求和投机性货币需求，认为交易性货币需求只决定于收入而与利率无关，而投机性货币需求则决定于利率。这实际上是认为人们对自己未来利率变化的预期是确信不疑的，因而人们根据对未来利率的预期决定是持有债券还是货币，在债券和货币两者之间只能择其一。事实上，人们不能肯定自己对未来利率变化的预期是否准确，因而总是既持有货币又持有债券，以分散风险。同时，把财富仅划分为货币与债券也是不现实的。

第三，凯恩斯的分析是短期、均衡静态分析，所使用的都是各种经济总量及其相互关系。显然，这种分析是不够的，它不可能揭示各种经济活动或经济变量的实际运动过程及在运动过程中的调节。

第四，流动性偏好理论中的货币仅指现金，忽视了对其他货币的分析。

第三节　凯恩斯货币需求理论的发展

一、交易性货币需求的发展——平方根公式

(一) 平方根公式的基本内容

威廉·杰克·鲍莫尔和托宾认为，交易性货币需求不仅与收入有关，而且也与市场利率

有关,即交易性货币需求是实际收入的增函数,是市场利率的减函数。

托宾引入交易成本来说明交易动机的货币需求具有明显的利率弹性。所谓交易成本就是一种机会成本,是放弃持有盈利性资产的损失,也就是持有盈利性资产可能取得的净收益。当盈利性资产的净收益愈大,交易成本就愈大,投资者此时就会节约用作交易动机的现金余额,而扩大盈利性资产在其资产结构中的比例;反之,当盈利性资产的净收益愈小,交易成本就愈小,投资者就会扩大用作交易动机的现金余额在资产结构中的比例,而缩小盈利性资产的比例。他们分析了持有现金的好处和坏处,持有现金的好处在于可以节省往返银行所需的时间及各种麻烦,而坏处在于损失了银行利息。他们发现人们持有现金的平均数量与去银行提取现金的频率有关。经过上述分析,他们构建模型的前提可表示为:

(1) 每期收入相同为 Y,且均匀花费;

(2) 每期债券的交易次数为 N,且每次变现的债券数量相同;

(3) 债券变现的周期相同;

(4) 债券交易佣金率相同,设为 b 元/次;

(5) 债券收益固定,设为 r。

每期持有债券收益为 $TR=\frac{N-1}{2N}\cdot Y\cdot r$,每期交易债券佣金支出为 $TC=b\cdot N$,这样得到净收益 $\pi(N)=TR-TC=\frac{N-1}{2N}\cdot Y\cdot r-b\cdot N$,关于 N 求导得到最优的每期债券交易次数为:$N^*=\left(\frac{rY}{2b}\right)^{1/2}$。因此,最优的持有现金的平均值则为

$$M^*=\frac{Y}{2N^*}=\sqrt{\frac{bY}{2r}} \tag{9-9}$$

(9-9)式中,b 代表每次买卖债券的交易成本(佣金费用);Y 代表消费者某一时期内的收入。这就是著名的"平方根公式"。详细推导参见本书附录。交易成本的存在就使满足交易动机的货币需求具有明显的利率弹性,即交易动机货币需求的大小与盈利性资产的利率呈反方向变动关系。这与凯恩斯交易动机的货币需求仅与收入有关是不同的。

(二) 结论

(1) 佣金费用 b 是交易性货币需求的前提条件,佣金费用越高,交易性货币需求越大。

(2) 交易性货币需求不与总收入同比例增加。交易性货币需求的收入弹性是 0.5,即收入增加 1%时,货币需求只增加 0.5%。货币需求的增长幅度低于收入的增长幅度,即持有现金作为交易目的,具有"规模经济"效应。

(3) "平方根公式"第一次将利率分析引入货币的交易需求,丰富和发展了凯恩斯的货币需求理论。交易性货币需求的利率弹性是−0.5,即利率上升 1%时,交易性货币需求下

降 0.5%。

(4) 货币需求中不存在货币幻觉。若物价 P 上涨，则实际收入 Y 和利率不变。名义上 Y，i 都上升，根据公式 M 也上升，所以，实际货币需求余额保持不变。

根据上述模型，凯恩斯的货币需求函数应修正为：

$$M = M_1 + M_2 = L_1(Y, r) + L_2(r) \tag{9-10}$$

二、预防性货币需求的发展——惠伦模型

美国经济学家惠伦认为，预防性货币需求产生于未来的不确定性，因此，人们实际保持的货币往往比预期所需要的多一些，其中超额部分就属于预防动机的货币需求。他认为，影响最适度预防性货币需求的因素主要有三个：一是非流动性成本；二是持有该现金余额的机会成本；三是收入和支出的平均值和变化的状况。非流动性成本是指因低估在某一支付期间内的现金需要而付出的代价，即少持有或不持有预防性货币余额而可能造成的损失，该成本之高甚至是很难估量的。持有预防性现金余额的机会成本则是指为持有这些现金而需放弃的一定利息收益。以上非流动性成本和持有预防性现金余额的机会成本构成了持有预防性现金余额的总成本：

$$C = r \cdot M + p \cdot b \tag{9-11}$$

式中，r 代表利率，M 代表预防性现金的平均持有额，一定时期内净支出为 N，当 $N > M$ 时变现资产，b 代表每次将非现金资产转换成现金的手续费，p 代表一定期间内 $N > M$ 的概率。

惠伦假设，企业和家庭都是风险规避者，净支出的不确定性越大(用净支出的方差 S^2 表示，其中 S 为净支出的标准差)，p 就越大；预防性现金余额 M 越多，p 就越小。所以，令 $p = S^2/M^2$，故持有预防性货币余额的总成本是：

$$C = r \cdot M + (S^2/M^2) \cdot b \tag{9-12}$$

根据成本最小化一阶必要条件，可知货币持有者选择最适度的预防性现金余额为：

$$M^* = (2S^2 b/r)^{\frac{1}{3}} \tag{9-13}$$

(9-13)式表明，最适度的预防性现金余额同净支出分布的方差 S^2、非流动性成本 b 呈正相关，与持有现金余额的机会成本率 r 呈负相关。这就是在凯恩斯货币需求理论基础上形成的惠伦模型。

三、投机性货币需求的发展——投机性货币需求的资产选择理论

托宾从金融资产选择的角度来解释投机性货币需求，将凯恩斯的流动偏好论扩大、修正为资产偏好或资产组合论。

(一) 金融资产的风险、收益与效用

托宾认为资产保存的常见形式主要有货币与债券两种(这与凯恩斯类似),货币是安全性资产,收益为0,风险为0(因为各期收益的标准差为0),而债券是风险性资产,收益为正,风险为正。但托宾认为,凯恩斯假定资产只有货币和债券两种资产是不切实际的,即货币与债券只能选择其一是不现实的,资产应是多元化的,每种资产都有不同的收益和风险,因此它们之间不能完全替代。根据资产分散化原理,为达到风险和收益相均衡的目的,投资者必须同时持有货币和债券。托宾把规避风险视为人们选择持有货币的动机。

托宾认为投机动机的货币需求有明显的利率弹性。但是他所指的利率不是单一的利率,这是由于他将货币置于整个资产结构中,因此他所指的利率是与整个资产投资结构相适应的利率结构,也就是各种资产的相对收益率。如果社会上一种非货币资产的利率上升,那么其他非货币资产的需求就会减少,对货币资产的需求也会减少,而对利率上升的那种非货币资产的需求就会增加。

托宾资产选择理论的研究主题是,在各种资产收益率不确定的情况下,人们究竟将财富如何在安全性和风险性资产之间进行分配。当某人的财富构成中只有货币而没有债券时,为了获得收益,他将用货币购买债券,从而增加了收益的正效用。但随着债券比例的增加,收益的边际正效用递减而风险的边际负效用递增,当新增证券带来的收益正效用与风险的负效用之和等于0时,效用最大,这时他将停止用货币去兑换债券。当某人的财富构成中只有债券而没有货币时,为了安全,他将抛售债券,增加货币持有额。当抛出最后一份债券避免的风险负效用与收益正效用之和等于0时,效用最大,这时他将停止用债券去兑换货币。

总之,托宾用与凯恩斯不同的分析方法——资产选择法得出了与凯恩斯相同的结论,即投机性货币需求与市场利率呈负相关。

(二) 货币(现金)需求与金融资产的收益关系

将资产按不同的比例投资于债券和货币,其预期收益率 u_R(在数学上为收益率的期望值),风险为 σ_R(数学上等于 u_R 的标准差)。σ_R 与 u_R 之间存在线性关系:$u_R = k \cdot \sigma_R$(如图 9-2 中的 OC 线)。

托宾认为,典型的投资者都是风险规避者,当投资风险提高时,其相应的预期收益率也必须上升,作为补偿,效用不变。因此,两者的关系可用投资者的无差异曲线表示。假设投资者投资于债券的资产比例为 b,持有货币的资产比例为 c,则 $b + c = 1$。

在图 9-2 中,I_1、I_2、I_3为投资者的无差异曲线,$OC(r_1)$、$OC(r_2)$、$OC(r_3)$则为对应于债券的不同预期收益率 r(市场利率)的投资机会线 $u_R = k \cdot \sigma_R$。OX 表示风险与资产构成比率之间的关系曲线:$\sigma_R = b \cdot \sigma_g$。详见本书附录。

最后得出一条曲线:债券收益率(市场利率)与现金持有比率的对应关系,仍证明了利率与货币投资需求的反向关系。这条曲线 L 称为"托宾"曲线。

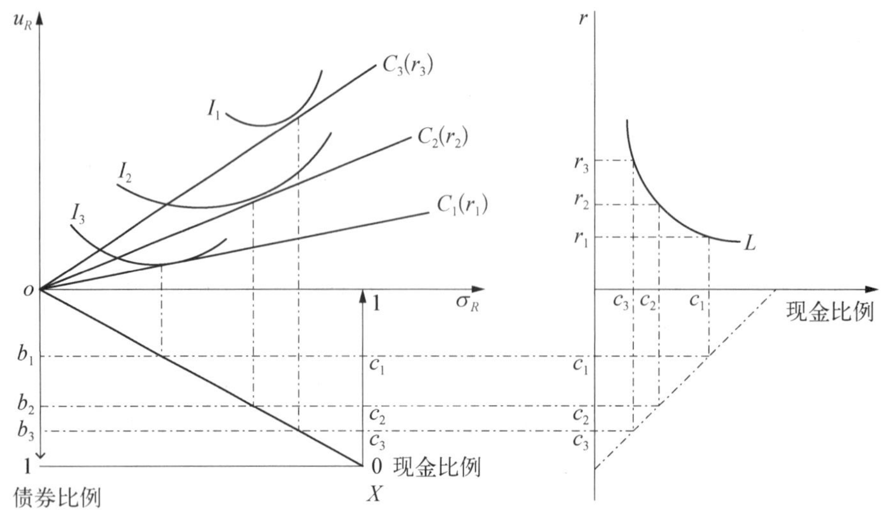

图 9-2　资产选择框架下投机性货币需求的推导

与凯恩斯流动偏好曲线不同的是，托宾曲线明确(解释)肯定了不确定性对货币需求的重要作用，而且解释了在不确定情况下，人们究竟将其资产如何在安全性和风险性资产之间进行分配、同时持有，即资产分散化现象。

第四节　弗里德曼的货币需求理论——现代货币数量论

一、弗里德曼的货币需求理论

弗里德曼是现代货币主义的主要代表人物，1956 年他在论文《货币数量论：一种重新描述》中提出了纯货币需求理论。弗里德曼认为，货币数量论首先是一种货币需求理论，而不是产出理论、货币收入理论或价格水平理论。他的货币需求理论是深受凯恩斯流动偏好分析方法的影响而重新表述的货币数量论。他认为货币数量论基本上仍然是有效的，在接受了旧的货币数量论的基础上又进一步发展了它。有时我们把以弗里德曼为代表的货币主义的货币需求理论称为现代货币数量论或新货币数量论。

(一) 影响货币需求的因素

弗里德曼强调货币作为一种资产的功能，认为它是保持财富的一种方式。因此他认为实际货币的需求基本上是由总财富和各种不同形式财富的报酬所决定的，影响货币需求的因素主要有四类：

(1) 财富总额，用“恒久性收入”表示。在影响货币需求的多种因素当中，弗里德曼认为各种形式资产总和的财富总额是最重要的变量，但由于财富总额的直接计算比较困难，故以收入来代替。又由于年度收入常受各种因素的影响而经常变化，故弗里德曼提出了恒久性收入的概念，就是所有未来预期收入的折现值，也可以称为长期收入的平均预期值，它与货币需求呈正相关。

(2) 财富结构，即总财富中人力财富和非人力财富(货币、股票、债券、商品等)所占的比重。非人力财富占总财富的比率大小与货币需求呈负相关。

(3) 各种资产的预期收益率。货币需求与货币的预期收益率呈正相关，而与股票、债券、商品的预期收益率呈负相关。进一步说，货币需求与其他资产预期收益率高出货币的预期收益率的“利差”呈负相关。

(4) 财富持有者的偏好和持有货币的效用。

(二) 弗里德曼的货币需求函数

弗里德曼的货币需求函数为：

$$\frac{M}{P}=f\left(Y,\ w,\ r_m,\ r_b,\ r_e,\ \frac{1}{P}\frac{\mathrm{d}P}{\mathrm{d}t};\ u\right) \tag{9-14}$$

式中，Y 为恒久性收入；M 为名义货币需求；P 为一般物价水平；$\frac{M}{P}$ 为实际货币需求；w 为非人力财富占总财富的比率；r_m 为货币的预期名义收益率；r_b 为债券的预期名义收益率；r_e 为股票的预期名义收益率；$\frac{1}{P}\frac{\mathrm{d}P}{\mathrm{d}t}$ 为预期物价变动率，亦即实物资产的预期名义收益率；u 为持币者的主观偏好，即持币的效用。

弗里德曼的货币需求函数虽然是对单个财富持有者提出的，但是只须排除 w 即成为企业的货币需求函数。弗里德曼还认为，如果略去 Y、w 在分配上的影响，则上面的货币需求函数就能应用于全社会，即 M 代表社会货币需求总量，Y 代表按不变价格计算的国民收入，w 则为以财产形式所表示的总财富的那一部分。根据对影响货币需求的主要因素的分析，我们可以把(9-14)式变形为：

$$\frac{M}{P}=f\left(Y,\ [r_b-r_m],\ [r_e-r_m],\ \left[\frac{1}{P}\frac{\mathrm{d}P}{\mathrm{d}t}-r_m\right],\ u\right) \tag{9-15}$$

由(9-15)式，可以看出，实际货币需求与恒久性收入、效用呈正相关，与各种预期收益利差呈负相关。根据(9-15)式，可以判断货币需求函数的特征，分析如下：

(1) 货币需求函数稳定。从弗里德曼的货币需求函数表达式可以看出，由于货币的预期收益率与其他资产的预期收益率同向变化，故可以判断各种资产的预期净收益率(或称相对回报率)是稳定的(注意：不是不变的)；恒久收入 Y 是稳定的；取决于持币人偏好的效用 u 也是稳定的。根据(9-15)式，可以判断货币主义框架下货币需求是稳定的。

(2) 货币流通速度是稳定的。将(9-15)式变形，得到

$$\frac{M}{PY}=\frac{f\left(Y,\ [r_b-r_m],\ [r_e-r_m],\ \left[\frac{1}{P}\frac{\mathrm{d}P}{\mathrm{d}t}-r_m\right],\ u\right)}{Y} \tag{9-16}$$

根据货币流通速度的定义：$V=PY/M$，可知

$$V=\frac{Y}{f\left(Y,[r_b-r_m],[r_e-r_m],\left[\frac{1}{P}\frac{\mathrm{d}P}{\mathrm{d}t}-r_m\right],\ u\right)} \tag{9-17}$$

结合前文的分析，由于货币需求函数是稳定的，恒久收入 Y 是稳定的，故可依据(9-17)式得出货币流通速度也是稳定的结论。

二、古典货币数量论与现代货币数量论的比较

古典货币数量论和现代货币数量论在形式上相一致，都可以写成 $MV=PY$ 的形式，并且均认为收入和货币流通速度至少是稳定的。但是两者也存在显著差异，主要表现在以下三方面：

(1) 在古典货币数量论方程里，Y 代表着充分就业时的国民收入，在短期内是不变的；而在弗里德曼的货币需求函数中，Y 则代表恒久收入，是稳定的、非不变的。

(2) 古典货币数量论的货币流通速度 V 是常数，是不变的；而弗里德曼货币需求函数中的 V 是稳定的，只在短期内不变，因为它与诸多因素相联系着，如果这些因素在长期中发生了不一致的变化，就会使货币流通速度改变。

(3) 古典货币数量论认为货币供应量的变化只影响价格，不影响实际收入；而在弗里德曼的货币需求函数中，货币供应量的变化同时影响价格和收入。

三、凯恩斯货币需求理论与现代货币数量论的比较

弗里德曼通过实证研究得出结论：货币需求的利率弹性极低，而收入弹性较大；货币流通速度是很稳定的；货币需求函数也是稳定的。由此弗里德曼在货币理论和政策上与凯恩斯有很大的不同。

(1) 凯恩斯是从心理动机的角度研究货币需求；而弗里德曼撇开人们的持币动机不谈，认为影响其他资产需求的因素也必定影响货币需求。

(2) 凯恩斯认为，货币需求仅仅是收入和利率的函数；而弗里德曼认为，货币需求不仅是收入和利率的函数，而且是所有资产预期收益率的函数。

(3) 弗里德曼打破了凯恩斯的金融市场唯有货币和债券两种资产可供选择的局限，认为金融市场有多种资产可供选择，把货币放在与其他资产(股票、债券、商品)相对立的中心地位，以持有其他资产的收益的多少来决定对货币的需求量。弥补了凯恩斯学派把货币与其他资产置于同等地位的缺陷。

(4) 凯恩斯认为,利率是决定货币需求的重要因素;现代货币数量论认为,利率变动对货币需求的影响很小。

(5) 弗里德曼认为,货币需求函数长期内是稳定的,因为恒久性收入和持有货币的机会成本相对稳定;而凯恩斯相反,认为货币需求的随机波动很大,利率和收入发生变化,都明显地引起货币需求的变化。

(6) 与凯恩斯的另一不同之处在于,弗里德曼将货币和商品视为替代品,即货币需求受商品的预期收益率影响,确定了预期因素在货币需求中的地位,这一点恰恰被凯恩斯及其追随者所忽视。同时商品和货币互为替代品的假设表明,货币数量的变动可能对总支出、总产出产生直接的影响。

由此,弗里德曼得出了与凯恩斯截然不同的政策选择,即凯恩斯主张相机抉择的货币政策,而弗里德曼主张实行单一规则的货币政策。

由于凯恩斯认为货币需求随着收入和利率的变化而变化,具有不稳定性,因此政府就需要相机抉择(逆经济风向而行事),采取措施调节货币需求,进而调节总需求。因此凯恩斯主张的货币政策实际上是需求管理政策之一,即当经济衰退时,中央银行应采取扩张性货币政策(降低再贴现率、降低法定存款准备金率、在公开市场业务中买入有价证券等)以扩大货币供应量;当经济过于繁荣时,中央银行应采取紧缩性货币政策(提高再贴现率、提高法定存款准备金率、在公开市场业务中卖出有价证券等)以收缩货币供应量。

弗里德曼正相反,由于认为货币需求函数是稳定的,利率变动对货币需求的影响很小,因此弗里德曼研究的重点是货币供给而非货币需求,政府关注的也应该是货币供给而非货币需求。同时,弗里德曼认为货币政策不应该是多变的,应该以控制货币供给量为中心,根据经济增长的需要,按稳定比率增加货币供应量,即政府公开宣布把货币供应量的年增长率长期控制在同经济增长率+预期通货膨胀率基本一致的水平。这就是单一规则的货币政策。

第五节　金融创新对货币需求的影响

一、降低货币需求总量

第一,金融创新环境下,出现了丰富的多样化的金融工具,在金融电子化技术支持下,使人们经济生活中逐步摆脱对货币使用的依赖。

第二,金融创新的经济,涌现了大量货币性极强的金融工具,如MMMF、CD等,其不仅具有良好的变现能力和极强支付功能的特性(类似于现金与活期存款,或M1),而且还在为人们提供了高于M1收益的同时,很大程度上满足了流动性需求,因此对社会公众有极大的吸引力。反过来说,传统货币(如现金与活期存款)的吸引力大大下降,故人们对传统货币 M1 的需求显著减少。

二、改变广义货币持有结构

第一,金融创新环境带来的金融电子化技术的发展和支付结算系统的变革,严重缩小了公众对 M1,特别是对通货的流动性偏好,导致 M1 使用范围下降;同时也增加了货币流通速度。从这个意义上来说,人们对狭义货币 M1 的需求偏好下降。

第二,金融创新条件下,金融市场上各类资产的证券化趋势进一步加强,介于资本市场和货币市场的工具大量增加,这些新型金融工具是对原有金融资源流动性、盈利性的重新组合,既有交易支付的便利,又可获得一定的,甚至较高的投资回报,缩小了支付手段和储藏手段之间的转化成本,使得人们持币的机会成本明显增加,所以人们会在自己的资产组合中尽量减少货币(现金与或存款)的比例,增加非货币性金融资产的比例。

三、金融创新降低了货币需求的稳定性

可通过三条路径来理解:

(1) 金融创新改变了人们的持币动机,使货币需求结构发生变化,即交易性动机、预防性动机的货币需求减弱,投机性货币需求的动机增强。前文已述,金融创新导致大量货币性极强的金融工具出现,这必然导致交易性货币需求 L_1减少,而投机性货币需求 $L_2(r, Exp)$增加。由于L_1受规模(主要是收入)变量的影响较大,具有相对稳定的特点。而L_2取决于机会成本(如市场利率 r)和对市场的预期 Exp 等复杂因素,很不稳定,因为在金融创新推动下,资产的价格波动性增大,必然影响投资者预期的稳定性,所以 L_2的不稳定性会显著增加。由 L_1和 L_2两者的加和可知,整个社会的货币需求函数的稳定性下降。

(2) 金融创新使得货币需求的决定因素变更为复杂和不稳定。一是金融创新使市场利率复杂多变、不稳定,货币需求的利率弹性变得更为不稳定;二是金融创新使货币的流通速度加快,同时也更难以把握和测算货币的流通速度。这些会使货币需求多变和不稳定。

(3) 金融创新环境下,货币与其他金融工具替代性增强,加之网络和电子技术发展使得资产流动时的交易成本下降,其结果是,短期内经济形势一旦发生变化,立即引起资金在各类资产间的大规模挪移。前面已述,金融创新导致涌现大量货币性极强且有一定投资收益的金融工具,对公众更有吸引力,各类资产之间的挪移,引起人们狭义货币需求的频繁、无规律变动。

综上分析,可得出如下结论:尽管弗里德曼认为货币需求稳定,但得出如此结论的前提条件是一个经济社会的制度是稳定的。然而,金融创新可能打破制度的稳定性,使制度变迁更易实现,从而货币需求的稳定性下降。

第六节　我国的货币需求

一、不同经济体制下的货币需求

(一) 计划经济体制下的货币需求

1. 计划经济体制下企业的货币需求

企业的货币需求分为经营性货币需求和投资性货币需求。计划经济体制下,企业对货币的需求是中性的,即是说仅仅是一种名义上或形式上的货币,货币仅仅充当记账符号,不是生产的第一和持续推动力,更不能提供某种效率机制。

企业的经营性货币需求:不是由企业自主决定,而来自受到计划严格管制的财政拨款和银行贷款。

企业的投资性货币需求:决定投资分配及额度的是国家的投资率,而不是企业的收益率、利率等因素,投资性货币需求对市场变量没有弹性。

2. 计划经济体制下个人的货币需求

在传统的计划经济体制下,个人的货币需求主要是对现金的需求,即主要是出于交易动机的货币需求。个人不存在投资性的货币需求,出于谨慎动机的货币需求也是很有限的。

(二) 转轨体制下的货币需求

1. 转轨体制下企业的货币需求

从计划经济向市场经济转轨过程中,货币不再是中性的,其对于经济的实质性影响越来越积极,货币对企业而言不再是一种记账符号。

企业的经营性货币需求和投资性货币需求变化主要表现为:

企业的经营性货币需求:从生产过程看,企业的生产规模是决定企业经营性货币需求的首要因素;从产品的销售看,企业需要持有货币以应付广告、公关包装等交易费用;从经营效果看,市场形势影响企业的货币需求,市场繁荣时,平均的货币需求较少;市场不景气时,货币需求较多。

企业的投资性货币需求:体制转变导致投资主体发生变化,由国家直接投资变为企业自主投资,因此投资性货币需求增加,主要来自银行贷款。

2. 转轨体制下个人的货币需求

个人的交易性货币需求:随着收入水平提高,商品种类极为丰富,个人交易性货币需求增加;同时由于支付方式改进,交易性货币需求减少。

个人的预防性货币需求:经济体制和社会福利制度改革使个人预防性货币需求增加。

表现为储蓄存款的快速增长。目前全国居民储蓄已达 8 万亿元人民币。

个人的投机性货币需求：中国证券市场处于初级发展阶段，发展迅速，投机性很强，居民的投资渠道多样化，从而投机性货币需求增强。

二、我国货币需求研究的发展阶段

（一）1∶8 经验公式

所谓“1∶8 经验公式”是指如果货币流通量与社会商品零售总额保持 1∶8 的比例，则货币流通是正常的。

这是 20 世纪 60 年代经济发展的经验总结。在计划经济时期，“货币流通量”主要就是现金流通量。大于 1∶8，比如 1∶6，则认为流通中的货币偏多；小于 1∶8，比如 1∶9，则认为流通中的货币偏少。20 世纪 80 年代以前基本符合这个经验结论。但 1980 年以后，这个比例均大于 1∶8。其原因是：

1∶8 经验公式是“大一统”计划经济条件下现金流通量与社会商品零售总额之比，而十一届三中全会之后，经济体制发生了重大改革，计划经济逐步向市场经济靠近，市场变得更加活跃，货币流通量比以前增加。

（二）点与线的争论

一种观点认为不存在传统认识上的那种货币必要量，即货币必要量是唯一决定的，比如现金流通量与社会商品零售总额之比为 1∶8，货币需要量在几何图形上可以用一个点来表示。

根据马克思货币必要量公式 $M=PQ/V$，当产量 Q 既定（理论条件是产量独立决定，与货币无关；现实条件是产量由计划决定），价格 P 既定（理论条件是商品带着价格进入流通；现实条件是价格由计划决定），货币流通速度 V 既定（理论条件是 V 趋于稳定，现实条件是计划经济下的 1∶8）。现实中这种唯一的“点”不存在。原因在于：一是 Q、P 不可能既定，货币量在一定条件下影响 Q、P；二是 V 是不稳定的，货币流通速度年年都有变化；三是决定货币需求量的因素除了 Q、P、V 外，还有利率、人的偏好、经济结构等多种因素；四是不可完全脱离货币供给来谈货币需求，两者存在相互转化和相互引导的关系。

因此，货币需求量不是一个“点”，而是一条线。货币需求量既是绝对的，又是相对的，存在一个客观界限，这个界限不是一个点，而是由若干个点组成的一条曲线，曲线上各点代表的货币量，均是适度的货币需求量。

下面稍微展开一下，分析转轨体制下企业的货币需求。

从“拨改贷”开始政府几乎取消了对国有企业的资本金注入，企业的生产经营活动主要靠国有银行的贷款支持，当中央银行采取紧缩性货币政策，减少银行的准备金和压缩再贷款时，由于“中国特色”的“倒逼机制”，我国国有企业的信贷资金并没有紧缩，高负债在我国国有企业得到了“自我强化”，紧缩政策却没有紧缩信贷。而在这种体制条件下，实行扩张性货币政策的效果很显著，扩张政策很容易导致扩张信贷，形成“紧缩政策效果弱化和扩张政策效果显著”的不对称。这与目前（亚洲金融危机以来）发生的“扩张政策效果弱化和紧缩政策效果明显”的不对称形成鲜明对照。

企业投机性货币需求也随着我国金融市场的建立、发展和深化得到加强。而且在国内生产相对过剩，投资资金有投入无产出，或者高投入低产出的情况下，很多企业以“投资性货币需求”名义取得银行信贷资金，而后转入股票市场炒作，变成投机性货币需求，这也是我国企业高负债的原因之一。加之地方政府的干预和追求政绩倾向强烈，企业高负债在所难免，紧缩性政策效果弱化也就不足为怪了。同时，我们从转轨体制下个人货币需求的变化也可看出转轨中企业货币信贷需求膨胀得到强化的另一层面原因。在传统的计划体制下，个人的货币需求主要表现为对现金的需求，即主要是出于交易动机的货币需求；个人不存在投资（机）性的货币需求，出于预防动机的货币需求也是很有限的。而“转轨”时期，个人的交易性货币需求比较复杂，随着收入水平提高，商品种类极为丰富，个人交易性货币需求增加，同时由于支付方式改进，交易性货币需求又减少。经济体制和社会福利制度改革使个人预防性货币需求增加，表现为储蓄存款的快速增长。目前全国居民储蓄已达 10 万亿元人民币（2003 年 1 月）。这也为企业的信贷、货币需求和高负债提供了充分条件。个人的投资（机）性货币需求因中国证券市场处于初级发展阶段所具有的发展迅速、投机性很强、投资渠道多样化的特点而增强。

三、我国货币需求的实证研究

黄伟力和周新根据协整理论和非因果关系检验方法，利用 1978—2004 年的年度数据对中国的货币需求函数进行了实证分析。实证结果表明：无论是狭义或广义的实际货币余额需求与实际国民收入和利率之间均存在协整关系即长期均衡关系，这说明我国的货币需求函数是长期稳定的；货币供给具有非中性，是经济增长的格兰杰原因；货币需求的利率半弹性为正，说明利率并不能真实反映持有货币的机会成本。①

周高宾和韩俊梅对我国货币需求的影响因素进行了实证分析，结果表明：(1) 外汇储备不具有明显的对货币需求的影响。这说明虽然外汇储备逐年增加，但对货币需求的影响并不显著。因此“藏汇于民”的政策在实证中效果并不显著。(2) 收入变量对货币需求有正面影响，弹性为正且较为明显。这说明影响居民对货币的需求的规模变量主要来自收入篮子整体，而非篮子中具体的某一项，例如外汇收入。(3) 利率与货币需求的相关性很小，表明我国利率变量对货币需求的影响很小。这说明通过公开市场业务调整市场利率从而期望得到控制货币总量的做法，从实证上看还不具有可行性。因此要期待加强有效的利率渠道，将金融市场规模做

① 黄伟力，周新.转型时期我国货币需求函数的经验研究[J].南方金融，2007(02)：15－17.

大,从而疏通利率渠道。(4) 预期价格不具有明显的对货币需求的影响,两变量不具备协整关系。(5) 制度变量、货币化比率、内源融资比率对货币需求有明显影响。①

本章小结

BRIEF SUMMARY

● 古典货币数量论认为货币供应量变化只能引起价格水平的同比例变化,而不影响实际变量,货币是中性的,甚至是超中性的。

● 马克思的货币必要量理论提出了货币流通规律,即在金属货币流通条件下,商品价格的变动来自生产商品和货币金属的劳动量的变动和商品供求关系的变动,在此基础上给出了纸币流通规律。

● 凯恩斯的流动性偏好理论认为货币需求是由交易动机、预防动机和投机动机所导致的,交易性货币需求和预防货币需求由收入水平决定,投机性货币需求与利率呈负相关。流动偏好论为凯恩斯相机抉择的货币政策(需求管理政策)提供了理论依据。

● 鲍莫尔和托宾在凯恩斯交易性货币需求理论的基础上提出了"平方根公式",认为交易动机货币需求的大小与收入呈正相关,与盈利性资产的利率呈负相关。并且交易性货币需求的收入弹性和利率弹性分别是 0.5 和−0.5。惠伦模型扩展了凯恩斯预防性货币需求理论,认为最适度的预防性现金余额同净支出分布的方差、非流动性的成本呈正相关,与持有现金余额的机会成本率呈负相关。托宾利用资产选择理论重新解释了投机性货币需求与利率呈负相关。

● 货币主义的代表弗里德曼在古典货币数量论的基础上提出了现代货币数量论,认为货币需求和货币流通速度是稳定的,中央银行更应关注货币供给。其理论为"单一规则"的货币政策提供了依据。

● 金融创新降低了货币需求总量;改变广义货币持有结构,狭义货币 M1 的需求偏好下降、非货币性金融资产需求增加;降低了货币需求的稳定性,尤其是 L_2 的不稳定性显著增加。

复习题

REVIEW QUESTIONS

选择题

1. 以弗里德曼为代表的货币主义的货币需求理论之所以称为"新货币数量论",是因

① 周高宾,韩俊梅.中国货币需求影响因素的实证分析[J].广东金融学院学报,2007(04):27-32.

为(　　)。

A. 新货币数量论与古典货币数量论的基本方程在形式上有一致性

B. 弗里德曼认为货币流通速度不变,这与也古典货币数量论一致

C. 弗里德曼认为利率是货币需求的重要决定因素

D. 新货币数量论与古典货币数量论不仅在基本方程形式上有一致性,而且也都是产出、货币收入或物价水平的理论

2. 提出现金交易说的经济学家是(　　)。

A. 凯恩斯　　B. 马歇尔　　C. 费雪　　D. 庞古

3. 提出现金余额说的经济学家是(　　)。

A. 凯恩斯　　B. 马歇尔　　C. 费雪　　D. 弗里德曼

4. 鲍莫尔的存货模型是对凯恩斯的(　　)的货币需求理论的重大发展。

A. 交易动机　　B. 预防动机　　C. 投机动机　　D. 谨慎动机

5. 根据鲍莫尔平方根公式,货币需求对市场利率的弹性系数是(　　)。

A. 0.50　　B. −0.50　　C. 1　　D. 属于富有弹性

6. 凯恩斯主义(学派)的货币需求理论对凯恩斯本人的货币需求理论进行了很好的补充和完善。这些补充和完善可能体现在下列模型或理论中: ① 货币数量论模型;② 托宾模型;③ 鲍莫尔平方根模型;④ 惠伦模型;⑤ 现金余额数量论;⑥ 新货币数量论,其中正确的是(　　)。

A. ①②③④⑤　　B. ②③④　　C. ②③　　D. ②③④⑤

7. 按照凯恩斯的货币理论,当市场利率相对稳定时,人们的货币需求决定因素是(　　)。

A. 预防动机　　B. 交易动机与投机动机之和

C. 交易动机　　D. 交易动机与预防动机之和

8. 根据惠伦模型,货币需求对市场利率的弹性系数是(　　)。

A. −0.33　　B. −0.50　　C. 0.50　　D. 0.33

9. "新货币数量论"的代表人物是(　　)。

A. 费雪　　B. 庞古　　C. 凯恩斯　　D. 弗里德曼

10. 关于托宾对凯恩斯投机性货币需求理论的修正,不正确的是(　　)。

A. 托宾从最优存货模型的角度对凯恩斯投机动机的货币需求理论进行完善

B. 托宾从资产选择理论的角度对凯恩斯投机动机的货币需求理论进行完善

C. 托宾认为,凯恩斯关于货币和债券两种资产的假定是不切合实际的,资产是多元化的,每种资产都有不同的收益和风险,因此不能完全替代

D. 托宾从资产组合的预期收益与风险二者的适当配合给投资者带来最大效用的角度,来分析投机性货币需求与市场利率呈负相关

E. 托宾分析的结论是,投机性货币需求与市场利率呈负相关,与收入水平呈正相关

11. 关于古典货币数量论的结论不正确的是(　　)。

A. 货币政策无效

B. 货币数量的变化同方向但不同比例地影响价格

C. 货币是中性的

D. 货币数量的变化同比例同方向地影响价格

12. 对凯恩斯投机性货币需求进行修正的资产选择理论的代表人物是(　　)。

A. 惠伦　　B. 弗里德曼　　C. 托宾　　D. 鲍莫尔

13. 以下理论及模型中,不属于对凯恩斯"流动性偏好理论"发展的是(　　)。

A. 惠伦模型　　B. 托宾模型　　C. 新货币数量论　　D. 鲍莫尔模型

14. 货币被称为"栖息的货币"是以下哪个理论的内容(　　)。

A. 现金交易数量说　　B. 现金余额数量说

C. 流动性偏好理论　　D. 货币学派的货币需求理论

15. 认为货币的交易性需求也与利率有关,并将凯恩斯货币理论模型修正为 $M=M1+M2=L_1(Y, r)+L_2(r)$ 是以下哪一位经济学家的贡献?(　　)

A. 弗里德曼　　B. 鲍莫尔　　C. 卢卡斯　　D. 马歇尔

16. 下列有关货币学派与凯恩斯学派在货币理论方面的分歧的论述,正确的一点是(　　)。

A. 货币学派重视货币供应量对货币需求的作用,而凯恩斯学派否定货币供应量对货币需求的作用

B. 二者都承认货币供应量的作用,但认为传导机制不同

C. 凯恩斯学派认为货币需求受利率影响大,而货币学派否定利率对货币需求和货币供给的作用

D. 凯恩斯学派的传递机制主要是资产组合效应,而货币学派的传递机制是财富效应

17. 以下有关命题中,属于货币学派的是(　　)。

A. 利率是货币需求的重要决定因素

B. 实际利率、实际经济增长率都是由经济中的实际因素决定的

C. 货币政策是稳定经济的有效工具,货币当局应根据经济现状及时地调整货币政策以适应经济发展

D. "恒久性收入"概念是一个不包含人力资本在内的纯物质化的概念。

18. "流动性陷阱"是凯恩斯理论中的一个概念,它出现在以下哪个传递机制环节中(　　)。

A. 货币供应量增加→利率趋于下降　　B. 利率趋于下降→投资需求上升

C. 投资需求上升→就业量上升　　D. 就业量上升→产出和收入增加

判断与辨析

1. 根据鲍莫尔平方根公式,货币需求对收入的弹性系数是 0.5。　　(　　)

2. 托宾在分析投机性货币需求时，认为人们资产选择的原则不是预期收益的极大化，而是预期效用的极大化。 （ ）
3. 弗里德曼认为货币需求函数是稳定的。但是金融创新论认为，在金融创新环境下能打破这种稳定性。 （ ）
4. 传统的货币数量说主要是价格水平学说，将货币数量与价格水平直接联系起来。 （ ）
5. 根据凯恩斯的“流动性偏好”理论，货币需求的投机动机是国民收入 Y 的正相关函数。 （ ）
6. 鲍莫尔模型论证了即使是纯粹作为交易工具的货币，也对利率相当敏感，并随收入提高，交易性货币需求下降，呈现“规模经济”的特点。 （ ）
7. 托宾模型忽略了物价波动因素。从名义价值看，货币是无风险资产，但若用实物价值衡量，货币价值随物价变化而变化。 （ ）
8. 弗里德曼的理论不同于传统的货币数量说在于：传统的数量说假设货币的流通速度 V 不变，弗里德曼认为货币需求是多变的。 （ ）
9. 货币学派反对将货币政策作为经济的微调工具，主张实行“单一规则”，即保证货币供给有一个长期稳定的增长率。 （ ）

基本概念

古典货币数量论　　交易方程式　　剑桥方程式　　流动偏好论　　凯恩斯陷阱
新货币数量论　　平方根公式　　惠伦模型　　货币中性　　货币超中性

思考题

1. 理解并比较现金交易数量说与现金余额数量说的异同。
2. 理解并比较新货币数量论与古典货币数量论的异同。
3. 理解并比较新货币数量论与流动偏好论的异同，以及它们各自的政策含义。
4. 理解鲍莫尔模型、惠伦模型、托宾模型对凯恩斯货币需求理论的发展主要表现在哪里。
5. 金融创新对整个社会货币需求的影响有哪些？
6. 理解古典货币数量论、流动偏好论、鲍莫尔模型、惠伦模型、托宾模型新货币数量论的政策含义。
7. 新货币数量论“新”在哪里？由此分析新货币数量论的政策含义。

第十章——通货膨胀与通货紧缩

通货膨胀和通货紧缩作为经济体系相互对立的两种经济现象，与我们的生活息息相关，也是一国宏观经济运行失衡的表现，更值得注意的是，通货膨胀和通货紧缩是困扰现代经济的两大问题，与物价稳定这一宏观经济目标背道而驰，因此，了解通货膨胀和通货紧缩对如何实现宏观经济稳定发展意义重大。下面分析通货膨胀和通货紧缩的相关原理。

第一节　通货膨胀的含义、衡量与分类

一、通货膨胀的含义

通货膨胀是指经济运行中出现的全面、持续的物价上涨的现象。一般指因信用货币(如纸币、电子货币等)发行量超过商品流通中的实际需要的货币量而引起的货币贬值、物价上涨现象，其实质是社会总需求大于社会总供给。为正确理解这一概念，须强调两点：一是通货膨胀不是指一次性或短期的一般价格水平的上涨。因此，不能把经济的周期性萧条、价格水平下降之后出现的周期性复苏阶段的一般价格水平上升认为是发生了通货膨胀。只有当一般物价水平持续地上涨，趋势不可逆转时，才可称之为通货膨胀。二是通货膨胀也不是指单个商品价格或单个行业商品价格的上涨。在市场经济中，商品供需平衡是偶然的个别现象，供过于求或供不应求反而是正常的现象，这样就会出现商品价格的时涨时落，因此单个商品的价格上升是市场正常的供需变化反应，并非发生通货膨胀。价格总水平的持续上涨才是真正发生了通货膨胀。

进一步说，信用货币发行量超过流通中实际需要的货币量，是导致通货膨胀的主要原因之一。以纸币为例：纸币流通规律表明，纸币发行量不能超过它象征地代表的金银货币量，一旦超过了这个量，纸币就要贬值，物价就要上涨，从而出现通货膨胀。通货膨胀只有在信用货币流通的条件下才会出现，在金银货币流通的条件下不会出现此种现象。因为金银货币本身具有价值，作为储藏手段的职能，可以自发地调节流通中的货币量，使它同商品流通

所需要的货币量相适应。而在纸币流通的条件下,因为纸币本身不具有价值,它只是代表金银货币的符号,不能作为储藏手段,因此,纸币的发行量如果超过了商品流通所需要的数量,就会贬值。

二、通货膨胀的衡量

根据通货膨胀的含义,我们可以用一种或几种物价指数来衡量通货膨胀。常见的指标有:消费者物价指数、生产者物价指数、批发物价指数、商品零售价格指数和国民(内)生产总值平减指数。

(一)消费者物价指数(Consumer Price Index, CPI)

消费者物价指数是根据具有代表性的家庭的消费开支所编制的物价指数,也可称为零售物价指数或生活费用指数,表示的是在不同时期内为购买一篮子样本商品所支付的成本的价格指数。CPI 反映了与居民生活有关的产品及劳务价格统计出来的物价变动指标,通常作为观察通货膨胀水平的重要指标,包括私营部门的所有消费商品和劳务(包括耐用消费品)。在美国构成该指标的主要商品共分八大类,包括:食品酒和饮品;住宅;衣着;教育和通讯;交通;医药健康;娱乐;其他商品及服务。在美国,消费物价指数由劳工统计局每月公布,有两种不同的消费物价指数。一是工人和职员的消费物价指数,简称 CPI - W。二是城市消费者的消费物价指数,简称 CPI - U。

从 2001 年起,我国采用国际通用做法,逐月编制并公布以 2000 年价格水平为基期的居民消费价格定基指数,作为反映我国通货膨胀(或紧缩)程度的主要指标。经国务院批准,国家统计局城调总队负责全国居民消费价格指数的编制及相关工作,并组织、指导和管理各省区市的消费价格调查统计工作。我国编制价格指数的商品和服务项目,根据全国城乡近 11 万户居民家庭消费支出构成资料和有关规定确定,目前共包括食品、烟酒及用品、衣着、家庭设备用品及服务、医疗保健及个人用品、交通和通讯、娱乐教育文化用品及服务、居住八大类,251 个基本分类,约 700 个代表品种。居民消费价格指数就是在对全国 550 个样本市县近 3 万个采价点进行价格调查的基础上,根据国际规范的流程和公式算出来的。

(二)生产者物价指数(Producer Price Index, PPI)

生产者物价指数是衡量工业企业产品出厂价格变动趋势和变动程度的指数,是反映某一时期生产领域价格变动情况的重要经济指标,也是制定有关经济政策和国民经济核算的重要依据。目前,我国 PPI 的调查产品有 4 000 多种,覆盖全部 39 个工业行业大类,涉及调查种类 186 个。

根据价格传导规律,PPI 对 CPI 有一定的影响。PPI 反映生产环节的价格水平,CPI 反映消费环节的价格水平。整体价格水平的波动一般首先出现在生产领域，然后通过产业链向下游产业扩散，最后波及消费品。由于CPI不仅包括消费品价格，还包括服务价格，CPI与PPI在统计口径上并非严格的对应关系，因此CPI与PPI的变化出现不一致的情况是可能的。CPI与PPI持续处于背离状态，这不符合价格传导规律。价格传导出现断裂的主要原因在于工业品市场处于买方市场以及政府对公共产品价格的人为控制。在不同市场条件下，工业品价格向最终消费价格传导有两种可能情形：一是在卖方市场条件下，成本上涨引起的工业品价格（如电力、水、煤炭等能源和原材料价格）上涨最终会顺利传导到消费品价格上；二是在买方市场条件下，由于供大于求，工业品价格很难传递到消费品价格上，企业需要通过压缩利润对上涨的成本予以消化，其结果表现为中下游产品价格稳定，甚至可能继续走低，企业盈利减少。对于部分难以消化成本上涨的企业，可能会面临破产。可以顺利完成传导的工业品价格（主要是电力、煤炭、水等能源和原材料价格）目前主要属于政府调价范围。在上游产品价格（PPI）持续走高的情况下，企业无法顺利把上游成本转嫁出去，使最终消费品价格（CPI）提高，最终导致企业利润减少。

PPI通常作为观察通货膨胀水平的重要指标。由于食品价格因季节变化加大，而能源价格也经常出现意外波动，为了能够更清晰地反映出整体商品的价格变化情况，一般将食品和能源价格的变化剔除，从而形成“核心生产者物价指数”，进一步观察通货膨胀率变化趋势。一般而言，当生产者物价指数增幅很大而且持续加速上升时，该国中央银行相应的反应是采取加息对策阻止通货膨胀快速上涨，则该国货币升值的可能性增大，反之亦然。

（三）批发物价指数(Wholesale Price Index，WPI)

批发物价指数是根据商品批发价格变动资料所编制，反映不同时期生产资料和消费品批复价格的变动趋势与幅度的相对数。批发价格是在商品进入零售，形成零售价格之前，由中间商或批发企业所订，其水平决定于出厂价格或收购价格，对零售价格有决定性影响。因此有经济学家认为批发价格指数比消费物价指数具有更广泛的物价变动代表性。批发物价指数既可按全部商品综合编制，也可按不同部门或各类商品分别编制，但不包括劳务价格。WPI的优点在于对商品流通比较敏感，缺陷在于统计范围狭窄，所以许多国家没有将批发物价指数列为测定通货膨胀的代表性指标。美国劳工统计局编制批发物价指数包括2 400多种商品批发价格变动状况，其中有机器、金属、木材、皮革、纸张、轮胎、燃料、服装、化学制品和农产品等。此外，还另为一些主要工业部门和单项产品编制批发物价指数。

（四）商品零售价格指数(Retail Price Index，RPI)

商品零售价格指数是指反映一定时期内商品零售价格变动趋势和变动程度的相对数。

商品零售价格指数分为食品、饮料烟酒、服装鞋帽、纺织品、中西药品、化妆品、书报杂志、文化体育用品、日用品、家用电器、首饰、燃料、建筑装潢材料、机电产品等十四个大类，国家规定 304 种必报商品。需要予以特别说明的是，从 1994 年起，国家、各省(区)和县编制的商品零售价格指数不再包括农业生产资料。零售物价的调整变动直接影响到城乡居民的生活支出和国家财政收入，影响居民购买力和市场供需平衡，影响消费与积累的比例。因此，计算零售价格指数，可以从一个侧面对上述经济活动进行观察和分析。在美国，RPI 由美国的商务部每个月对全国性商业企业进行抽样调查，把用现金或信用卡形式支付的零售商品均作为调查的对象，包括家具、电器、超市上销售的商品和药品等，不包括服务业的消费。零售物价指数是反映市场物价变动情况的基本标志，也是反映不同时期商品零售价格水平变动程度和趋势的相对数。许多外汇市场分析人员十分注重考察零售物价指数的变化。如果社会经济发展迅速，个人的消费增加，供不应求，导致物价上升，进而零售价格指数就会上升，将带来通货膨胀的压力，该国的政府就会收紧货币政策，利率趋于上升，相应对本币汇率带来利好支持。

阅读专栏 10－1　中国的零售物价指数

我国的零售物价指数主要有：零售商品牌价指数、零售商品议价指数、集市贸易价格指数和全社会零售物价总指数。零售物价指数主要用来观察研究零售物价变动对城乡居民生活的影响，为平衡市场供求、加强市场管理、控制货币发行量提供参考。零售物价的调整升降直接影响城乡居民的生活费用节约或多支，直接关系国家财政的收支，直接影响居民购买力和市场商品供需平衡，还影响消费和积累的比例。零售物价指数是编制财政计划、价格计划，制定物价政策、工资政策的重要依据。目前，统计工作中按月、季、年编制零售物价指数，计算工作量和采价工作量非常大。零售物价指数采用加权算术平均公式计算。权数直接影响指数的可靠性，因此每年要根据居民家庭收支调查的资料调整一次权数。物价不可能全面调查，只能在部分市、县调查，根据我国人力、财力，大约选 200 个市、100 个县城作为物价变动资料的基层填报单位。在城市选 350 种左右商品，在县城选 400 种左右商品。每种商品的指数采用代表规格品的平均价格计算。

(五) 国民生产总值平减指数(GNP deflator)

国民生产总值平减指数是按当年价格计算的国民生产总值对按固定价格计算的国民生产总值的比率，得出的是对实物的衡量。开放经济时代，各国多用国内生产总值平减指数(GDP deflator)。表 10－1 展示了我国与主要经济大国的国内生产总值平减指数值。该指标的优点是它的范围较为广泛，不仅包括私营部门的消费，还包括公营部门的消费、生产工具和资本财货(如房屋建筑、机器、设备、厂房、原料和半制成品)、进出口商品与劳务价格等，可视为 GNP 所有组成部分而非某些部分的价格水平，所以能较为准确地反映一般价格水平的趋向。缺点是资料较难搜集，公布次数不如 CPI 频密，多数国家通常为每年一次，因此不能迅速地反映通货膨胀的程度和动向。

表 10－1　我国和主要经济大国 GDP 平减指数(2010 年＝100)

年份＼国家	中国(大陆)	美　国	日　本	德　国	英　国
1991	36.05	71.79	113	77.5	61.2
1992	38.97	73.42	115	81.6	63.25
1993	44.93	75.17	115.5	84.97	64.97
1994	54.03	76.77	115.9	86.81	65.85
1995	61.35	78.12	115.3	88.52	72.98
1996	65.41	79.54	114.7	89.07	75.95
1997	66.48	80.88	115.3	89.31	77.36
1998	65.88	81.81	115.3	89.85	78.3
1999	65.05	83.05	113.8	90.14	78.87
2000	66.45	84.93	112.2	89.73	80.31
2001	67.87	86.81	110.9	90.88	81.06
2002	68.38	84.33	109.3	92.1	82.91
2003	70.31	85.9	107.6	93.22	84.8
2004	75.14	88.21	106.4	94.24	86.74
2005	78.48	90.96	105.3	94.82	89.11
2006	81.42	93.71	104.3	95.11	91.76
2007	87.57	96.23	103.6	96.72	94.08
2008	94.09	98.1	102.6	97.53	97.03
2009	94.23	98.85	101.9	99.25	98.69
2010	100	100	100	100	100
2011	108.1	102.1	98.33	101.1	102.1
2012	111.5	104	97.58	102.6	103.8
2013	114.1	105.9	97.25	104.6	105.9
2014	115.3	107.9	98.95	106.5	107.5
2015	116.5	109	101.1	108.6	108.2
2016	116.4	110.2	101.3	110.1	110.4
2017	118.7	112.3	101.1	111.8	—
2018	—	—	—	113.9	—

数据来源：国际货币基金组织国际金融数据库(IFS)。说明：表中的 GDP 平减指数未经过季节调整。

不同的物价指数包括的范围不一样，得到的结论也不一致，通常要综合起来考虑，以一种指数为主，其他指数为辅。目前，国际通用的衡量通货膨胀的指标是 CPI。原因在于：一方面，CPI 立足于居民这一消费者角度观察价格变动，能真实地反映价格变化对居民生活产生的影响；另一方面，CPI 还将劳务价格纳入其中，能全面反映居民消费的商品和劳务的价格变动状况。近些年来，一些新兴的市场经济国家和处于经济转型时期的国家，根据本国的经济发展情况与经济转轨需要，也纷纷将 CPI 作为衡量通货膨胀的主要指标。

三、通货膨胀的分类

按照不同的标准，可以把通货膨胀分为不同的类型：

(一) 按通货膨胀的严重程度划分

按通货膨胀的严重程度可以把通货膨胀分为爬行的（或温和的）通货膨胀、加速的（或奔腾的）通货膨胀和超级的（或恶性的）通货膨胀。

1. 爬行的（或温和的）通货膨胀（Creeping or Moderate Inflation）

爬行的（或温和的）通货膨胀是指通货膨胀率低且较为稳定、缓慢地上涨，一般认为这种类型的通货膨胀率应在较长时期内维持在 10%以下，货币价值每年下降得很少。这种通货膨胀下的物价较为稳定，货币不会有明显贬值。有些经济学家认为这种通货膨胀有利于刺激经济，可以作为经济增长的润滑剂。就短期而言，不容易感到物价上涨的压力，但有利于经济的发展；就长期而言，则会产生不利的影响。

2. 加速的（或奔腾的）通货膨胀（Trotting or Galloping Inflation）

加速的（或奔腾的）通货膨胀是指通货膨胀率为两位或三位数的通货膨胀。通货膨胀在加速之中进行，令政府不易控制，一般人对于货币的信心逐渐消失，认为物价将日益上涨，人人为谋自卫，加速通货的流动，结果使货币流通速度加快，通货膨胀变得更加严重。在这种情况下，通货膨胀对经济有不利影响，出现了较为严重的经济扭曲，但不至于引起金融崩溃和经济生活混乱。有些国家在这种情况下仍保持了高速经济增长，例如 20 世纪 60 年代的巴西和以色列。但是，一般来说，如果这种通货膨胀得不到及时治理，最终会对经济带来灾难性后果，甚至导致超级通货膨胀。

3. 超级的（或恶性的）通货膨胀（Hyperinflation）

超级的（或恶性的）通货膨胀是指通货膨胀率在三位数以上，物价继续狂涨，货币价值不断下降，人们对货币的信心丧失，不愿留存货币，或抢购物资，或换成保值的外币，最终货币完全丧失了价值储藏的功能，并丧失了部分交易媒介的功能，从而对整个经济社会产生严重的不利影响，甚至使政局发生骚乱。德国在 20 世纪 20 年代初的物价曾在每 49 小时增加一倍；20 世纪 40 年代希腊被德国占领时，物价每 28 小时上升一倍；匈牙利战后曾出现每 15 小时物价增加一倍。这种极端例子一般在战时发生，即使近数十年亦时有出现。1993 年 10 月至1994年1月，南斯拉夫的通货膨胀就曾每16小时增加一倍；乌克兰、秘鲁、墨西哥、阿根廷、巴西等，亦在20世纪八九十年代面临严重通货膨胀。根据津巴布韦中央银行2008年8月公布的数据，其通货膨胀率已高达百分之二百二十万，美元对津元的比价由2008年初的1比5 300急剧升值至1比1 200亿。

（二）按通货膨胀的表现形式划分

按通货膨胀的表现形式可以把通货膨胀分为公开性的通货膨胀和隐蔽性的（或抑制性的）通货膨胀。

1. 公开性的通货膨胀（Open Inflation）

公开性的通货膨胀是指在市场机制充分运作、商品价格完全放开的情况下，整个社会物价水平明显上涨的通货膨胀。在无直接的物价管制下，若货币供应量增加超过产出潜在的增长率，则相对价格变动必引起一般物价水平的上涨。如果通货膨胀是公开的，那么市场经济将继续发挥功能，价格仍然发挥重要的作用。过度的需求将导致商品价格和货币价格的上升。

2. 隐蔽性（或抑制性）的通货膨胀（Latent Inflation or Repressed Inflation）

隐蔽性（或抑制性）的通货膨胀是指政府用某种方法来隐蔽膨胀的真实程度，如以物资配给发售的方式抑制物价的上涨。在抑制通货膨胀时，物价并非对应市场力量而自由变动，相对价格不变，资源被错误分配，于是造成较低的实际增长率。管制措施严重限制了人们追求资源最高价格的努力，阻碍了资源的最佳配置。政府实施资金控制、物资公定等措施。这些管制措施多在战争时或紧急时期实施。通货膨胀的表现形式是市场商品的供不应求，物资短缺需要凭票限量供应。如我国20世纪90年代以前通行的各种票证。以前社会主义国家一般都实行计划经济，官定物价，因而通货膨胀大多是隐蔽性的。

（三）按通货膨胀的成因划分

按成因可将通货膨胀划分为需求拉上型通货膨胀、供给型通货膨胀、供求混合型通货膨胀、输入型通货膨胀和结构性通货膨胀。

（四）按预期因素划分

按预期因素可以把通货膨胀分为预期型通货膨胀和非预期型通货膨胀。

1. 预期型通货膨胀

预期型通货膨胀是指一般物价水平的上升在人们的意料之中，例如物价水平年复一年地按同一百分比上升，那么人们就可以据此预期下一年的通货膨胀率也是这一百分比。

2. 非预期型通货膨胀

非预期型通货膨胀是指一般物价水平的上升速度超过了人们的预料，或者是人们对物价的上涨毫无警觉，根本就没有想到。因为人们没有预测到一般物价水平的上涨，所以就没有考虑到通货膨胀的因素，结果就是债权人受到损失，债务人得到好处；领取固定工资者受到损失，雇主得到好处；持有现款者受到损失，持有商品实物者得到好处。这也是有钱人最怕通货膨胀的道理所在。此时如果政府采取扩张性的货币政策，既可影响到收入分配，也可影响到就业和国民收入。

当代经济学家十分注重预期与非预期的区别，这种区别是现代通货膨胀理论与传统通货膨胀理论相区别的一个重大分水岭。将通货膨胀分为预期和非预期的意义在于，只有非预期的通货膨胀才具有真实的效应，即只有非预期的通货膨胀才可以影响就业和国民收入。

（五）按通货膨胀结构性特点划分

按通货膨胀结构性特点可以把通货膨胀分为平衡的通货膨胀和非平衡的通货膨胀。

1. 平衡的通货膨胀

平衡的通货膨胀是指所有商品和劳务包括生产要素的价格都按同一比例上升。如果这种通货膨胀又在预期之中，那么由于各种商品和劳务的价格同比例增长，各种商品的相对价格保持不变，这种通货膨胀就不会扭曲价格信息，人们不会增加搜寻价格信息的成本，因此，这时候通货膨胀对经济的运行效率没有太大影响，不会影响到就业和国民收入。同时人们已经预期到了各种商品和劳务的价格都按同一比例上升，就会在经济行为中充分考虑这一因素，因此这时候平衡的通货膨胀对国民收入的分配也是没有影响的。如果平衡的通货膨胀在人们的预料之外，此时各种商品的价格按同一比例上升，就业和国民收入不受影响，但由于人们在经济活动中没有考虑到通货膨胀的因素，所以它将影响到国民收入的分配。这种情形在现实中从未出现过，因此只有理论上的分析意义。

2. 非平衡的通货膨胀

非平衡的通货膨胀是指商品和劳务价格的上升比例不尽相同，各种商品价格的不平衡上升，扭曲了价格信息，人们需要花费更大的成本寻找准确的价格信息，同时，由于各种资产的收益率不同，将引起人们对资产组合的调整。当通货膨胀加剧时，人们会用实物资产来替代他们持有的货币，增加了调整成本。所以这种通货膨胀严重地影响了经济的运行效率，影响资源的配置与利用，从而影响到就业和国民收入。

第二节　通货膨胀形成的原因

纵观世界经济发展历程，自20世纪50年代到70年代末，全球经济的历史是通货膨胀的历史，通货膨胀一直都是发达资本主义国家面临的头号敌人。尤其是20世纪70年代以来，通货膨胀以迅猛势头在全球扩散、蔓延，并成为各国经济发展和社会稳定的巨大障碍，一些发展中国家也纷纷加入反通货膨胀的行列。那么，产生通货膨胀的原因何在呢？本书将从六个角度来研究通货膨胀的成因。

一、货币数量增长引起的通货膨胀

货币数量论认为通货膨胀只是一种货币现象，是货币数量过多造成的。其主要思想是货币本身没有内在价值，对经济并不发生实质性的影响，物价水平的变动由货币数量的多少决定。其中影响最广的是费雪的现金交易数量说和马歇尔、庇古为代表的剑桥学派的现金余额数量说。参见第九章古典货币数量论。

古典货币数量论认为，货币数量 M 的变动将导致物价 P 同比例同方向的变动，即将商品价格的变动看作是由货币供应量的变动造成的。根据古典二分法，在已经实现了充分就业的古典经济中，货币是中性的，货币数量的变化只影响名义变量(比如价格)，不影响实际变量。

按照货币数量论的观点，中央银行控制货币供应量 M 的变化是价格水平 P 变化的决定因素，因此，中央银行的货币供给行为是经济社会中通货膨胀率的源头，即中央银行过多地增加货币发行量会导致物价上涨，引发通货膨胀。鉴于此，中央银行要能够保持货币量的稳定，进而使物价水平稳定，不出现通货膨胀或通货紧缩。

二、需求拉上型通货膨胀(Demand-Pull Inflation)

需求拉上型通货膨胀是指总需求过度增长所引起的通货膨胀，亦可称为买方通货膨胀(buyers' inflation)，当总需求的增长速度超过经济潜在生产能力就会发生通货膨胀。随着消费者的消费支出与投资者的投资支出增加，而商品与劳务的增加受到限制时，必将推动一般价格水平上升，形成所谓的需求拉上型通货膨胀。造成市场上的商品与劳务供给受到限制或短缺的原因可能是生产资源已经得到充分利用，达到了充分就业水平。这种物价上涨是由于需求过多所造成的，即"太多的货币追逐太少的货物"。凯恩斯认为，真正的通货膨胀是在实现了充分就业之后，由于过度总需求的存在而引起的，当经济中没有实现充分就业时，总需求的增长不会引起真正的通货膨胀。所以，任何总需求增加的任何因素都可以是造成需求拉上型通货膨胀的具体原因。随着人们收入的不断增加，消费亦随着增加，会出现商品供不应求，促使一般物价水平的上涨，同时投资需求的上涨，对外贸易的出超，也都会增加对于资源需求方面的压力而促使其涨价。如果此时货币供给量不断增加，而商品供给不能满足需求的增加，一般物价水平开始上升，币值亦随着下降。

通常用图 10－1 来说明需求拉上型通货膨胀。假设一国的经济最初处于 E_1点，当总需求增长使 AD_0 移至 AD_1 时，价格水平由 P_0 升至 P_1，此时 E_2点为该国经济均衡点。但是超出充分就业产出 $\bar{Y}$ 的 Y_1 不可能长久维持。当短期供给曲线由 SAS_0 移至 SAS_1 时，价格水平升至 P_2，此时该国产出会恢复到充分就业状态 E_3 点。[①] 由此从图 10－1 可知，总需求的

① SAS 曲线左移可能的原因是：由于物价水平上升(由 AD 增加导致)，引起人们通货膨胀的预期，预期通货膨胀将进一步引发社会总供给水平的下降。

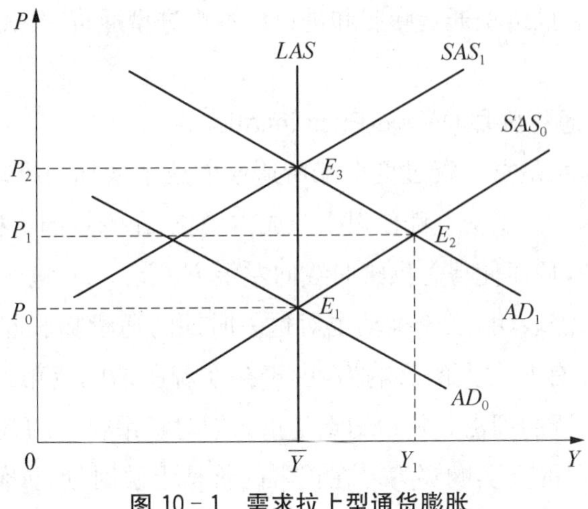

图 10－1　需求拉上型通货膨胀

过度增加最后会使物价水平上升，引发通货膨胀，这就是所谓的需求拉上型通货膨胀。

自 16、17 世纪到第二次世界大战前，一般物价水平的上涨大多是由于货币供给与有效需求的急剧增加造成的，也就是此时的通货膨胀大多属于需求拉上型通货膨胀。

三、成本推进型通货膨胀(Cost-Push Inflation)

20 世纪 50 年代后期，美国出现了一种新的现象：一方面，物价水平继续保持 20 世纪 50 年代以来持续温和上涨的长期趋势，另一方面，失业率较此前有较大幅度的提高。在失业率增加、总需求显著不足的情况下，物价继续上涨，这引起的需求拉上是否能够解释通货膨胀的疑问，于是一种与“需求拉上”相对立的成本推进型通货膨胀(供给型通货膨胀理论)应运而生。成本推进型通货膨胀论亦称“新通货膨胀论”，主要代表人物是詹姆斯·托宾和杜森贝等(属后凯恩斯主义)，其基本观点是通货膨胀的根源不在于总需求的过度，而是在于产品成本的上涨。成本推进型通货膨胀是指从市场上商品供给者的生产成本或利润的增加来探讨通货膨胀的成因，亦可称为卖方通货膨胀(sellers' inflation)，即指由于原料与工资的价格连续上涨，而生产效率并未上升，从而引起一般价格水平的上涨。因为原料与工资是一般生产的主要成本，既然主要成本已经上涨，那么所制作出来的商品价格也自然会跟着上涨，这就构成了成本推进型通货膨胀。

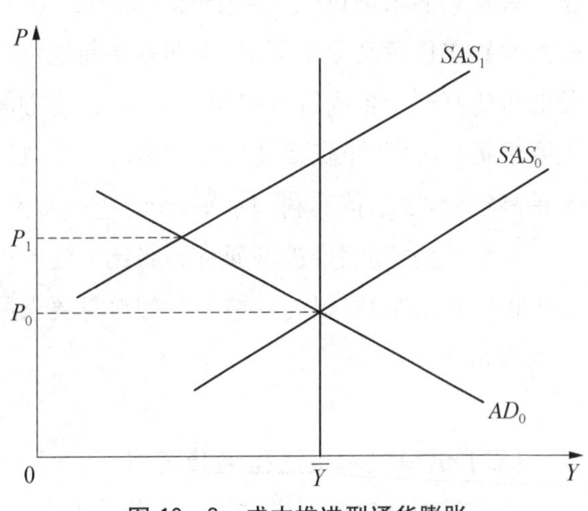

图 10－2　成本推进型通货膨胀

如图 10－2 所示，成本的增加使企业供给减少，短期总供给曲线由 SAS_0 左移至 SAS_1，价格水平由 P_0 上升为 P_1，引发通货膨胀。

成本推进型通货膨胀的主要类型有工

资推进型通货膨胀、利润推进型通货膨胀和进口成本推进型通货膨胀。

(一) 工资推进型通货膨胀(Wage-Push Inflation)

工资推进型通货膨胀是指工资过度上涨所造成的成本增加而推动价格总水平上涨,工资是生产成本的主要部分。工资上涨使得生产成本增长,在既定的价格水平下,厂商愿意并且能够供给的数量减少,从而使得总供给曲线向左上方移动。20 世纪 60 年代末,大多数欧洲国家的突然性工资上涨表明,工资推动也对这一时期的通货膨胀起到了作用。现在西方发达国家的工会组织具有非常大的影响力,由于存在着所谓的货币幻觉(money illusion),工会就有了要求提高工资的理由。货币幻觉是指人们对货币收入的判断仅根据其名义上的价值,而没有考虑到货币的真实购买力。在正常的价格上涨时期,人们一般都觉得"一块钱有一块钱的用途",而一旦货币收入有所增加,就会认为是实际收入与福利的增加,即人们容易产生所谓的货币幻觉。一旦发现"货币欺骗了我们",货币工资增加幅度跟不上物价的上涨幅度,此时工会组织就不得不在谈判时考虑到通货膨胀的因素。因此,工资是呈现刚性的,易涨不易跌。同时,"模仿效应"也会使工人工资上涨,由于各个部门的劳动生产率不一样,不同的产业利润也会不同,因此工资在不同的产业也就所有差别,高利润产业工人工资的增加会招致低工资产业工人的不满情绪,从而加强了工资上涨的压力。而生产厂商一般也会凭借其垄断力量,将所增加的工资转嫁到消费者身上。所以工资上升之后,物价水平也可能跟着上涨,这又会使工人的实际收入减少,工人及其他生产要素的所有者又会据此要求更高的报酬,生产厂商因此而提高产品的售价。这样,工资与厂商的市场力量不断相互促进,工资与物价互为因果相互推进,螺旋上升,形成严重的通货膨胀。

(二) 利润推进型通货膨胀(Profit-Push Inflation)

利润推进型通货膨胀是指公司利润在工资提高之前就已经开始增加所引起的通货膨胀。公司利润增加可能产生于两个原因:一方面,生产要素价格的下降及生产工艺方法的改进导致单位劳动成本下降,而拥有垄断地位的生产厂商势力强大,可以强制性地保持其产品的售价甚至会抬高售价以增加利润;另一方面,价格水平上涨,公司利润增加,这会诱使工人要求提高工资,工资提高后单位劳动成本自然随之上升,产品单位成本的增加使厂商不得不抬高售价,以维持其利润水平,于是进一步推动了通货膨胀。

一般认为,利润推进型通货膨胀比工资推进型通货膨胀要弱。原因在于,厂商由于面临着市场需求的制约,提高价格会受到自身要求最大利润的限制,而工会推进货币工资上涨则是越多越好。

(三) 进口成本推进型通货膨胀

当进口原材料比如说进口石油价格上涨,则增加了国内企业的生产成本,导致总供给减少，推动一般价格水平上升。

四、供求混合型通货膨胀(Hybrid Inflation)

在实际中，造成通货膨胀的原因并不是单一的，因各种原因同时推进的价格水平上涨，就是供求混合型通货膨胀。混合型通货膨胀是经济学家保罗·萨缪尔森和罗伯特·索洛提出的，是指由需求拉上和成本推动(供给推动)共同起作用而引起的通货膨胀。假设通货膨胀是由需求拉动开始的，即过度的需求增加导致价格总水平上涨，价格总水平的上涨又成为工资上涨的理由，工资增长并非是供给推进的结果，但却成为供给推进的原因。工资上涨又形成供给推进的通货膨胀。另一方面，通货膨胀可能从供给方面的上升开始，构成成本上升的可能是工资增长，而工资增长又正是需求拉上型通货膨胀的原因。

如图 10 - 3 所示，总需求增加使 AD_0 移至 AD_1，价格由 P_0 上升为 P_1，价格的上升使工人的工资增加，进而增加了企业的生产成本，总供给下降，短期总供给曲线由 SAS_0 左移至 SAS_1，价格升为 P_2。同时，工人工资的增加提高了人们的名义购买力，使总需求增加，总需求曲线由 AD_1 右移至 AD_2，价格水平进一步提高到 P_3。如此不断循环往复，供给推进与需求拉上共同作用的结果使物价水平不断上升，形成需求拉上与供给推进的螺旋式上升的通货膨胀。

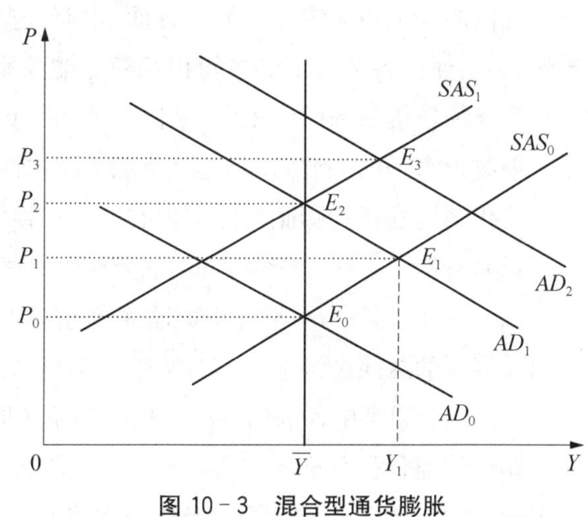

图 10 - 3　混合型通货膨胀

当然，价格水平的这种螺旋式上升不是一直持续下去的，因为资源是稀缺的，当经济活动遇到资源约束、实际收入约束、需求约束和政策约束等问题时，最后总会使总需求下降，价格与工资不再上升，甚至下降。

五、结构性通货膨胀[①](Structural Inflation)

结构性通货膨胀是指在没有需求拉动和成本推进的情况下，只是由于经济结构因素的变动，也会出现一般价格水平的持续上涨。这种价格水平的持续上涨是由于一国经济结构发生变化而引起的。在整体经济中不同的部门有不同的劳动生产力增长率，但却有相同的货币工资增长率。因此，当劳动生产力增长率较高的部门货币工资增长时，就给劳动生产力增长率较低的部门形成了一种增加工资成本的压力，因为尽管这些部门劳动生产率的增长率较低，但各部门的货币工资增长率却是一致的，在成本加成的定价规则下，这一现象必然

① 目前对结构性通货膨胀存在争议。有人认为，通货膨胀必然是总量型的，不会是结构型的，结构性通货膨胀是属于概念界定不准。但笔者认为，如果从原因出发，由于结构性因素而导致的全局性价格上升，可以理解为结构性通货膨胀。

使整个经济产生一种由工资成本推进的通货膨胀。西奥多·舒尔茨认为，由于工资与物价的变动不是对称的，即工资与物价在向上提高这个方向上是有伸缩性的，而向下跌落则是刚性的或缺乏伸缩性的。就是说，物价在需求或成本上升时提高，但需求或成本下降时并不降低，工资在生活费或利润提高时会增加，而在相反情况下并不下降。这样，在一个迅速发展变化的经济中，各个产业部门的需求状况是不断移动的，经常出现有些部门的需求扩大，而另一些部门的需求则衰落下去。在需求扩大的那些产业部门中，工资和物价将上升，这些部门的产品价格作为其他部门产品的成本因素，带动物价一个部门接着一个部门上升。与此同时，在那些需求衰落的部门，工资与物价并不因需求减缩而下跌，这就引起了平均的价格水平随着社会经济的部门需求结构的变化，而呈现持续上升的长期趋势。第二次世界大战后，随着科学技术的迅速发展，一个国家的重要产业部门的劳动生产率迅速提高，由此导致这些部门的工资相应增加。另一方面，也有一些部门特别是服务性行业的劳动生产率提高较慢，为了保持各部门工资之间相互稳定的关系，这些部门的工资也相应增加。这样，劳动生产率增加较慢的部门的工资“攀比”(catch up)，导致工资增长超过劳动生产率的增长，引起一般物价水平的持续温和上涨，出现了结构性的通货膨胀。

发生结构性通货膨胀具体来说有以下三种情况：

(1) 一个国家中一些经济部门的劳动生产率比另一些经济部门的劳动生产率提高得快；

(2) 一个国家中，与世界市场联系紧密的开放经济部门的劳动生产率比与世界市场没有直接联系的封闭经济部门的劳动生产率提高得快；

(3) 一个国家中各部门的产品供求关系不同，也会造成通货膨胀的发生。

结构性通货膨胀论的主要论点：一是服务性部门的劳动生产力增长率慢于工业部门。二是两大部门的名义(货币)工资增长率将趋向一致，而货币工资增长率首先取决于劳动生产率增长较快的部门，即服务性部门的货币工资增长率要向工业部门的货币工资增长率“看齐”。三是在现代资本主义经济制度下，大多数产品的价格是实行“成本加成定价”制(即在上涨的工资成本之上相应地加上固定的利润来确定价格水平)，因而随着两大部门的货币工资的一致增长，物价水平就相应地成比例上涨。四是就服务性部门的产品来说，需求的价格弹性较小，而收入弹性较高，因而由于工资的上升，也势必产生物价的普遍上涨。五是价格和货币工资都具有难以下降这样一种刚性。

六、输入型通货膨胀(Imported Inflation)

随着世界经济联系的紧密，结构性通货膨胀中出现了可称为输入型通货膨胀的一种通货膨胀，它是指国外的通货膨胀通过国际经济传导引起本国的总体价格水平上涨。下面我们考察输入型通货膨胀的国际传导途径。

概括来说，输入型通货膨胀的国际传导可以通过国际供给途径、国际需求途径、汇率途径和生产力途径来实现。具体分析如下：

1. 通过国际供给途径传导通货膨胀

如果国际市场上能源、粮食、原材料等大宗产品的价格上涨，大量进口这些产品的国家可能会被输入通货膨胀。传导机制是：进口价格上升——进口国国内生产成本上升——进口国国内总供给下降——进口国国内价格上涨。这个机制主要着眼于成本推进型通货膨胀。20 世纪 70 年代世界市场上石油价格的上涨(所谓的“石油危机”)就导致了美国及欧洲一些发达国家的通货膨胀。通过国际供给(成本)途径，不仅小国可被输入通货膨胀，大国也会被输入通货膨胀。

2. 通过国际需求途径传导通货膨胀

在自由贸易(或贸易壁垒较轻)条件下，当国外(设甲国)发生通货膨胀，而国内(设乙国)没有发生通货膨胀时，则甲国的相对价格上升、乙国的相对价格下降。由于替代效应，甲国公众对本国产品的需求有相当一部分转向其他没有发生通货膨胀的国家(如乙国)，因为乙国的产品相对便宜。即甲国的需求会通过对乙国产品的进口增加来获得满足，这样一来，在国外强大需求的拉动下，乙国的总需求曲线右移，价格水平上升，导致通货膨胀。需要强调的是，对于组建关税同盟、自由贸易区、经济同盟和货币同盟的国家，通货膨胀通过需求渠道传导更加顺畅。尤其是当乙国的经济达到或接近充分就业水平时，对乙国产品需求的增加(即出口增加)势必引起乙国物价水平的飙升。

3. 通过汇率途径传导通货膨胀

不同国家的商品通过汇率表现出来的价格也有趋同的倾向。我们首先考虑固定汇率，再分析浮动汇率。

固定汇率制的国家难以避免通货膨胀的国际传播冲击。在固定汇率下，外国(如甲国)的通货膨胀将导致其货币贬值，未发生通货膨胀的乙国货币有升值倾向。设外国价格水平为 P^*，本国价格水平为 P，固定汇率为 e，即一个单位外币等于 e 个单位本币。购买力平价成立时，$P=e\times P^*$。因为乙国进口时，以本币标示的进口产品价格上涨($P^*\uparrow\rightarrow P=e\times P^*\uparrow$)，所以进口减少，外汇支出减少；而乙国出口时，相对于外国价格，本国的出口品价格下降，因为相对价格为 $P/(eP^*)$。此时出口增加，外汇收入增加。在本国出口需求增加和进口需求减少的双重作用力下，外汇收入超过支出，本国价值有升值趋势。为了维护固定汇率，本国中央银行就要收购过多的外汇，增加本国货币供给量，这可能导致本国物价上涨，即通货膨胀被输入。

在浮动汇率制下，虽然可避免国际性通货膨胀的直接传播。但是，它会使一国具有通货膨胀的偏向。

如果本币贬值($e\uparrow$)，则以本币表示的进口成本上升，可能引起成本推进型通货膨胀；同时本币贬值也导致出口品外币价格下跌，出口需求增加，国内出口品市场上需求曲线右移，导致国内出口品本币价格上涨，形成需求拉上型通货膨胀。以上进口和出口变化的两种力量相互作用可推动本币进一步贬值，本币进一步贬值又将加深通货膨胀，形成恶性循环。

如果本币升值($e\downarrow$),则一方面,以本币表示的进口成本下降,进口需求增加,此时,国外出口商可以提高价格 P^*,这导致本国的进口成本下降不足;另一方面,虽然进口成本下降,但由于国内价格水平和名义工资的黏性特征,故进口品本币价格仍居高不下。

4. 通过国内生产力途径传导通货膨胀

一国经济可分为开放部门和非开放部门,前者与世界经济和世界市场联系紧密,后者与世界经济和世界市场没有直接联系,它只是通过本国的开放经济部门与世界市场发生间接联系。一般认为,开放部门的设备、技术、管理等均较为先进,其劳动生产力增长率高于非开放部门。

当世界上其他国家发生通货膨胀时,开放部门的价格上涨率与世界通货膨胀率保持基本一致。开放部门的产品价格上涨后,企业利润增加,生产扩张,加上劳动生产率又较高,因此必然促使该部门工资提高。而由于竞争关系,国内非开放部门的货币工资向开放部门的货币工资看齐,结果是非开放部门货币工资也提高,而且生产效率低的非开放部门的工资涨幅超过其劳动生产率的增长率。非开放部门的货币工资提高引起该部门的生产成本上升,进而导致该部门的产品价格上涨。

两部门最后都出现价格上涨,形成通货膨胀。一国两大经济部门的劳动生产力差异越大,该国的通货膨胀率就越高。

其中的一个著名模型是北欧模型,又称斯堪的纳维亚模型,是由斯堪的纳维亚半岛的挪威、瑞典等国的经济学家提出的。

北欧模型假定的分析对象为开放的小国经济。小国经济的含义是它没有能力左右和影响世界市场上的产品价格,而仅是世界市场价格的接受者。小国经济分为两大部分:一是开放部门,也就是与世界经济和世界市场关系密切的部门,这类部门以 E 来代表;二是非开放部门,即与世界经济和世界市场没有直接联系的部门,它只是通过本国的开放部门与世界市场发生间接联系,该类部门一般包括服务业、建筑业等,用 S 来代表。由于 E 部门与世界经济和世界市场的联系密切,设备、技术、管理等均较为先进,因而一般可以假定 E 部门的劳动生产力增长率 λ_E 高于 S 部门的劳动生产力增长率 λ_S,即 $\lambda_E > \lambda_S$。

根据该模型,世界性通货膨胀输入一个开放性小国的过程分为以下几个步骤:

(1) 在汇率固定的假定条件下,开放部门(E)的价格上涨率等于世界通货率。这是因为世界市场的价格上涨多大幅度,也会带动开放部门的物价上涨同样的幅度。用 π_E 和 π_W 分别代表小国 E 部门的价格上涨率和世界市场的通货膨胀率,得到:

$$\pi_E = \pi_W \tag{10-1}$$

(2) E 部门的产品价格上涨后,企业利润增加,加上劳动生产率较高,工人将要求提高工资。E 部门的生产扩张也会促使工资提高。这样一来,E 部门货币工资的增长率 (W_E) 等于价格上涨率 (π_E) 与劳动生产力增长率 (λ_E) 之和。即有:

$$W_E = \pi_E + \lambda_E \tag{10-2}$$

λ_E 可看作是工人在总产值中所作的贡献的增长率，在完全竞争条件下，它应该等于 W_E，而物价上涨导致了工人实际工资水平的下降，因此，π_E 被看作是对实际工资下降的相应补偿而被加进 W_E 中。

(3) 非开放部门的货币工资向开放部门的货币工资看齐，因为在充分就业条件下，开放部门的货币工资提高后，非开放部门的劳动力必然流入开放部门，结果就是非开放部门劳动力的供不应求势必引起该部门货币工资的提高。得到：

$$W_E = W_S \tag{10-3}$$

(4) 非开放部门的货币工资提高引起该部门的生产成本上升，进而导致该部门的产品价格上涨。其价格上涨率等于货币工资增长率与劳动生产力增长率之间的差额，得到：

$$\pi_S = W_S - \lambda_S \tag{10-4}$$

(5) 两部门出现的价格上涨构成开放型小国的通货膨胀，将两部门的价格上涨率按其在一国经济中所占的比重适当地加权，然后相加，便得到该国的通货膨胀率 (π)：

$$\pi = a_E \pi_E + a_S \pi_S \tag{10-5}$$

其中，a_E 和 a_S 为权数，其大小取决于该国对 E 部门和 S 部门的商品的购买支出额(分别为 $X_E P_E$、$X_S P_S$) 在对该国的商品总支出额 (XP) 中所占的比重，得到：

$$a_E = \frac{X_E P_E}{XP},\ a_S = \frac{X_S P_S}{XP},\ a_E + a_S = 1$$

将式(10-1)代入(10-2)得：

$$W_E = \pi_W + \lambda_E \tag{10-6}$$

将式(10-3)代入(10-4)得：

$$\pi_S = W_E - \lambda_S \tag{10-7}$$

将式(10-6)代入(10-7)得：

$$\pi_S = \pi_W + \lambda_E - \lambda_S \tag{10-8}$$

最后将式(10-8)代入(10-5)得：$\pi = a_E \pi_W + a_S(\pi_W + \lambda_E - \lambda_S)$，即

$$\pi = (1 - a_S)\pi_W + a_S \pi_W + a_S(\lambda_E - \lambda_S) = \pi_W + a_S(\lambda_E - \lambda_S) \tag{10-9}$$

从式(10-9)可以看出，一个开放小国的通货膨胀率 (π)，等于世界性的通货膨胀率加上以 a_S 加权的小国两大经济部门的劳动生产力增长率之差。这种增长率之差越大，一国的通货膨胀率就越高。一般情况下 $\lambda_E - \lambda_S > 0$，即 $\pi > \pi_W$，小国的通货膨胀率高于世界通货

膨胀率，这是由于生产效率低的非开放部门的工资涨幅超过其劳动生产率的增长率。所以，从本质来说，该模型也属于一种结构性通货膨胀。

以上四种途径虽然是分开阐释的，但是现实中，通货膨胀很可能是通过几种途径同时传导的。从本质来说，国际传导的通货膨胀属于结构性通货膨胀。因此，在分析某一国家是否发生通货膨胀时要从多个方面加以考虑。

第三节　通货膨胀的效应

通货膨胀的效应是指通货膨胀所产生的影响和后果，发生通货膨胀时，每个经济体都不可避免地受到影响，产生多重效应。主要表现在以下四个方面：

一、财富再分配效应

在通货膨胀期间，工人的工资和物价虽然都在上涨，但是许多人的工资上涨幅度往往低于物价上涨幅度。同时，各种商品的价格上涨不可能是均匀的，有的商品价格上涨幅度可能较大，有的商品价格上涨幅度可能较小甚至没有增加。这就会出现不同行业或企业之间的工人的工资上涨幅度也不一样，甚至差异很大。这必然造成收入的再分配。

(1) 在固定收入者与非固定收入者之间，通货膨胀将有利于非固定收入者而不利于固定收入者，如靠领取退休金和养老金的人在不断上涨的物价面前，生活显然会越发窘迫。

(2) 在债务人与债权人之间，通货膨胀将有利于债务人而不利于债权人。由于债权人和债务人之间的借贷合同是按名义值确定的，因此在发生非预期通货膨胀时，一部分真实财富从债权人转移到债务人。由于债权人未考虑到实际通货膨胀会超过预期通货膨胀率，因此债权人在确定利率时，只要求对方支付自己暂时让渡资金使用权而该得的报酬，以及本金购买力因预期到的那部分通货膨胀而下降的部分。这样，当实际通货膨胀率超过预期通货膨胀率时，债权人就会意外地遭受损失，放款本利购买力低于签订借贷合同时期望达到的水平。相应地，当实际通货膨胀率超过预期通货膨胀率时，债务人的真实负债额就会减少。这样，一部分财富就由债权人转向债务人。

具体来说，根据费雪方程(Fisher Equation)：名义利率＝实际利率＋通货膨胀率，名义利率与通货膨胀率之间具有一对一的调整关系，即通货膨胀率上升 1 个百分点就要求名义利率也相应上升 1 个百分点，这种关系被称为费雪效应(Fisher Effect)。事实上，名义利率的变动与通货膨胀率的变动不是完全同步的，名义利率的变动通常落后于通货膨胀率的变动，这就会引起实际利率的变动，进而使财富在债权人与债务人之间再分配。

(3) 在政府与社会公众之间，通货膨胀有利于政府而不利于社会公众。一是因为中央政府通过中央银行大量发行货币导致物价上涨，可能会出现通货膨胀和货币贬值，政府用贬值后的货币购买商品和劳务，从而实际上节省了支出；二是因为政府是政府债券的债务人，而购买和持有国债的企业和公众是债权人，政府用贬值后的货币偿还到期债券，实际上侵害了债权人的利益，相应地增加了自己的收入。因此，如果政府通过创造货币而增加收入时，相当于对广大的货币持有者征收了一种通货膨胀税(inflation tax)。

(4) 在国与国之间，通货膨胀有利于通货膨胀率低的国家而不利于通货膨胀率高的国家。当某国的通货膨胀率高于其他国家时，该国的消费者会发现外国同类产品的价格相对下降了，从而该国对外国产品的购买量增大。通货膨胀率高的国家，其产品的国际竞争力下降，导致出口减少，这样一来，必然会出现一个净增的流向国外的国民收入流量。

二、资源配置效应

在发生通货膨胀时，由于各种商品和生产要素的价格上涨幅度不同，可以改变各种商品和生产要素的相对价格，引起整个价格体系的变动，最终使经济资源配置状况发生改变。

1. 正效应

在一定时期和条件下，通货膨胀引起的相对价格变化，会使经济资源配置从不合理状态转为合理状态或趋于优化状态。例如：原来某个行业无人就业，现在由于这一行业的货币收入增长率超过了物价上涨率，从而使这一行业得到快速发展，使人力资源配置趋于合理。

2. 负效应

在一定时期和条件下，通货膨胀引起的相对价格变化，不仅不会改善资源配置，反而使资源配置更加不合理，使社会生产力下降。

3. 混合效应

在一定时期和条件下，通货膨胀引起的相对价格变化，会使一些生产部门的资源配置趋于合理，而另一些生产部门的资源配置趋于不合理。

现实中通货膨胀往往表现的是负效应。具体来说，在通货膨胀期间，那些价格上升快于成本上升的行业将得到扩张，相对应地，价格上升慢于成本上升的行业会收缩。当价格剧烈变动时，各行业产品和劳务的价格与成本的上升一般都具有盲目性，该涨价的产品其价格可能没上涨多少，不该涨价的产品其价格却在大幅上涨，这样就导致资源的非合理配置，降低整个经济的效率。

三、税收扭曲效应

通货膨胀对税收的影响不能一概而论，要区分通货膨胀对定量税、比例税、资本收益和利息征税三者的影响。通货膨胀使价格水平上升，货币贬值，定量税即原来规定缴纳的固定税额的实际价值下降。参见表 10 - 2，在通货膨胀率为 5%时，定量税为 100 元的实际应收税额是 105 元，但实际征收的就是 100 元，从这个意义上看，通货膨胀使得税收损失了 5%。个人所得税实行累进税率，通货膨胀时人们的名义收入一般也会提高，这时人们进入了更高的纳税等级，而事实上价格水平的上涨使实际收入可能并未提高，甚至下降。对资本收益和利息征税是按照名义的数额，物价上升使人们的实际收益低于名义收益，这就加重了人们的税收负担。参见表 10－3。若名义收益率是 i，通货膨胀率是 π，税率是 t，则按名义收益征税时，税后的实际收益率是 $i(1-t)-\pi$；若按实际收益征税时，税后的实际收益率是 $(i-\pi)(1-t)$，故按名义收益征税，不考虑税档在通货膨胀下的跃迁，则投资者的税收负担增加了 $t\times\pi$；若考虑由于通货膨胀所引起的税率跃迁，则投资者的税收负担更重。

表 10－2　通货膨胀对定量税的影响

通货膨胀率	定量税 100 的实际应收税额	定量税 100 的实收税额	税收损失
0	100	100	0
5%	105	100	5%
10%	110	100	10%

表 10－3　通货膨胀对资本收益的税收影响（税率 $t=10\%$）

	税前			税后		
通货膨胀率	名义利率%	实际利率%		名义利率%	实际利率%	税后损失
4%	6	2	按名义利率征	5.4	1.4	0.6
9%	6	−3	按名义利率征	5.4	−3.6	0.6
π	i	$i-\pi$	按名义利率征	$i(1-t)$	$i(1-t)-\pi$	$i\times t$
π	i	$i-\pi$	按实际利率征	i	$(i-\pi)\times(1-t)$	$(i-\pi)\times t$

总之，通货膨胀引起了税收的扭曲。对策就是实行税制指数化，即考虑通货膨胀引起的货币购买力的变化，用价格指数来衡量实际收入，只对实际收入征税。

四、经济增长效应

通货膨胀的经济增长效应是指通货膨胀对整个经济体系中的生产和就业水平所产生的实际影响。通货膨胀对整个经济可能产生正效应或者负效应，如果通货膨胀使就业增加，产量增加，那么通货膨胀对就业和产量产生正效应；反之，则产生负效应。一般来说，温和的通货膨胀可能会推动经济增长，严重或恶性通货膨胀会危害经济增长。

通货膨胀要产生正效应，推动经济增长，通常应具备以下条件：一是社会经济中要有闲置资源的存在；二是存在较强的“货币幻觉”；三是通货膨胀必须是“温和的”。大多数经济学家认为，通货膨胀会对就业和产量产生正效应，未预料到的通货膨胀产生的效应大，而预料到的通货膨胀产生的效应小，甚至没有。如果经济中出现未预料到的通货膨胀，由于货币工资以合同的形式被固定下来，其变动滞后于通货膨胀，结果会使得实际工资下降，从而导致厂商增加雇佣工人，提高产出量。这样，通货膨胀对就业和产出产生正效应。但是，在计划经济中,"短缺"是经常现象,整个社会的生产能力利用度经常处于最大限度或接近最大限度的状态,并不存在一块闲置资源等待利用增加货币来启用。同时,随着通货膨胀的持续发生,经济中已较少存在"货币幻觉",工资—物价螺旋上升趋势越来越明显。总之,在计划经济国家并不具备通货膨胀对经济增长正效应的条件,通货膨胀往往只会引起经济结构的倾斜、经济过热,而不会刺激实际生产的增长。

第四节 通货膨胀和通货紧缩的治理

一、通货紧缩的危害

通货紧缩是指一般价格水平持续地下降。与理解通货膨胀概念类似,要正确理解这一概念也要注意以下两点:第一,所谓一般物价水平是指具有普遍意义的价格水平,所有商品和劳务的加权平均价格水平,通常采用与人们日常生活联系较紧密的消费物价指数作为度量指标。第二,价格水平必须是持续性地下降,而非临时性下降。

通货紧缩可以分为"温和型的通货紧缩"和"危害型的通货紧缩"两类。前者主要是由技术进步和放松管制所引起的。技术进步使生产力水平提高,可以降低生产成本,促使商品价格的下降;放松管制,通过市场的开放,竞争也进一步加剧,可以迫使生产厂商降低生产成本和销售成本,也会造成商品价格水平的下降。当这些商品价格水平的下降引发一般物价水平的下降时,温和型的通货紧缩就产生了。这种通货紧缩对经济的增长会产生正面的影响,因为商品价格的低廉增加了人们的实际收入和购买力。当人们获取商品所支付的实际价格低于预期的价格时,就会产生消费者剩余和更多的满足。后者是由生产能力过剩和需求低迷所引起的,是供求严重失衡的表现。商品供给大大超过需求,总需求持续不足,才会出现物价持续下降的情况。通货紧缩一旦形成,又会不断加重,形成恶性循环。市场萎缩,发展前景不明,投资风险加大,企业贷款积极性受挫,投资需求全面下降;产品销售不畅,效益下滑,企业利润降低以致亏损,职工收入下降,全社会的失业人数增加,这样会使消费者的货币收入相应减少,使消费需求进一步萎缩;银行收入下降,不良资产增加,有的银行被迫关闭,过度的货币需求导致货币供给相对不足,全社会通货紧缩更加严重。其结果是经济增长速度下滑,甚至可能出现经济衰退。我们对通货紧缩的分析重点在危害型通货紧缩。

具体来说,通货紧缩对经济的影响主要表现在以下两个方面:

(一) 恶性通货紧缩加速经济衰退

由生产能力过剩与有效需求不足引起的通货紧缩属于恶性通货紧缩,对经济的危害主要体现在以下六个方面:一是它将使债务负担加重,造成更多企业破产和银行倒闭。二是在通货紧缩情况下，同样数量的货币可以购买到更多的物品，货币的购买力增加，从而促使人们更多地储蓄，更少地支出，尤其是减少耐用消费品的支出，私人消费支出受到抑制。更严重的是商品价格的不断下跌会导致消费者延迟消费，从而抑制生产，使价格进一步走低，形成一个通货紧缩的恶性循环。三是通货紧缩期间，一般物价的下降相对提高了实际利率水平。即使名义利率下降，实际利率也可能居高不下。因此，资金成本较高，可投资的项目日益减少。同时，由于债务人在还债时，物价一直在下跌，会出现越是还债，债务越重。债务负担的加重，无疑会使企业的生产与投资活动受到影响，对经济增长带来负面效应。四是最终产品价格的下跌对于新开工的投资项目产生不利影响。通货紧缩使大部分投资项目的预期收益率与资金成本率之间差距缩小，甚至可能为负。这样，投资项目更显得越来越缺乏吸引力，致使社会总投资支出趋于减少。五是商业活动的停滞一方面使就业率有所降低，另一方面由于员工一般都不愿接受降薪，因此价格下跌会造成实际工资提高。这样一来，企业就必须削减员工以降低成本，就业率进一步下降，使经济衰退更加严重；居民总收入的下降会进一步减少消费支出。这样，商业萎缩会通过就业下降以及收入水平下降得到加速。六是通货紧缩会弱化货币政策的实施效果，降低货币政策的灵活性。在通货紧缩和经济衰退或不景气阶段，银行的"储蓄转化为投资的信用中介"职能丧失殆尽。根据前述几方面的分析，即使实行扩张性货币政策，由于货币和信贷供求双方存在"惜借"和"惜贷"行为，所以市场主体不会对货币政策信号产生积极和灵敏的反应。

（二）通货紧缩对分配的影响

通货紧缩对分配的影响可以从三个方面来考察，即社会财富在债务人与债权人之间的分配，社会财富在政府与企业、居民之间的分配，以及社会财富在高低收入阶层之间的分配。从总体上说，经济中的债务人一般为企业，而债权人一般为居民，因此，社会财富在债务人与债权人之间的分配也就是在企业与居民之间的分配。

1. 社会财富在企业与居民之间的分配

在通货紧缩的条件下，实际利率上升使社会财富产生了巨大的再分配过程，也就是说作为债务人的企业的收入进一步向债权人转移，结果是这种财富效应加重了企业的困难，并且还具有自我强化的特性。企业为了周转需要借更多的债务，企业的债务总量增加，债务负担更加严重，企业在财富的再分配过程中处于更加恶劣的地位。如此循环往复，财富的再分配效应不断加强。

2. 社会财富在政府与企业、居民之间的再分配

在通货膨胀的条件下，社会财富在政府与企业、居民之间的再分配的主要途径是货币发行，通过"通货膨胀税"来实现。在通货紧缩条件下，社会财富在政府与企业、居民之间的分配主要途径同样是货币发行，通过"通货紧缩税"来实现。通货膨胀税是政府通过创造基础货币来对预算赤字进行融资，以代替公开税收的一种办法，因此，通货膨胀税是政府向居民

所收的税，财富由居民向政府转移，而通货紧缩税正好相反，是财富由政府向居民转移。

3. 社会财富在高低收入阶层之间的分配

一般来说，不同社会阶层的收入变化所受到的影响有所差异，支出占收入的比例，即边际消费倾向也不相同，尤其是政府转移支付对于不同的社会阶层的影响不尽相同。经验表明，收入水平高的社会阶层的边际消费倾向低于收入水平低的社会阶层的边际消费倾向，因为收入水平低的社会阶层生活需求满足程度较低，一旦收入有所增加，所增加的收入可能大部分用于消费支出。对于收入水平高的社会阶层，日常消费支出完全得到满足，支出的增减大多数与奢侈品的消费有关。通货紧缩会产生分配不公现象，其实际结果一般会导致收入从低收入阶层向高收入阶层转移，即产生收入或财富从边际消费倾向高的低收入阶层向边际消费倾向低的高收入阶层的转移效应。此时，被分配到更多收入或资产的高收入阶层不愿消费，而愿意消费的低收入阶层被分配到的收入或资产又较少，因此，通货紧缩会进一步加剧。

二、通货膨胀和通货紧缩的治理

(一) 通货膨胀的治理

治理通货膨胀主要通过货币和财政等手段，具体来说有以下六方面的政策措施。

1. 紧缩性的货币政策

紧缩性的货币政策就是我们通常意义上的紧缩银根。按照凯恩斯主义者的观点，运用货币政策抑制通货膨胀主要有两条途径：一是减少货币供应量，以压抑总需求；二是提高利率以抑制投资需求和消费需求，增加储蓄。在 $IS-LM$ 模型中表现为 LM 曲线的向左位移。在 $AD-AS$ 模型中表现为 AD 曲线的向左位移，价格下降。总之，应实行相机抉择的反周期波动的货币政策。

但是以弗里德曼为代表的货币主义不同意凯恩斯主义者的上述观点，他们十分强调宏观经济政策的时滞效应，货币政策的这种时滞可能导致货币政策的刺激或抑制作用姗姗来迟，试图抑制总需求的紧缩性货币政策可能在总需求扩张已经过去而总需求萎缩已经来临时才起作用，这就刺激了经济活动的紧缩作用，加剧了经济的波动。这可能使本来是试图稳定经济的政策，变得适得其反，成了加剧经济波动的政策。经济体系本身的不确定性以及预期心理的作用，给反经济周期波动的货币政策带来了技术上的困难。

弗里德曼从实证经济研究中得出的观点认为，一般而言，通货膨胀的发生或恶化，主要是因为货币供给量无节制地扩张引起的，因此如果要有效地推行货币政策，就必须适度地控制货币供给量。一般货币主义学者主张，控制货币供给量是治理通货膨胀的唯一手段，而不应该从控制利率入手。弗里德曼认为，20 世纪 30 年代美国经济大萧条之所以发生，并不是由于货币政策的无能，而是由于货币政策运用不当。因为他发现在 1929 至 1933 年间，美国联邦储蓄系统将货币供给量减少了，这样使经济萧条所经历的时间延长，程度也更为加深。

弗里德曼及追随者认为货币不但重要，而且极其重要，要维持经济的稳定增长，就必须长期维持一般物价水平的稳定。一般物价水平的稳定，是会表现在货币供应量上的，所以他们主张实行"单一规则"的货币政策，即保持货币供应量以一个稳定的增长率增长，超过此比率会引起通货膨胀，但不足此比率时，就有可能造成通货紧缩。所以，他们主张以此法则代替凯恩斯主义者的相机抉择原则。

把通货膨胀完全归咎于货币供应量似乎过于偏激。经济本来就是变化万端：人口的增长，经济的增长，出口的增加，外来的冲击，人们收入水平的提高，尤其是意外事件如天灾、战争均会影响货币供应量的快速增加。所以许多经济学家认为，货币主义者主张货币对经济具有万能的作用，而忽视其他因素，这无疑也是一个极其严重的错误。但是不可否认的是，如果要有效地控制通货膨胀，就应当重视货币的适度供给。

2. 财政政策与制度

财政政策与制度主要是指凭借政府财政收支的变动来影响经济活动。政府采取紧缩性的财政政策也能发挥抑制通货膨胀的作用。财政包括政府支出和政府收入两个方面，政府支出按支出方式分为政府购买和政府转移支付。政府转移支付是指政府在社会福利保险、失业补助、救济金等方面的支出，转移支付不纳入国民收入的范围。政府收入又可以分为税收与公债。紧缩性的财政政策意味着政府购买支出的减少或税收的增加，即减少政府支出，增加政府收入，从而抑制总需求，在 $IS-LM$ 模型和 $AD-AS$ 模型中分别表现为 IS 曲线、AD 曲线的向左位移。不过，与货币政策相比，财政政策常常有一个行动上的时滞，实行起来需要较长时间，因为财政政策需要立法机关的核准，而货币政策是由中央银行决定的，行动较为迅速具有弹性。

在现代各国财政制度中，有许多可以发挥"内在稳定器"力量的措施，这些措施随着社会经济的变化自动发挥其功能。例如累进制所得税。当经济不景气时，国民收入减少，税收也会自动地减少，因为税收的减少，使财政预算发生赤字，这种赤字就会自动地发生一种力量，可以刺激总需求的增加；反之，如果国民收入增加，税收会自动增加，政府预算就会出现盈余，人们的消费需求和投资需求就会受到抑制，从而抑制总需求的增加。另一些政府财政制度本身也具有这种内在的机动性。第二次世界大战以后，英国、瑞典等许多国家都建立了从"摇篮到坟墓"的福利政策及失业保险制度。当经济不景气时，政府的福利支出就会大幅降低，而且赋税也会随之增加。这些政策与制度会对经济产生一种安定的力量。

货币政策与财政政策主要是从需求方面来抑制通货膨胀的，两者经常搭配使用。例如，通过紧缩性的财政政策压缩总需求，缓解通货膨胀；同时，采取扩张性的货币政策来降低利率，刺激投资需求增加就业。

3. 管制工资和物价

在通货膨胀比较严重的时候，政府宣布在一定时期内对工资和物价进行强制性的冻结，以硬性规定的方式来限制工资和物价的上涨，从而限制社会总需求，即政府采取管制工资与物价不失为一种可行的方法。一些经济学家认为：任何有效的反通货膨胀计划，必须包括强制性的工资、物价管制。例如，托宾主张通货膨胀可以用工资及价格管制来予以削减。但反对意见认为经济问题应当以经济的方法来解决，管制措施会阻止经济活动正常运行，因而使失业率上升；而且自由市场与管制市场之间也会产生冲突，其最大影响是造成自然资源配置的低效率。管制政策是一种政治方法，容易引起劳工领袖和经济学家的反对。但也有很多经济学家认为：对经济中垄断因素所造成的成本推进的通货膨胀，采取管制措施是必要的，而且没有管制就不能打破工资和物价的恶性循环影响，也就需要更多的失业和更深的经济衰退才能抑制通货膨胀。不过，大多数经济学家都认为如果对工资、物价非管制不可时，那么管制时间应当尽量地短，管制范围也不能太宽。在控制成本推进型和结构性通货膨胀的条件下，管制工资和物价可能是比较有效的。

4. 收入指数化政策

弗里德曼强烈反对对工资和物价的管制，与此相关的是他提出的收入指数化政策方案。收入指数化政策一般被当作一种适应性的反通货膨胀政策。所谓的收入指数化政策是指将工资、利息等各种名义收入与消费者物价指数联系起来，名义收入随物价指数的变化而同向变化，从而可以抵消通货膨胀对收入分配的影响。收入指数化的主要目的在于维持原有的利益格局，克服通货膨胀时期由于物价上涨或税收制度的变动而造成的分配不公，比如收入指数化政策在一定程度上剥夺政府从通货膨胀中获得好处，同时也是为了维持社会各阶层原有的实际生活水平不会由于通货膨胀而降低，可以减少人们对通货膨胀的恐慌心理和降低人们的通货膨胀预期。但是，弗里德曼同时也认为，这种方案只能限制和减轻通货膨胀，不能彻底解决通货膨胀。要从根本上解决通货膨胀，只有实行“单一规则”货币政策。

5. 供给政策

上述紧缩性的货币政策、财政政策、管制工资和物价以及收入指数化政策都是基于调节总需求的“需求管理政策”，其政策重心是注重对需求方面的管理。与之相应的是供给学派认为，政府推行宏观经济政策应该着重于经济的供给方面，解决通货膨胀的根本出路也在于增加供给，称之为“供给管理政策”，主要包括以下几个方面：

(1) 减税。在实行累进税制的情况下，边际税率会随着收入的增加而上升，通过降低边际税率，可以提高人们的劳动积极性和投资积极性，从而能够扩大社会的总供给。

(2) 削减社会福利支出。如果政府的福利支出开支太高，一方面由于道德风险的存在，将使自愿的失业人数增加；另一方面也迫使企业抬高工资，增加成本，从而使总供给曲线左移。在这种情况下，削减社会福利支出有利于增加就业，刺激企业的投资需求，结果将使总供给得到扩张。

(3) 减少政府对私人企业的干预。这项措施同样可以激发企业的投资积极性。

(4) 技术进步。在现代经济增长中技术进步起着越来越大的作用，促进技术进步的政策措施主要有：国家对全国的科学技术发展进行规划和协调，对重点科技工作国家直接投资，采取鼓励科技发展的措施，加强科技人才的培养等。

(5) 就业政策。经济增长中劳动力的增加既是重要的因素又是增长的关键，对经济的增长、供给的扩张具有特别重要的意义。就业政策的主要内容有：增加对国民的教育和技术上的投资，增加教育经费和制定开发人才的战略，建立一套科学、高效的人才建设模式和策略，为失业者提供专业训练，建立相应的人才培养、开发、智力投资的计划和规定。

与需求管理政策相比，供给管理政策见效慢、周期长，但风险小。

6. 非常政策

非常政策方式在一般情况下很少使用，往往是在常规的反通货膨胀政策措施不能见效的时候才采用。当一国通货膨胀走向恶性阶段时，必然严重地打击人们对本币的信心，人们都不愿持有货币，甚至会引发金融恐慌，造成资金外流，所谓的货币替代也多发生在这种情况下，严重时甚至会导致政治危机。恶性通货膨胀发展到这时候，只有运用政府权力，采取适当方法，才能稳定经济。

(1) 实行币制改革。废弃旧币，发行新币。如巴西对付恶性通货膨胀的方法之一就是改换钞票，每换一次，就在钞票面额上删除几个“0”或改换币名，自 1976 年以来，已经换了 5 次。苏联解体后，俄罗斯对付恶性通货膨胀的改革措施是以新卢布换取旧卢布。币制改革的目的是增强人们对货币的信任，使货币恢复其原有的功能。但是发行新币后，如果通货膨胀得不到有效的遏制，反而继续恶化，新币的出台也将以失败告终。

这种政策方式的风险很大，搞好了可以使一国经济运行很快趋向正常，否则将使一国经济陷入困境甚至崩溃的边缘。所以，采取这一政策措施要相应地搞好决策，并切实付诸实施，不到万不得已的时候不能贸然使用，这方面是有深刻教训的。

(2) 实行货币法定贬值。在恶性膨胀与物价飞涨的情形下，将会使本国商品的价格相对于国外商品的价格差别被极度地夸大，本国商品的价格变得高不可攀，结果是进口急剧增加，出口急剧减少，国际收支进一步恶化。这时候，政府通过货币法定贬值，增加出口，并减少进口，以刺激生产，从而有利于国际收支的平衡。

总之，政府在制定和实施反通货膨胀政策过程中，不能单纯地运用一种经济政策，要注意各种经济政策的搭配与协调，乃至采用一些非常规的政策措施。

(二) 通货紧缩的治理

我们往往重视通货膨胀的危害，却忽视了通货紧缩的负面影响。事实上，发生通货紧缩对经济产生的影响是不容小觑的。处于通货紧缩和衰退威胁的国家一般都采取了许多应对措施，它们大致上可以归结为几个方面：国内的宏观经济政策，包括财政政策和货币政策；国际经济政策如汇率政策以及产业结构调整政策等。

1. 坚持扩张性的宏观经济政策

预期在通货紧缩的形成和发展中发挥了重要的作用，相应地，也必须把引导和改变人们的价格预期、投资预期和消费预期作为反通货紧缩的重要手段。为此，政策当局应当公开宣布治理通货紧缩的政策措施，引导消费需求和投资需求的增加。通过公开宣告扩张性的宏观经济政策，在促使经济增长、保持物价稳定、增加就业量和维持国际收支平衡四大宏观经济目标中，着重强调经济增长和增加就业，并以此来表示政策当局阻止通货紧缩和经济下滑的决心，从而改变人们越来越深的通货紧缩预期，创造景气环境，促进经济的启动和增长。对于通货紧缩条件下的宏观经济政策，西方经济学家都主张施行扩张性的经济政策，甚至有些经济学家提出提高人们的通货膨胀预期。他们认为，选择一种积极的具有足够扩张性的宏观经济政策并且明确宣告未来某个时期内的通货紧缩目标，对经济的恢复是有益的。膨胀性的经济政策本意是使一般物价水平回升到合理的目标水平，而不是提倡施行通货膨胀政策。

2. 加大对总需求不足的调节力度

加大对总需求不足的调节力度一方面可以实施扩张性的货币政策，另一方面可以实施扩张性财政政策，在必要时可以结合财政政策和货币政策共同控制通货紧缩。

(1) 扩张性货币政策

通货紧缩与总需求严重不足，在现实经济运行中实际上是一对互为因果关系的关联性范畴。通货紧缩是由于总需求的严重不足而造成的，同时通货紧缩也导致了总需求的严重不足，因而调节通货紧缩就不能不加大对总需求的刺激力度，解决总需求严重不足的问题。与其他宏观经济政策相比，灵活迅速、及时调整是货币政策的重要特性。中央银行的责任和目标是保持物价的稳定，即坚持一般物价水平基本稳定的政策。物价的基本稳定包括两个方面：既要防止高通货膨胀又要防止通货紧缩，从而使通货膨胀率既不加速又不减速，保持在较低的水平上。

通货紧缩首先表现为货币现象，货币供应过程及货币供给与货币需求的相关关系是通货紧缩形成的最直接原因，因而解决通货紧缩问题必须首先调整货币政策，实施积极的货币政策。作为反经济周期的政策，中央银行应该在经济过热时反通货膨胀，在经济萧条时反通货紧缩。因此，要走出通货紧缩状态，中央银行首先要加大货币政策的调控力度，增加中央银行资产运用和基础货币投放量，实行扩张性的货币政策，迅速扭转中央银行资产运用规模和基础货币下降的势头，扩大投放，增大货币政策对总需求和经济增长的拉力，使货币政策真正调整公众心理预期，促进经济增长和稳定币值目标统一。为此应采取“一揽子方案”，采取相互配套和相互支持的政策措施。具体来说，有以下可实施的积极货币政策措施：一是较大幅度地增加货币供应量，尤其是扩大中央银行基础货币投放。二是下调法定存款准备金率和再贴现率。法定存款准备金率和再贴现率的下调，有助于增加金融机构可运用的资金数量，以支持经济增长。三是下调利率与加快利率市场化相结合。为治理通货紧缩，有必要下调利率，调整利率结构，但同时更应加快利率体制的改革。中央银行利率政策的作用，也应逐步通过贴现窗口和中央银行的贷款及公开市场操作来发挥。

（2）扩张性财政政策

由于在通货紧缩条件下，中央银行的基础货币收缩具有被动性，单纯放松基础货币的政策有可能会失灵，因为通货紧缩条件下国民经济运行低水平循环的一个关键问题是生产者和消费者的信心不足。因此，为打破国民经济运行低水平循环，恢复生产者和消费者的信心是至关重要的。要做到这一点就必须在积极地运用货币政策的同时，加大财政政策对总需求的刺激力度。

刺激总需求包括刺激投资需求和消费需求。由于在这两大需求中，消费需求的增长相对稳定，不易发生急剧的变动，而投资需求则上下波动幅度很大，其振动幅度对总需求的影响也较大，因而要在刺激消费的同时，尤其加大对投资需求的刺激。

采取积极的财政政策，供给与需求同时拉动。要治理通货紧缩，必须继续进一步加大财政政策力度，以增加经济运行中的货币需求。增加政府公共开支刺激需求和增加供给，财政政策应该由单纯刺激需求转向刺激需求与增加供给并重。凯恩斯在分析 20 世纪 30 年代大危机时，强调由于流动性陷阱使货币政策失灵，因此在有效需求不足时，要求政府采取增加政府支出的扩张性财政政策来拉动总需求，使经济走出低迷时期。

积极的财政政策的另一工具是减税。如果政府在增加财政支出的同时，相应增加税收，那么扩张性的财政政策效应便可能被中和。我们可以借助乘数理论分析，根据国民收入恒等式 $Y=C+I+G+NX$，由于 $C=a+b(Y-T)$，$I=I_0+k(Y-T)$，$T=T_0+t\cdot Y$，同时设 G、NX 为外生变量，代入处理后得到：

$$Y=\frac{a+I_0-(b+k)T_0+G+NX}{1-(b+k)(1-t)} \tag{10-10}$$

式(10-10)中，Y 代表国民收入；C 代表消费需求；I 代表投资需求；G 代表政府支出；NX 代表净出口需求；a 代表自发性消费需求；b 代表边际消费倾向；k 代表边际投资倾向；t 代表税率。从(10-10)式中可以得出政府支出乘数

$$\frac{\Delta Y}{\Delta G}=\frac{1}{1-(b+k)(1-t)} \tag{10-11}$$

税收乘数为：

$$\frac{\Delta Y}{\Delta T}=\frac{-(b+k)}{1-(b+k)(1-t)} \tag{10-12}$$

从中可以看出，税收与国民收入呈负相关，提高税率会抑制总需求，减税会刺激总需求。如果不减低税率，过高的税收会阻碍经济活动的扩张，导致政府管理经济的效率下降。降低税率可以通过乘数效应促使经济增长，而经济活动的恢复有利于扩大税基，最终有利于政府税收的增加。因此，总体而言，减税不过是对税收的时期进行转化，是使当前的税收减少通过长期的税收增加来补偿。

3. 收入政策

增加收入尤其是增加低收入阶层收入，可以增加社会的有效需求。失业率的上升，明显降低了居民的收入预期，这种预期大大弱化了市场的消费需求。现在有效增加低收入阶层的实际收入和预期收入，使他们的可支配收入得以有效提高，就可以达到增加社会有效需求的目的。

在短期内，既要提高对贫困阶层的补贴水平，又要通过加强对个人收入税的征管，适当调节居民的收入差距。在长期内，应完善收入政策体系，并加强收入方面的立法，保证工资随着劳动生产率的提高而以合理的速度增长。

4. 加快产业结构调整，提高经济增长质量

当一国的经济由普遍短缺进入到普遍过剩的运行状态时，传统产业会因市场需求饱和、边际收益递减而衰落。此时，如果不能及时进行大规模技术创新和产业创新，经济增长速度放慢甚至走向衰退就是不可避免的趋势。这就在客观上要求加速产业结构调整，促使产业升级，由需求创造供给向供给创造需求转换。经济发展既包含了经济增长的内容也包含了产业结构调整的内容，而且产业结构调整与升级是推动经济稳定增长的更加重要的条件。当然经济结构调整的意义也不仅限于完善供给方面，它越来越成为影响经济全局的突出问题，因为经济生活中一些深层次的矛盾都与结构问题相关。落后的产业结构会成为经济进一步发展的障碍，也会引发通货紧缩。经济结构特别是产业结构调整、优化、升级，会大力提升经济增长的质量，是缓解通货紧缩的对策之一。

5. 改革僵硬的汇率制度

僵硬的固定汇率制度容易使本国货币币值高估，产生输入型的通货紧缩。因此，有必要废弃这种僵硬的固定汇率制度，采取更为灵活的汇率制度。

灵活的汇率制度能有效地联系对外经济关系，从而使政策当局可以根据国内经济形势的需要及时调整汇率水平，提高经济对外竞争力。在通货紧缩的条件下，通过改革僵硬的固定汇率制度，可以使国内价格水平上涨，从而降低人们的紧缩预期，进而调整人们的消费和投资行为，带动商业活动的恢复，摆脱通货紧缩的陷阱。

在特定的条件下，货币贬值对一个国家治理通货紧缩是必要的。当经济面临着对外经济缺乏竞争力，净出口需求下降，价格下跌，经济增长下滑时，往往需要采取货币贬值的政策。适当的货币贬值有助于经济的恢复，因为更弱的货币有利于把国外需求转化为国内需求，从而增加该国的总需求，缓解通货紧缩的压力。

如果是出现了全球性的通货紧缩，采取货币贬值政策是于事无补的。因为在全球生产能力都出现过剩的情况下，货币贬值只不过是在进行“零和博弈”，即把需求从一国移向另一国，不会增加世界范围内的总需求。此时，采取以邻为壑的货币贬值政策将引起全球性的经济混乱，最直接的是贸易保护主义的盛行，这在以往的经济历史中是可以找到很多例证的。

第五节 失业与通货膨胀的关系

一、短期菲利普斯曲线

1958年，伦敦政治经济学院的经济学家威廉·菲利普斯对英国1861—1957年失业率与货币工资增长率之间的关系进行了实证研究，发现两者之间存在负相关。工资的增加可以由劳动力市场上的过度需求来解释，失业率可以是衡量劳动力市场需求的一个指标。需求的增加将使失业率减少，需求的不足将使失业率增加。因为作为劳动力成本的货币工资是全部成本的主要构成部分，并且与总成本存在着相当稳定的比例关系。因此，工资水平与价格水平、货币工资增长率与通货膨胀率之间也存在相当稳定的比例关系。所以这种描述货币工资增长率与失业率之间的替代关系的曲线（我们称为原始的菲利普斯曲线）后来进行了修改。1960年美国经济学家保罗·萨缪尔森和罗伯特·默顿·索洛进一步将该曲线修正为通货膨胀率与失业率之间的替代关系。如图10-4所示，横轴表示失业率，纵轴表示通货膨胀率，得到我们常说的向右下方倾斜的菲利普斯曲线(Phillips Curve)。

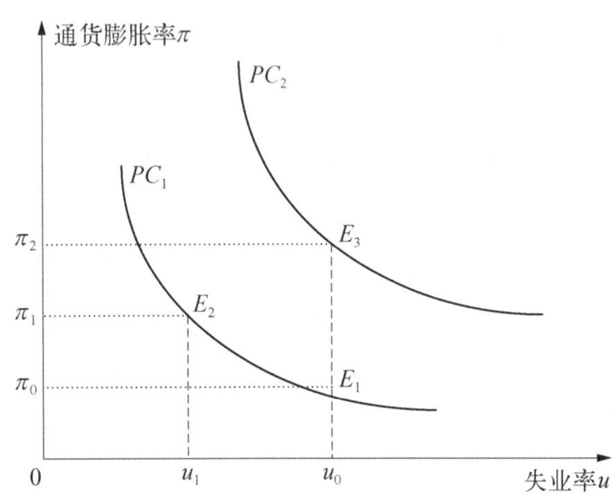

图10-4 短期菲利普斯曲线推导及其移动

如果工资变化的百分数等于一般物价水平变化的百分数，则菲利普斯曲线可表示为：

$$\pi_{+1}=\pi_{+1}^{e}-b(u-u_n) \tag{10-13}$$

这样，菲利普斯曲线就反映价格水平变化（即通货膨胀率π）与失业率变化的关系。字母下标+1表示$t+1$期，字母u无下标表示当期（t期），π_{+1}^{e}表示本期（t）预期的下一期（$t+1$）发生的通货膨胀率。b是大于0的系数。

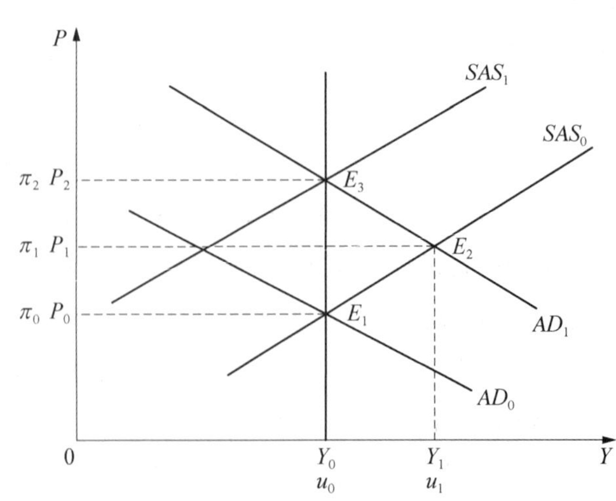

图10-5 AD-AS模型推导菲利普斯曲线

如图10-5所示，假设初始的均衡状态为E_1，为AD_0曲线与SAS_0曲线的交点。此时价格水平为P_0，产出为Y_0。

P_0对应的通货膨胀率为 π_0，Y_0对应的失业率为 u_0。当 AD 增加到 AD_1时，均衡点由 E_1向右上方移动到 E_2，价格上升到 P_1，产出增加到 Y_1，此时，P_1对应的通货膨胀率为 π_1，Y_1对应的失业率为 u_1，失业率下降。我们把 $AD-AS$ 图上的 E_1、E_2两点搬到“失业率-通货膨胀率”图上，将两点联结起来，就形成一条菲利普斯曲线 PC_1。总需求的增加在菲利普斯曲线上表现为沿着菲利普斯曲线 PC_1向左上方移动。反之，如果总需求减少，在菲利普斯曲线上表现为沿着菲利普斯曲线 PC_1向右下方移动：从 E_2到 E_1。由此我们可以看出，菲利普斯曲线反映了通货膨胀率与失业率之间此消彼长的关系。

现在我们假设从 E_2点开始，总供给开始减少，如图 10－5 所示，AS 曲线从 SAS_0左移到 SAS_1，价格水平上升到 P_2，产出又减少到原来水平 Y_0。均衡点为 E_3。再看图 10－4，P_2对应的通货膨胀率更高，为 π_2，Y_0对应的失业率仍为 u_0。显然在失业率-通货膨胀率图中，π_2与 u_0 的组合 E_3点位于 E_2点右上方，它是更高的失业率与更高的通货膨胀率的新的组合。所以 E_3点位于另一条菲利普斯曲线 PC_2上。因此，短期总供给的下降导致菲利普斯曲线向右上方移动。反之，短期总供给的增加将引起菲利普斯曲线向左下方移动。如图 10－4 所示。

二、适应性预期对菲利普斯曲线形成的解释

(一) 适应性预期下的菲利普斯曲线方程

在适应性预期下，经济行为人根据过去的通货膨胀信息来预测未来的通货膨胀，机制为：本期对下一期通货膨胀的预期为本期实际发生的通货膨胀与对本期通货膨胀预期值的加权平均，即：

$$\pi_{+1}^{e}=v\pi+(1-v)\pi^{e} \tag{10-14}$$

$$\pi_{+1}^{e}=\pi^{e}+v(\pi-\pi^{e}) \tag{10-15}$$

(10－15)式的经济含义是：本期对下一期通货膨胀的预期等于根据本期揭示的预测误差 $(\pi-\pi^e)$ 调整过的对于本期通货膨胀的预期 π^e。即若本期实际发生的通货膨胀高于预期，则下一期的预期通货膨胀将提高，若本期实际发生的通货膨胀低于预期，则下一期的预期通货膨胀将下降。v 表示预期误差的调整速度，v 值小，对通货膨胀预期修正缓慢，实际通货膨胀对预期通货膨胀的影响就小，反之亦然。

将(10－15)式代入(10－13)式，我们得到适应性预期条件下的 PC 方程：

$$\pi_{+1}=\pi^{e}+v(\pi-\pi^{e})-b(u-u_n) \tag{10-16}$$

当 $v=1$ 时，适应性预期就成了静态预期。(10－15)式变为 $\pi_{+1}^{e}=\pi$。其含义是：本期对下一期通货膨胀的预期正好等于本期实际发生的通货膨胀。静态预期是适应性预期的特例。此时(10－16)式变为：

$$\pi_{+1}=\pi-b(u-u_n) \tag{10-17}$$

(10－17)式的含义是，只有当本期失业率 u 等于自然率 u_n 时，通货膨胀率才会不变；否则，如果 $u<u_n$，则通货膨胀率上升；如果 $u<u_n$，则通货膨胀率下降。其政策含义是：只有采取扩张政策才能将失业率降至自然率以下，但这会引起通货膨胀的不断上升。上述结果被描述为加速主义原理：要使失业率 u 在自然率 u_n 以下，则当局必须承受不断上涨的通货膨胀，并且失业率每低于自然率一个百分点，下一期的通货膨胀就会提高 b 个百分点。①

（二）短期菲利普斯曲线的政策含义

经济学家将具有替代关系的菲利普斯曲线称为短期菲利普斯曲线，短期菲利普斯曲线表明，通货膨胀与失业之间此消彼长，失业率越低，通货膨胀率就越高；反之，通货膨胀率越低，失业率越高。根据货币主义适应性预期的逻辑：短期内，工人来不及调整通货膨胀预期，预期通货膨胀小于实际发生的通货膨胀，故工人实际工资小于先前预期的值，这必然节省了企业的生产成本，实际利润上升，投资增加，失业下降。这表明失业率与通货膨胀率有交替关系。

该曲线的政策意义在于：① 政府通过采取某一政策措施是不能同时得到低通货膨胀率和低失业率并存的理想状态的。政府或者通过失业率的增加来“购买”通货膨胀率的下降，或者通过通货膨胀率的上升来“购买”就业量的增加。因此，短期菲利普斯曲线说明，较低的失业率与较低的通货膨胀率是不可兼得的，当政府企图通过扩大有效需求来降低失业率时，就必须以承受更大的通货膨胀率作为代价；反之，为了遏制通货膨胀而紧缩有效需求时，就必然使更多的工人陷入失业的困境。② 当局能以较高但稳定的通货膨胀率为代价来选择一个持续的低失业率。这种现象被称为宏观政策的短期有效性。

三、长期菲利普斯曲线

在通货膨胀和失业关系的后续研究中，货币主义有关经济学家发现两者只是在短期内有替代关系，在长期中并不存在替代关系。同时，在 20 世纪 70 年代，很多国家经济社会出现了高通货膨胀兼高失业的停滞性通货膨胀（或“滞胀”，stagflation）现象，通货膨胀和失业具有替代关系这一结论受到质疑。根据加速主义的观点，当失业率 u 降到自然率 u_n 以下时，通货膨胀不仅较高而且持续不断上涨；当失业率 u 升高到自然率 u_n 以上时，通货膨胀就会持续下降。所以不存在通货膨胀与失业率的交替，只存在自然率与通货膨胀之间的联系。故长期内，PC 为一条经过自然率的垂线。由此提出长期菲利普斯曲线这一概念，长期菲利普斯曲线是指在自然失业率水平时的一条垂直线。如图 10－6 所示。

根据货币主义适应性预期的逻辑，虽然短期内，工人来不及调整通货膨胀预期，但长期

① 自然率又称为“无加速通货膨胀的失业率”，在自然率以下，通货膨胀加速上升；在自然率以上，通货膨胀减速（比以前减少）。

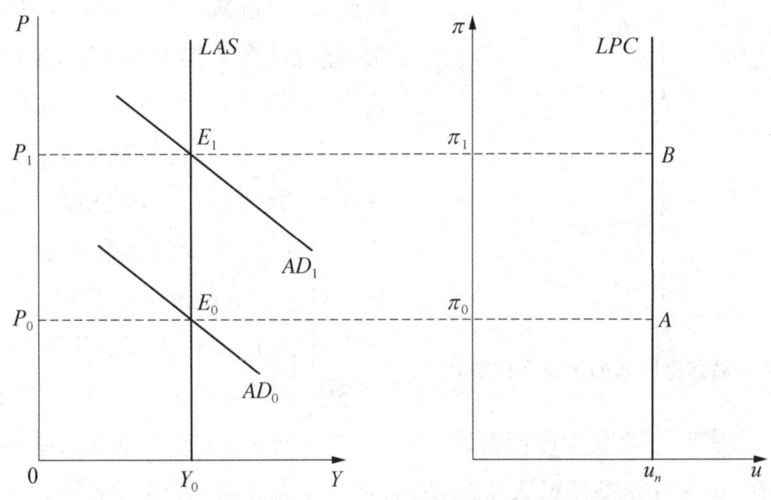

图 10-6　长期总供给曲线 LAS 和长期菲利普斯曲线 LPC

内，工人根据实际发生的情况不断调整通货膨胀预期，致使通货膨胀预期与实际发生值迟早会一致，这样工人要求提高名义工资使实际工资保持不变，因此从长期看，通货膨胀就不会起到减少失业的作用，故称此为宏观经济政策的长期无效性。

理性预期学派进一步认为，不论在短期还是长期，都不存在失业率与通货膨胀率之间的替代关系。如图 10-6 所示，LPC 表示长期菲利普斯曲线，u_n 表示自然失业率，π 表示通货膨胀率。从长期看，失业始终处于自然失业率 u_n 水平，与通货膨胀率的高低没有关系，即 π 与 u_n 不存在相互替代的关系。长期菲利普斯曲线与长期总供给曲线是一一对应的。

如图 10-6 左，经济的初始状态由 AD 曲线与 LAS 交点决定，此时价格水平为 P_0，产出为 Y_0。P_0 对应的通货膨胀率为 π_0，Y_0 对应的失业率为 u_n。π_0 与 u_n 的组合点为 A。当 AD_0 增加到 AD_1 时，均衡点由 E_0 向右上方移动到 E_1，价格上升到 P_1，由于充分就业，故产出不变，仍为 Y_0，此时，P_1 对应的通货膨胀率为 π_1，Y_0 对应的失业率仍为 u_n，失业率不变。π_1 与 u_n 的组合点为 B。AB 的连线就构成一条长期菲利普斯曲线。显然总需求变化只能引起 LPC 线上点的移动，LPC 线本身不移动。但当长期总供给曲线移动时，比如 LAS 曲线向右移动，说明充分就业产出增加，失业下降，此时 LPC 应该向左平移。反之，当 LAS 曲线向左移动时，LPC 曲线必然向右移动。

四、降低通货膨胀的代价

由于在长期菲利普斯曲线中，无论通货膨胀率的高低，失业率总是保持不变的，因此，长期来看，降低通货膨胀率不影响失业率，没有任何代价。然而，短期菲利普斯曲线却表明，要降低通货膨胀率，就要以失业率的上升和产出量的减少为代价。

具体来说，如图 10-7 所示，假设一个国家的经济最初位于长期菲利普斯曲线 LPC 与短期菲利普斯曲线 SPC_0 的交点 E_1 点处，此时是高通货膨胀率。政府拟降低如此高的通货

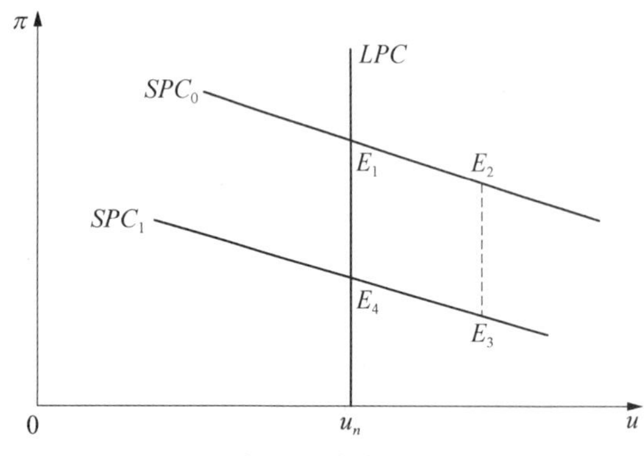

图 10－7　降低通货膨胀率的过程及代价

膨胀率，通过减少支出或减少货币供应量的措施，此时社会总需求将缩减，企业生产收缩，失业增加，由 E_1 点沿短期菲利普斯曲线 SPC_0 移至 E_2 点，此时是较高的失业率与较低通货膨胀率的组合。当人们预期通货膨胀将进一步下降时，就减少消费和投资，因为将来的低物价对其消费和投资更有利，这就使社会的总需求减少，进而导致短期菲利普斯曲线由原来的 SPC_0 移至现在的 SPC_1，同样地，E_2 点将移至 E_3 点。E_3 点表明企业减少雇佣劳动力，工资成本降低，生产成本压力减轻，经过一段时间的恢复及调整，企业开始慢慢扩大生产，增加对劳动力的需求，使经济最后运行到 E_4 点。

在这样一个降低通货膨胀率的过程中，该国虽然从最初的高通货膨胀率 E_1 点运行到低通货膨胀率的 E_4 点，但是却经历了 E_2 时高失业和 E_3 时低产出的两个痛苦时期。因此，政府实行降低通货膨胀率政策要考虑在实施过程中的代价，与降低通货膨胀得到的收益相对比，最后权衡要不要采取降低通货膨胀的举措。

通常我们用牺牲率(sacrifice ratio)来衡量降低通货膨胀的收益和成本。牺牲率是指反通货膨胀时期通货膨胀每下降 1％所需要付出的实际 GDP 减少的比率。公式为：牺牲率＝$\frac{\text{实际 GDP 年下降比率}}{\text{通货膨胀率年下降 1\%}}$。在美国，牺牲率的经验估算值为 5，即通货膨胀率降低 1％，实际国内生产总值将下降 5％，根据奥肯定律：失业率相对于自然失业率每提高 1％，实际 GDP 相对于潜在 GDP 下降 2％，我们可以得到，当通货膨胀率降低 1％时，失业率将上升 2.5％。

阅读专栏 10－2　土耳其货币“瘦身”

当 2004 年 12 月 31 日午夜钟声敲响，数百万土耳其人摘掉了“亿万富翁”的称号，因为从 2005 年元旦这一天起，土耳其开始发行新版货币，新币面值比旧币少了 6 个零，即新发行的 1 里拉折合 100 万旧里拉。“瘦身”后的里拉同欧元的汇率是 1.8 比 1。

在此次货币改革以前，土耳其旧版里拉有着世界上“最不值钱货币”的称号，旧里拉纸币的面值分为 50 万、100 万、500 万、1 000 万与 2 000 万，硬币的面值更夸张，最小的 5 万，最大的 50 万。曾经在土耳其，喝杯咖啡、搭辆出租车都必须腰缠“百万”里拉。买 1 斤青椒要 2.5 万里拉，买 1 台电脑要 2 亿—3 亿里拉，买 1 辆汽车要 20 亿—80 亿里拉，等等。如此高面值的货币是土耳其多年来高通货膨胀的恶果。20 世纪 70 年代开始，由于经济结构问题，政府赤字连年攀升，然后就靠着借债和印钞票支撑，进而造成通货膨胀日益严重。

虽然土耳其政府一直想改革货币，却苦于经济萧条和通货膨胀，无法采取行动。自

2003年起土耳其经济的发展势头良好,2004年的通货膨胀率已经被控制在10%以内,再加之2003年12月欧盟首脑会议同意启动土耳其加入欧盟的谈判程序,土耳其坚定了改革币制的决心。此次货币单位的更改,不仅意味着货币兑换的数学计算更容易,同时还能抹掉过去通货膨胀的直接证据。土耳其财政部长乌纳克坦表示:"无论是在经济上还是在心理上,这都是一个非常重要的时刻。这证明,在经过连年的恶性通货膨胀后,土耳其经济终于步入稳定。"2005年将成为货币改革的过渡期,这一年新旧里拉将同时流通。据粗略估算,在2005年结束前,大约重达1 600吨的旧里拉将从流通领域中消失。

(资料来源:席雪莲,"土耳其货币'瘦身':亿万富翁人数骤降",搜狐新闻网,2005年01月02日,http://news.sohu.com/20050102/n223754362.shtml)

阅读专栏10-3 "津元的变脸"——津巴布韦恶性通货膨胀

津巴布韦元自诞生至今总共发行过四代,第一代津巴布韦元是1980年该国独立时开始发行的,它取代了原来的罗得西亚元。当时1津元相当于1.47美元。2006年,津巴布韦出现了恶性的通货膨胀,2006年津巴布韦中央银行不得不从原货币面值上去掉3个零,发行了第二代津元。到2008年8月,津巴布韦中央银行从津元面值上去掉10个零发行了第三代津元。2009年2月,中央银行又从第三代津元面值上去掉12个零发行了第四代津元。2009年3月18日,津巴布韦新任财政部长滕达伊·比蒂宣布,本国货币津巴布韦元的"死亡"已成现实,从2008年10月份开始,津元就在垂死挣扎,现在已不再流通。第四代津元只能流通至2009年6月底。2009年1月29日,所有津巴布韦人被允许以任何其他货币开展业务。

津巴布韦的通货膨胀不是近期内造成的,背后有深层的原因。1978年,津巴布韦的政权已从白人手中转移到了黑人族裔的手上,但是该国超过70%的可耕土地却仍然把持在占总人口不到1%的少数白人手上。2000年开始,津巴布韦政府以白人所持有之土地系在殖民时代从黑人原住民手中非法取得为理由,进行激烈的地权转移运动,强制没收白人拥有的土地。此举造成境内白种农人的大量出走,动摇经济,许多基础民生需求匮乏。2002年时,已连任两届的总统穆加贝无视国际社会的谴责,在大选中再获连任,其反对党与劳工组织纷纷发动罢工与抗争,要求穆加贝提早下台退休,而政府则以军警部队强力镇压。以国际货币基金组织为首的资金援助债权国,控告穆加贝政权藐视人权与在大选中舞弊,纷纷搁置援助计划,而英联邦则在2002年时宣布对津巴布韦停权一年处分,津巴布韦则于不久之后主动退出英联邦作为回应。这造成津巴布韦与国际社会关系紧张。自2004年开始,其通货膨胀率过高已被西方国家关注。

津巴布韦现任总统穆加贝从1980年开始担任津巴布韦总统,具有传奇色彩的穆加贝率领津国人民取得了对外的独立,然而他却不仅仅是一介武夫,并且还拥有伦敦大学的经济学学士学位，他坚持认为可以多印刷钞票来压低价格。2006 年，津通货膨胀率达 1 042.9%。2007 年，他签署法律成立了一个收入和低价委员会。该委员会拥有唯一的定价权，所有违背所定价格的人都将获罪，最长将被判“入狱五年”。在过去的八年里，津巴布韦的经济混乱状况越来越糟。政府对价格的控制导致不断攀升的通货膨胀率，也使得很多生产商因为无法承受高成本而关门倒闭或停止生产。居民也只能在黑市上买到生活用品，而价格更是高得离谱。“到处都是货物短缺，但生产商却发现自己无力生产。”对于津巴布韦的经济状况，穆加贝在 2008 年时称是西方的制裁所致。

据法新社 2008 年 7 月 20 日的报道，津巴布韦的通货膨胀率已经达到 2 200 000%，人们普遍认为，高通货膨胀率主要是因为该国粮食短缺，食品价格上涨过快造成的。为此，政府采取各种措施以遏制高通货膨胀率的上升趋势。造成通货膨胀的原因还有津巴布韦连续 4 年遭遇旱灾，粮食歉收。雪上加霜的是，该国自 2000 年起就受到以英美为首的西方国家对其实行经济封锁，要求尽快偿还外债，从而造成该国外汇、燃油和电力的严重短缺。

参考资料：

[1] “津巴布韦的货币崩盘”，搜狐网，2020 - 10 - 15.(http://www.sohu.com/a/424750980_120895774)

[2] 杨涛.津巴布韦的货币悲剧[J].经营管理者，2008(06)：74.

本章小结

BRIEF SUMMARY

● 通货膨胀是指经济运行中出现的全面、持续的一般物价水平上涨的现象。常见的衡量通货膨胀指标有：消费者物价指数、生产者物价指数、批发物价指数、商品零售价格指数和国民(内)生产总值平减指数。

● 按通货膨胀的严重程度可将其划分为爬行的(或温和的)通货膨胀、加速的(或奔腾的)通货膨胀、超级的(或恶性的)通货膨胀等。

● 出现通货膨胀和通货紧缩原因多种多样，有货币性原因即货币供应量上涨造成的通货膨胀、需求拉上型通货膨胀、成本推进型通货膨胀、供求混合型通货膨胀、结构性因素引起的通货膨胀和输入型通货膨胀。

● 通货膨胀有财富再分配效应，即通货膨胀将有利于债务人而不利于债权人；有利于非固定收入者而不利于固定收入者；有利于政府而不利于社会公众。

● 通货膨胀的资源配置效应表现为，在通货膨胀中，由于各种商品和生产要素的价格上涨幅度不同，可以改变各种商品和生产要素的相对价格，引起整个价格体系的变动，最终使经济资源配置状况发生改变，这种改变可以是正效应或负效应。

● 通货膨胀的经济增长效应是指通货膨胀对整个经济体系中的生产和就业水平所产生的实际影响。一般来说，温和的通货膨胀可能会推动经济增长，严重或恶性通货膨胀会危害经济增长。

● 治理通货膨胀需要紧缩性的货币政策和财政政策、管制工资和物价、收入指数化政策、供给政策以及实行币制改革等非常规政策措施。

● 通货紧缩是指一般价格水平持续地下降。恶性通货紧缩加速经济衰退，通货紧缩对收入分配也产生影响。治理通货紧缩，需要坚持扩张性的宏观经济政策、收入政策、加快产业结构调整政策和改革僵硬的汇率制度等。

● 短期菲利普斯曲线表明，通货膨胀和失业率之间存在此消彼长的关系。其政策意义在于政府通过采取某一政策措施是不能同时得到低通货膨胀率和低失业率并存的理想状态。短期政策有效。总需求的变化引起菲利普斯曲线上点的移动，总供给曲线的移动引起菲利普斯曲线的整条线移动。

● 货币主义和理性预期学派研究认为，长期内不存在失业率与通货膨胀率之间的替代关系。长期菲利普斯曲线是一条垂直于 u 轴、经过自然失业率的一条垂线。

● 理性预期学派认为，无论在短期和长期中，失业和通货膨胀都无替代关系。因而宏观经济政策都是无效的。

复习题

REVIEW QUESTIONS

选择题

1. 认为通货膨胀的原因在于经济体的总需求大于总供给，从而引起一般物价水平持续上涨。这是(　　)。

   A. 需求拉上通货膨胀　　B. 成本推进通货膨胀
   C. 供求混合型通货膨胀　　D. 隐蔽型通货膨胀

2. 把通货膨胀归咎于产品成本提高的是(　　)。

   A. 凯恩斯主义　　B. 后凯恩斯主义　　C. 货币主义　　D. 马克思主义

3. 认为通货紧缩完全是一种货币现象，这是(　　)的观点。

   A. 凯恩斯主义　　B. 后凯恩斯学派　　C. 货币学派　　D. 马克思主义

4. 通货膨胀对策中，通过公开市场业务出售政府债券属于(　　)。

   A. 控制需求　　B. 改善供给
   C. 收入指数化政策　　D. 紧缩性财政政策

5. 通货膨胀对策中，冻结工资和物价属于(　　)。

   A. 控制需求　　B. 改善供给

C. 收入指数化政策　　D. 紧缩性货币政策

6. 下列不属于通货紧缩有害的观点的是(　　)。

A. 储蓄增加的同时个人消费相应减少

B. 实际利率上升,债务人负担加重

C. 实际利率上升,投资吸引力下降

D. 促进企业在市场竞争中为占领市场份额而运用降价促销战略

7. 下列(　　)不是通货膨胀的成因。

A. 银行信用膨胀　B. 财政赤字　C. 经常项目顺差　D. 资本项目逆差

8. 下列说法错误的是(　　)。

A. 物价水平的持续下降意味着实际利率的上升,投资项目的吸引力下降

B. 物价水平的持续下降意味着货币购买力不断提高,从而消费者会增加消费,减少储蓄

C. 通货紧缩可能引发银行业危机

D. 通货紧缩制约了货币政策的实施

9. 成本推进的通货膨胀(　　)。

A. 通常用于描述某种供给因素所引起的价格波动

B. 通常用于描述某种总需求的增长所引起的价格波动

C. 表示经济制度已调整过的预期通货膨胀率

D. 以上均不是

10. 在下列引起通货膨胀的原因中,哪一个最可能导致成本推进型通货膨胀(　　)。

A. 银行贷款扩张　　B. 预算赤字

C. 世界性商品价格上涨　　D. 投资率下降

11. 通货膨胀的收入分配效应指(　　)。

A. 收入普遍上升　B. 收入普遍下降　C. 收入结构变化　D. 债权人收入上升

12. 对付需求拉上型通货膨胀的方法是(　　)。

A. 人力资本政策　B. 收入政策　C. 财政政策　D. 三种政策都可以

13. 菲利普斯曲线说明(　　)。

A. 通货膨胀导致失业　　B. 通货膨胀率与失业率之间呈负相关

C. 通货膨胀率与失业率之间呈正相关　　D. 通货膨胀是由行业工会引起的

14. 长期菲利普斯曲线说明(　　)。

A. 通货膨胀和失业之间不存在相互替代关系

B. 传统的菲利普斯曲线仍然有效

C. 在价格很高的情况下通货膨胀率与失业率之间仍有替代关系

D. 高通货膨胀与高失业并存

15. “滞胀”理论用菲利普斯曲线表示就是(　　)。

A. 一条垂直于 x 轴(代表失业率)的菲利普斯曲线

B. 一条斜率为正的曲线

C. 短期菲利普斯曲线的不断外移

D. 一条不规则曲线

16. 长期菲利普斯曲线表明(　　)。

A. 经济主体存在货币幻觉　　B. 总需求管理政策只在一定范围内有效

C. 自然失业率可以变动　　D. 总需求管理政策无效

17. 按照(　　)的观点,菲利普斯曲线所阐明的通货膨胀率和失业率之间的替代关系在短期和长期都不存在。

A. 凯恩斯主义　　B. 货币主义　　C. 供应学派　　D. 理性预期学派

18. “滞胀”理论不符合(　　)的观点。

A. 凯恩斯主义　　B. 货币主义　　C. 理性预期学派　　D. 供应学派

判断与辨析

1. 通货膨胀不是一次性或短暂的物价水平的上涨,而是持续的不可逆转的物价上涨的现象。(　　)
2. 后凯恩斯学派与凯恩斯学派都主张需求拉上型通货膨胀成因论。(　　)
3. 关于通货膨胀成因,凯恩斯学派赞同需求拉上论,而货币学派则主张成本推进论。(　　)
4. 普遍、持续的物价下降意味着单位货币购买力上升,这意味着投资者投资成本降低,故对经济发展有利。(　　)
5. 经常项目顺差会造成国内市场货币流通量过多,而资本金融项目顺差则不形成通货膨胀压力。(　　)
6. 供给学派主张通过降低税率促进生产发展,治理通货紧缩。(　　)
7. 实行固定汇率制度的经济容易将境外通货膨胀输入境内。(　　)
8. 小国的通货膨胀率往往高于世界通货膨胀率,是由于小国生产效率低的非开放部门的工资涨幅超过其劳动生产率的增长率。(　　)
9. 通货膨胀将使经济资源配置效率低下。(　　)
10. 收入指数化既能剥夺政府从通货膨胀中获得收益,又可抵消或缓解物价波动对个人收入水平的影响。(　　)
11. 通货紧缩会降低货币政策的实施效果,使货币政策失去灵活性。(　　)
12. 货币主义适应性预期理论认为,无论在短期和长期中,失业和通货膨胀都无替代关系。因而宏观经济政策都是无效的。(　　)

基本概念

通货膨胀	通货紧缩	短期菲利普斯曲线	长期菲利普斯曲线
牺牲率	滞胀	需求拉上型通货膨胀	供给推进型通货膨胀
结构性通货膨胀	输入性通货膨胀	隐性通货膨胀	加速主义

思考题

1. 如何定义通货膨胀和通货紧缩？如何理解它们的内涵？
2. 根据通货膨胀的衡量指标，比较各个指标的优缺点。
3. 通货膨胀的成因主要有哪些？区别何在？
4. 结合本章知识和历史上各国治理通货膨胀和通货紧缩的实践，简要评论采取哪些措施控制通货膨胀和通货紧缩更为有效？
5. 通货膨胀的效应有哪些？
6. 图示分析需求拉上型通货膨胀形成的具体机制。
7. 图示分析成本推进型通货膨胀形成的具体机制。
8. 图示分析需求和供给混合型通货膨胀形成的具体机制。
9. 结构性因素导致的通货膨胀形成的具体机制是什么？
10. 通货膨胀国际传导的主要机制和途径是什么？如何治理输入型通货膨胀？
11. 凯恩斯学派如何认识通货膨胀与失业的关系？政策含义如何？货币学派和理性预期学派如何认识通货膨胀与失业的关系？它们的政策含义如何？

第十一章——货币政策理论与实践

货币政策是指中央银行运用各种政策工具，通过调整基础货币和货币供应量的变化来影响总需求、总供给，从而实现对宏观经济的调节和实现宏观经济目标的金融手段。中央银行货币政策的传导主要由三部分组成：货币政策目标、货币政策工具、货币政策的中介指标（中间目标）。本章主要分析货币政策总目标、货币政策中间目标、货币政策工具、货币政策传导机制和货币政策效果等内容。

第一节　货币政策总目标

货币政策实质是反映货币与经济发展之间的关系。货币政策总目标就是国家的宏观经济目标——最终目标。各国最终把协调社会总供给和总需求的平衡作为制定货币政策最终目标的基本着眼点。目前各国货币政策所要达到的最终目标公认的有四个：物价稳定、充分就业、经济增长和国际收支平衡。

一、货币政策最终目标概述

（一）物价稳定

物价稳定通常是指设法促使一般物价水平在短期内不发生显著的波动，以维持国内币值的稳定。由于通货膨胀和通货紧缩对资源配置效率、财富分配及稳定的预期等方面造成很大的负面影响，也会对一国宏观经济造成极大的破坏，所以，各国一般都把反通货膨胀和反通货紧缩、稳定物价作为一项基本的宏观经济政策。中央银行货币政策的首要目标就是稳定物价。物价水平的波动可以用消费物价指数、批发物价指数、国民（内）生产总值平减指数等来衡量。尽管在物价波动容许幅度上不同的经济理论相互之间还存在着争议，但从各国货币政策的实际操作来看，中央银行大都比较保守，一般要求物价波动幅度必须控制在2%—3%以内。自1998年亚洲金融危机爆发之后，通货紧缩现象逐渐出现。健全的货币政策在于保持物价的长期稳定，因此通货紧缩或膨胀都是货币政策调整的对象。

（二）充分就业

失业是指某个年龄以上，有工作能力并且正在寻找工作的人，在考察期内没有工作。较高的失业率不仅造成社会经济资源的极大浪费，而且是一个很严峻社会问题，容易导致社会和政治危机，因此各国政府一般都将充分就业作为优先考虑的政策目标。充分就业不是指失业率为零，而是大于零的水平，指劳动市场的均衡状态。此时的失业率称为自然失业率，即实现了充分就业。自然失业率是相对稳定的，与经济周期以及总需求水平的变动无关。但各国自然失业率在各个时期往往存在差异。人们对自然失业率的测量及估计一直存在分歧，简单的做法是用一段较长时间内的平均失业率来估计自然失业率。

（三）经济增长

关于经济增长，经济学界有不同的解释。一种观点认为经济增长是产量的增加，也就是国民生产总值的增加，这也是我们通常所说的一国在一定时期内在一定的生产能力基础上所能生产的最终产品或劳务总量的增加，或者是人均国民生产总值的增加。也有观点认为经济增长是为居民提高种类日益繁多的经济产品的能力长期上升，这种不断增长的能力是建立在先进技术以及所需的制度和思想意识之相应调整的基础上的，这种观点更加强调增长的动态效率。

各国在增长率选择上由于相互之间的差异而不尽相同。发展中国家较发达国家更偏好于高增长率，对本国的货币政策也有相应的要求。虽然人们对货币政策在经济增长上的作用存在争论，但是多数人认为，中央银行的货币政策只能以其所能控制的货币政策工具，通过创造和维持一个适宜于经济增长的货币金融环境，促进经济增长。

（四）国际收支平衡

西方国家货币政策的第四个最终目标是国际收支平衡。国际收支平衡是指一国对其他国家的全部货币收入和货币支出持平、略有顺差或略有逆差。国际收支平衡又可分为静态平衡和动态平衡。其中静态平衡是指以一年周期内的国际收支数额持平为目标的平衡，只要年末的国际收支数额相等，就称之为平衡；动态平衡则是指以一定时期（如三年、五年）的国际收支数额持平为目标的平衡。目前在国际收支管理中动态平衡正受到越来越多的重视。由于国际收支状况与国内市场的供应量有着密切的关系，所以对于开放条件下的宏观经济而言，一国货币政策的独立有效性正面临越来越严峻的挑战。

二、货币政策目标之间的关系

上述最终目标存在权衡关系，中央银行往往会顾此失彼。因此中央银行要从中选择一个或以上，作为主要的目标，同一时期内，其他可作为次要的目标。

（一）经济增长与充分就业

经济增长与充分就业之间存在着相互补充、相互促进的关系。美国经济学家阿瑟·奥肯根据对美国经济的分析，发现失业率相对于自然失业率提高 1%，经济的潜在产出与实现产出的缺口增大2%，这也被称为“奥肯定律”。这表明就业率与经济增长存在正相关的关系，经济增长保证了生产资源和劳动力的有效使用，为充分就业创造了有利条件；反之，劳动力和生产资源的充分利用，又为生产力的提高和经济增长创造了条件。

（二）物价稳定与充分就业

物价稳定与充分就业在短期内存在此消彼长的替代效应，如优先考虑物价稳定，就会忽略充分就业和经济增长，如优先考虑充分就业，就要容忍一定程度的通货膨胀。这是因为要保持充分就业就须扩大生产规模，增加货币供应量，物价就要上升，若要降低物价上涨率，就要压缩货币供应量，压缩生产规模，导致失业增加。物价稳定和充分就业的关系可用菲利普斯曲线来描述。英国经济学家菲利普斯研究了英国 1861—1957 年工资增长率和失业率之间的关系，发现两者之间存在相互替代关系，于 1958 年提出了著名的“菲利普斯曲线”。20 世纪 60 年代美国经济学家萨缪尔森和索洛等人对美国战后 20 多年的经验进行了实证研究，发现充分就业和物价稳定二者之间存在着此消彼长的替代关系，认为这两个目标中任何一个目标的实现，都必须以牺牲另一个目标为代价。因此，作为货币政策，既不能为稳定物价而放弃充分就业的目标，也不能为了充分就业而放弃物价稳定的目标，只能因地制宜选择正确的搭配。如图 11 - 1 所示。

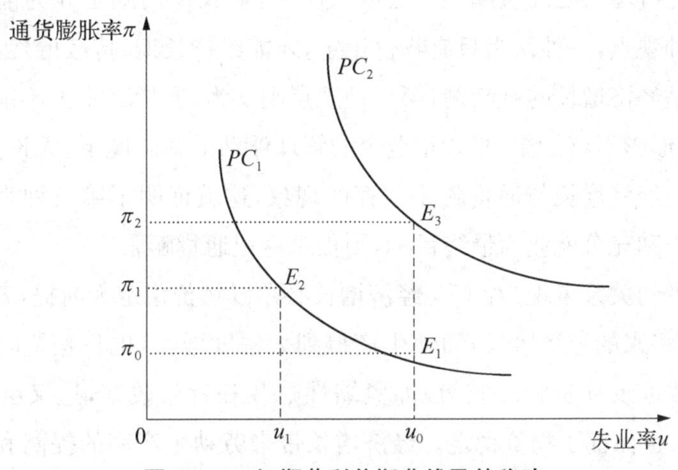

图 11 - 1　短期菲利普斯曲线及其移动

但是，适应性预期和理性预期论者认为，从长期看，两者不存在这种此消彼长的关系。如图 11 - 2 所示。在图 11 - 2 左，经济的初始状态由 AD 曲线与 LAS 交点决定，此时价格水

平为 P_0，产出为 Y_0。P_0对应的通货膨胀率为 $\pi_0[=(\Delta P/P)_0]$，Y_0对应的失业率为 $\bar{u}$。π_0与 $\bar{u}$ 的组合点为 A。当 AD_0增加到 AD_1时，均衡点由 E_0向右上方移动到 E_1，价格上升到 P_1，由于充分就业，故产出不变，仍为 Y_0，此时，P_1对应的通货膨胀率为 $\pi_1[=(\Delta P/P)_1]$，Y_0对应的失业率仍为 $\bar{u}$。失业率不变，π_1 与 $\bar{u}$ 的组合点为 B。AB 的连线就构成一条长期菲利普斯曲线。显然总需求变化只能引起 LPC 线上点的移动，LPC 线本身不移动。但当长期总供给曲线移动时，比如 LAS 曲线向右移动，说明充分就业产出增加，失业下降，此时 LPC 应该向左平移。反之，当 LAS 曲线向左移动时，LPC 曲线必然向右移动。

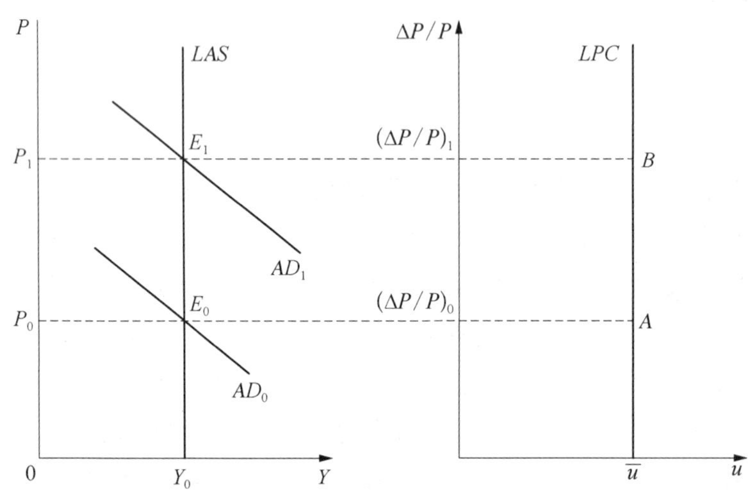

图 11-2　长期总供给曲线 *LAS* 和长期菲利普斯曲线 *LPC*

(三) 物价稳定与经济增长

物价稳定与经济增长之间短期内存在替代关系，而长期内则是互为前提与相互促进关系。学术界有三种观点，一种认为只有物价稳定，才能维持长期、持续的经济增长；二是认为通货膨胀实际上是经济增长的刺激剂；第三种观点则认为，通货膨胀虽不能促进经济长期增长，但与经济增长形影不离。在 1973 年至今的管理浮动汇率制度下，无论是发达国家，还是发展中国家都存在经济增长与通货膨胀并存的现象，这就证明了第三种观点的正确性。假如一国以经济增长和充分就业为最终目标，则很难避免通货膨胀。

在长期内两者的关系表现为：(1) 经济增长必须以物价稳定为前提，若用通货膨胀来刺激经济，则会破坏将来的经济增长，即使生产得到大幅度增长，也只是暂时的。这是因为物价上升迫使政府采取反通货膨胀政策，即紧缩性财政和货币政策，这又会使经济增长率下降。(2) 经济增长也保证了物价稳定。经济增长带来劳动生产率的提高和新的生产要素的投入、产品增加和单位产品生产成本的降低。(3) 经济增长使产品供给增加，达到与需求相同的水平，总供给等于总需求是物价稳定的基础。

关于物价与经济增长的关系，从我国近 20 年数据(表 11-1)可以有所了解。

表 11－1　1990—2019 年我国 GDP、RPI、CPI 增长率

	GDP 增长率按不变价(比上年)(%)	人均 GDP 增长率(比上年)(%)	零售物价指数增长率(比上年)%	居民消费物价指数增长率(比上年)%
1990	3.9	2.4	2.1	3.1
1991	9.3	7.8	2.9	3.4
1992	14.2	12.8	5.4	6.4
1993	13.9	12.6	13.2	14.7
1994	13.0	11.8	21.7	24.1
1995	11.0	9.8	14.8	17.1
1996	9.9	8.8	6.1	8.3
1997	9.2	8.1	0.8	2.8
1998	7.8	6.8	−2.6	−0.8
1999	7.7	6.7	−3.0	−1.4
2000	8.5	7.6	−1.5	0.4
2001	8.3	7.6	−0.8	0.7
2002	9.1	8.4	−1.3	−0.8
2003	10.0	9.4	−0.1	1.2
2004	10.1	9.5	2.8	3.9
2005	11.4	10.7	0.8	1.8
2006	12.7	12.1	1.0	1.5
2007	14.2	13.6	3.8	4.8
2008	9.7	9.1	5.9	5.9
2009	9.4	8.9	−1.2	−0.7
2010	10.6	10.1	3.1	3.3
2011	9.5	9.0	4.9	5.4
2012	7.9	7.3	2.0	2.6
2013	7.8	7.2	1.4	2.6
2014	7.3	6.8	1.0	2.0
2015	6.9	6.4	0.1	1.4
2016	6.7	6.1	0.7	2.0
2017	6.9	6.3	1.1	1.6
2018	6.7	6.3	1.9	2.1
2019	6.1	5.7	2.0	2.9

资料来源：《中国统计年鉴 2019》。中国国家统计局网站：http：//www.stats.gov.cn/tjsj/ndsj/。

（四）物价稳定与国际收支平衡

在其他因素不变情况下，持续的国际收支顺差，导致外汇储备数额增加，可能扩大本国外汇占款，即国内货币供应量增加，从而促进本国物价上涨；从一个理论极端来看，持续的国际收支平衡，外汇储备数额不变，不会引起国内货币供应量变化，从而有利于本国物价稳定。若国内物价稳定，国际市场价格上升，这说明本国的价格水平相对下降，在汇率稳定情况下，则本国出口优势增加，有利于贸易收支改善。可见，二者之间在理论上有相互协调一致的一面，但在实践中常见其冲突的一面。

（五）经济增长与国际收支平衡

我们从国际收支的最主要项目——贸易收支和资本往来两个项目来分析它们与经济增长的关系。在其他因素不变情况下，持续的贸易顺差，可能由于出口增加、进口减少或出口增长大于进口增长所致，形成出口导向型经济增长（即外需型增长）；持续的增长又会导致国内总需求增加，包括对国内产品需求增加和对进口产品需求增加，这样又将招致贸易顺差下降甚至产生逆差，所以经济增长与贸易收支平衡之间难以协调。在使用外资方面，一方面，吸引海外直接投资有利于促进国内经济增长，另一方面，本国经济增长态势良好说明国内市场的要素报酬可观，这又促进外资持续纷至沓来。总之经济增长与资本金融项目顺差这二者经常相伴出现。

三、协调货币政策目标之间矛盾的主要方法

在货币政策的实践中，协调不同目标之间矛盾的方法主要有三种：一是对相互冲突的多个目标统筹兼顾，力求协调或缓解矛盾；二是根据凯恩斯学派，实行相机抉择的操作方法；三是货币政策与财政政策及其他政策协调配合，力争达成多重目标的实现。

四、我国货币政策目标

（一）我国货币政策目标之争

我国货币政策目标在实践中也存在单一目标论、双重目标论、多重目标论之争。单一目标，以稳定币值作为首要的基本目标。双重目标，即稳定货币和经济增长兼顾。多重目标，即经济增长、价格稳定、充分就业、利率稳定、汇率稳定、国际收支平衡等目标兼顾。尽管中央银行不能直接实现这些目标，却能针对中央银行自身可以影响的变量制定不同的政策。从各国中央银行货币政策的历史演变来看，无论是单一目标、双重目标或多重目标，都不能脱离当时的经济社会环境和所面临的最突出的基本矛盾。同时，货币政策要保持足够的稳定性和连续性，政策目标不能偏颇和多变。

（二）我国现行货币政策目标

1995 年《中华人民共和国中国人民银行法》将我国货币政策的最终目标确定为“保持币

值的稳定，并以此促进经济增长”，这属于双重目标。

关于我国货币政策最终目标长期以来一直存在争议。何德旭、冯明(2019)认为我国货币政策最终目标除了上述四个传统目标外还兼顾外汇储备水平、金融稳定和防风险、经济结构调整、促改革、惠民生等多个方面。周小川(2016)认为我国中央银行采取多目标制，不仅追求上述四大年度目标，还追求金融改革和开放、发展金融市场这两个动态目标。第十三个五年计划以来，我国经济发展进入所谓“新常态”，经济新常态主要表现为中速增长、结构优化、动力转换、风险显化特征。这意味着：① 经济增长将告别传统的不平衡、不协调、不可持续的粗放增长模式；② 结构方面，消费需求逐步成为需求主体，第三产业逐步成为产业主体；③ 增长动力由要素驱动、投资驱动转为创新驱动、知识驱动；④ 一些不确定性风险显性化，比如楼市风险、地方债风险、金融信贷风险等，并且相互关联。除了上述目标外，近年来我国经济结构调整和供给侧结构性改革，越来越关注中小微企业融资难融资贵问题，因此货币政策目前还特别关注经济结构优化和金融服务实体经济。

总之，我国货币政策总目标具有多元性，除了传统的四大目标之外，还要兼顾金融发展与金融稳定、金融服务实体经济等目标。

第二节　货币政策中间目标

货币政策是一国货币当局进行宏观经济调控的重要手段。货币政策并不是直接作用于最终目标，而是通过对一系列中间变量的设定、调节和影响来间接作用于最终目标，从而实现最终目标。这种中间变量就称为货币政策的中间目标，也称中介指标或中介目标。中介目标是货币政策作用过程中一个十分重要的中间环节，也是判断货币政策力度和效果的重要指示变量。中间目标的选择恰当与否关系到货币政策的调节效果以及最终政策目标的实现。

一、中间目标的选择标准

货币政策的中间目标必须能为货币当局较为准确地控制，并能方便、迅速地观测，还要与货币政策最终目标密切相关，即中间目标必须满足可控性、可测性和相关性的要求。

1. 可控性

中间目标必须处在中央银行的完全控制之下，当中间目标变量偏离预定目标时，中央银行通过运用各种货币政策工具，必须能够准确、及时、有效地使之回归到目标区，贯彻其货币政策意图。

2. 可测性

中间目标应有比较明确的定义，有合理的内涵和外延。如货币供应量、长期利率、短期利率、汇率等,同时有关中间目标的准确数据应能为中央银行及时获取,以便于观察、分析和监测。

3. 相关性

相关性即要求货币政策中间目标必须与最终目标密切相关,近期中间目标与远期中间目标密切相关,它们的变动必然会对最终目标产生可测的影响。

依据中间目标的选择标准,从各国尤其是发达国家中央银行的实践看,经常被选作中间目标的指标变量有:货币供应量、利率、汇率、基础货币、超额准备金等。这些中间目标可区分为两种类型:一是从政策作用的角度,可分为操作目标(近期指标)和效果目标(远期指标)。前者是指离政策调控工具较近,政策执行者可以直接操作的指标,如短期利率、基础货币、超额准备金等,也叫近期中间目标;后者是指货币政策执行者不能直接控制、操作,但是通过它比较容易实现货币政策最终目标,明了政策效果的指标,通常离货币政策调控工具较远,所以也叫远期中间目标,如货币供应量、长期利率、汇率等。二是从指标的性质角度,可分为数量指标(总量指标)和价格指标(利率指标),比如货币供应量、基础货币、超额准备金等属于数量指标,利率、汇率等属于价格指标。我们分别来分析近期和远期中间目标。

二、常用的远期中间目标及其选择

(一) 货币供应量

货币供应量是指一个国家在某一时点上所保持的不属于政府和银行的货币供给总和(包括现金和存款货币量在内),是一个存量概念。可以分为狭义和广义货币供应量。狭义货币供应量即 M1 指某国某一时点上所持有的不属于政府和银行的硬币、纸币和活期存款的总和,广义则包括 M2、M3。这是以弗里德曼为代表的现代货币主义者所推崇的中介目标。20 世纪 70 年代以后,西方各国相继采用货币供应量作为货币政策的中介目标,但 M1、M2、M3、L(除存款以外的其他各种金融资产)何种最佳,一直是各国争论的问题,也是个实证问题。

货币供给量作为中间目标是否可行,我们分别依据上述标准进行评析:

首先,将货币供应量作为中间指标具有较强的可测性。因为根据货币的流动性差别及货币的强弱,M0、M1、M2、M3 等指标均有很明确的定义,分别反映在中央银行、商业银行及其他金融机构的资产负债表内,可以很方便地进行测算和分析。比如政府存款主要反映在中央银行的资产负债表上,而企事业单位和个人的各种存款则反映在商业银行和其他金融机构的资产负债表上。

其次,将货币供应量作为中间指标具有可控性。货币供应量是基础货币与货币乘数之积,货币供应量的可控性实际上就是基础货币的可控性及货币乘数的可控性。从逻辑上讲,如果一国的货币体制能够确保中央银行对基础货币的控制,则中央银行就能够通过控制基础货币间接地控制货币供应量,此时货币供应量就具有很好的可控性。因为基础货币中的现金流通量可由中央银行直接控制，注入流通或回笼；商业银行和金融机构的存款数量可由中央银行通过调整法定存款准备金来间接加以控制。总之，中央银行通过控制基础货币($B=C+R$)来调整货币供应量。反之，如果中央银行对基础货币的控制能力较弱，货币乘数缺乏稳定性，则货币供应量控制起来就比较困难。由此可见，货币供应量的可控性很大程度上取决于特定的货币制度、金融环境及经济发展阶段。

在发达的金融市场条件下，M2 与 GDP 的联系比 M1 与 GDP 的联系更紧密，且 M2 比 M1 更便于中央银行控制。因为中央银行很难在短期内控制货币在现金、活期存款和定期存款之间的移动。而对于 M2，这种移动仅仅是内部结构的变动，中央银行并不需要特别地去控制它，而只要控制住金融体系的信用规模，就能在短期内控制住 M2 的总量。

再次，货币供应量与货币政策最终目标也是密切相关的。一定时期的货币供应量代表了当期的社会有效需求总量和整个社会的购买力，对最终目标有着直接影响，因而与最终目标直接相关。具体分析如下：

(1) 货币供应量是经济运动过程中的内生变量，其变动是顺循环的。当经济景气时，银行体系减少储备水平，扩张信贷，引起市场货币供应量增加；当经济不景气时，企业中间产品库存增加，反映在最终产品需求下降，所以商业银行采取谨慎态度，增加储备，紧缩信贷，导致货币供应量下降。而货币政策的松紧变动正好是通过货币供应量增减变动而表现出来的。货币供应量的增减变动与货币政策手段的操作方向正好一致。

(2) 货币供应量作为中间目标不会误导政策当局。基于以上分析，货币供应量无论是作为内生变量还是政策性的外生变量，都与总目标成正相关关系，故不存在利率的那种相互抵消的影响和弊端。若将货币供应量作为中间目标，因政策性因素和非政策性因素的影响效果发生混淆而对金融当局发出错误信号的可能性大大减少。例如，在经济繁荣时，货币供应量每年增长率为 10%，中央银行为抑制需求，确定中期目标为 8%，需紧缩两个百分点，由于货币供应量是顺循环变化的，它在短期内甚至中期内可能继续增长至 14%，在这种情况下，中央银行不会做出错误的分析，只会继续强化紧缩银根措施(克服利率作为中介目标时的弊端)。

(3) 货币供应量特别是 M1、M2，代表了整个社会的购买力，其变化直接影响社会总供给与总需求的平衡状况。当货币供应量不足时，社会总需求低于社会总供给，导致社会资源闲置，从而阻碍经济的发展；相反，货币供应量过多时，社会总需求高于社会总供给，导致物价上涨或通货膨胀，也不利于经济发展。只有中央银行将货币供应量控制在适度水平，才会使社会总需求与总供给趋于平衡，实现货币政策的最终目标。

然而选择货币供应量作为中间目标的问题在于指标口径的选择上，以 M0、M1、M2 甚至更广义的货币量而言，到底哪一个指标更能代表一定时期的社会总需求和购买力，从而表现出与最终目标有着更强的相关性？从发展趋势来看，越来越多的国家已把控制的重点从 M1 转向 M2，我国在 20 世纪 90 年代初期和中期还是以 M1 为控制重点，而从 20 世纪 90 年代末期开始逐步将控制重点转向 M2。

实证研究表明：发达国家 M2 与 GNP、GDP 关系密切，所以 M2 应作为最佳的中间目标，这是弗里德曼的观点（“单一规则”）。在日本，M2 与最终需求（主要指消费需求）关系密切，二者呈正相关，从而 M2 与稳定物价这个最终目标呈正相关。但也有人认为，把货币供应量作为货币政策的中间目标亦值得商榷。原因在于：

第一，许多人不承认弗里德曼关于货币供应量与产品总需求之间存在稳定关系的假定，认为对货币的需求量与国民收入的比例关系是不稳定的，时而上升，时而下降，其升降是同一般利率水平的变动和多种利率间的关系变动有关的，因此，使货币供应量按一个比例增加，并不能保证总需求按相应比例同方向增加。

第二，弗里德曼把定期存款和储蓄存款包括在他的货币供应量定义内，但这两类存款的变动是不规则的，1 美元的定期存款（D_t）和储蓄存款（D_s）对总需求水平的影响，与 1 美元的活期存款（D_d）或现金所发生的影响是不同的，故很难准确把握货币总量与政策目标之间的关系。

最后，许多学者认为，货币供应量同样受非政策因素影响，如现金漏损率的变动、不同货币层次间的转换、非银行金融机构的信用活动、财政政策的变化、国民收入增加后对货币需求的增加等。

综上所述，用货币供应量作为中间目标，实施过程中要仔细判断。

（二）长期利率

长期利率主要指中长期债券的利率。根据凯恩斯主义者的货币政策传导机制理论，长期利率作为货币的中间目标与最终目标间有着很强的相关性。中长期利率对投资者有着显著的影响，对不动产的投资来说尤其如此，因此与整个社会的收入水平直接相关。另外，货币市场与资本市场上的各种利率易于为中央银行所获取。从可控性方面来说，在间接调控体系下，中央银行借助于公开市场操作就可以影响银行的准备金供求而改变短期利率，进而引导长期利率的变化，以实现对长期利率的控制。因此，长期利率作为货币政策的中间目标是适宜的。

但选择长期利率作为中间目标无论是在理论上还是实践上仍然存在一些问题。第一，利率数据虽然很容易获取，但如何从大量利率数据中得出一个代表利率并不容易。第二，名义利率与预期的实际利率之间往往存在着差别。第三，长期利率除受货币资金供求的影响外，还受公众对通货膨胀的心理预期等多种市场因素的影响。货币政策和市场因素对利率的作用效果是叠加的，当利率发生变动时，中央银行往往很难分辨出货币政策的效果。第四，中央银行对长期利率的影响是通过对短期利率的影响来传递的，而从短期利率到长期利率存在时滞，这也是长期利率作为中间目标的局限性。

（三）汇率

汇率是一国货币兑换另一国货币的比率，是一种货币用另一种货币表示的价格。在不同的货币政策框架中，汇率的功能是不一样的。在浮动汇率制度下，汇率可以作为货币政策的中间目标，即通过汇率的波动来检测和调整货币政策的力度和方向。但实际上，汇率作为中间目标具有很大的局限性。

首先，从可测性来看，一般而言，汇率是中央银行能够及时统计的指标，但这仅仅指名义汇率，实际汇率的统计要复杂得多。其次，从可控性来看，在开放体系中一国中央银行可以在一段时期内和一定范围内控制汇率，如中央银行可以通过公开市场业务改变国内外资产的比例来控制汇率，但中央银行无法长期、持续地作同一方向的资产结构调整。另外，短期国际资本的流动，其影响汇率的因素会进一步削弱中央银行控制汇率的能力。最后，从相关性来看，汇率同最终目标之间并不存在稳定的关系。

三、常用的近期中间目标

(一) 短期货币市场利率

经常被选作操作目标的短期利率是银行同业拆借利率。银行同业拆借市场作为货币市场的基础，其利率是整个货币市场的基准利率。中央银行通过调控银行同业拆借利率就可以改变货币供应量，以影响长期利率。有关银行同业拆借利率的水平和变动情况中央银行可以很方便地得到。当中央银行根据既定的 M1 目标认为有必要维持或改变现有的利率水平和结构时，就可以通过相应的公开操作及对贴现窗口借款量和贴现率的具体规定，调控同业拆借利率，以贯彻其政策意图。

短期利率作为操作目标的最大问题是利率对经济产生作用存有时滞，同时因为是顺商业周期的，容易形成货币供应的周期性膨胀和紧缩。举例来说，假如经济受到一个正向冲击，收入突然增加，从而引起利率的相应上升，中央银行为使利率回落到预定的目标水平，将会在公开市场上买入证券，以增加银行准备金。这将导致基础货币的增加，从而引起货币供给的增长。当发生相反的情况时又会造成货币供给的下降，不符合货币政策的逆风向调节原则。此外，利率也容易受通货膨胀、市场供求、心理预期等非货币因素的影响，不利于中央银行作出正确判断并采取正确行动。所以当 1979 年美国恶性通货膨胀上升、美元大幅度贬值、金融市场信心动摇之际，美国联邦储备系统将操作目标的重点转移到银行准备金上。

总之，不论短期还是长期利率，其作为货币政策中间目标利弊如下：

(1) 可测性好。利率是社会经济过程市场决定的内生变量。短期利率的数据资料是很容易收集的，因为中央银行在任何时候都可以直接观察到金融市场上的利率水平及其结构，所以利率作为中间目标是可测的。

(2) 相关性。利率是市场决定的内生变量，利率的变动与经济周期各阶段的转换紧密相关，它能灵敏地反映货币和信贷的供求之间的变化。

① 从需求角度看，当经济景气，对信贷资金的需求增加时，利率上升；反之，当经济不景气，对信贷资金的需求减少时，利率下降，所以利率是顺循环的。

② 从供给的角度考察，当经济景气时，市场会出现通货膨胀预期，市场利率会上升。因为由于物价上涨造成的本金价值损失，必须通过向资金供给者提供较高的利率得以补偿。再回到需求的角度，由于市场销售状况良好，投资有利可图，资金需求者也愿意支付较高的利率。

所以市场利率是中央银行实施货币政策时经常重视的一个指标。

(3) 从可控性看，利率作为中间目标有严重缺陷。

一方面，利率作为政策中间目标(外生变量)，它与总需求呈相反方向变动。当利用利率这个指标时，政策效果与非政策效果会互相混合，使中央银行无法确定政策是否奏效，以致会采取错误的措施。例如，当经济景气时，中央银行也产生通货膨胀预期，采取紧缩性货币政策(如提高准备金率，公开市场卖出债券等)导致利率上升。比如，市场利率为5%，中央银行经过分析把利率提高至8%，以压缩最终需求，即作为政策变量的利率上升的幅度应为三个百分点。但由于存在非政策变量因素，如通货膨胀的心理作用和投机行为等因素的影响，市场利率可能上升至9%。如表11-2所示。从表面上看，似乎最终需求已有控制，中央银行所确定的中间目标(8%)已达到，但实际上，市场利率上升的四个百分点中可能有三个百分点是非政策因素造成的，而政策因素的影响只有一个百分点。此时中央银行可能会产生错觉，误以为紧缩效果已经达到，而不再坚持高利率政策，使反通货膨胀政策(保持物价稳定)半途而废。

表11-2　利率作为中间目标的缺陷：政策效果与非政策效果模糊

<table>
<tr><th></th><th colspan="2">市场利率</th><th>中间目标</th><th>政策判断及操作结果</th></tr>
<tr><td>货币政策实施前</td><td colspan="2">5%</td><td>8%</td><td></td></tr>
<tr><td rowspan="8">货币政策实施后
(市场利率中超过货币实施前的部分根据原因分为政策效果和非政策效果，上者为政策效果所致，下者为非政策效果所致)</td><td rowspan="2">9%</td><td>3%</td><td rowspan="2">达到！</td><td rowspan="2"></td></tr>
<tr><td>1%</td></tr>
<tr><td rowspan="2">9%</td><td>1%</td><td rowspan="2">达到?</td><td rowspan="2">误以为达到效果，从而放弃高利率政策，使反通货膨胀政策半途而废</td></tr>
<tr><td>3%</td></tr>
<tr><td rowspan="2">9%</td><td>3%</td><td rowspan="2">达到?</td><td rowspan="2">前车之鉴，误以为有两个百分点为非政策效果，故进一步紧缩——过头</td></tr>
<tr><td>1%</td></tr>
<tr><td rowspan="2">6%</td><td>1%</td><td rowspan="2">达到?</td><td rowspan="2">时滞内，误以为未达到，故进一步紧缩，等时滞过后，可能紧缩过头</td></tr>
<tr><td>0</td></tr>
</table>

另一方面，由于政策性因素导致利率上升从而实现紧缩总需求的目标有时滞(比如半年)，而中央银行误以为没有达到政策效果，在半年期内进一步紧缩货币，可能导致紧缩过头，产生通货紧缩，雪上加霜。或者把利率8%的中间目标本来只是政策效果而不是非政策因素造成的，却误以为有2%为非政策因素造成，于是进一步紧缩，结果更是雪上加霜。

因此，使利率发生波动的因素太多，中央银行难以判断利率上升是由哪种原因引起的，所以无法采取适当的手段以有效控制，降低了利率作为“指示器”的作用。同时，现代市场利率都具有极其复杂的期限结构(期限相同的证券为什么具有不同利率)、风险结构和多种收益率结构(在风险因素相同的条件下利率与金融资产期限之间的变化关系，通常用债券的收益率曲线来表示)，它们的不同组合和调整也可以引起利率变动。总之，利率变动有多种原因，政策性因素与非政策性因素均可能导致利率变动，这使中央银行难以分辨，甚至产生混淆，降低了利率作为中间目标的可靠性。

综上所述，利率作为中间目标欠妥。

前已述及，20 世纪 70 年代以前，西方发达国家用利率作为中间目标，但 20 世纪 70 年代后转用货币供应量指标，因为 20 世纪 60 年代后期，发达国家的通货膨胀发展很快，致使名义利率与政策目标的联系变得糊涂。

利率作为中间目标的缺陷：

(1) 可控性中抗干扰效果较差，易受非政策因素影响。

(2) 中央银行能够控制名义利率，而对预期实际利率很难控制。对经济运行产生实质影响(实现政策目标)的是预期实际利率。实际利率等于名义利率与预期通货膨胀率的差。由于没有计量通货膨胀预期的直接手段，故对预期实际利率很难准确计量。

(3) 利率与最终目标的相关性。利率与最终目标的相关性是指利率对经济活动的影响取决于市场主体对经济收益变动的敏感性。即货币需求的利率弹性 e_i，e_i大，则利率变动对经济活动的影响就大。但 e_i大小既受经济体制影响，也受金融市场发育程度和经济运行状况的影响。比如，我国计划经济向市场经济转轨过程中，银行、企业和居民作为独立市场主体地位尚未完全确立，加之金融市场不发达，可选择的投资工具和渠道少；转轨时期未来收益、社会保障等的不确定性较大，都制约了利率变化对经济活动(目标)的影响效果。如 1996—1999 年期间，七次下调利率对总需求的刺激并不显著；日本则在经济严重衰退时，将利率调至 0.5％极低水平，也无法刺激经济的复苏。

(二) 银行超额准备金

银行准备金是指商业银行和其他金融机构在中央银行的存款余额及持有的库存现金。银行准备金超过法定准备金的部分就是超额准备金，它的主要特点是不生息，或只有很低的利息。超额准备金分借入准备和自由准备。前者是商业银行向中央银行短期借款融通资金作为准备金的部分；后者是商业银行缴存中央银行的多余的短期资金，是可以自由使用的部分。

中央银行对银行超额准备金的调控是通过公开市场操作和贴现窗口，即调控自由准备金和借入准备金来完成的。在实际操作中，中央银行可进一步选择自由准备金或借入准备金来作为其操作目标。银行准备金作为操作目标常常与银行同业拆借市场利率相联系。其操作原理是：通过调节准备金供给以影响银行同业拆借市场利率，从而进一步影响货币总量。

就可测性而言，超额准备金可以很方便地从有关的记录和报表中获得或者通过相应的估测得到。另外，由于中央银行可以通过公开市场业务任意地改变准备金数额，可控性也不存在问题。至于相关性，我们知道，基础货币由自由流通中现金和银行准备金组成，通过调控银行准备金就可以改变基础货币，从而改变货币供应量。

（三）基础货币

基础货币又称“高能货币”，是流通中的现金和银行准备金总和。一般认为，基础货币是比较理想的操作目标。就可测性而言，首先，基础货币表现为中央银行的负债，其数额随时反映在中央银行的资产负债表上，很容易为中央银行所掌握。其次，基础货币中的通货可以由中央银行直接控制；银行准备金总量中的非借入准备金，中央银行可以通过公开市场操作随意加以控制。虽不能完全控制借入准备金，但可以通过贴现窗口进行目标设定并预测，有较强的可控性。再次，根据货币乘数理论，货币供应量等于基础货币与货币乘数之积，只要中央银行能够控制住基础货币的投放，也就等于间接地控制住了货币供应量，从而能够进一步影响利率、价格及国民收入，以实现最终目标。

基础货币与最终目标的相关性也是很强的。中央银行通过对基础货币的调控，改变商业银行、金融机构及社会公众持有的资产结构，改变社会货币供应量 M_s，从而影响利率、价格及整个社会的经济活动。一般地，$B\uparrow \Rightarrow M_s\uparrow \Rightarrow AD\uparrow$；反之，$B\downarrow \Rightarrow M_s\downarrow \Rightarrow AD\downarrow$。

但是，基础货币作为中间目标，其相关性、可控性是有限的，因为如果要使总需求 AD 扩大至中央银行期望规模，则货币乘数应是稳定的。而事实上，货币乘数会受种种非政策因素影响而变化，比如市场利率的变化会影响社会公众对资产的选择。

（四）通货膨胀率

从长期看，过高的通货膨胀不利于经济持续、稳定、健康发展；负通货膨胀率往往意味着有效需求不足；零通货膨胀率则会以抑制经济增长为代价。从我国 1998、1999 年的情况看，M2 的年增长率约为实际 GDP 增长率的 1 倍，1999 年 M1 的增幅为 GDP 的 1 倍以上，但价格水平仍为负增长，这是由于货币流通速度减慢和商品供应能力相对过剩引起的。2005 年，M1 的增幅为 GDP 的 1 倍左右，通货膨胀率只温和地上升了 3%左右。因此，为克服由货币供应量作为中间目标的缺陷，建议适时采用以居民消费价格指数为代表的通货膨胀率作为中间目标的操作指标。这是因为，一方面以消费价格指数表示的通货膨胀率具有较强的可测定性，一般情况下，中央银行可以通过分析居民消费价格指数的变动，随时掌握动态；另一方面，一些西方发达国家的中央银行目前也大多是通过对通货膨胀率的监测来确定其货币供应量的，表明该指标与中央银行货币政策最终目标具有高度的相关性和可预测性。因此，可以从我国的实际情况出发，把年通货膨胀率确定在 2%—3%左右，高限不超过 3%，低限不低于 1%，以既不让通货膨胀率过高，又避免出现零通货膨胀或负通货膨胀，给经济增长营造一个比较宽松的环境。

四、中间目标的选择：货币供应量和利率能否同时作为一个国家货币政策的中间目标?

虽然说中间目标的选择要符合可测性、可控性和相关性的标准，但是由于不同国家在不同时期的货币制度、金融环境、经济发展形势等不尽相同，中间目标的选择仍然面临较多争论和困难。在实际选择过程中，中间目标的选择也仍然面临较多争论和困难，货币供应量指标和利率指标一般不能同时选作中间目标，因为两者之间存在着冲突。两者的问题是既然作为中间目标都有缺陷，什么情况下选择利率作为中间目标？什么情况下选择货币供应量作为中间目标？作为政策变量，利率与总需求(最终目标)呈反向变动关系，货币供应量与最终目标呈正向变动，是否同时控制这两个指标才能达到最终目标？分析如下：

(1) 若中央银行将货币供应量作为中间目标，则利率将失去控制。

在图 11-3 中，M_d 为中央银行预期的货币需求线，可由于经济增长率和通货膨胀率的意外变动，使 M_d 在 M_{d1} 和 M_{d2} 之间波动。因为公众对于持有债券或持有货币的偏好可变，若中央银行将目标定为 M2 上升 10%，以使货币供应处于 M^*，则中央银行预期利率为 i^*，但因 M_d 的波动将导致 i 在 i_1 和 i_2 之间变化。追求货币总量目标将意味着 i 波动。

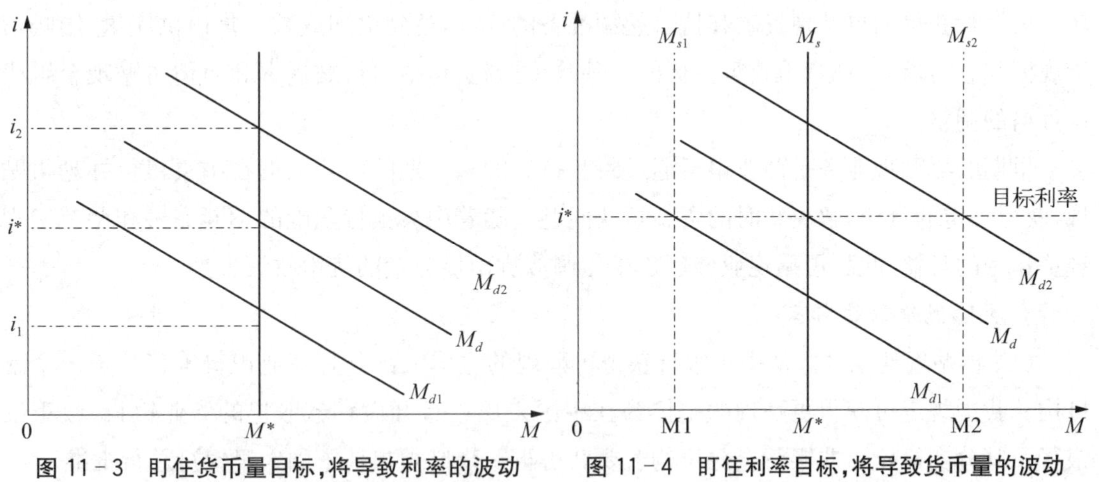

图 11-3　盯住货币量目标，将导致利率的波动　　图 11-4　盯住利率目标，将导致货币量的波动

(2) 若中央银行以利率作为中介。中央银行对 M_d 预期及公众偏好同前，若货币需求曲线降至 M_{d2} 以下，利率 i 将降至 i^*，而债券价格将上升，中央银行为维持利率目标，在公开市场出售债券以使债券价格下降，i 提高到目标水平 i^*，这时货币供应量下降。反之，中央银行将在公开市场购买债券。因此中央银行盯住利率目标将导致货币供应量的波动。如图 11-4 所示。

第三节　货币政策工具

中央银行为实现货币政策目标而对货币或信用进行调节和控制所运用的政策手段就是货币政策工具。世界各国都会根据其经济发展水平和发展阶段选择不同的政策工具。一般将货币政策工具分为一般性货币政策工具、选择性货币政策工具、直接信用控制工具、间接信用控制工具等。其中一般性货币政策工具又分为公开市场操作、调整再贴现率和调整法定准备金率三种手段；选择性控制工具分为证券市场信用控制、消费者信用控制等。

一、一般性货币政策工具

在市场经济条件下，中央银行调控货币供应量所采用的常规手段就是一般性货币政策工具。它一般包括公开市场业务、再贴现率和法定存款准备金率这三种通常所说的"三大法宝"。一般性货币政策工具的特点是对金融活动的影响具有普遍性。

（一）再贴现政策

1. 再贴现政策的含义

再贴现政策，是指中央银行通过调整或制定再贴现率来影响商业银行等存款货币银行从中央银行获得的再贴现贷款和持有超额准备的成本，达到增加或减少货币供应量、影响信贷规模和总需求，实现货币政策目标的一种政策措施，包括对再贴现率和申请再贴现金融机构资格的调整。

早期的再贴现业务是商业银行通过将其持有的未到期的商业票据在中央银行办理再贴现，获得一定的资金，解决暂时的资金短缺问题。随着中央银行职能的不断完善和调节宏观经济作用的日益加强，再贴现业务逐步成为调节货币供应量的货币政策工具。

2. 再贴现政策的内容

(1) 再贴现的条件。从中央银行获得再贴现的主体大部分是商业银行等存款货币金融机构。我国规定可获得再贴现的主体为在中国人民银行开设存款账户的商业银行、政策性银行及其分支机构。非银行金融机构若要获得再贴现必须报请中国人民银行总行批准。

(2) 再贴现的对象。大部分国家规定向中央银行申请再贴现的票据必须是以生产和流通过程中的商品为依据，能自行清偿的短期商业票据。

(3) 再贴现的利率。再贴现利率的特点是，一是短期利率，二是基准利率，三是官方利率。中央银行根据市场资金供求状况和货币政策目标对再贴现利率进行调整。若再贴现利率高于市场利率，表明中央银行不鼓励商业银行向中央银行申请贴现贷款；反之，低于市场利率则表明再贴现贷款优先提供给信用好的金融机构。

3. 再贴现政策的作用

(1) 成本效应。中央银行通过改变再贴现率来影响商业银行或其他金融机构向中央银行借款的成本,从而影响基础货币的投放量,进而影响货币供给量、信贷规模和经济变量。

(2) 宣示、导向效应。中央银行提高贴现率,表示货币供给量将趋于减少,市场利率将提高,人们为了避免因利率上升所造成的损失,可能会自动紧缩所需信用,减少投资和消费需求;反之类推。这就是再贴现政策的"宣示效果",其实质是中央银行向公众表示它的政策意图,通过人们对政策的预期和自身利益的得失来调整对信用的需求,从而影响国民经济。

(3) 再贴现政策的影响是比较缓和的,它有利于一国经济的相对稳定。

(4) 结构调节效应。中央银行可以规定再贴现票据的种类,对再贴现的票据实行差别再贴现率,调整信贷结构,贯彻产业政策。

但是,再贴现政策也存在一定局限。第一,中央银行处于被动的地位。这种政策能否取得预期的效果,将决定于商业银行等金融机构对改变再贴现率的反应。从实践看,当中央银行提高再贴现率时,商业银行可以不听"宣示"、继续申请再贴现以补充可贷资金;反之,当中央银行希望放松银根、扩张信用而降低再贴现率时,商业银行也可以无视"导向"、不增加再贴现的申请(或许它拥有充分的超额准备)。第二,可能导致内外目标冲突。当中央银行希望通过提高再贴现率以紧缩国内经济时,由于再贴现率提高的"成本效应"引起市场利率升高,在开放经济下,吸引境外资本大量流入,从而导致外汇占款显著增加,严重抵消中央银行"紧缩银根"的初衷。第三,经常调节再贴现率使金融机构无所适从。

(二) 法定准备金政策

1. 法定准备金政策的含义

法定准备金政策是中央银行在法律赋予的权利范围之内,通过规定或调整商业银行缴存中央银行存款准备金的比率,控制和改变商业银行的信用创造能力,从而间接控制货币供应量的活动。存款准备金制度起源于英国,目前大多数国家赋予中央银行调整法定存款准备金比率的权限。

2. 法定准备金政策的内容

(1) 规定法定存款准备金的比率,该比率一般根据存款种类、金额等互相区别。目前许多国家一般对不同的存款规定相同的准备率。

(2) 规定作为法定存款准备金的资产种类。一般限定为银行在中央银行的存款,也有国家将流动性较好的资产,如政府债券、库存现金等,作为法定存款准备金。

(3) 法定存款准备金的计提基础和时间。

3. 法定准备金政策的作用

(1) 保证银行的资金流动性和现金兑付能力。商业银行等存款货币金融机构为了应付客户的提现需要,都要保持一定的现金准备。而保持现金准备对商业银行而言有持有成本,包括保管费用、存款利息以及员工的工资等，因此理性的行为是减少现金准备，但是这样会发生流动性危机。因此，各国纷纷建立存款准备金制度，强制将准备金存入中央银行，从而保证存款货币机构资金的流动性和兑付能力。

（2）控制货币供应量。法定准备金率的调整通过两条路径影响货币供应量。第一条路径为影响同业市场利率。由于提高法定存款准备金率，银行闲散资金数量减少，拆入资金需求增加将引起同业市场利率上升，并传导至资本市场，进一步引起信贷收缩。第二条路径为通过对存款货币机构超额准备金的调整，来影响货币乘数，从而影响银行的贷款和投资规模。

4. 法定准备金政策的特点

（1）操作简便易行、影响显著。法定准备金政策对货币供应量具有极强的影响力，且作用迅速，一旦确定，相关金融机构都必须立即执行，是中央银行收缩和放松银根的有效工具。

（2）法定准备金制度缺乏弹性，作用过于猛烈。中央银行难以把握调整时机和调整幅度，不适于作为日常的货币政策工具。

（3）法定准备金政策对所有存款货币金融机构的影响是均等的，一旦变动，能同时影响所有的金融机构，也使得商业银行等金融机构无所适从。频繁地调整会扰乱商业银行正常的财务计划和管理，破坏准备金的稳定性和可测性。

（4）政策效果受商业银行超额准备金的影响。如果商业银行有大量超额准备金，则可以在中央银行紧缩银根时用部分超额准备金来充当法定准备金，从而不必收缩信贷规模。

图 11－5 显示了我国 1985 年以来法定准备金的变动历史。从 2008 年 9 月开始，我国对

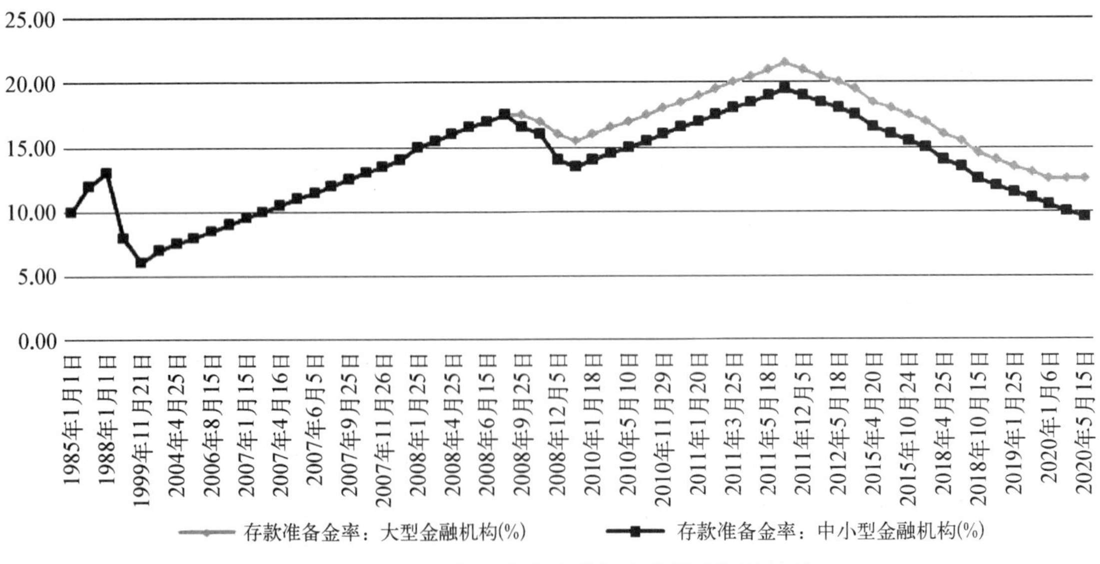

图 11－5　1985 年以来我国准备金的历次调整情况

资料来源：根据中国人民银行官方网站（http：//www.pbc.gov.cn/）和东方财富官方网站数据中心（http：//data.eastmoney.com/center/）相关数据绘制。

准备金调整实行差别政策,中国工商银行、中国农业银行、中国银行、中国建设银行、交通银行、中国邮政储蓄银行的法定准备率较高,其他中小型存款类金融机构人民币存款准备金率更低一点,在货币政策上尽可能考虑结构性因素,释放中小型金融机构对中小微企业的信贷调控空间。

(三) 公开市场业务

1. 公开市场业务的含义

公开市场业务,又称公开市场操作,是指中央银行在金融市场上公开买卖有价证券,以调节货币供应量、影响市场利率,从而维持市场经济活动水平的政策行为,它是货币政策最重要、最有效、最常见、最灵活的工具。目前,公开市场业务已成为市场经济国家中央银行执行货币政策的主要手段。

2. 公开市场业务的内容

公开市场操作一般分为防御型和主动型。主动型公开市场操作一般是指中央银行积极改变货币政策,改变准备金水平和基础货币量为目的的公开买卖有价证券的业务。防御型公开市场操作是指客观因素或货币需求的临时性改变而采取的在公开市场上买卖有价证券的业务。

一般来说,在经济衰退时,中央银行采取买进有价证券的措施;在经济过热时,则采取相反措施。由于货币乘数的作用,公开市场操作带来的基础货币增加或减少可以引起货币供应量加速增加或减少。因为在一个证券交易日内该操作可以进行多次,而且在短时间之内可以迅速改变买卖方式,因此公开市场操作简单灵活,成为中央银行常用的政策工具。

3. 公开市场业务的作用

公开市场操作作用于经济的途径主要有两种。一种是通过影响利率来影响经济。当中央银行在公开市场上买进证券,货币供给随之扩大,利率下跌,在其他条件不变的情况下,投资扩大,对经济起到扩张影响;反之,当中央银行在公开市场上卖出证券时,利率上升,投资减少,对经济产生抑制影响。另外一种是通过影响银行存款准备金来影响经济。当中央银行是从商业银行那里购得证券,则商业银行的证券减少,在中央银行账户上的存款增加,即存款准备金增加,货币供给按乘数扩张,刺激经济发展;反之对经济产生收缩性影响。当中央银行证券买卖对象为公众时,则表现为公众在商业银行存款账户上存款数额的增减,由于商业银行按其存款金额计提法定准备金,超过法定准备金的总值时才能作为超额准备金,因此存款的变化对经济产生扩张或收缩性的影响。

中央银行还可通过调整货币市场与资本市场两大市场产生结构性影响。中央银行通过公开市场业务,改变货币市场与资本市场规模比率,改变长期利率与短期利率结构。中央银行买进、卖出证券的品种、期限不同,但总量可能为零。

例如:中央银行在货币市场公开卖出 100 万元短期国库券,回笼基础货币,货币供应量减少,使短期利率升高,这可能吸引游资进入增加;同时,在资本市场买进 100 万元长期公债,投放基础货币,货币供应量增加,引起长期利率下降,国内投资增加,但是这两种操作可能使国内货币供应量不受影响。这就是所谓的“操作变换”(Operation Twist)。但在实际操作中,中央银行对长期利率的影响不如对短期利率的影响那样显著。

4. 进行公开市场业务应具备的条件

中央银行的公开市场操作要有效地发挥作用,必须具备以下条件:

(1) 要有一个发达的金融市场。金融市场是具有相当深度、广度和弹性的,它所反映的金融状况及利率动态,可以作为中央银行活动的晴雨表。

(2) 中央银行具有权威性,处于金融市场的领袖地位,且必须拥有雄厚的资金力量和一定数量的有价证券。

(3) 赋予中央银行弹性操作的权力,即在买卖证券的数量、种类方面设机动权限。

(4) 证券的种类齐备丰富,数量达相当规模。特别是起主要作用的证券如政府证券要达相当的数量。长、短、中期证券种类适当。

(5) 有发达的信用制度。人们接受使用票据,所有银行都遵守存款准备金制度,能依此调整放款及投资的数量。

(6) 完善的财政政策(国债政策)。

事实上,中央银行公开市场业务,买卖的证券分狭义、广义两种。狭义证券指政府债券。在美、英和少数信用发达国家,都以买卖政府发行的长短期债券为对象,尤其是短期国库券。因为这些政府债券发行量大,市场交易量也大,仅以其为对象进行操作买卖,中央银行就可达到调节之目的。就广义而言,在金融市场不太发达国家,政府债券在市场上流通量小,中央银行买卖的经济证券扩大到各种票据和债券。如汇票、地方政府债券、外汇等。

5. 公开市场操作的评价

公开市场业务是货币政策最主要的工具,因为其具有如下优点:

(1) 主动性。公开市场业务比贴现政策更具有主动性。公开市场业务的主动权完全在中央银行,通过金融市场中央银行可以独立选择操作的时间、地点以及债券的种类和数量。对商业银行和金融机构的储备金产生直接的、预期的影响,而贴现政策并不直接影响商业银行的信贷资金,只是改变商业银行等金融机构向中央银行的借款条件,货币供应量与信贷规模的变化,最终还取决于商业银行对调整贴现率作出的反应。即中央银行只能鼓励或限制借款,而无法明确控制货币和信贷数量。公开市场操作是发达国家的主要政策工具。

(2) 灵活性。公开市场业务比调整法定存款准备金率政策具有更大的灵活性,有良好的“微调机制”。因为买卖证券的规模、种类和方向可由中央银行灵活掌握,故可控制其效果大小,进行微调可以准确地把各存款机构的准备金调整在中央银行期望的范围内,不会对经济形成过于猛烈冲击。当经济过热时,可以运用公开市场操作实现经济的“软着陆”。

(3) 可逆性。公开市场业务可以使中央银行能够根据市场的变化,进行试探性、经常性、连续性的操作，且易逆转操作，灵活调节货币供应量。与法定准备金政策相比，公开市场操作具有弹性，可以随时进行操作。万一出现经济形势的变化，或者操作失误，中央银行可迅速进行反向操作进行纠正。这也使该工具的运用不会对整个金融市场产生强烈的影响。

（4）快速性。公开市场操作的运用速度快。当中央银行决定要改变银行储备和基础货币时，它只需向证券交易商发出购买或出售指令，交易就可立即执行。

（5）兼容辅助性。公开市场操作这一货币政策工具还有辅助再贴现政策运用的作用。因为中央银行买卖有价证券可带来市场利率的变化；公开市场业务也可用作季节性资金调剂，在税收旺季买入证券，以充实市场资金，在财政支出旺季卖出证券，以吸收社会资金从而可减少因财政资金季节性变化对社会的不利影响；也可用作银行信贷资金季节性变动的需求。

（6）结构性。前文已经描述了“操作变换”，比如中央银行买入短期债券同时卖出等量长期债券而货币供应量保持不变时，能同时引起短期利率下降和长期利率上升，从而引起不同期限的信贷和投资变化。

虽然公开市场操作有许多优点，但是它的运用也需要一定条件。同时，公开市场业务对公众预期的影响和商业银行及金融机构的强制性影响作用比较弱，“宣示性效应”不大。具体分析如下：

（1）在对公众预期的影响方面，虽然通过对中央银行买进或者卖出各种政府债券的观察，大体可看出中央银行的政策趋向，从而影响向社会公众的预期。但由于公开市场业务是持续发生且易逆转，同时很难判断公开市场操作是改变政策的动态操作（Dynamic Operation），还是抵消其他影响的防御性操作（Defensive Operation），故“宣示”效果不大。

（2）在对金融机构的强制影响方面，中央银行虽然决意买进或者卖出政府债券，但商业银行等金融机构仍有自己的意愿，不受直接的强制影响，只受间接影响。金融市场上其他私人证券增加也影响该工具的作用。

（3）公开市场操作对经济增长、就业、物价水平等最终目标的影响可能存在比较长的时滞。

我们把三种一般性货币政策工具在需求管理上的操作总结如表 11－3 所示：

表 11－3　一般性货币政策工具的需求管理基本操作

经济形势 政策工具	通货膨胀 （总需求＞总供给）	经济萧条 （总需求＜总供给）
存款准备金政策	提高法定存款准备金比率	降低法定存款准备金比率
再贴现政策	提高再贴现率	降低再贴现率
公开市场业务	卖出证券，回笼基础货币	买进证券，投放基础货币

二、选择性货币政策工具

选择性货币政策工具针对特殊领域的信用而划分，主要包括：消费者信用控制、证券市场信用控制、不动产信用控制、优惠利率等。

(一) 消费者信用控制

消费者信用控制是指中央银行对各种耐用消费品(除不动产)的销售融资进行控制。其主要内容包括:

1. 规定分期付款购买耐用消费品时首次付款的最低额;
2. 规定用消费信贷购买商品的最长期限;
3. 规定可用消费信贷购买的耐用消费品的种类和不同消费品的不同信贷条件。

(二) 证券市场信用控制

证券市场信用控制是指金融管理当局对有关证券交易的各种融资活动的控制措施。中央银行对有关证券交易的各种规定,包括规定贷款额与证券交易额的百分比,特别是规定信用交易、期货交易和期权交易中的最低保证金率(法定保证金比率)以控制和调节证券市场的交易活动,维持证券市场稳定。

证券市场信用控制:最高信用(贷款)额度=(1-法定保证金比率)×证券交易总额。对证券保证金额进行管理,即在证券交易中对必须以现金支付部分进行管理。如中央银行规定保证金比率为70%,则证券买方要缴纳购进证券价格70%的现款,银行贷款只占30%。同时,中央银行可根据经济和金融形势的变化,随时调整保证金比率,最高可达100%。这样,中央银行可调控流入证券市场的资金规模。

中央银行证券市场信用控制的目的,一方面是为了控制证券市场的信贷需求,稳定证券市场;另一方面也是为了调节信贷供给结构,通过信用控制,使较多的资金用于生产和流通领域,而非证券市场。它是对证券市场实施控制的一项特殊措施,在美国货币政策史上最早出现,目前仍使用,此后也有一些国家(包括中国)仿效。

阅读专栏 11-1　中国对融资融券的信用控制

我国《上海证券交易所融资融券交易实施细则(2019年修订)》对股票市场的融资融券进行了详细规定。

第十八条　会员与客户约定的融资、融券期限自客户实际使用资金或使用证券之日起计算,融资、融券期限最长不得超过6个月。

合约到期前,会员可以根据客户的申请为其办理展期,每次展期的期限不得超过6个月。

会员在为客户办理合约展期前,应当对客户的信用状况、负债情况、维持担保比例水平对等进行评估。

第三十八条　投资者融资买入证券时,融资保证金比例不得低于100%。

融资保证金比例是指投资者融资买入时交付的保证金与融资交易金额的比例，计算公式为：融资保证金比例＝保证金/(融资买入证券数量×买入价格)×100%。

第三十九条　投资者融券卖出时，融券保证金比例不得低于50%。

融券保证金比例是指投资者融券卖出时交付的保证金与融券交易金额的比例，计算公式为：融券保证金比例＝保证金/(融券卖出证券数量×卖出价格)×100%。

第四十条　投资者融资买入或融券卖出时所使用的保证金不得超过其保证金可用余额。

保证金可用余额是指投资者用于充抵保证金的现金、证券市值及融资融券交易产生的浮盈经折算后形成的保证金总额，减去投资者未了结融资融券交易已占用保证金和相关利息、费用的余额。计算公式为：保证金可用余额＝现金＋∑(可充抵保证金的证券市值×折算率)＋∑[(融资买入证券市值－融资买入金额)×折算率]＋∑[(融券卖出金额－融券卖出证券市值)×折算率]－∑融券卖出金额－∑融资买入证券金额×融资保证金比例－∑融券卖出证券市值×融券保证金比例－利息及费用。

公式中，融券卖出金额＝融券卖出证券的数量×卖出价格，融券卖出证券市值＝融券卖出证券数量×市价，融券卖出证券数量指融券卖出后尚未偿还的证券数量；∑[(融资买入证券市值－融资买入金额)×折算率]、∑[(融券卖出金额－融券卖出证券市值)×折算率]中的折算率是指融资买入、融券卖出证券对应的折算率，当融资买入证券市值低于融资买入金额或融券卖出证券市值高于融券卖出金额时，折算率按100%计算。

(资料来源：《上海证券交易所融资融券交易实施细则(2019年修订)》，见搜狐网 https://www.sohu.com/a/332825901_100006497)

(三) 不动产信用控制

不动产信用控制(Real Estate Credit Control)指中央银行对金融机构在房地产放款方面所采取的限制措施，以抑制房地产投机，其主要内容包括：规定金融机构不动产贷款最高限额、最长期限；规定首次付款的最低金额、分期还款的最低金额。比如中国在房地产市场发展的不同时期，对购买首套房和首套以外的其他房产在申请贷款时，规定了不同的首付比例，通常买得越多，首付比例就越大，同时贷款利率高出贷款基准利率的幅度也越多。

不动产信用控制政策的影响：当经济过热，不动产信用膨胀时，中央银行可通过规定和加强各种限制措施减少不动产信贷规模，抑制不动产生产和投机，减轻房价上涨和通货膨胀压力。当经济衰退，银行对不动产信用紧缩时，中央银行可通过放松管制，刺激不动产信贷，以增加不动产需求，从而使不动产的生产、投资和交易逐渐活跃，并带动关联行业和其他经济部门的生产和投资，促进经济复苏。

(四) 优惠利率政策

优惠利率是指中央银行着眼于产业结构、产品结构的调整，针对国家重点发展的经济部门或产业所规定的较低利率。

三、其他货币政策工具

（一）直接信用控制

直接信用控制是中央银行以行政命令或其他方式，对金融机构尤其是商业银行的信用活动所直接进行的控制。这种控制并非借助于市场机制，具有较强的行政干预特征。直接信用控制的方式主要包括：

1. 利率最高限额

为防止金融业出现信用危机，中央银行在一定时期内规定商业银行定期存款、储蓄存款最高利率，以防止商业银行抬高利率吸引储蓄和降低利率发放高风险贷款，从而保证金融领域的稳定。

2. 信用配额

中央银行根据金融市场状况及客观经济需要，对商业银行的信用规模加以分配，限制其最高数量。这种控制手段有较强的强制性，是有效遏制信用膨胀的手段。

3. 流动性比率

中央银行规定流动性资产对存款的比率，从而限制银行体系的信用扩张。为保持中央银行规定的流动性比率，商业银行必须采取缩减长期贷款、扩大短期贷款和增加应付体现的资产等措施。

（二）间接信用控制

间接信用控制是指中央银行通过道义劝告、窗口指导等手段，间接影响商业银行的信用创造。

1. 道义劝告

中央银行利用自身在金融体系中的特殊地位和威望，通过口头或书面的方式对商业银行以及其他金融机构中的不当行为进行劝告，以影响其贷款、投资的数量和方向。道义劝告虽然比较灵活，不需要行政管理成本，但是缺乏法律的约束力。

2. 窗口指导

中央银行根据产业行情、市场动向、物价走势等规定商业银行每季度贷款的增减额，并敦促其执行。若商业银行不执行，则对其进行信用制裁。

阅读专栏 11-2　我国货币政策新工具

1. 常备借贷便利(Standing Lending Facility，SLF)

中国人民银行于 2013 年初创设。其含义：

常备借贷便利是中国人民银行正常的流动性供给渠道，主要功能是满足金融机构

(主要对象：政策性银行和全国性商业银行)期限较长的大额流动性需求，期限为1—3个月。利率水平根据货币政策调控、引导市场利率的需要等综合确定。SLF以抵押方式发放，合格抵押品包括高信用评级的债券类资产及优质信贷资产等。

常备借贷便利是全球大多数中央银行都设立的货币政策工具，但名称各异。其主要作用是提高货币调控效果，有效防范银行体系流动性风险，增强对货币市场利率的调控效力。

美国联邦储蓄系统的贴现窗口(Discount Window)、欧洲中央银行的边际贷款便利(Marginal Lending Facility)、英格兰银行的操作性常备便利(Operational Standing Facility)、日本银行的补充贷款便利(Complementary Lending Facility)、加拿大中央银行的常备流动性便利(Standing Liquidity Facility)。

设立SLF原因：

(1) 为提高货币调控效果：有效防范银行体系流动性风险、增强对货币市场利率的调控效力；

(2) 客观上需进一步创新和完善流动性供给及调节机制，不断提高应对短期流动性波动的能力，为维持金融体系正常运转提供必要的流动性保障。

主要特点：

(1) 由金融机构主动发起，金融机构可根据自身流动性需求申请SLF。

(2) SLF是中央银行与金融机构"一对一"交易，针对性强。

(3) SLF的交易对手覆盖面广，通常覆盖存款金融机构。

功能推广：

(1) 中国人民银行2015年2月11日宣布，在全国推广分支机构SLF，向符合条件的中小金融机构提供短期流动性支持。

(2) 是短期流动性调节方式的创新尝试。

(3) 旨在完善中央银行对中小金融机构提供正常流动性支持的渠道，解决符合宏观审慎要求的中小金融机构流动性需求(应对流动性季节性波动)，促进货币市场平稳运行。

(4) 中国人民银行分支机构SLF的对象包括：城市商业银行、农村商业银行、农村合作银行和农村信用社四类地方法人金融机构，采取抵押方式发放。

2015年11月20日，中央银行为加快建设适应市场需求的利率形成和调控机制，探索常备借贷便利利率发挥利率走廊上限的作用，下调分支行常备借贷便利利率。

2. 中期借贷便利(Medium-term Lending Facility, MLF)

2014年9月由中国人民银行创设。其含义：

中期借贷便利是中央银行提供中期基础货币的货币政策工具，对象为符合宏观审慎管理要求的商业银行、政策性银行，可通过招标方式开展。发放方式为质押方式，并需提供国债、中央银行票据、政策性金融债、高等级信用债等优质债券作为合格质押品。

创设原因：

为保持银行体系流动性总体平稳适度，支持货币信贷合理增长，中央银行需要根据流动性需求的期限、主体和用途不断丰富和完善工具组合，以进一步提高调控的灵活性、针对性和有效性。

主要作用：

(1) MLF 利率发挥中期政策利率的作用，通过调节向金融机构中期融资的成本来对金融机构的资产负债表和市场预期产生影响，引导其向符合国家政策导向的实体经济部门提供低成本资金，促进降低社会融资成本。

(2) 与常备借贷便利相比，中期流动性管理工具更能稳定预期。创设 MLF 既能满足当前中央银行稳定利率的要求，又不直接向市场投放基础货币，是个两全的办法。

(3) 中期借贷便利体现了我国货币政策基本方针的调整，即有保有压，定向调控，调整结构，而且是预调、微调。

第四节　货币政策传导机制

货币政策传导机制，是指中央银行采用货币政策工具，对货币政策中间目标进行观测和操作，最终将货币政策的影响导入一国经济的实际领域，实现货币政策的预定目标。货币政策的一般传导路径为：

货币政策工具 → 近期中间目标 → 远期中间目标 → 最终目标

中央银行通过货币政策扩张或紧缩货币供应量 M_s，在公开市场上买进有价证券、降低贴现率、降低法定准备金率可以收到增加货币供应量的效果；而在公开市场上卖出有价证券、提高贴现率、提高法定准备金率将使货币供应量趋于收缩。但货币政策如何传导，西方经济学界存在重大分歧。对货币政策传导机制的论述，主要有凯恩斯主义的货币政策传导机制理论和货币主义的货币政策传导机制理论。

一、凯恩斯的货币政策传导机制理论

凯恩斯主张货币供应量的变化间接影响产量和就业。凯恩斯在《就业、利息与货币通论》中指出，货币数量的变化对有效需求的原始影响是通过其对利率的影响而发生作用的。在货币供给量相对于货币需求增加时，人们持有的货币超过了灵活偏好程度，部分货币将会用于购买债券，债券的价格上升，利率下降，当利率下降到小于资本边际效率时，会刺激投资的增加，在消费倾向一定的条件下，通过投资乘数作用，对国民收入 Y 产生成倍的影响(↑)。由于凯恩斯理论中国民收入 Y 和产量是同一概念，因此收入的增加即产量与就业的增加，凯恩斯的传导机制理论可表示为：

货币政策工具→M_s 的变化（ΔM_s，↑）→i_r 变化（Δi_r，↓）→I 水平的变化(ΔI，↑)→总支出 E(↑)→国民收入 Y 的变化(ΔY，↑)。

凯恩斯明确提出货币数量的变动对物价水平的影响，并非如古典货币数量论所认为的有直接的比例关系，而首先是通过利率的变动，进而引起投资、就业与收入、生产成本等实际经济变量的变动来实现的，是一个间接的利率传导过程理论。同时，凯恩斯也指出，货币供给量的增加能否顺利传导并提高社会总产出水平，受制于三个因素，或三个重要环节，即流动性偏好(包括流动陷阱)、投资的利率弹性和乘数效应。

(一) 流动性偏好：$\Delta M_s \rightarrow \Delta i_r$，从货币供求失衡到利率变化

若 $M_d > M_s$，人们将卖出债券以增加货币存量(人们持有货币以满足交易、预防和投资动机的需求，故称流动性偏好)。大量的债券出售将引起证券市场上债券价格的降低，而市场利率会提高。此时，持有货币的机会成本提高，M_d 下降，最终使 $M_d = M_s$（达到均衡)。而这种均衡是建立在新的利率水平上的，(i_r↑)。若 $M_d < M_s$，人们将买进债券，造成债券价格上涨，i_r↓，于是 M_d 增加。最终达到货币供求均衡，而此均衡是建立在 i_r 下降的基础上的。

(二) 投资利率弹性：$\Delta i_r \rightarrow \Delta I$，从利率的变化到投资的变化

i_r 与 I 间是反方向关系，这个关系可称为投资的边际效益函数，或叫投资需求函数，变化程度取决于投资对利率的弹性。凯恩斯特别重视这一环节在货币政策传导机制中的作用。当 i_r 下降时，借款便宜刺激投资，在投资总收益不变(至少不变、或增加)的情况下，i_r 降低导致企业利润增加从而有利于投资。相反 i_r ↑→I 支出↓。

(三) $\Delta I \rightarrow \Delta Y$，从投资的变化到收入的变化。取决于乘数作用(Investment Multiplier)

根据定义，乘数 $K = \Delta Y / \Delta I$，$\Delta Y = \Delta I + \Delta C$，所以 $K = \dfrac{\Delta Y}{\Delta Y - \Delta C} = \dfrac{1}{1 - \dfrac{\Delta C}{\Delta Y}} = \dfrac{1}{1-b}$。$b =$ 边际消费倾向（消费 $C = a + bY$）。上述传导过程可由三条曲线表示出来，如图 11 - 6 所示。

(a)为货币供求曲线，它表示货币与 i_r 的关系；(b)为投资的边际效益曲线，它表示 i_r 与 I 支出的关系；(c)相当于投资—储蓄均衡时的产出曲线。相当于储蓄曲线，但反映了投资乘数。

从图 11 - 6(a)中可看出，中央银行通过货币政策增加 M_s，使 M_{s0} 增加至 M_{s1}，相应地，货币均衡点从 E_0 移至 E_1，利率从 i_{r0} 下降至 i_{r1}。在图(b)中，由于 i_r ↓使投资从 I_0 增加至 I_1。根据图(c)，I 增加后，由于乘数作用，使得收入 Y(GNP)大幅度增加从 Y_0 增加至 Y_1。若中央银行执行相反的政策，即降低 M_s，则上述过程正好相反。

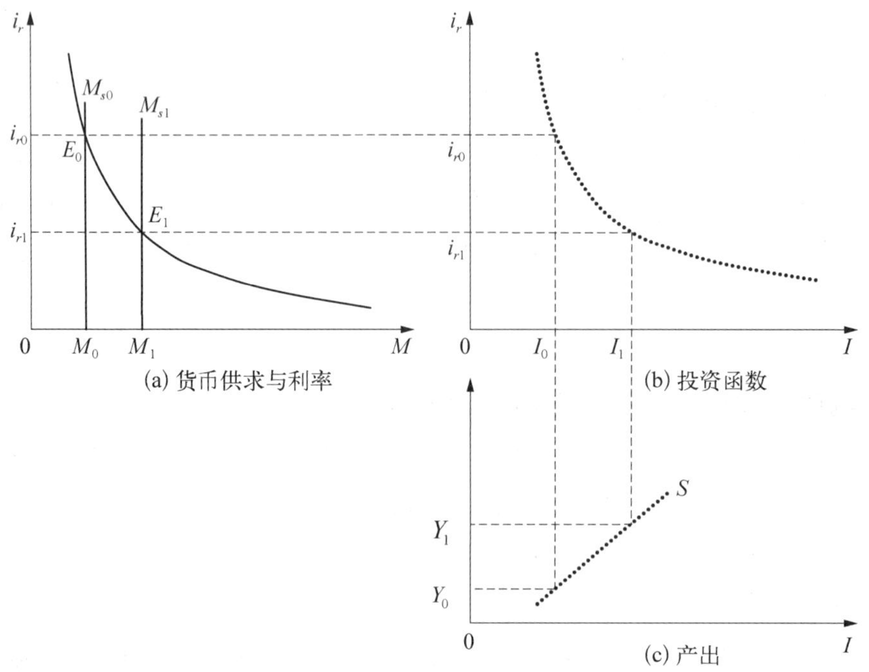

图 11-6　凯恩斯的货币政策传导机制

二、凯恩斯学派的传导机制理论

上述凯恩斯的货币政策传导机制理论属于利率传导机制。现代意义货币政策利率渠道传导机制又称为"货币渠道传导机制"，是指一切以完善的金融市场结构为基础，从私人经济部门的资产结构调整效应与财富变动效应角度分析货币政策传导机制的理论总称，诸如新古典综合派与下文货币主义的政策传导观均属此范畴。

纯粹的利率渠道传导机制观可以用新古典综合派的 $IS-LM$ 模型加以描述。这个模型是对封闭经济运行的高度抽象。

封闭经济中的利率传导机制概括为如下过程：

$$R\uparrow \Rightarrow M\uparrow \Rightarrow i\downarrow \Rightarrow I\uparrow, C\uparrow \Rightarrow Y\uparrow$$

中央银行增加准备金 R 以放松银根，社会货币供应量增加($M\uparrow$)，居民货币持有额必然增加、债券持有额必然减少，结果自然是名义利率下降。如果名义价格调整黏性，则真实利率(i)随之下降，最终导致投资及消费增加($I\uparrow, C\uparrow$)，国民收入增加。在 $IS-LM$ 曲线上(如图 11-7所示)，随着货币供给的增加，LM 曲线向右下方移动，此时利率下降，国民收入水平上升。

在新古典综合派的理论框架中，上述传导机制可以扩展到开放经济条件下。开放经济体系下的利率传导可由罗伯特·蒙代尔与马库斯·弗莱明最早提出的 $IS-LM-BP$ 模型加以表述(如图 11-7 所示)。与单纯的封闭经济体系相比，开放经济中的货币政策增加了一条传导渠道，即中央银行放松银根使LM_1移动到LM_2，导致利率从i_1下降到i_2后，除通过引发总需求变动影响国民收入外，还将经由汇率波动效应造成国民收入相应变动。此时本国货币放松与利率下降将导致本币汇率贬值（E↑，直接标价法），净出口额增加，从而IS_1右移到IS_2，导致国民收入增加（Y↑）。国际收支平衡线BP_1移动到BP_2。由此可见，在开放经济中利率的传导功能进一步增强。

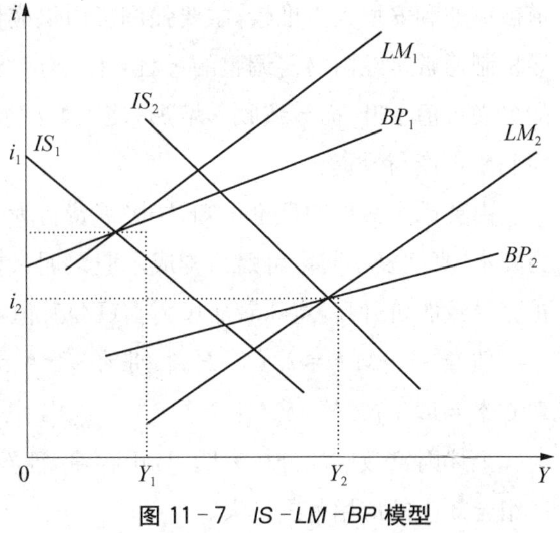

图 11－7　*IS*－*LM*－*BP* 模型

在凯恩斯理论的基础上，经济学家们对上述传导机制理论作了进一步拓宽，后被称为广义的利率传导机制。与纯粹的利率机制观相比，广义的利率机制观沿袭了货币变动对利率的影响，但更加强调了由利率变动到国民收入变动的详细传导过程。其中最具影响力的两种传导渠道可分别从托宾的Q理论与弗兰科·莫迪利安尼的生命周期理论(Life-Cycle Model)引申而出。

根据美国学者沃伦·史密斯的综述，我们将凯恩斯学派的货币传导机制划分成三个原始效应，两个次级效应。分述如下：

（一）原始效应

1. 替代效应(Substitution Effect)或资产调整效应(Portfolio Adjustment Effect)

替代效应或资产调整效应也称为“托宾的Q效应”。托宾的Q理论从资产结构调整角度为货币政策的传导过程提供了一个很好的思路。托宾将Q定义为企业市值对重置成本的比值。Q的高低决定了企业的投资愿望。如果Q高，则企业的市值高于其资本的重置成本，相对于企业的市值而言，土地厂房与设备等投资品比较便宜，因而企业可通过发行股票获得价格相对低廉的投资品，从而投资增加，经济呈现景气态势；相反如果Q低，企业新增投资的欲望受挫，结果投资萎缩，产出下降。但这一理论的前提是生产要素的价格黏性，价格的变化落后于利率的变化。

史密斯认为，替代效应是指由于货币供应量的变化，使社会公众对资产的组合进行调整，以收益较高的资产替代收益较低的资产，从而引起收入的变化。

中央银行（公开市场）增加债券购买$\Rightarrow(M_s\uparrow)\Rightarrow i\downarrow\Rightarrow$债券$P_b\uparrow$，股价$P_e\uparrow\Rightarrow Q\uparrow$，如果商品价格$\bar{p}_w$不变，则社会公众卖债券，买商品进行资产调整，其结果是商品价格上升，推动投资、生产扩张和国民产出增加。

2. 财富效应(Wealth Effect)

广义的利率机制观主张的另一条传导渠道是通过财富变动对居民消费的影响。这一渠道被莫迪利安尼大力推崇，主要强调货币供应量变化对私人消费的影响。引入财富效应，传导机制通常是经由财富调整的过程：由于市场利率的下降，使公众以债券形式持有的财富的名义价值上升，而导致收入增加，使人们感到比以前更加富有，便大量购买商品、劳务，从而刺激生产与投资。

由莫氏生命周期理论可知，居民消费行为受其一生全部可支配资源制约，这些资源由人力资本、真实资本与金融财富构成。股票通常构成金融财富的一个主要组成部分，因而货币扩张导致股价升高，意味着居民财富(W)升值，其消费需求乃至产出均将增加。过程如下：

债券$+ \Rightarrow M\uparrow \Rightarrow i_r\downarrow \Rightarrow P_b\uparrow$，股价 $P_e\uparrow\Rightarrow$ 公众财富名义价值 $W\uparrow\Rightarrow$ 名义收入 $\uparrow\Rightarrow$ 消费 $C\uparrow\Rightarrow I$，生产 $\uparrow\Rightarrow Y\uparrow$。

上述财富效应的分析表明，货币存量、证券是净财富(W)，货币的作用被重新认识，使资产组合效应的应用范围扩大。

3. 信用可得性效应(Credit Availability Effect)

信用可得性效应指中央银行运用选择性货币政策工具，控制资金在各部门间的流向，以对经济产生影响。

凯恩斯学派认为，某些部门出现的超额信贷资金不能自动流向其他存在超额需求(赤字)的部门。这时货币政策就必须以区别对待的方式对某些部门发挥作用。史密斯认为，信用可得性效应对人们支出的影响突出表现在住房部门。

$$\left.\begin{array}{l}\text{抵押贷款 } i\downarrow\Rightarrow\text{住房需求 } D\uparrow\\ \text{住房供给不变 } \bar{s}\end{array}\right\}\Rightarrow\text{住房价格 } P\uparrow\Rightarrow\text{建筑行业 } I\uparrow\Rightarrow\text{建筑房地产行业收入}\uparrow\Rightarrow\text{国民收入 } Y \text{ 增加}$$

(建筑、房地产业为支柱产业)

上述传导中，若住房为经济增长点，则可以带动相关行业的发展，从而可顺利实现经济增长的目标。

(二) 次级效应(Secondly Effect)

凯恩斯主义认为，上述原始效应改变了社会投资，经济体系又通过投资乘数效应和加速原理效应使得国民经济变化的效应进一步放大。

我们将上述原始效应和次级效应传导机制总结如下：

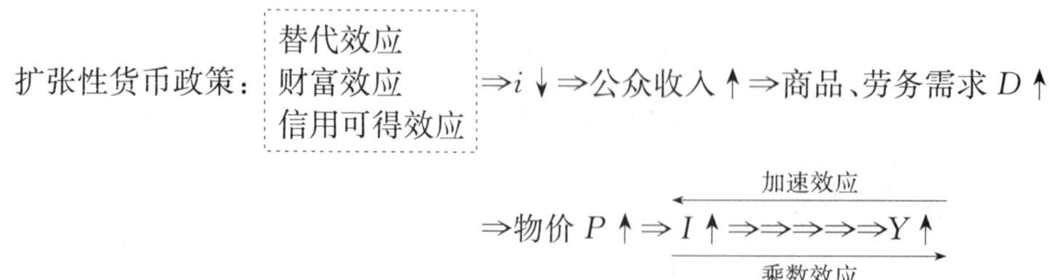

三、货币学派的货币政策传导机制

以弗里德曼为首的货币学派竭力反对凯恩斯学派的传导机制理论。货币学派认为，货币供给是名义国民收入的基本决定力量。与凯恩斯学派以利率为中心的货币政策传导机制不同，货币供应量在货币学派的货币政策传导中是决定性因素。强调货币供应量的变化直接影响国民收入，认为利率在政策传导机制中几乎不起作用。

弗里德曼认为，货币流通速度 V 与货币需求 M_d 在长期内是稳定的，是实际变量，而 M_s 是名义变量，因此影响经济活动的必然是名义变量（货币供给 M_s），货币学派货币政策传导机制过程可概括为：

$$R\uparrow \Rightarrow M_s\uparrow \Rightarrow \text{资产 } A\uparrow \Rightarrow C, I\uparrow \Rightarrow P\uparrow \Rightarrow Y\uparrow$$

上述货币学派的货币政策传导机制可描述为：假定从原先的完全均衡状态出发，中央银行为增加货币供应量而在公开市场上购入证券（向商业银行、金融机构、其他部门等），银行体系的准备金增加，于是商业银行会降低利率，增加放款与投资，因此货币供应量增加。人们手中的货币收入增加，因货币需求 M_d 稳定⇒名义 M_s 与实际 M_d 不一致（$M_s > M_d$），存在超额货币供给，欲恢复货币供求的均衡，必然要通过资产组合的调整来吸收多余的货币量；在名义货币供给量增加过程中和存在超额货币供给的前提下，人们感觉比以前富有，从而将增加的货币财富转向价格尚未上涨的金融资产或实物资产。实际资产需求的增加和价格上涨（$P_b\uparrow$），消费支出增加，又会促进生产者扩大生产规模，提高投资支出，从而增加名义收入。债券价格改变社会资产组合；生产扩张、实际资产价格上涨将逐渐吸收多余的名义货币，$M_s = M_d$ 从而使真实货币需要量与名义货币需要量趋于平衡。

总之，货币政策传导机制主要不是通过利率间接影响投资和收入，而是通过货币实际余额的变动直接影响支出和收入：

$$\text{货币政策工具} \Rightarrow M_s\uparrow \Rightarrow \text{总支出 } E\uparrow \Rightarrow Y\uparrow$$

四、货币政策传导机制的凯恩斯学派与货币主义的比较

凯恩斯主义与货币主义都强调货币政策传导中的资产调整效应和财富效应。但两者存在很大分歧。

1. 凯恩斯学派非常重视利率在货币政策传导机制中的作用，而以弗里德曼为代表的货币学派则认为货币政策的影响并不是主要通过利率间接影响投资和收入的，而是因为货币供应量超过了人们所需要的真实现金余额，从而直接地影响到名义收入。

2. 凯恩斯学派认为投资对产量、就业和 GDP 等有直接影响，货币对国民收入的影响是间接的。货币学派则认为，货币供应量的变动与名义国民收入的变动有直接关系，货币供应

量的增加直接引起名义国民收入增加。

3. 凯恩斯学派认为传导机制首先在货币市场进行调整，然后引起投资增加，通过投资乘数，增加消费和国民收入，最后影响到商品市场。货币学派认为，传导机制可以同时在货币市场和商品市场发生作用，影响金融资产和真实资产。

第五节　货币政策的效果

影响货币政策效果的主要因素包括政策时滞（Time Lag）、预期因素和制度体制因素等。

一、货币政策时滞

一般来说，货币政策的实施效果受到很多因素的影响，其中包括货币政策时滞、货币流通速度、微观主体预期等。货币政策时滞是影响货币政策实效的因素之一，是指货币政策从研究、制定、实施到实现全部效应的时间过程。货币政策时滞包括时滞的性质和时滞的长度及其变异。一般由内部时滞、外部时滞两阶段所组成。

（一）内部时滞

内部时滞是指从经济金融形势的变化需要中央银行货币政策作某种变更到货币管理当局采取行动（开始实施货币政策工具）之间所花费的时间过程。内部时滞的第一阶段是经济金融形势发生变化，需要货币管理当局认识到要采取行动的时间间隔，第二阶段是货币管理当局在主观上认识到需要改变货币政策到实际采取行动（即研究决定实施何种政策工具）、推出实际新的货币政策之间的时间间隔。第一阶段称为认识时滞，第二阶段称为行政时滞。内部时滞一般比较短。其长短主要取决于：(1) 中央银行信息反馈系统的灵敏程度、预测能力，中央银行收集资料、研究形势及制定政策采取行动的效率和管理当局的金融决策水平等多方面的因素。(2) 当时政治、经济的目标。特别是中央银行希望实现的目标较多，需花费更多的时间去取舍实施何种政策。

（二）外部时滞

外部时滞指货币当局操作货币政策工具到货币政策对经济运行产生影响取得效果所经过的时间。外部时滞可以分为三个阶段：第一阶段为中期时滞（属于广义的外在时滞的一部分），指自中央银行采取行动以致对金融机构发生影响，使金融机构改变准备金水平、利率或其他信用指标（以便对整个经济社会产生影响）的时间过程。故中期时滞又称“信用市场时滞”，其长短取决于商业银行及其他金融机构的反应及金融市场的敏感程度。中期时滞为中央银行所难操纵。第二阶段为决策时滞，指金融机构改变利率和其他信用条件后，个人和企业面对新政策，决意改变其支出水平的过程。第三阶段为生产时滞，指从个人和企业改变支出水平到对整个社会的生产和就业等最终目标发生变化所耗费的时间。

外部时滞因经济结构、行为因素不稳定而难预测，故时间长度变异很大，一般较长。因为中央银行采取政策措施后，需影响中间目标变量，通过政策传导机制，影响到社会各经济单位的行为，从而影响到总目标，需较长时间。这也是货币政策时滞中最复杂的问题。

货币政策时滞的长短一直是一个实证经济学问题。20 世纪 60 年代以来，西方经济学家利用各种计量模型对时滞进行了实证研究。大多数实证研究表明，货币政策至少需要 6 个月的时间才能达到最终效应的一半。弗里德曼认为，M_s 变动需 6—9 个月才能使收入发生变化，再经 6—9 个月才能使物价发生变化，从实施到见效总共有 12—18 个月的时滞，而索洛和托宾等人认为时滞不过 6—10 个月。货币政策时滞的长短、分布状况会对货币政策制定主体产生不同影响，进而对货币政策实效产生不同影响。一般而言，影响一国货币政策时滞长短的主要因素有：中央银行决策程序、货币政策工具运用、信息渠道畅通状况、金融市场发达程度等。

若政策时滞有确定范围，则中央银行可依时滞长度，预先采取影响将来经济状况的货币政策（相机抉择）。但是事实表明，时滞有很大变异性，最短半年左右，最长可达 20 个月，因而使中央银行的相机抉择政策往往无效，甚至与目标背道而驰，故弗里德曼主张放弃相机抉择的货币政策，代之以“简单规则”。

二、合理预期与其他因素的影响

合理预期因素对货币政策效果的影响，指社会经济单位（部门）和个人根据货币政策工具的变化对未来经济形势进行预测，并对经济形势的变化作出反应，结果可能使货币政策无效。例如，政府拟采取长期扩张政策，只要公众获得重要信息，意识到：

$M_s\uparrow \Rightarrow AD\uparrow, P\uparrow$ ⇒ 工人要求工资 ↑⇒ 企业预期成本 ↑，不愿扩大生产经营

⇒ 提前抢购商品

⇒ 结果只有物价 $P\uparrow$，而没有产出的增长

⇒ 公众对货币政策的预期及预防性措施的采用，使政策效果大打折扣

其他影响货币政策效果的因素包括经济体制因素、政治因素和其他政策因素等。

三、货币政策执行时遵循的原则

货币政策执行时，尤其中央银行在选择政策中间目标时，是遵循一个既定的规则还是视具体情况而采用权宜手段灵活处理（权变）？这是西方经济学家争论不休、谁也说服不了谁的问题。

货币学派主张：应采取“规则策略”（代替“权变策略”，即代替“相机抉择”），即中央银行应长期维持一个固定的或稳定的货币供应增长率，而不应运用各种权力和工具企图操纵和管制各种经济变量。原因如下：

（1）在经济繁荣，需求过旺时，固定（稳定）的货币供应量增长率低于货币需求增长率，故具有自动收缩经济过度扩张膨胀的能力。在经济萧条，需求不足时，固定（稳定）的货币供应增长率高于货币需求增长率，故又具有自动刺激复苏的能力。

（2）由于政策时滞的存在和人为判断失误等因素，中央银行根据经济情况“相机抉择”，即随时确定货币供应量增长率，不但难以收到预期效果，反而会增加不稳定因素。

凯恩斯学派主张：中央银行应采取“权变策略”（相机抉择），即主张对货币政策的中介指标变量和中间目标，由中央银行自行斟酌，随机处理。

（1）认为市场经济并无自动调节或稳定的趋向，在错综复杂的现实经济世界的变幻中，政府（中央银行）根本无法一成不变地遵守任何既定规则。

（2）所谓既定规则本身也是人为判断的结果，故亦包含权变的因素在内。

（3）货币政策时滞是短暂的，中央银行有能力对经济情况的变化及时采取行动（对策）权衡处理。

因此凯恩斯学派主张中央银行应会同财政部根据具体情况的变化，运用不同的工具，采取相应的措施稳定金融和经济。

我们将凯恩斯与弗里德曼货币政策比较总结，如表 11－4 所示：

表 11－4　凯恩斯与弗里德曼货币政策比较

	总目标	中间目标	传导机制			时滞	政策操作原则
			路径	货币对国民收入的影响是直接/间接	传导市场先后		
凯恩斯主义	充分就业	利率	$M\uparrow - i\downarrow - I\uparrow - Y\uparrow$	间接	先货币市场，后商品市场	短	权变
货币主义	物价稳定	货币供应量	$M\uparrow - AE\uparrow - Y\uparrow$	直接	同时在货币市场和商品市场发生作用	长	规则

四、货币政策与财政政策的搭配

货币政策若要得以顺利传导，正常地发挥作用，则必须与财政政策积极配合。两者都属于通过作用于总需求以影响宏观经济的政策。货币政策一般通过中央银行或货币当局调节货币存量方式作用于总需求，财政政策一般通过政府控制政府支出和改变税收的方式进行。然而两者对总需求的作用效果存在着差异。一般而言，投资需求与货币需求对利率的敏感程度是制约两种政策相对有效性的两个指标。尽管存在两者谁更重要的问题，但就政策目标而言，两者同以稳定需求作为政策目标，两者不同的配合形式可以缓解不同的经济形势。

1. 财政、货币政策配合的必要性

(1) 二者的作用机制不同。二者的共同点是，都通过影响总需求(AD)进而影响总产出。但影响 AD 的机制不同，货币政策可通过利率调节货币需求进而影响 AD，或者通过政策工具影响银行吸收企业、单位和个人的存款和货币供应量，进而影响贷款规模和 AD；财政政策通过对政府支出和税收控制进而影响 AD。财政是国家集中一部分 GDP 用于满足社会公共需要，财政直接参与国民收入的分配，并对集中起来的国民收入在全社会范围内进行再分配。因此，财政可以从收入和支出两个方向上影响社会需求的形成。

(2) 两者的作用方向不同。从消费需求的形成看，包括个人消费和社会消费两个方面。财政在社会消费需求形成中起决定作用。只要在财政支出中对社会消费性支出作适当的压缩，减少社会集团的购买力，社会消费需求的紧缩就可以立即见效，而货币政策不能直接影响社会消费需求。个人消费需求的形成则受到财政、货币政策两方面的影响。比如个人所得税制度对个人消费需求的影响是直接的，而货币政策只能通过对货币或现金投放的控制，间接地影响个人消费需求。再从投资需求的形成看，财政和货币政策向再生产过程供应资金的侧重点不同。财政支出重点在于影响固定资产投资，而货币供应变化重点在于流动资金投资。

(3) 两者在膨胀和紧缩需求方面的作用不同。财政赤字可以扩张 AD，财政盈余可以紧缩 AD，但财政本身并不具有直接创造需求、“创造”货币的能力，而货币政策通过银行体系能创造需求、创造货币。因此，财政的张缩效应一定要通过货币政策的传导才能发生。同时，货币政策自身还可以通过金融体系进行扩张和收缩来创造总需求。从这个意义上说，货币政策是扩张或紧缩 AD 的总闸门。

(4) 二者的政策时滞不同。通常货币政策的内部时滞比较短、外部时滞比较长，而财政政策的内部时滞比较长、外部时滞比较短。

2. 配合方式与效果

一是紧的财政政策与紧的货币政策配合，这种配合方式适用于社会总需求大于总供给导致严重的通货膨胀和经济过热时期。这种配合能快速引起利率上升、物价下跌和收入的减少。二是松的财政政策与松的货币政策配合，这种配合方式适用于社会总供给大于总需求导致严重的衰退和大量失业时期。这种配合能快速引起利率下降和收入的增加。三是紧的财政政策与松的货币政策配合，这种配合能快速引起利率下降，但收入减少还是增加则不确定。四是松的财政政策与紧的货币政策配合，这种配合能快速引起利率上升，但收入变化不确定。

第六节　金融创新对货币政策的影响

本节我们分别讨论金融创新对货币政策中间目标、货币政策工具和货币政策传导的影响。

一、金融创新对货币政策中间目标的影响

金融创新降低了中间指标的可测性。新型金融工具大量出现，使得货币外延边界模糊，许多工具兼具交易、投资功能。这引起货币与其他金融工具间替代性增强，交易账户与投资账户之间、广义货币与狭义货币之间、本币与外币之间的差异缩小。

金融创新模糊了金融变量等中间目标的定义和计量，突出表现为货币总量缺乏严谨科学的定义。例如余额宝、电子货币、多功能信用卡属于哪一货币层次，尚无定论。因此金融创新逐渐降低了中央银行对商业银行等机构的检测、观察和分析的有效性。

金融创新降低了中间指标的可控性。金融创新增强了金融变量等中间指标的内生性，导致银行等金融机构与货币政策工具之间的联系日益松散。以中间指标 M_s 为例，在创新过程中能拓宽货币供应渠道，货币供应主体数量增多，提高了货币乘数，实现货币供应量内生性的增强；同时还能有效降低中央银行法定存款准备金率；再贴现政策的主动性更弱。因而相应政策工具的作用范围呈减少趋势，这在一定程度上削弱了中央银行对 M_s 的控制。

二、金融创新对货币政策工具的影响

（一）逐步削弱了法定存款准备金率效力

金融创新加快了金融证券化趋势，大量的流动资金从银行流入金融市场、非存款性金融机构和新型影子银行，逐渐摆脱了中央银行对存款准备金率的束缚。

金融创新会引起金融机构负债比例的变化，存款在商业银行等金融机构通过回购协议、货币市场共同基金筹资而无须缴纳法定准备金，存款在负债中所占的比例下降。

以上种种均导致银行体系存款的削减，由此可见法定存款准备金率的作用范围逐渐缩小。

（二）削减了再贴现政策的效果

第一，金融创新导致再贴现条件朝着自由化、合理化方向发展。当前，大部分国家的中

央银行不再严格限制和规定再贴现条件，金融创新逐渐削弱了“真实票据说”的影响力，金融工具创新使得新型票据逐渐合理、合法，并成为必然，逐渐突破了再贴现条件的限制，削弱了合格票据贴现的种种规定的约束力。

第二，金融创新使金融机构的融资渠道更为多元化。各类资金供求者在现代网络技术的支持和推动下，均可通过国内金融市场、国际金融市场（特别是欧洲货币市场）等进行更便利的资金调拨。这必然降低对中央银行再贴现/再贷款的依赖。

此外，金融创新也使中央银行在再贴现窗口操作中的主动性日益降低。

（三）增强了公开市场业务的作用

金融创新推动了金融市场发展，这为政府融资证券化奠定了坚实基础，增强了政府债券市场的活力。同时，金融市场的发展为中央银行公开市场业务提供了多样化的交易手段和操作场所，提高了中央银行的运作效率，使之吞吐基础货币的能力显著提升。

金融创新改变了金融机构资产负债结构形式，政府债券因其盈利性、安全性和流动性的综合利好而广受关注，它的价格和收益率是整个金融市场中其他证券收益率的有效价格参数。中央银行能适时变动价格和收益率，从而影响一般证券的价格及其收益率，最终容易导致金融机构和公众对经济变化的预期，加强了公开市场业务的“宣示效应”。

但是，金融创新增加了有效运用公开市场手段的难度。因为国际金融创新、金融全球化形势下，资金全球快速流动、金融市场波动频繁，都加大了中央银行公开市场操作的难度，特别是外汇公开市场业务。

三、金融创新对货币政策传导的影响

（一）增加货币政策传导的时滞

在内在时滞方面，中央银行在制定货币政策时，必须考虑金融创新的内容、速度和创新所致的政策传导路径的改变。在外在时滞方面，(1) 中期时滞：中央银行决策作用于金融机构的过程。因为金融创新改变了货币供给过程，商业银行、非银行金融机构和非金融机构（影子银行）共同承担了货币创造过程，这些机构金融业务的交融分散了中央银行调控的重点，制约了中央银行控制各种货币量的能力，延长了中期时滞。(2) 决策时滞—生产时滞：大量创新金融工具的出现，使货币需求的利率弹性发生改变。通常，利率弹性变大，生产和消费行为对利率变动更敏感，这有利于提高公众对市场变化的反应速度，从而减少外在时滞。同时，当利率变化时，由于金融创新的吸引力，增加了公众对买卖、借贷多种金融工具的权衡空间，导致公众的行为与中央银行、金融机构的预期可能不一致，从而引起货币政策传导效果下降。

（二）削弱货币政策独立性

国际金融创新，包括金融工具、金融业务、金融机构（新型影子银行）和金融市场的创新，给融资市场主体增加了大量的运作空间，削弱了货币政策独立性，降低传导效果。

本章小结

BRIEF SUMMARY

● 货币政策所要达到的最终目标经济增长、充分就业、物价稳定和国际收支平衡之间既有协调又有冲突。

● 中间目标必须满足可控性、可测性和相关性的要求。依据中间目标的选择标准，货币供应量、利率、基础货币和准备金作为中间目标各有利弊，不同时期有所侧重。

● 一般性货币政策工具包括公开市场业务、再贴现政策和准备金政策"三大法宝"，公开市场业务是货币政策最主要的工具，因为它更具有主动性、灵活性、快速性、连续性、可逆性、辅助性和结构性等优点。

● 近年来，中国人民银行重视常备借贷便利、中期借贷便利调节工具。

● 关于货币政策传导机制，凯恩斯认为，货币供给量的变化能否顺利传导，受制于流动性偏好、投资的利率弹性和乘数效应三个重要环节。凯恩斯学派从资产调整效应、财富效应、信用可得性效应、乘数效应和加速原理效应等方面完善了传导机制理论。与凯恩斯学派以利率为中心的货币政策传导机制不同，货币学派认为货币供应量是货币政策传导中的决定性因素，强调货币供应量的变化直接影响国民收入，认为利率在政策传导机制中几乎不起作用。

● 影响货币政策效果的主要因素包括政策时滞、预期因素和制度体制因素等。货币政策执行时遵循"相机抉择"还是"简单规则"的原则各国尚无定论，但通常都需要与财政政策进行一定条件的配合。

● 金融创新降低了中间目标的可测性、可控性；削弱了法定存款准备金和再贴现政策的效力；增强了公开市场业务的作用；可能增加货币政策传导的时滞、削弱中央银行货币政策的独立性。

复习题

REVIEW QUESTIONS

选择题

1. 公开市场操作的实际绩效不正确的是(　　)。

A. 非主动性　　　　B. 操作灵活，不易引起社会公众的注意

C. 可逆性　　　　D. 微调性

E. 对其他政策工具有辅助性作用

2. 货币政策四大目标之间存在矛盾,任何一个国家要想同时实现是很困难的,但其中(　　)是一致的。

A. 充分就业与经济增长　　B. 经济增长与国际收支平衡

C. 物价稳定与经济增长　　D. 物价稳定与充分就业

3. 下列措施中,属于紧缩性货币政策的是(　　)。

A. 我国宣布降低银行存贷款利率　　B. 提高个人所得税率

C. 中央银行在货币市场上进行正回购　　D. 中央银行在公开市场上买入外汇

4. 货币政策四大目标之间存在一定协调或矛盾,下列这些观点中正确的是(　　)。

① 充分就业与经济增长目标之间存在较好的协调性　② 经济增长与国际收支平衡目标之间必存在矛盾　③ 国内物价稳定与国际收支平衡目标之间一定是矛盾的　④ 从长期看,物价稳定与经济增长之间是可以协调的　⑤ 充分就业与物价稳定目标之间在短期内存在较强的协调性　⑥ 充分就业与物价稳定目标之间在短期内存在冲突,但长期看存在两目标可达到较好的协调性

A. ①④⑥　　B. ①②⑥　　C. ②③④⑥　　D. ①②③④⑤⑥

5. 1995 年我国以法律形式确定我国中央银行的最终目标是(　　)。

A. 以经济增长为首要目标　　B. 保持物价稳定,并以此促进经济增长

C. 以币值稳定为主要目标　　D. 保持币值稳定,并以此促进经济增长

6. 当前我国现行货币政策目标正确的是(　　)。

A. 保持币值的稳定　　B. 促进经济增长

C. 经济结构优化和金融稳定　　D. 以上选项都对

7. 选择货币政策中间目标的标准是(　　)。

A. 可测性、可控性、相关性　　B. 可测性、可控性、抗干扰性

C. 抗干扰性、可控性、相关性　　D. 独立性、可控性、相关性

8. 下列(　　)不是通过直接影响基础货币变动实现调控的货币政策工具。

A. 法定存款准备金政策　　B. 公开市场业务

C. 再贴现政策　　D. 逆回购

9. 凯恩斯学派与货币学派在货币政策传导机制问题上的观点,正确的是(　　)。

A. 前者认为在货币政策传导中存在资产替代效应、财富效应和信用可得性效应,后者没有考虑这些效应

B. 二者都认为在货币政策传导中存在资产替代效应、财富效应和信用可得性效应

C. 二者都认为在货币政策传导中存在资产替代效应、财富效应

D. 前者认为在货币政策传导中存在资产替代效应和财富效应,后者认为在政策传导中存在资产替代效应和信用可得性效应

判断与辨析

1. 凯恩斯的货币政策是相机抉择，而货币主义则认为应实行单一规则的货币政策。(　　)
2. 中央银行通过货币政策的实施不能同时实现充分就业与价格水平稳定两大目标。(　　)
3. 凯恩斯的货币政策是需求管理政策，而货币主义的“单一规则”主要是供给管理。(　　)
4. 以弗里德曼为代表的货币主义与凯恩斯所主张的货币政策有根本的不同。(　　)
5. 公开市场业务在功能上可以弥补再贴现政策和法定准备金政策的缺点，因此许多国家货币政策的执行主要依赖公开市场业务，随着经济大发展，其余两个政策工具越来越不重要了。(　　)
6. 货币政策四大目标之间往往存在矛盾，任何一个国家要想同时实现四个目标是很困难的，但其中物价稳定与充分就业目标是可以同时实现的。(　　)
7. 在我国，货币供应量作为货币政策中间目标比利率更优越。(　　)
8. 货币政策传导需要借助中间目标才能实现，但是利率与货币供应量不能同时作为一国中央银行的货币政策中间目标。(　　)
9. 美国联邦储备系统享有较大的独立性，主要表现在其直接向国会报告工作，会计受国会审核，向国会负责，不受总统和财政部的制约。(　　)
10. 中央银行的公开市场业务都是在二级市场而并非一级证券市场进行。(　　)

基本概念

货币政策　货币政策目标　货币政策工具　一般性政策工具　存款准备金
再贴现　公开市场操作　选择性政策工具　货币政策时滞　中介指标
相机抉择　简单规则　货币—财政政策的搭配　中间目标

思考题

1. 如何理解中央银行货币政策目标的含义以及它们之间的相互关系？
2. 掌握选择货币政策的中间目标或中介指标必须依据的若干标准。
3. 领会中央银行如何运用三大货币政策工具调整货币供应量和信用规模。应该如何评价货币政策工具操作的实际效果？
4. 理解凯恩斯学派和货币学派的货币政策传导机制理论的异同。
5. 掌握影响货币政策效果的主要因素以及它们是如何影响政策效果的。
6. 领会并比较利率和货币供应量作为货币政策中间目标的优劣。
7. 领会金融创新对货币政策的影响。

第十二章——金融压制、金融深化与创新

现代社会，经济与金融的关系越来越紧密，经济金融化已经成为各国经济发展的一种必然趋势。而金融发展与经济增长的关系是经济学家关注的一个重大课题，早在1912年约瑟夫·熊彼特(J.A. Schumpeter)就指出，一个国家金融部门的发展对该国人均收入水平和经济增长率具有积极的效应，20世纪70年代以来，以爱德华·肖和罗纳德·麦金农为代表的经济学家，以广大发展中国家为样本，对金融因素在经济增长中的作用做了大量的研究，系统地提出了"金融压制与金融深化"理论。20世纪70年代以来，许多发展中国家进行了自由化改革。基于金融深化推动经济增长的理论和政策，在一些国家取得了成功，但在另一些国家却出现了严重的金融危机和经济危机。

第一节　金融发展与经济发展

一、衡量金融发展的基本指标

金融发展(Financial Development)是指在金融体系规模和金融工具数量不断扩张、金融结构合理优化的基础上，金融效率不断提高的过程。金融发展问题早已引起经济学家的重视，何为金融发展以及如何衡量金融发展的水平，在各种金融理论中已有所阐述。按照雷蒙德·戈德史密斯的解释，金融发展就是金融结构的变化，而金融结构包括金融工具的结构和金融机构的结构。一般而言，金融工具的数量、种类、先进程度以及金融机构的数量、种类、效率等，形成了具有不同发展程度的金融结构。金融工具和金融机构的数量和种类越多，金融发展程度就越高，金融服务的效率也就越高。根据上述金融发展的定义，衡量金融发展的程度实际上就是衡量金融结构的状态，同时金融发展与经济发展之间存在正向关系，金融发展程度也可以用金融发展与经济增长相互关系的指标来衡量。

（一）金融内部结构指标

戈德史密斯提出了许多金融结构指标：

（1）主要金融资产（如长短期债券和股票）占全部金融资产的比率；

（2）金融机构发行的金融工具与非金融机构发行的金融工具的比率，以此来衡量金融结构化程度；

（3）在非金融机构发行的主要金融工具中，金融机构持有的份额，以此进一步衡量金融结构化程度；

（4）主要金融机构如中央银行、商业银行、储蓄机构及保险组织的相对规模；

（5）同类金融机构资产之和与全部金融机构总资产的比率，称为“分层比率”，以此来衡量金融机构间的相关程度；

（6）主要非金融部门的内源融资和外源融资的相对规模；

（7）在外源融资中，不同金融工具在已发行的各类债券和股票中所占的比率。

（二）金融发展与经济增长的相互关系指标

1. 金融相关率

金融相关率（Financial Interrelations Ratio），是指一定时期内社会金融活动总量与经济活动总量的比值，一般用金融资产总额来表示金融活动总量，用国内生产总值来表示经济活动总量。金融资产主要包括金融部门、非金融部门和国外部门发行的金融工具，如股票、债券、各种信贷凭证、通货与活期存款、居民储蓄、保险单等。根据戈德史密斯的解释，在一国经济的发展过程中，金融相关比率变动的基本趋势是上升，有时甚至会发生迅速上升的“爆发运动”，但当达到一定程度时，这一比率会逐步稳定。金融相关率这一指标是为了解决在对不同国家的金融结构进行比较时可能遇到的统计数字不全的问题而提出的，因其简单、实用、合理而被广泛应用。

2. 货币化率

货币化率（Monetization Rate），是指一国通过货币进行商品与服务交换的价值占国内生产总值的比重，体现了一国的货币化程度，一般用一国某一时期的货币供给量（包括 M0、M1 或 M2）与这一时期的国内生产总值之比来衡量。随着商品经济的发展，将货币作为商品和服务交换媒介的范围会越来越广泛，这种现象可称为社会的货币化程度不断提高。由于货币是金融资产的重要组成部分，因此货币化率是反映一个国家金融发展程度的重要指标。在使用该指标时，要注意的是使用的是哪一个层次的货币统计量。

二、金融发展与经济发展的关系

西方主流经济发展理论认为，金融发展与经济发展之间存在着密切的关联。金融发展促进经济发展的作用可以归结为以下几点：

(1) 金融发展有助于实现资本的积聚与集中，帮助实现现代化的大规模生产，实现规模经济的效益。

这是金融的一个基本功能。一般来讲，金融业越发达，迅速积聚资本的功能就越强。在金融高度发达的国家和地区，金融可以迅速集中国内资源并调动国外资源，推进经济的发展和国际化。

(2) 金融发展有助于提高资源利用率，进而提高社会经济效率。

发达的金融体系为众多的投资者提供了多种可供选择的金融工具和完善的金融工具流通市场，金融市场上的竞争较为充分，使得各种金融工具的价格趋于合理水平，而投资者的理性投资行为会促使资源从经营不善的企业流向经营管理水平较高的企业，从而实现社会资源的合理配置，提高资源的利用率。

(3) 金融发展有助于提高用金融资产进行储蓄的比例，进而有助于提高社会的投资水平。

金融业的发展会使金融资产的流动性提高、种类和收益率多样化，从而提高人们对金融资产的兴趣，增加金融资产形式的储蓄份额。这样就会在较大程度上拉动投资的增长。

另外，经济发展是金融发展的基础和条件，经济发展对金融发展的作用表现为：① 经济发展会带来社会收入水平的不断提高，从而提高人们对金融投资和理财服务的需求，进而推动金融业的发展。② 经济的发展会促使越来越多的大企业集团的形成，大企业集团一般要求由与融资需求相匹配的现代金融机构为其提供服务，这就要求金融机构的融资规模必须较大，融资的效率较高，且融资手段多样化，有较强的风险承受力。另外，经济的发展催生出众多规模不一、需求各异的企业，它们要求金融机构为其提供相应的服务。可以说，经济发展给企业规模和类型带来的变化是促使金融工具、金融机构多样化和金融效率迅速提高的直接原因之一。

第二节　发展中国家的金融压制

在完全竞争的金融体系中，金融产品的价格(利率)不受干预，由意愿投资和意愿储蓄共同决定均衡的利率水平和实际投资(此时实际储蓄等于实际投资)，金融市场充分发挥作用，储蓄充分转化为投资，并进一步促进经济增长。然而发展中国家的金融体系不健全，金融市场机制未充分发挥作用，政策当局过多干预、管制金融市场，人为压低利率和汇率、高估本币，融资资产形式单一，信贷配额等现象，造成金融体系和实际经济领域缺乏活力。这就是金融压制。

一、发展中国家金融压制的根源

(一) 发展中国家的“经济分割性”

1. 要素分割性

发展中国家的资金、技术、土地、劳动力、管理、信息等要素分散于零散的经济部门,要素市场割裂,无法实现要素资源的有效配置。但现代市场经济的发展必须要建立灵活的要素市场,比如在我国市场经济发展还不成熟时,经理人的自由流动就存在许多障碍。

2. 金融体制的分割性

发展中国家由于市场机制落后,资金不能通过统一的金融市场进行融通,投资限于本行业,投资资本只能依赖企业内部积累,即内源融资,从而导致企业、居民储蓄不足。储蓄不足进一步抑制社会再投资和再生产,降低了经济效率和抑制了经济增长。

(二) 政治方面

发展中国家摆脱了殖民统治,获得了独立。新政府的政权来之不易,倍加珍惜,政府对国家主权有强烈的控制欲望;对宗主国自由经济政策的恶果诚惶诚恐,怀疑市场——“看不见的手”的作用,宁信政府的干预能力——“看得见的手”作用。所以发展中国家经常设置众多的管理部门,布局过多的管理政策和手段。

(三) 在政治与经济的交点上,对高利贷和通货膨胀的恐惧

因为高利贷意味着剥削和社会财富的分配不公,同时利用高利贷的厂商自然会将高昂的利息成本计入最终产品价格中,这必然导致社会物价水平的大幅上涨。为了对付通货膨胀,银行和债权人又将进一步提高借贷利率,这必然形成“高利率—高通货膨胀”的恶性循环。故政府管理者认为,高利贷的借贷活动必须禁止,取而代之的是财政计划和信贷配给。政府强制规定银行存贷款的名义利率上限,致使实际利率极低,甚至为负。其结果必然是银行体系的储蓄枯竭。

二、金融压制政策的表现

1. 货币当局对存贷款利率实行控制,致使利率不能正确反映资金市场的供求状况

发展中国家政府为了降低公共部门的融资成本,常设置存款利率上限,另外又通过通货膨胀来弥补财政赤字,导致实际利率很低甚至为负,从而银行吸收的存款减少,资金供给不足。

一方面,由于实际利率很低甚至为负,储蓄不足而贷款需求旺盛,导致资金需求大于供给。使得政府不得不采用信贷配给,结果使得政府采用指令分配资金,政治联系广泛者通过寻租容易得到资金。另一方面银行管理层按照意志分配资金,大量民营企业只能转向非金

融市场和高利贷融资，形成“黑市价格”。

2. 政府当局实行外汇管制和对汇率实行控制，汇率不能反映外汇市场的供求状况

通常是官方高估本币汇率，施行“进口替代政策”，造成出口减少和进口增加。前者使外汇资金短缺，供给不足；后者使外汇需求增加，能以官方汇率获得进口用汇的只是持有进口许可证的特权机构，广大用汇企业和个人转入外汇黑市。

3. 金融体系各部门发展不平衡

(1) 商业银行占主导地位。比如长期以来我国中、农、工、建四大国有银行在存贷款市场占绝对大比率，银行中长期信贷市场受政府管制，流动性差；目前再加上交通银行和中国邮政储蓄银行共六大国有商业银行占市场主导地位。

(2) 资本市场极不发达。股票市场刚刚起步；债券市场尤其落后。由于经济分割性，银行与非银行金融机构局限于各自传统领域内活动，它们之间缺乏货币市场的流动联结。金融工具单一，主要是存贷款工具，无商业票据；证券品种有限。

(3) 存在二元金融结构。现代金融机构：主要是国有银行，还有少量外国银行，这些金融机构主要集中于港口城市和经济中心地区；传统金融机构：主要是当铺、钱庄，这些金融机构主要分布在落后小城镇、农村地区。

4. 金融管理的弊病

政府部门高度集权，管理机构重复设置，财政政策与货币政策产生矛盾：先进新兴行业享受税收优惠，国家可动用外汇储备帮助其引进先进技术设备。但政府投资和补贴行为严重助长了企业的依赖心理，企业效益低下，生产投资资金转化成了消费资金，引起进一步的通货膨胀，这与货币政策相悖。

三、金融压制政策的负面效应

发展中国家的金融压制会对金融和经济长期发展存在四个方面的负面效应。

1. 负收入效应。存在金融压制的国家中，由于存在较严重的通货膨胀，公众持有的实际货币余额 M/P 下降，储蓄下降，投资减少，总需求减少，继而国民收入水平增长缓慢甚至停滞不前。

2. 负储蓄效应。由于发展中国家采用控制名义利率的办法来控制货币数量继而控制通货膨胀，在高通货膨胀的条件下，低名义利率和高通货膨胀带来更低的实际利率，将容易引起人们增加物质财富、消费支出或向国外转移资金，但却造成储蓄倾向降低。

3. 负投资效应。金融压制国家和地区由于急于摆脱落后，实现现代化，倾向于发展技术含量较高的技术、资本密集的新兴产业，客观上限制了传统部门的发展，供给的不足造成对这些部门产品的对外依赖，资金不能按照社会原本的实际需求流动，造成了投资的效益下降和资源浪费。

4. 负就业效应。金融压制限制了传统部门的发展，大量的剩余劳动力涌向城市，然而这

些国家又大力发展资本密集型的产业，致使那些处于低工资的劳动力很难被城市生产力相对较高的部门所吸纳，造成了大量失业和社会的贫富分化现象。

第三节　金融深化

一、金融深化的概念

根据爱德华·肖的概括，所谓金融深化(Financial Deepening)是指这样一种情况：如果政府取消对金融活动的过多干预，发展中国家货币金融与经济可形成金融深化与经济发展的良性循环。

麦金农认为，由于金融抑制是指政府对金融体系和金融活动的过多干预压制了金融体系的发展，而金融体系不发展又阻碍了经济的发展，从而造成金融压制与经济落后的恶性循环现象。因此他认为，金融深化是要强调金融市场的自由化。

爱德华·肖认为，相对国外资金的流入，国内储蓄是促进发展中国家经济增长的一个更重要的因素。在西方经济学的新古典经济增长模型中，储蓄倾向被假定为一个常数，而金融深化理论认为，如果考虑收入增长率和实际利率水平等金融因素的影响，储蓄倾向应被视为内生变量。金融深化理论认为，放松金融抑制，人们持有货币的意愿会增加，从而实际货币余额增加，这不仅直接刺激储蓄，而且在收入开始增长后，还会经过金融活动过程导致更多的储蓄。

二、度量金融深化的指标

爱德华·肖在《经济发展中的金融深化》一书中给出了几种度量金融深化的指标：

(1) 金融存量。在一个金融深化的经济中，由于消除了金融资产价格方面的扭曲，人们愿意持有各种流动性金融资产。因此，金融资产存量与国民收入的比率较高，金融资产占有型财富存量的比率也较高。

(2) 金融资产流量。金融深化会使私人储蓄增加，各种形式的资本外逃减少，从而缓解财政的压力和对国外储蓄的需求。

(3) 金融体系的规模和结构。金融深化必然扩大金融体系的实际规模，同时也为银行之外的其他金融机构带来获利机会。因此，金融深化意味着金融职能和金融机构的专业化，同时相对于外汇市场和场外非法市场而言，有组织的国内金融机构和金融市场有较大发展。

(4) 金融资产价格。这是金融深化与否最重要的表征。在金融抑制的经济中，金融资产的需求被低利率抑制，证券的供给则为信贷配给所限制，甚至场外非法市场也被高利贷和政府管制所制约。随着金融深化的展开，利率逐渐能准确地反映客观存在的、替代现实消费的投资机会和消费者对推迟消费的意愿程度，实际利率将逐步提高，各种利率之间的差别逐步缩小。另外，汇率的扭曲也得到了纠正，黑市和远期外汇市场上本币汇率下跌的状况得到有效抑制。

三、金融深化的核心内容

金融深化的核心内容是促进实际货币需求的增长。麦金农将发展中国家实际货币需求函数表述为$L=F(a, r)$。式中，L表示实际货币需求量，a表示投资—收入比率，r表示实际存款利率。麦金农认为：发展中国家经济发展需要大量货币资金投入，在缺乏有组织的金融活动、政府替代金融过程具有不充分性、所有经济单位只限于内源融资的条件下，积累实际货币是投资的前提。只有在持有实际货币的收益率较高时，人们才会增加对实际货币的需求，进而增加储蓄和投资，促进经济增长。因此，金融深化政策的首要任务就是保持一个较高的"货币存款实际收益"，以此来刺激人们对实际货币余额的需求。

经济单位仅限于内源融资，这一事实意味着投资的不可分性(投资达到一定规模才能获得收益)具有重要意义。在外源融资非常便利的条件下，投资者可以依靠借贷来获得投资所需资金，而不一定为投资积累较高的货币余额；但外源融资不可得时，潜在的投资者必须为投资积累足够的货币余额。因此总支出中投资所占比例越大，相应地对实物资本的需求越高的经济主体，其货币需求也越大。这样，货币和实物资本就是互补的，而不是传统理论所预言的替代品。由货币和实物资本的互补性，麦金农得出投资和实际利率在一定条件下成正向关系这样一个惊人的结论。

麦金农将实际利率对投资的上述正向影响称为货币的"导管效应"，即货币被看作资本积累的一个导管，而不是一种资产。麦金农承认，在导管效应存在的同时，货币与实物资本之间传统的"竞争资产效应"也是存在的。在货币和实物资本发生互补的区间，货币收益率都低于资本平均收益率，因此，导管效应具有支配性，并使自行积累的投资率达到最大。当货币收益率超过一定水平时，竞争资产效应就会具有支配性，并会减少投资总流量。

四、金融深化的政策主张

面对发展中国家金融压抑产生的种种不良现象，经济学家提出了发展中国家金融深化的政策主张：

1. 取消不合理的利率限制，控制名义货币增长率。考虑到发展中国家存在较为严重的通货膨胀，必须取消不适当的利率上限，保证货币资产的实际收益为正数，以此来吸收储蓄，优化投资结构。较高的利率会促使资金流向高效益企业，从而在全社会范围内实现了资本的优化配置；较高的利率也会促进借款企业努力改进技术，提高资本使用效率。同时，放松利率管制并不意味着政府对宏观金融调控的放松，相反，政府应对名义货币量进行有效调节，因为名义货币供应量及其增长率对稳定市场价格有十分重要的作用。这两种政策搭配既保证了市场价格的稳定，又不会阻碍经济增长。

2. 放松外汇管制。高估本币汇率只会使进口许可证和外汇配额持有者获得垄断利益并滋生寻租行为，而出口行业受到歧视，并导致国际收支逆差。将高估的本币贬值，可有效减少对外汇的过度需求，并刺激出口，改善国际收支状况。在汇率制度的选择上，爱德华·肖赞成弹性汇率制，因为国外投资者希望保持投资收益的稳定性和资本的流动性。当一国国内通货膨胀上升，而固定汇率又不能做出相应的调整时，国外投资者的收益率就会受到影响。而只有采用弹性汇率，国外投资者的收益才会随该国通货膨胀的变动而同向变动。当然，金融深化还包括本币的自由兑换，允许国外投资者将其所赚取的利润换成外汇汇往国外。对于缺乏资金的发展中国家来说，这是吸引大量外资的前提之一。

3. 财政改革。包括：第一，合理地规划财政税收，采取一系列税收减让政策，特别是降低"存款利息税"，让储蓄者的利益得到切实保障。第二，减少不必要的财政赤字，缓和和消除通货膨胀。通过这些改革，深化金融体系的资金集散功能，而金融深化又将导致收入和财富的增加，财政税收基础也因此扩大。

4. 其他。包括放松对金融业过多的限制，鼓励银行之间的竞争；增加期限长、利率高、数量大的贷款，促进技术进步；适当扩大金融机构对城乡小规模经济单位的信贷；大力发展各类金融市场、增加金融工具；改善对外贸易和吸收外资的环境等。

第四节　金融自由化

自20世纪70年代以来，发展中国家都经历了金融自由化浪潮的冲击。对大多数发展中国家来说，麦金农—肖模型为它们的金融改革提供了基本理论依据和政策导向。但金融改革是否成功目前仍然存在争议，发展中国家发生的一系列金融危机使人们对这一问题持更加谨慎的态度。

一、发展中国家金融自由化改革

20世纪70年代以后，许多发展中国家和地区接受了金融深化理论，在本国或本地区推进金融改革，消除金融压抑，实行金融自由化。其改革的基本内容有三项：逐步放松利率管制，推进利率决定的自由化；减少政府对信贷资金的计划控制；放松对金融机构发展的限制，以消除金融业的垄断，促进同业竞争。下面将介绍几个典型国家的金融自由化改革情况。

（一）阿根廷、智利、乌拉圭和新西兰的金融自由化改革

阿根廷、智利和乌拉圭三国在20世纪70年代中期进行了金融自由化改革的试验。其改革措施主要有四项：(1) 取消对利率和资金流动的限制；(2) 取消指导性信贷计划；(3) 对

国有银行实施私有化政策；(4) 减少本国银行和外国银行登记注册的各种障碍。智利的金融改革开始后，通货膨胀率从 1974 年的 600%下降到 1981 年的 20%，阿根廷和乌拉圭两国的通货膨胀率仍旧居高不下；智利的实际利率水平在 1980—1982 年分别为 12.1%、38.8%和 35.7%，阿根廷和乌拉圭不时出现负利率，但这两个国家的利率在许多时期还是相当高的。在改革过程中，许多私营企业发生财务困难。20 世纪 80 年代初，一些金融机构濒于破产。上述三个国家的金融当局为了救助这些破产银行，曾采取扩张货币的措施。但这些救助措施同时也造成了宏观经济的不稳定。在这种情况下，阿根廷和智利被迫对金融重新采取直接控制措施。在直接控制实施一段时间后，才又逐渐恢复了自由化政策。新西兰曾经被认为是发展中国家从严格管制的金融体系向主要依靠市场机制的金融体系过渡的范例。在 1984 年之前，新西兰政府对金融的干预还十分普遍，主要表现在：大部分金融机构的利率受到管制；信贷按指令分配给住宅业、农业等优先部门；强制要求金融机构以低于市场的利率购买政府公债券等。这些措施刺激了住宅业、农业的投资，为政府提供了弥补赤字的廉价资金来源，但由于减少了对效益较高的金融活动的资金供应，因此延缓了经济增长，并削弱了金融的稳定性和货币政策的有效性。在 1984 年，新西兰政府采取了新的市场经济政策，主要内容是：在金融部门中，政府取消了全部的利率管制和信贷指令；允许汇率自由浮动；采取销售政府公债的市场定价和支付方法，并建立一套控制货币的新体系；政府对新银行的建立采取鼓励态度，并扩大了允许进行外汇交易的机构的范围，以推动金融机构间的业务竞争。这些措施大大增加了资金的供给，稳定了货币，促进了经济的稳定增长。

(二) 亚洲国家和地区的金融自由化改革

大多数亚洲国家和地区的金融改革是依照金融自由化理论来进行的，核心在于更多地依靠市场的力量来提高金融体系的效率和充分发挥货币政策的作用。亚洲各国和地区实行金融自由化的速度和范围差别很大。中国香港地区长期以来奉行自由、宽松的经济政策，因此基本上不存在放松管制的问题。新加坡政府一直把建立国际金融中心作为目标，从 20 世纪 70 年代中期就开始了较为广泛的金融自由化改革。而亚洲其他国家和地区的金融自由化则始于 20 世纪 80 年代。概括起来，金融自由化改革的内容主要有：

(1) 利率自由化。这是金融深化的核心内容，放松对利率的管制几乎是所有国家和地区金融改革最显著的特征。新加坡在 20 世纪 70 年代中期放开了利率；印度尼西亚、菲律宾和斯里兰卡在 20 世纪 80 年代初已完全放开对利率的管制；韩国、马来西亚、泰国则采取渐进的方式，对受控利率放宽浮动幅度，取消了部分利率的上限并经常对利率加以调整。到 1995 年 11 月，韩国几乎所有的存贷款利率都已实现了完全的自由化；1988 年，马来西亚货币当局宣布减少行政指导，使银行利率更为灵活，存款利率实现自由浮动，到 1992 年 2 月，马来西亚政府最终完全取消了对商业银行贷款利率的限制。1992 年 1 月，泰国国内所有的存款利率实现自由浮动，1992 年 6 月，取消了对贷款利率的限制，标志着利率自由化的完成。

利率自由化再加上通货膨胀率降低，使得大多数国家和地区的实际利率由负变正，金融深化指标 M2/GDP 在 20 世纪 80 年代都有了显著的上升。

（2）减少信贷控制。几乎所有的亚洲国家和地区都减少或取消了对银行信贷总规模的直接控制，并逐步减少按部门配置信贷的比例。不过由于间接调控工具尚不完善，在面临货币失控和宏观经济失调的情况下，许多国家往往仍要依靠某种程度的直接控制。如印度尼西亚在 1987 年放弃了选择性信贷政策，但中央银行仍向对优先部门提供贷款的银行提供优惠性再贴现；韩国在 20 世纪 80 年代末经常使用非正式的直接控制手段来抵消国际收支盈余过大对货币供给量的影响。

（3）促进金融机构之间的竞争。为了提高金融体系的效率，亚洲各国和地区都采取了鼓励竞争的措施，包括鼓励新建金融机构、扩大金融机构的业务范围、放宽市场准入限制和对外资金融机构的限制、国有银行民营化以及给予金融机构更大的自主权等。另一方面，政府加强了对金融机构的监管，将监管范围扩大至所有的金融机构，统一并完善了金融管理体系，建立了存款保险制度，对经营不善和违规操作的金融机构进行改组。以韩国为例，到 1983 年，韩国六大商业银行中的 5 家实现了民营化；20 世纪 80 年代初，韩国立法允许新银行建立，同时对建立非银行金融机构的要求降低。从 1982 年到 1992 年，韩国商业银行从 6 家增至 14 家，并新成立了 44 家储蓄公司和 10 家金融投资公司。

（4）减少资本控制，增加汇率的灵活性。20 世纪 80 年代初，印度尼西亚、新加坡已基本取消了对资本流动的限制；马来西亚对非本地筹资的国际资本流动限制极少，只控制资本输出，对资本输入几乎不予以控制。汇率方面，新加坡在 1975 年放弃了固定汇率制，实行浮动汇率制，1978 年完全解除了汇率控制，使名义汇率与实际汇率趋于一致；其他亚洲国家和地区则从 20 世纪 80 年代开始，逐步从固定汇率制转向更为灵活的汇率安排。

（三）发展中国家金融自由化的经验和教训

发展中国家金融自由化改革的进展是相当不平衡的。在已经进行的改革实践中，既有成功的经验，也有失败的教训。发展中国家金融自由化的主要经验教训有：

（1）以金融自由化为基本内容的改革一定要有稳定的宏观经济背景。宏观经济如果不稳定，那么在这些国家实施金融自由化政策，会由于较高的通货膨胀率而导致高利率和实际汇率的较大波动，造成资金的不规则流动，进而引起许多银行和企业破产，使得经济的不稳定加剧。因此在进行金融自由化改革之前，必须首先创造一个稳定的宏观经济环境，这样，金融改革才会避免上述经济不安定状况的出现。

（2）金融自由化改革必须与价格改革或自由定价机制相配合。如果一国在实施金融自由化改革的时候，价格仍是保护价格或管制价格，那么金融自由化并不能改善资金分配的结构，反而会使资金在价格信号扭曲的条件下被错误的价格信号误导，出现新的资源配置结构失衡。

（3）金融自由化改革并非是要完全取消政府的直接干预，而是改变直接干预的方式。金融自由化改革是要以合理的法律和规章的干预取代人为的行政干预。从一些发展中国家金融改革的经验看，改革的一项重要内容就是放松对金融体系的管制，但在管制放松的过程中如果忽视了建立一套适合本国国情的谨慎的管理制度，就会在信贷分配方面出现失控或舞弊现象，严重时会导致一些银行出现清偿力危机，并面临破产的威胁。而金融业的混乱经营和失控将会危及国家的金融体系和经济的安全。

（4）稳定多方利益关系。政府在推行金融自由化改革和价格改革政策时，应充分考虑到原有利益关系的调整，预先判断金融自由化改革和相对价格变动对不同集团利益的影响，并基于公平原则和政治均衡要求的考虑，采用适当的经济补偿手段，来稳定这种利益关系，以减轻社会震荡。

二、发达国家的金融自由化

从 20 世纪 70 年代开始，特别是进入 20 世纪 80 年代以后，伴随着国际货币制度的改革，一些发达国家，如美国、日本，也纷纷宣布放松甚至取消金融管制，从而形成了另一股声势浩大的金融自由化改革浪潮。概括起来讲，西方发达国家的金融自由化主要有以下内容：

（1）放松对金融机构的控制。取消或放宽各类金融机构经营的业务领域限制，允许各类金融机构之间的业务交叉；取消对各类金融机构存放款利率的限制；商业银行等金融机构可以自由设立分行或附属机构，可以持有或兼并其他类型的金融机构，组成混合经营的金融联合体等。如美国在 1999 年实行了《金融服务现代化法案》，其核心就是废止了自 1933 年开始实行的《格拉斯—斯蒂格尔法》，允许银行混业经营。

（2）放宽和解除外汇管制，开放国内资本市场，放宽外国银行经营的业务范围，取消外国居民在本国金融市场筹集资金的限制。

（3）放松对本国证券市场的控制，允许商业银行等金融机构或外国金融机构拥有本国的证券投资机构，并自由进入证券交易市场。

总之，西方发达国家的金融自由化改革主要是放松或取消对银行、证券和保险业的分业经营管制，向混业经营迈进；放宽对市场准入、金融业间并购的限制，等等。这些管制的放松，加剧了国际银行业和国际金融市场上的竞争，在提高金融业效率的同时，也增加了全球金融体系的风险以及金融监管部门的管理难度。因此，大多数发达国家的金融监管当局在放松某些管制的同时，又加强了另一些方面的管制，特别是金融的宏观管制。可以说，发达国家金融自由化的过程实际上是一个"管制—放松管制—更新管制"的过程。

三、金融自由化与国际性金融危机

无论是从理论上，抑或实践上来看，金融自由化确实在一定程度上促进了各国的经济增长，在有些国家甚至取得了比较大的成效。但是，伴随着近四十年来的全球金融自由化，各种货币金融危机却不时出现，这使得人们不得不重新思考金融自由化政策，探讨金融自由化与金融危机之间的关系。

（一）金融自由化与金融危机的联系

从20世纪80年代以来，全世界发生了五次大的金融危机，其中三次发生在发展中国家：1982年，以墨西哥政府宣布不能偿还外债为导火索，爆发了拉美国家的债务危机；1994年12月，墨西哥政府宣布本国货币比索贬值15%，引发了以拉美国家为先导的新兴市场国家的货币危机和资本市场危机；1997年从泰国开始，形成一轮主要波及东南亚、东北亚国家的货币危机和资本市场金融危机，这场危机一直持续到1999年才结束。另两次发生在发达经济体(1987年美国股市的黑色星期一席卷全球、2007年从美国华尔街次贷危机开始，爆发蔓延全球的金融海啸)。在探讨这些货币金融危机成因的过程中，有些学者指出，发展中国家的金融自由化进程中可能蕴涵着金融风险。仔细分析这几次金融危机，可以从中找出六个方面共同之处：① 危机爆发的国家均处于经济高速增长时期；② 这些国家的资本市场对外高度开放，吸引了大量外资；③ 国际收支经常项目存在不同程度的赤字；④ 有大量外资流入，流入方式以银行贷款或其他债权投资为主，直接投资的数量不大；⑤ 这些国家均实行钉住美元的固定汇率制；完全放开经常项目，部分或全部放开资本项目的货币兑换；⑥ 银行资产质量存在较大问题，银行体系的风险承受能力脆弱。上述共同特征都对金融危机的爆发产生作用，其中大部分涉及金融自由化改革的内容，这促使人们将金融危机与金融自由化联系在一起。

（二）金融自由化引发金融危机的主要原因分析

概括而言，金融自由化主要从以下几方面强化了金融体系的潜在风险：

(1) 利率自由化以后，利率水平的急剧变动会增加金融体系的潜在风险。

① 当实际利率上升到接近甚至超过实际资产的投资收益率时，投资需求会减少，投资规模缩减；在信息不对称的条件下，银行贷款利率的提高会产生“逆向选择”问题，导致银行错过了优质客户，选择了劣质客户，贷款项目的风险提高。

② 存款利率放开后，存款机构之间的竞争使存款利率上升，银行的筹资成本增加。如果贷款利率没有同幅度的上升，存贷款利差将缩小，银行的盈利能力减弱，会诱使银行从事高风险高收益的项目，这也增加了银行的潜在风险。

③ 在金融自由化的开始阶段，利率的急剧上升会吸引大量外资流入，外债增加。当出现国际收支恶化时，国际资本抽逃、货币贬值导致一些金融机构因无力还债而破产。

④ 如果政府在财政赤字较大的情况下放开利率，会加大政府的利息负担，使赤字进一步扩大，为了弥补财政赤字，政府可能会向银行借款，结果是财政赤字货币化，可能出现通货膨胀。

⑤ 利率的波动加剧要求金融机构的风险管理水平提高，而长期处于金融压抑状态下的金融机构在金融自由化的开始阶段可能还不适应这种变化，这样就会因为缺少有效的风险防范措施而使金融风险加大。

(2) 钉住汇率制和开放资本市场之间存在着矛盾。

20 世纪 90 年代以来的金融危机大多与国际资本在各国资本市场间的流动有关。国际游资进出一国资本市场的难易程度取决于该国外汇管制的宽严程度和资本市场的开放程度。在外汇管制方面，发展中国家在实施金融自由化改革时，一般都在相当程度上放开了对汇率的管制，但同时又大多采取钉住某一外币的固定汇率制度。这样，当出现外部冲击时，政府必须动用外汇储备来维持汇率的稳定。在资本市场方面，发展中国家为了加快经济增长，一般都会想方设法地吸引外资，导致资本市场的开放程度较高，对国际资本流动的限制也较少，方便了国际资本在本国资本市场的出入。但由此可能造成的问题是，如果由于某种原因而引发了国际游资的大规模撤离，就会给政府维持钉住汇率制带来很大压力，使外汇储备遭受严重冲击。这种情况下，政府有两种选择，或者是放弃钉住汇率制，让汇率自由浮动，或者是采取强有力的措施限制外资进出本国资本市场的自由。不管是哪种方法，都会给本国经济的稳定增长及吸引外资的能力带来一定的不良影响。

(3) 对金融机构准入的放松和金融监管不足，导致金融业的风险增加。

在金融自由化进程中，一般都会放松金融机构准入限制，这包括放宽本国金融机构的开业限制和允许外资金融机构的进入两个方面，这使得金融业的竞争加剧。但如果在此过程中金融当局缺乏足够的谨慎监管和监督措施，金融机构就有可能通过各种途径从事高风险的业务，从而加大金融体系的潜在风险。

(4) 银行等金融机构积累的大量不良资产使其抵御风险的能力降低。

在发展中国家，甚至在一些发达国家，由于政府长期实行对银行信贷业务的行政干预，造成银行等金融机构大量的不良贷款。在政府的保护措施下，这些不良贷款对银行流动性的威胁是潜在的，而一旦实行银行的私有化，潜在的金融风险就会很容易地转化成现实的风险，并引发金融危机。

四、金融自由化顺序

20 世纪 70 年代以来，许多国家都进行了金融自由化改革，有些国家改革成功，形成经济发展和金融发展的良性循环，而有些国家改革不成功，导致产出下降和恶性通货膨胀的后果。人们对这些国家金融自由化的经验教训进行研究发现，金融自由化必须有一个合理安排的顺序，如果顺序安排正确，就能实现预期的目标，否则将导致金融和经济的灾难。

(一) 麦金农的观点

麦金农在 1991 年出版的著作《经济市场化的次序——向市场经济过渡时期的金融控

制》中提出了金融自由化的顺序安排问题。麦金农认为，对于实行经济市场化而言，客观上存在着如何确定最优次序的问题，财政政策、货币政策和外汇政策的次序如何安排是至关重要的。虽然经济市场化的次序因各种类型经济而有所区别，但仍然存在一些共同特点。他认为，经济市场化首先要完成的任务是平衡中央政府的财政收支，财政控制优先于金融自由化，为确保财政收支平衡，首先应限制政府的直接支出，使其在国民生产总值中所占份额减少，但可以随着人均国民收入的增长而适当增大。如果政府支出不受控制，财政赤字经常出现，那么，在国内资本市场发育不足、政府难以有效地向社会公众推销政府债券的情况下，中央银行就会被迫过度发行基础货币来弥补财政赤字，从而引发通货膨胀。即使政府可以借助于国内资本市场来筹集资金，也可能由于举债过度而陷入国内债务危机。为保证政府收入，同时又不会引发严重的通货膨胀，政府必须有向企业和个人征收基础广泛而又较低的税收的能力，这就要求中央政府建立一个强有力的国内税收部门和有效的税收管理制度；在此之前，政府有必要对某些紧缺资源或产品实施管制，以避免恶性通货膨胀的出现。在财政控制到位、物价稳定、财政赤字消除后，可以考虑进行自由化的第二步，即开放国内资本市场。麦金农建议，在宏观经济稳定的条件下，放松对银行和其他金融机构管制的步伐必须与政府稳定宏观经济方面的成效相适应，以避免出现银行恐慌和金融崩溃。银行系统必须永远受到管制以维护整个支付机制的安全运转。如果对商业银行实行私人所有或私人控制，改革进程就有可能因为私人货币中介机构经营中存在的道德风险（Moral Hazard）问题而归于失败。对社会主义国家而言，由于银行体系大多是从高度集中、大一统的国有银行起步，因此在市场化的开始阶段，必须采取强有力的措施强化货币和信贷系统，使实际利率为正，强制长期负债企业归还借款，严格限制信贷流动，直至价格水平稳定。在国内金融成功自由化以后，接下来，政府就可以进行汇率自由化的改革。这里同样存在一个次序问题。在汇率自由化改革中，经常账户的自由兑换应先于资本账户的自由兑换。首先，应统一所有经常账户的汇率，避免多重汇率，提高对外贸易的效率；其次，制定适当的贸易政策，以显性的、逐步降低的关税来取代扭曲性的配额和其他直接的行政管制。资本金融项目的自由兑换是经济市场化的最后阶段。只有在国内借贷能按均衡利率进行、通货膨胀受到明显的抑制从而无须管制汇率时，资本金融项目自由兑换的条件才算成熟。

（二）金融改革的次序——世界银行研究报告的解读

世界银行在1989年的世界发展报告中，对20世纪30年代，特别是20世纪70年代中期到20世纪80年代后期的整个世界金融发展问题进行了系统、广泛的比较分析，探讨了金融体系演变与发展的特征和规律。

报告认为，在过去十年中，包括发达国家和发展中国家在内的一些国家，为实现金融体系自由化，已经进行了一些改革步骤，发达国家的金融部门建立在市场基础上，已经逐渐成熟，其改革的重点在于取消控制，促进竞争。发展中国家一般是在经济形势紧张的情况下进行金融改革，因此改革的要点是要从一个受管制的金融体系向更为市场化的金融体系转变。为了更加安全稳定地向自由的金融体系过渡和转变，要采取以下几个步骤：

(1) 首先从控制财政赤字和通货膨胀、稳定宏观经济开始，政府应减少指导性信贷计划，调整利率水平和模式，努力完善会计制度、金融法规、金融监管体制等金融运行的基础。

(2) 要促进多样化的市场和机构的发展，鼓励其展开竞争。在鼓励外国机构进入国内金融市场，通过竞争提高效率的同时，也要有所控制，注重对国内金融机构和金融市场的培育，直到国内金融机构具备与之竞争的能力。

(3) 在改革取得实质性成果后，可进入最后阶段——实现利率的充分自由化，即取消现存的指导性信贷计划，放宽资本自由流动的限制，并取消对外国金融机构的限制。

(4) 在国内金融体系已实现自由化并进一步深化时，就可以给予外国机构和资本流动更多的自由，取消汇率管制，实现贸易的自由化和资本的自由流动，从而使国内金融市场与国际金融市场相互连接。整个过程进行得过快或过慢都是有害的。

第五节　金融创新

当代金融创新理论起源于20世纪50年代末到20世纪60年代初，经过20世纪70年代的发展，至20世纪80年代形成高潮，进入20世纪90年代仍如火如荼。我国学者对这一问题的研究是从20世纪80年代开始的。

对这一理论进行研究首先需要对"金融创新"含义进行界定，虽然学界对此也有些争论，但基本上是衍生于创新理论的倡导者熊彼特的观点。我国学者对此的定义为：金融创新是指金融内部通过各种要素的重新组合和变革所创造或引进新事物的金融活动。金融创新的主体是金融家，他们是金融活动的策划者、发起者和维护者。同时，金融创新是"一种活动"，是一个动态的过程。

具体的金融创新，就是创造新的金融工具(金融市场的交易的对象)、新的金融市场(交易的场所)以及执行账户转移的媒介。金融创新可以发生在各种类型的经济体制中，它对金融体制运转和货币政策机制都具有重大的影响。一般地说，创新过程具有明显的阶段性，不可能一步到位。创新行为只有在条件成熟时才有可能产生。为了实现金融创新和维护金融体系的稳定统一，货币当局应当有迅速的反应措施，以保证金融制度的安全性和健全性。

一、金融创新的起因和分类

金融创新与一国的金融制度特征、经济形势及科技水平有着密切的关系。但总的来说，金融创新的起因主要有两个方面：一是约束因素诱发的创新，二是管制的辩证创新。前者是指消费者由于受预算约束而承担的金融服务成本与相互竞争的金融机构所提供的创新工具的成本之间的对比关系，决定了金融创新是否会产生。只有当前一种成本大于后一种成本时，金融创新才有可能发生。后者是指，金融创新就是由金融当局之间，而不是由金融机构之间的竞争所引起的。从理论上讲，各个金融当局的目标是在使各自顾客所得到的福利最大化的同时兼顾到其自身利益的保护，这表现为加强管制和维护主顾关系的矛盾。由于各个金融当局期望各自的顾客能充分利用现有的利润机会，于是可能放松管制，促进创新。此外，有的学者还提出了引起金融创新的其他原因，如高通货膨胀率引起的利率升高且变化无常；进一步的国际经济全球化，特别是国际资本流动；由计算机和电讯技术的创新而增加了资金转移的速度，降低了转移的成本；持续的巨额财政赤字和对弥补财政赤字有效手段的需求等。

对金融创新工具进行分类的一种比较实用的方法，是根据工具所起的金融中介作用来划分。这种金融中介作用大致可划分为三种：一是有助于金融市场主体相互之间转移风险的金融中介作用，二是起到为经济运转提供流动性的金融中介作用，三是创造为金融市场主体带来收益的债务凭证。根据这个原则，可以把金融创新分成四类：风险转移型金融创新，流动性增强型金融创新，引致债权（或债务）型金融创新，引致股权型金融创新。

风险转移型金融创新的主要功能是使得金融市场主体可以在相互之间转移金融头寸中的价格或信用风险。流动性增强型金融创新的主要功能是增强已有金融工具的"货币性"、可流通性或可转让性，并提供流动性更强的新型金融工具。引致债权（债务）型金融创新的主要功能是帮助金融市场主体增加获得信用的机会。这种机会的获得既可以是指获得原来所没有的信用，也可以是指从某些传统的信贷渠道（例如银行借款）转变为非传统的信贷渠道（例如资本市场）。引致股权型金融创新的主要功能是帮助经济主体获得股权式融资的机会。

上述分类虽然不能概括金融创新的所有类型，但可以包括绝大部分金融创新并有助于有效分析金融创新的宏观影响。这是因为，某些创新工具并不能简单地划归为只有一种功能，而是有多种功能。例如，票据发行便利就既有价格风险转移功能，又有信用风险转移功能，还有流动性增强功能，是功能比较多的一种金融创新。再如零息债券，它被列为引致债权（债务）型创新，但与同样期限的传统债券相比，零息债券的价格风险更大，信用风险也更大。推动金融创新需求产生的力量是多层次的。从市场力量来说，金融市场本身发展变化的原因和全球经济中起作用的其他经济因素，都导致了对这种或那种金融创新工具需求的产生；从政府行为角度看，政府的宏观经济政策和各种金融规则条例又都从特定的角度推动了对金融创新工具需求的产生。下面我们就分类作这种需求分析。

1. 价格风险转移型创新

导致对价格风险转移型创新需求的产生，最根本的动因是资产价格的波动加剧，特别是汇率和利率波动的加剧，使人们不得不关注已有的金融头寸在面对这种价格波动时会遭受何种损失，以及避免损失的办法。导致资产价格波动的因素主要有三种：一是由每日市场交易所引起的价格波动，二是由商业周期导致的周期性价格波动，三是由通货膨胀所导致的价格波动。这三种因素中，通货膨胀的因素较为复杂，它因时因地都不同，因此与通货膨胀有关的金融创新一般都是和特定的物价指数相联系。例如，与消费物价指数相联系的英国和意大利政府债券，与黄金或白银物价指数相联系的欧洲债券等。然而，也正是由于同一原因，与物价指数相联系的金融创新工具没有在期货、远期、期权、互换等领域取得太大成功。此外，有关政府政策规则的变化也直接刺激了对价格风险转移型创新的需求。例如，政府取消了对存款利率的限制后，使得一些金融机构出现了资产负债表的结构性不平衡，为了消除这种失衡，它们就被迫在资产管理方面使用浮动利率工具，同时使用其他的创新工具诸如期货、期权、互换等，对它们的价格暴露进行套头交易以保值。

2. 信用风险转移型创新

风险转移型创新的第二种类型是信用风险转移型创新。由于人们已有的金融头寸常会碰到金融资产信用状况恶化的风险，所以就自然产生了对相应金融创新工具的需求。信用状况恶化是指某类金融资产信用状况不正常地大幅度变化。如 20 世纪 80 年代爆发的发展中国家债务危机，其直接后果之一是使一大批国际债权的信用状况突然恶化。这个著名事件不是与周期性的经济衰退和繁荣直接相联系的，所以说是“不正常”的大幅度恶化。但它们的影响却又都是全球性的和长期的。例如，一大批受影响的国际大银行(主要是美国银行)在很长时间内元气大伤，在国际竞争中不仅无法与日本的银行抗争，甚至不敌欧洲大陆的一些大银行。正是出于对信用问题严重性的认识，对信用风险转移型创新的需求才会迅速发展起来。例如，著名的互换交易在调整债务危机后遗症时起到了独到的转移风险作用。

3. 流动性增强型创新

导致流动性增强型金融创新工具产生和发展的动因是市场上对流动性需求的普遍增加。促使这种需求产生的第一个动因是机会成本因素。首先，在市场利率较高的时期，人们若以传统的金融工具形式持有某种资产，其机会成本就会显得较高，于是对能够增强流动性的创新工具的需求自然就发展起来。其次，市场中人们对银行的信用状况越来越感到担忧也导致了对流动性增强型创新工具需求的增加。这一动因的直接表现就是投资者的偏好从传统的银行存款向资本市场工具的转移。当然，仅以流动性来衡量，应该说银行存款还是流动性最强的一种金融工具，因为它可随时(或按规定提前数天通知)转换成足值的现金。但由于 20 世纪 80 年代以来国际金融市场上银行的信用降低，所以投资者宁可选择其他的资本市场工具，于是，对这些工具的流动性要求也随之提高了。第三个动因是发达国家经济活动中举债率的增加，这一现象在美国尤为突出。美国经济中无论是家庭的债务对收入比率，还是公司的债务对股本比率都是在全世界首屈一指的，而日本、西欧经济中的举债率也有大幅度上升。经济活动单位债务负担的加重使得负债者在面临资产价格突然变动时的风险增大。因此，它们既需要合理调整其负债结构，以分散化原则来减小风险，又需要增强负债工具本身的流动性，以便在某项工具的风险突然变大时可以尽早脱手这种工具。

4. 引致债权(债务)型创新

引致债权(债务)型创新工具可以在两方面发挥作用：其一是可以使处于休眠状态的资产流通起来，以便有能力再举借新债。例如举债购股融资，其方式就是以公司现有资产及经营所带来的未来收益为举债融资的依托。再如美国和英国金融市场上向家庭推出的可得股权型账户，使得有关家庭可以以其不断升值的房产为依托获得一定的信贷额度，这种新的融资工具比传统的抵押贷款要便利得多，因此越来越受欢迎。其二是可以得到新的贷款来源。曾经很流行的垃圾债券是直接获得这类新贷款的方式，而负债型利率互换工具则是间接获得这类新贷款的方式。对引致债权型创新的需求主要起因于对信贷的需求，例如，在金融创新最为活跃的美国市场上，各方对信贷的需求都很大，而美国财政部发行的国库券由于信誉较好，使得其他求贷者难于与之竞争，因而不得不求助于金融创新工具，诸如提供引致债权的手段来吸引投资者。对引致债权型创新需求的另一动因与人口构成有特定关系。西方发达国家在战后出生高峰期中出生的一代人进入 20 世纪 90 年代时都已逐渐家成业就，到了需要独立购房的时候。同时，由于他们都是专业阶层，对各种各样的购房信贷有自己的选择，对像引致债权型一类的创新也就更容易接受了。再从公司融资方面看，近年来增加举债率的趋势占了主要地位，美国等一些国家在这方面的情况比较突出。而公司融资的这种发展自然又会产生广泛的国际市场影响，因为高举债率融资方式特别有助于国际市场上的兼并活动，同时，那些面临被兼并危险的公司的管理层也会采用同样的办法来设法购回本公司的债务。这种激烈的竞争也形成了对引致债权型创新需求的重要动力。最后，对引致债权型创新需求的因素还包括一些促成信贷需求模式转变，而不是一般性的增加信贷需求的因素。这些因素包括：其一，投资者出于对银行信用的担忧而转向偏好资本市场融资工具，于是借款人就纷纷设计了创新型工具来迎合投资者偏好的这种转移。其二，近年来，一批声名卓著的大公司扩大了其借贷来源，特别是注重进入国际资本市场。其三，各工业国放松金融规则和金融自由化程度的不同步，使得各国金融市场之间出现了大量的套利机会，而创新的金融工具又正是沟通这种套利机会的最好桥梁。

5. 引致股权型创新

与其他类型的创新相比，引致股权型创新的发展稍为迟缓，因为一般的商业公司在可以采用引致债权型创新时是不会偏好引致股权型创新工具的，唯有商业银行近些年来是这一创新工具的主要使用者。其主要原因在于 20 世纪 90 年代以来的有关金融规则都要求银行注意资本金比例。当然，到了特别强势的金融市场“牛”市时期，一般的公司使用引致股权型创新也会大幅度增加。

金融创新的具体类型与主要内容我们已经在第四章作了较多介绍，这里不赘述。

二、金融创新的影响

根据第八章、第九章、第十章的分析，可知对货币需求而言，金融创新降低货币需求总量，改变广义货币持有结构，对 M1 的需求偏好下降，降低了货币需求的稳定性。对货币供给而言，金融创新扩大了货币供给主体，扩大货币乘数，增加金融机构创造货币的能力，使货币供应的内生性增加。从而干扰货币政策传导渠道、影响货币政策的效果。

三、中国金融创新的现状

我国的金融创新经过四十年的发展，也取得了巨大的成绩，主要体现在以下几个方面：

（一）表现

1. 在组织制度上的创新

建立了统一的中央银行体制，形成了中、农、工、建、交、邮六家国有商业银行和十多家股份制银行为主体的存款货币银行体系，城市信用社改制成城市商业银行。建立了多家农村信用社、农村商业银行和农村合作银行、村镇银行、农村资金互助社；建立了多家非银行金融机构和保险机构，如金融资产管理公司、信托公司、企业集团财务公司、金融租赁公司、汽车金融公司、货币经纪公司、贷款公司、消费金融公司等。放宽了外资银行分支机构和保险业市场进入条件，设立了外商独资银行、中外合资银行、外国银行的分行。近年来，随着电子技术和互联网技术的不断发展，我国也出现了大批新型影子银行（非金融机构或平台从事金融、类金融业务），如各种 P2P、众筹、余额宝、花呗、蚂蚁金服等。

2. 管理制度的创新

（1）中央银行从纯粹的计划金融管制转变为金融宏观调控，调控方式由计划性、行政性手段为主的宏观调控向以经济和法律手段转变，调控手段上逐步启用存款准备金、利率政策、公开市场业务等货币政策工具，加快了外汇改革，实现了人民币经常项目下的可兑换和资本金融项目部分可兑换。

（2）对金融机构业务管制有所放松，各专业银行可以开办城乡人民币、外汇等多种业务，公平竞争；企业和银行可以双向选择。对信贷资金的管理由实行“切块管理、实存实贷、存贷挂钩”等措施，到 1980 年改为“统一计划、分级管理、存贷挂钩、差额控制”，1985 年改为“统一计划、划分资金、实存实贷、相互融通”，1994 年改为“总量控制、比例管理、分类指导、市场融通”的管理体制。此外，对国有银行以外的其他金融机构实行全面的资产负债比例管理；1998 年对国有商业银行也实行资产负债比例管理。

（3）股票发行市场也由核准制逐步变成注册制。2019 年科创板开始注册制发行，2020 年 7 月开始创业板试点注册制。

3. 金融市场创新

建立了同业拆借、商业票据和短期政府债券为主的货币市场；建立了银行与企业间外汇零售市场、银行与银行间外汇批发市场、中央银行与商业银行间公开操作市场相结合的外汇统一市场。在资本市场方面，建立了以承销商为主的一级市场，以深、沪市为核心、以城市证券交易中心为外围、以各地券商营业部为网络的二级市场。为促进经济结构优化，扶持不同行业、不同类型的经济成长，我国建立了多层次资本市场。场内市场包括主板（大盘、中小板）市场、二板（创业板）市场、科创板市场、新三板精选层市场。场外市场包括新三板（场外市场的全国中小企业股份转让系统）、四板市场（主要是区域性股权交易市场，如上海股权托管交易中心、江苏股权交易中心等）。

4. 金融业务与工具的创新

（1）从负债业务看。

① 对传统业务的改造、新型存款方式的创设与拓展上：a. 存款工具功能的多样化，即存款工具由单一功能向多功能方向发展，出现了三、六、九个月的定期存款、保值储蓄存款、住房储蓄存款、委托存款、信托存款等新品种。b. 存款证券化，即改变存款过去那种固定的债权债务形式，取而代之的是可以在二级市场上流通转让的有价证券形式，如大额可转让存单等；c. 存款业务操作电算化，如开户、存取款、计息、转账等业务均由计算机操作；d. 存款结构发生变化，即活期存款比例下降，定期及储蓄存款比例上升。

② 存款账户个性化，迎合了市场不同客户的需求。主要有：可转让支付命令账户；超级可转让支付指令账户；电话转账服务和自动转账服务；股金汇票账户；货币市场互助基金；协议账户；个人退休金账户；定活两便存款账户等。

③ 银行借款的范围、用途扩大化。由临时、短期的资金调剂，扩展为弥补银行资产流动性、提高收益、降低风险的工具。

（2）从资产业务看，出现了抵押贷款、质押贷款、按揭贷款等品种。

① 贷款结构的变化。开展了过去长期被商业银行认为是不宜开展的长期贷款业务，尤其是消费贷款业务。

② 贷款证券化。

③ 与市场利率联系密切的贷款形式不断出现。

④ 商业银行贷款业务“表外化”。为了规避风险、规避管制，或为了迎合客户之需，商业银行的贷款业务有逐渐“表外化”的倾向，如回购协议、贷款额度、周转性贷款承诺、循环贷款协议等。

（3）从中间业务上看。

① 现金管理业务：出现了多功能的信用卡，各大金融机构和非金融机构（影子银行）推出多种形式的理财产品及业务。

② 结算业务日益向电子转账发展，即资金划转或结算不再使用现金、支票、汇票、报单等票据或凭证。

③ 信托业务与传统的存、贷、投资业务等逐步融为一体，发展私人银行业务。

④ 表外业务，获得可观的手续费收入。如贸易融通业务（如信用证、银行承兑汇票）、金融保证业务（如担保、备用信用证、贷款承诺、贷款销售与资产证券化）、部分衍生产品业务

(如互换、远期和期货)等。

从金融工具上看,主要有国库券、商业票据、短期融资债券、回购协议、大额可转让存单等货币市场工具和长期政府债券、企业债券、金融债券、股票、受益债券、股权证、基金证券等。另外,证券投资业务上的创新主要有:股指期货、股票期权等形式。

5. 金融技术创新

随着电子科技和互联网技术发展,我国的金融技术创新可谓层出不穷。比如以上海证券交易所、深圳证券交易所为代表的电子化技术装备系统;人民币跨境支付系统(CIPS,落户上海);支付宝、微信第三方支付、移动支付;其他各类电子支付结算系统。

从我国的创新历程可以发现,我国金融创新具有如下特征:① 吸纳性创新多,原创性创新少。② 创新层次低,主要表现为数量扩张。③ 负债类业务创新多,资产类业务创新少。④ 区域特征明显,特区和沿海城市金融管制相对较松,市场比较活跃,创新比较集中。⑤ 金融创新靠外力推动,内部驱动不足。创新主要由体制转换和改革等外因推动。⑥ 资金滞留在金融体系和一级市场的偏多,进入实体经济的偏少。

(二) 中国金融创新的制约因素

从上面的分析可以看到,在我国的经济发展中,金融创新仍存在着许多制约因素:

(1) 信用基础薄弱。金融本身是信用高度发展的产物,市场经济本质上是信用经济。只有在发达的信用基础上形成的股份制才能为金融创新提供良好的环境,并实现资源的最优配置。我国的信用很大程度上是国家信用的体现,银行代表国家执行"出纳"的功能。企业有借钱扩张、借债不还的内在动机。近年来,一方面作为现阶段以间接融资为主的实体经济部门(国有企业、中小微企业、个体工商业户等)资金需求旺盛,另一方面作为提供间接融资的银行"惜贷"现象、"贷款看身份"现象仍然存在。可见,金融创新主体信用的孱弱成为金融创新的"硬伤"。

(2) 政府行为错位。一个成熟的驾驭市场经济的政府在市场中的位置应通过制度设置来健全市场,通过市场化的操作来调控市场。政府部门往往通过非经济的手段来干预市场。这样,政府对金融创新的宏观动因偏重于社会稳定,忽视金融创新的市场特性,从而出现了无市场流动性、靠强制推销的政府债券及不记成本的保值储蓄等金融工具创新。政府行为的错位也造成了金融创新的成本和政策风险加大。

(3) 金融创新主体内在动因缺失。我国大型金融机构主体还没做到真正的自主经营、自负盈亏,优胜劣汰的竞争机制尚未形成,由此出现了通过简单的机构增设、业务扩张等内容浮浅、手段落后的创新。

(4) 金融人才短缺。金融从业人员的素质是增强创新的供给能力和创新成果的模仿普及的基础。可是由于我们起步较晚,从业人员金融素养和技术素质相对较弱,造成了金融投机风盛行,违规行为时有发生。

(5) 受利率市场化进程制约。我国的利率水平长期由国家调控，这使得货币市场创新直接受到抑制。虽然，我们已大大放松了存贷款基准利率的上下限，但依然存在基准利率。自 2019 年 8 月 20 日起，中国人民银行授权全国银行间同业拆借中心于每月 20 日公布贷款市场报价利率(Loan Prime Rate, LPR)，LPR 按公开市场操作利率(主要指中期借贷便利利率)加点的方式形成。其目的在于发挥好 LPR 对贷款利率的引导作用，促进贷款利率"两轨合一轨"，提高利率传导效率。参见本书附录。

(6) 人民币不能自由兑换。经过外汇改革，我们实现了人民币经常项目下的可兑换，但实现人民币的自由兑换还有很长的路要走。人民币不能自由兑换意味着人民币缺乏有效的市场价格，这就使得外汇创新受到制约。

(7) 风险意识薄弱。一方面金融主体缺少风险意识，使得"避险性"创新难以展开；另一方面大多市场参与者极度厌恶风险使得创新动因不足。显然，任何一种创新在规避风险的同时也引入了新的风险。

(8) 金融市场立法不完善，立法缺乏前瞻性。

(9) 技术水平落后。一方面，新技术的运用成本决定了金融创新的成本；另一方面，新技术的广泛使用又为金融机构的金融创新提供了技术保障。受技术能力和水平的限制，技术创新成为我国金融创新的最薄弱环节。

(三) 中国金融创新的优势

(1) 中国经济正处于一个由集中管制的计划金融运作向有管制下的相对自由的市场金融运作发展，这样的金融环境是创新展开的最有利时机。

(2) 多元金融机构并存，行业竞争加剧，金融创新的内因增强。

(3) 多年的发展培养了一批金融人才，从业人员素质不断提高。

(4) 金融业的对外开放和全球化进程的压力和动力促进创新。无论我们是"走出去"，还是外资机构"走进来"，都加剧了竞争，中国必须通过金融创新来与之抗衡。

(5) 中国资本市场存量小，发展空间大，创新需求旺盛。

(6) 可借鉴国外丰富的理论实践成果，发挥"后发优势"。

(四) 中国金融创新的路径选择

(1) 坚持原创性与实体经济相结合，以满足需求、优化配置的技术主导型金融工具的创新为突破口。由于我国市场环境与发达国家的巨大差异，使得吸纳型创新有很大的局限性。目前，国内学者普遍认为在创新的层次选择上应以吸纳型创新为主，认为过去在金融工具创新上的不足主要是由于吸纳创新不规范，改动了其特性，使之丧失了所具备的特性和优势。大额可转让定期存单的基本特性是大额和流动性强，故能成为银行大宗定期负债来源和企业各类短期流动资金停靠站而颇受欢迎，但我国在吸纳时改变了其基本特性，面额小和转让难，使之成了银行一种高成本吸收居民储蓄的工具。当时创新主体并不是没有意识到这两个基本特性，而是在考虑到国情时“吸纳”惹了祸。可以想见，如果面额大，在中国根本就没有市场，居民没有能力，企业又有控制资金的偏好，而面额小正好与转让难相适应，因为它成为储蓄投资的一种工具，流动性需求减弱。那么，这一创新的失败在于市场环境不同，必须坚持独创性。如果这一观念不转变，一旦外资机构涌入，我国金融机构将面临的是一场竞争的灾难。

（2）坚持以法制为核心的信用制度创新，以市场化为基础的金融运作制度的创新，以精密风险管理技术为基础的监管体系创新。

（3）坚持以提高金融机构业务能力和运作效率为核心的技术创新。

（4）坚持以提高效率为核心的金融市场创新，特别注意培育场外交易市场。中国金融市场近年的发展颠倒了应有的“先货币市场，后资本市场，资本市场以债券为主；先初级市场后二级市场，二级市场以场外交易市场为主”的内在顺序，造成了投机气氛浓烈，宝贵的资金资源滞留在虚拟资本市场，必须引起重视。

本章小结

BRIEF SUMMARY

- 发展中国家金融压制的根源在于经济分割性，政治上获得了独立后，政府对国家主权有强烈的控制欲望，对高利贷和通货膨胀存在恐惧。

- 金融压制在政策上表现为货币当局对存贷款利率实行控制、实行外汇管制和对汇率实行控制、金融管理上政府部门高度集权，管理机构重复设置，财政政策与货币政策产生矛盾和金融体系各部门发展不平衡。

- 发展中国家的金融压制会对金融和经济长期发展存在负收入效应、负储蓄效应、负投资效应和负就业效应。

- 金融深化的核心内容是促进实际货币需求的增长，麦金农认为金融深化政策的首要任务就是保持一个较高的“货币存款实际收益”，以此刺激人们对实际货币余额的需求。

- 经济学家认为，发展中国家要实现金融深化，应在政策上取消不合理的利率限制；放松外汇管制；改革财政税收；放松对金融业过多的限制，鼓励银行之间的竞争。

- 20 世纪 70 年代以后，许多发展中国家和地区积极推进金融改革，消除金融压抑，实行金融自由化。西方发达国家的金融自由化改革主要是放松或取消对银行、证券和保险业的分业经营管制，进行混业经营。这些管制的放松，加剧了国际银行业和国际金融市场竞争，在提高金融效率的同时，也增加了全球金融体系的风险以及金融监管难度。不适当的金融自由化政策，可能导致金融危机。因此金融自由化必须有一个合理安排的顺序。

- 金融创新是指金融内部通过各种要素的重新组合和变革所创造或引进新事物的金融活动。原因在于高通货膨胀率引起的利率升高且变化无常，增大了市场风险；激烈的竞争、国际经济金融全球化，特别是国际资本流动加速；计算机和电讯技术创新增加了资金转移速度和规避管制等。金融创新分风险转移型、流动性增强型、引致债权（或债务）型和引致股权型创新四类。

● 金融创新减弱了货币需求，改变了货币结构；降低货币需求的稳定性。金融创新扩大货币供给主体、扩大货币乘数，增加金融机构创造货币的能力，也增加了货币供应的内生性。

复习题

REVIEW QUESTIONS

选择题

1. 以下发展中国家的经济弊端中与"分割性"无关的是（　　）。

A. 企业"内源融资"盛行　　B. 政府人为干预经济

C. 银行利率上限　　D. 储蓄不足

2. 以下改革措施当中，不属于金融深化范畴的是（　　）。

A. 取消利率上限，以减少通货膨胀

B. 放松汇率限制以减少高估货币对出口的打击

C. 统一并减少金融工具的种类

D. 允许金融机构之间开展竞争

3. 20 世纪七八十年代英美等国的通货膨胀率都在两位数以上，这从以下哪一方面会影响并促成金融创新？（　　）

A. 使经济环境中的风险增大　　B. 使金融管理环境变化

C. 使国际金融业飞速发展并竞争日趋激烈　　D. 促使金融业的技术进步

判断与辨析

1. 发展中国家经济严重的"分割性"造成企业内部积累融资盛行而储蓄不足，这是造成发展中国家金融抑制的一个重要原因。（　　）

2. 实行"金融抑制"的国家往往采取高于通货膨胀率的名义利率及低估本币的汇率。（　　）

3. 金融深化的主要内容包括取消不恰当的利率限制、确定一个合适的实际利率水平及紧缩汇率限制。（　　）

4. 金融深化需要财政政策的配合，包括合理规划财政税收，例如减少不必要的财政补贴、配给及增税而增加社会总收入。（　　）

5. 以"金融深化"为主题的金融改革的一个重要方面是减少金融机构审批限制以促进金融同业竞争。（　　）

6. 经济环境中的风险增大，尤其是通货膨胀率和市场利率变化莫测是金融创新产生的重要

原因之一。 (　　)

7. 金融机构从传统的单一结构向集团化方向发展是金融机构创新的主要表现之一。(　　)

基本概念

金融压制　金融深化　金融创新　LPR　金融结构　金融发展　金融相关率
货币化率　风险转移型金融创新　流动性增强型金融创新
引致债权(债务)型金融创新　引致股权型金融创新

思考题

1. 理解金融压制的根源;掌握金融压制的主要表现。
2. 掌握金融深化的衡量指标;理解金融深化的效应、政策含义及金融深化理论的缺陷。
3. 掌握金融创新的类型,及其各自的主要特点。
4. 应用:根据金融压制和金融深化理论分析我国经济金融发展的现状、问题和对策。

主要参考文献

[1] [美] 爱德华·肖.经济发展中的金融深化[M].邵伏军，许晓明，宋先平译.上海：上海三联书店，1998.

[2] 戴国强.货币金融学[M].上海：上海财经大学出版社，2006.

[3] 方虹.货币银行学[M].北京：人民邮电出版社，2007.

[4] 方显仓.我国货币政策信用渠道传导论[M].上海：上海财经大学出版社，2004.

[5] 陈彪如.国际金融概论[M].上海：华东师范大学出版社，1987.

[6] [美] 弗兰克·J·法博齐.债券市场：分析和策略[M].李伟平译.北京：北京大学出版社，2007.

[7] 胡庆康.现代货币银行学教程(第二版)[M].上海：复旦大学出版社，2001.

[8] 黄达.货币银行学[M].北京：中国人民大学出版社，1999.

[9] 黄泽民.货币金融学[M].上海：立信会计出版社，2009.

[10] [美] 雷蒙德·M·戈德史密斯.金融结构与发展[M].浦寿海，毛晓威，王巍译.北京：中国社会科学出版社，1993.

[11] 李宏明.金融深化新论[M].北京：中国金融出版社，2007.

[12] [美] 弗雷德里克·S·米什金.货币金融学[M].郑艳文，荆国勇译.北京：中国人民大学出版社，2016.

[13] 钱水土.货币银行学[M].北京：机械工业出版社，2007.

[14] 王淑敏，徐捷，申瑞涛.金融深化创新论[M].北京：中国金融出版社，2003.

[15] 辛树森.银行卡[M].北京：中国金融出版社，2007.

[16] 易纲，吴有昌.货币银行学[M].上海：上海人民出版社，1999.

[17] 岳玉珠.货币银行学[M].南京：东南大学出版社，2005.

[18] 张强.货币金融学(第二版)[M].北京：中国金融出版社，2007.

[19] 张尚学.货币银行学[M].北京：科学出版社，2005.

[20] 周浩明.货币银行学[M].上海：上海财经大学出版社，2007.

[21] Baumol，William The Transactions Demand for Cash：An Inventory Theoretic

Approach, *Quarterly Journal of Economics*, 66, November 1952, pp. 453－456.
[22] Friedman, Milton. The Quantity Theory of money: A Restatement, In M. Friedman, ed., Studies in the Quantity Theory of Money . Chicago, 1956, pp. 3－21.
[23] Tobin, James, The interest-Elasticity of Transactions Demand for Cash, Review of Economics and Statistics, 28, August 1956, pp.241－247.
[24] Tobin, James, Liquidity Preference as Behavior towards Risk, Review of Economic Studies, 25, February, 1958, pp.65－86.

附录一——1996年以来中国利率市场化改革主要进程

1996年6月1日：放开银行间同业拆借市场利率，实现由拆借双方根据市场资金供求自主确定拆借利率。

1997年6月：银行间债券市场正式启动，同时放开了债券市场债券回购和现券交易利率。

1998年3月：改革再贴现利率及贴现利率的生成机制，放开了贴现和转贴现利率。

1998年9月：放开了政策性银行金融债券市场化发行利率。

1999年9月：成功实现国债在银行间债券市场利率招标发行。

1999年10月：对保险公司大额定期存款实行协议利率，对保险公司3 000万元以上、5年以上大额定期存款，实行保险公司与商业银行双方协商利率的办法。

2000年9月21日：实行外汇利率管理体制改革，放开了外币贷款利率；300万美元以上的大额外币存款利率由金融机构与客户协商确定。

2002年1月：扩大农村信用社利率改革试点范围，进一步扩大农信社利率浮动幅度；统一中外资外币利率管理政策。逐步扩大金融机构贷款利率浮动权，简化贷款利率种类，取消了大部分优惠贷款利率，完善了个人住房贷款的利率体系。

2002年3月：将境内外资金融机构对中国居民的小额外币存款，纳入人民银行现行小额外币存款利率管理范围，实现中外资金融机构在外币利率政策上的公平待遇。

2003年4月：放开人民币各项贷款的计息、结息方式，由借贷双方自行商定。

2003年7月：放开境内英镑、瑞士法郎、加拿大元的小额存款利率，同时对美元、日元、欧元、港币的小额存款利率实行上限管理。

2004年1月1日：扩大金融机构贷款利率浮动区间，商业银行、城市信用社上限可为基准利率的1.7倍，农村信用社可达2倍；下限为0.9倍。

2004年3月25日：实行再贷款浮息制度，在再贷款基准利率基础上适时加点。

2004年10月29日：放开金融机构人民币贷款利率上限，但城乡信用社除外，允许其上限可扩大为基准利率的2.3倍。金融机构贷款利率浮动区间的下限仍然为0.9倍。

2004年11月18日：放开小额外币存款2年期的利率档次，由商业银行自行确定并公布。

2005 年 3 月 17 日：放开金融机构同业存款利率，修改和完善人民币存、贷款计息和结息规则，允许金融机构自行确定除活期和定期整存整取存款外的其他存款种类的计息和结息规则。

2005 年 5 月：中国人民银行宣布全国银行间债券市场债券远期交易管理规定。

2005 年 5 月 16 日：债券远期交易正式登陆全国银行间债券市场。

2005 年 7 月 21 日：中国实行以市场供求为基础的、参考一篮子、有管理浮动汇率以后，我国利率市场化改革又注入了新的内容。

2006 年 9 月 6 日：中央银行决定建立报价制的中国货币市场基准利率上海银行间同业拆放利率(SHIBOR)。

2006 年 2 月：中国人民银行发布了《中国人民银行关于开展人民币利率互换交易试点有关事宜的通知》，明确了开展人民币利率互换交易试点的有关事项。

2006 年 2 月 9 日：国家开发银行与中国光大银行完成首笔人民币利率互换交易。人民币利率衍生工具在中国金融市场正式登场。

2007 年 1 月：中国货币市场基准利率上海银行间同业拆放利率(SHIBOR)开始正式投入运行。

2007 年 8 月 17 日：在银行间外汇市场开办人民币兑美元、欧元、日元、港币、英镑五个货币对的货币掉期交易，为企业和居民提供更全面灵活的汇率、利率风险管理工具。

2012 年 6 月：中央银行进一步扩大存贷款利率波动幅度，将金融机构存款利率浮动区间上限调整为基准利率的 1.1 倍；将金融机构贷款利率浮动区间的下限调整为基准利率的 0.8 倍。

2012 年 7 月：中央银行将金融机构贷款利率浮动区间的下限调整为基准利率的0.7 倍。

2012 年 9 月：中央银行、银监会、证监会、保监会和国家外管局编制的《金融业发展和改革“十二五规划”》明确提出有序推进利率市场化的具体方向。

2013 年 7 月 20 日：中央银行全面放开贷款利率和票据贴现利率管制，不再对农信社贷款利率设立上限。

2013 年 9 月 24 日：我国成立市场利率定价自律机制。

2013 年 10 月 25 日：贷款基准利率(LPR)集中报价与发布机制正式运行。

2013 年 12 月 9 日：中央银行开始实行《同业存单管理暂行办法》。

2014 年 1 月 29 日：市场利率定价自律机制发布《金融机构合格审慎评估实施办法》。

2014 年 3 月 17 日：在上海自贸区先行取消小额外币存款利率上限后，中央银行将银行间即期外汇市场人民币兑美元交易价浮动幅度由 1%扩大至 2%。

2014 年 11 月 22 日：调整存款利率浮动区间的上限，由基准利率的 1.1 倍调整为 1.2 倍，并简并存贷款基准利率期限档次。其中，存款利率方面，不再公布人民币五年期定期存款基准利率。贷款方面，贷款基准利率期限档次简并为一年以内(含一年)、一至五年(含五年）和五年以上三个档次。

2015 年 3 月 1 日：扩大金融机构存款利率浮动区间。存款利率浮动区间的上限由基准利率的 1.2 倍调整为 1.3 倍。

2015 年 5 月 11 日：扩大金融机构浮动区间的上限由基准利率的 1.3 倍调整为 1.5 倍，放开金融机构小额外币存款利率浮动区间上限。

2015 年 6 月 2 日：中央银行发布《大额存单管理暂行办法》，发行利率以市场化方式确定。

2015 年 8 月 26 日：放开金融机构一年以上（不含一年）定期存款利率上限。其中，一年以上整存整取、零存整取、整存零取、存本取息定期存款利率可由金融机构参考对应期限存款基准利率自主确定；其余期限品种仍为基准利率的 1.5 倍。

2015 年 10 月 24 日：中央银行结合降息降准等举措放开了商业银行、农村合作金融机构、村镇银行、财务公司、金融租赁供公司、汽车金融公司等金融机构活期存款、一年以内（含一年）定期存款、协定存款、通知存款利率上限。

2015 年 11 月：中央银行 2015 年第 12 号工作论文提出构建利率走廊的路线图。

2016 年 2 月：将职工住房公积金账户存款利率由按照归集时间执行活期、三个月存款基准利率，调整为统一按一年期定期存款基准利率执行。

2017 年 5 月：中央银行指导全国银行间同业拆借中心推出银行间回购定盘利率（FDR，包括隔夜、7 天、14 天三个期限）和以 7 天银行间回购定盘利率（FDR007）为参考利率的利率互换产品。

2018 年 4 月：中央银行行长易纲在博鳌论坛上正式提出利率并轨的事宜。

2019 年 2 月：中央银行在 2018 年四季度货币政策执行报告中指出，通过提高市场化利率调控能力、完善利率走廊机制、健全市场利率定价自律机制、加快推动大额存单和同业存单发展等路径，推动利率两轨合一轨。

2019 年 3 月：政府工作报告在货币政策的表述中明确提出“深化利率市场化改革，降低实际利率水平”。

2019 年 8 月 17 日：中央银行正式提出基于 18 家报价行和 MLF 加减点形成的 LPR 新报价机制（15 号公告），明确新 LPR 有 1 年期和 5 年期以上两个品种，并且每月 20 日早上 9:30 发布一次。

2019 年 8 月 20 日：新 LPR 正式公布，即 1 年期 LPR 和 5 年期以上 LPR 分别为 4.25％和 4.85％，较旧 LPR 和之前的贷款基准利率均有下调。

2019 年 8 月 25 日：中央银行正式明确了个人住房贷款的定价情况（16 号公告）。

2019 年 11 月 16 日：中央银行发布 2019 年三季度货币政策执行报告，明确 LPR 新报价机制的“六个新”，以及确定将 LPR 运用情况纳入 MPA 考核。

2019 年 12 月 28 日：中央银行发布 30 号公告，明确存量浮动利率贷款的定价基准转换为 LPR。

附录二——平方根公式推导

美国普林斯顿大学的鲍莫尔和耶鲁大学的托宾从分析持有货币的机会成本和将生利资产转化为货币的交易成本入手，将现代管理科学“最适量存货控制理论”运用于货币需求的研究。鲍莫尔假定：

(1) 人们有规律地每隔一段时间取得一定的收入（比如：月收入为 Y），支出则是连续和均匀的，在每一期的期末（比如月末），所有的收入 Y 都被花光。

(2) 生息资产一律采取短期政府债券形式。人们只有两类资产：现金和债券，现金的名义收益率为 0，债券的名义收益率为 $i(i>0)$。

(3) 每次出售债券与前一次出售的时间间隔相等。

(4) 每次出售债券变现的现金金额相等，都为 C。

(5) 每次交易债券需支付固定的佣金费用 b。

假定某人月收入为 900 元，每月月初得到，月末花光。

1. 若此人每月不购买债券，则货币需求和交易过程如下：

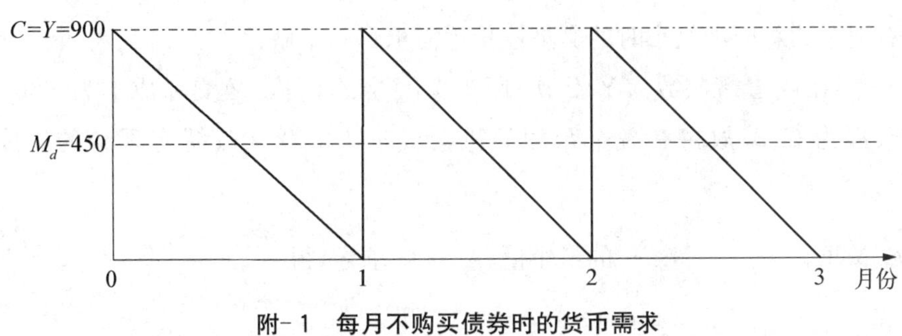

附-1　每月不购买债券时的货币需求

收入所得期内：套现次数为 1 次；因不买卖债券，故交易成本为 0；平均手持现金余额为 450（$=900/2=Y/2=C/2$），故持有现金余额的机会成本为 $450\times i(=C/2\times i)$。故持有现金的总成本是 $C/2\times i$。

2. 若此人每月初用一半的收入买债券，在月中时将债券卖出变为现金。

收入所得期内：套现次数为 2 次（$=900/450=Y/C$）；因买卖债券 2 次，故交易成本为

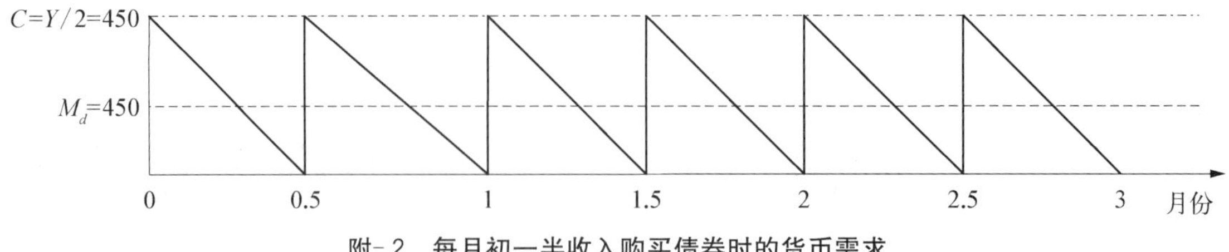

附-2　每月初一半收入购买债券时的货币需求

$2\times b(=Y/C\times b)$；平均手持现金余额为 225（$=450/2=C/2$），故持有现金余额的机会成本为 $225\times i(=C/2\times i)$。故持有现金的总成本是 $Y/C\times b+C/2\times i$。

3. 若此人每月初用 2/3 的收入（即 600 元）购买债券，10 天后卖出 300 元债券，20 天后再卖出剩下的 300 元债券，直到月末。

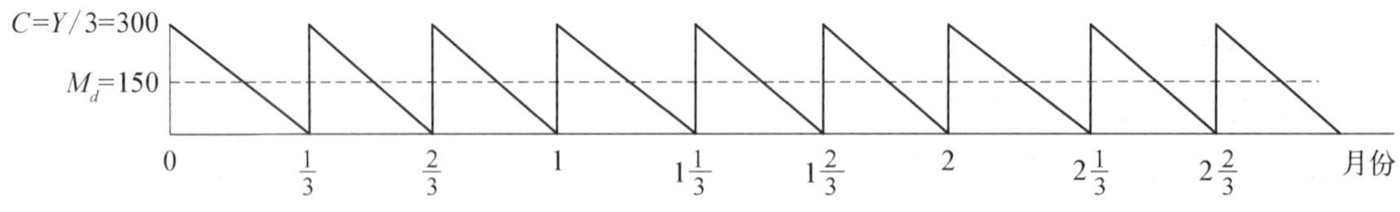

附-3　每月初 2/3 收入购买债券时的货币需求

收入所得期内：套现次数为 3 次（$=900/300=Y/C$）；因买卖债券 3 次，故交易成本为 $3\times b(=Y/C\times b)$；平均手持现金余额为 150（$=300/2=C/2$），故持有现金余额的机会成本为 $150\times i(=C/2\times i)$。故持有现金的总成本是 $Y/C\times b+C/2\times i$。

是不是持有的货币（货币需求）越少，成本就越小呢？答案是否定的。每个月初购买的债券越多，则手持现金越少，从而货币需求的机会成本就越少。然而债券的交易次数越多，交易的佣金就越多。理性经济人的目标是使得持有现金的总成本最小。

4. 持有现金的总成本最小时的交易性货币需求量的求解。

收入所得期内：套现次数为 Y/C 次；因买卖债券 Y/C 次，故交易成本为 $Y/C\times b$；平均手持现金余额为 $C/2$，故持有现金余额的机会成本为 $C/2\times i$；持有现金的总成本 X 是 $Y/C\times b+C/2\times i$。

求函数 $X(C)=\dfrac{bY}{C}+\dfrac{i\times C}{2}$ 的最小值，X 对 C 求导，得 $\dfrac{\mathrm{d}X}{\mathrm{d}C}=-\dfrac{bY}{C^2}+\dfrac{i}{2}$，令 $\dfrac{\mathrm{d}X}{\mathrm{d}C}=0$，得

$$C=\sqrt{\frac{2bY}{i}} \tag{附-1}$$

又因为在收入所得期内，所持有的平均交易性现金余额（M_d）为 $C/2$，故交易性货币需求的最佳量为：

$$M_d=\frac{C}{2}=\frac{1}{2}\sqrt{\frac{2bY}{i}}=\sqrt{\frac{bY}{2i}} \tag{附-2}$$

式(附-1)或者式(附-2)就是鲍莫尔的“平方根公式”。

5. 平方根公式的另一求解

每期债券交易次数(n)	期初购买的债券 K	每期平均持有债券($K/2$)	每次购买/出卖债券的变现余额 $C(=Y-K)$	每期平均交易性货币持有额 $M_d(=C/2)$
2	$Y/2$	$Y/4$	$Y/2$	$Y/4$
3	$2Y/3$	$Y/3$	$Y/3$	$Y/6$
4	$3Y/4$	$3Y/8$	$Y/4$	$Y/8$
5	$4Y/5$	$2Y/5$	$Y/5$	$Y/10$
…	…	…	…	…
n	$(n-1)Y/n$	$(n-1)Y/(2n)$	Y/n	$Y/(2n)$

平均每期持有债券的总收益是 $TR(n)=\frac{n-1}{2n}Y\times i$；平均每期 n 次债券交易的总成本是 $TC(n)=b\times n$；则每月净利润

$$\pi(n)=TR(n)-TC(n)=\frac{n-1}{2n}Y\times i-b\cdot n \tag{附-3}$$

求到底每期交易次数 n 为多少才能使式(附-3)的利润最大。π 对 n 求导，得 $\frac{\mathrm{d}\pi}{\mathrm{d}n}=\frac{2Yi}{4n^2}-b$，令 $\frac{\mathrm{d}\pi}{\mathrm{d}n}=0$，得

$$n=\sqrt{\frac{Y\times i}{2b}} \tag{附-4}$$

式(附-4)代入 $C=\frac{Y}{n}$，得 $C=\sqrt{\frac{2bY}{i}}$，所以

$$M=\sqrt{\frac{bY}{2i}} \tag{附-5}$$

附录三——投资机会线的推导

因为货币的收益率为0，债券的收益率 $R_b = i + g$（其中，i 为债券的利率，g 为资本收益率）。

托宾假定预期资本收益率 g 为0，方差为 σ_g^2，即 $E(g)=0$，从而 $E(R_b)=i+0=i$，$Var(g)=E[g-E(g)]^2=E(g^2)=\sigma_g^2$。

b 为资产组合中债券的比例，c 为资产组合中持作货币的比例，则组合的资产总收益 R 为：

$$R = bR_b + c \times 0 = bR_b = b(i+g) \qquad (附\text{-}6)$$

$$u_R = E(R) = E(bR_b) = bE(R_b) = bi \qquad (附\text{-}7)$$

$$\sigma_R^2 = E(R-u_R)^2 = E[b(i+g)-bi]^2 = E(b \cdot g)^2 = b^2E(g^2) = b^2\sigma_g^2 \qquad (附\text{-}8)$$

对式(附-8)求平方根，得 $b=\dfrac{\sigma_R}{\sigma_g}$，代入式(附-7)，得

$$u_R = \frac{i}{\sigma_g}\sigma_R = k \cdot \sigma_R \qquad (附\text{-}9)$$

各章部分复习题参考答案

第一章

选择题

1. ABCDE　2. B　3. C　4. A　5. C　6. A　7. B　8. C　9. D　10. A

判断题

1. ×　2. ×　3. ×　4. ×

第二章

选择题

1. D　2. A　3. D　4. B　5. C　6. D　7. A　8. B　9. A　10. B　11. B　12. A

判断题

1. √　2. √　3. ×　4. ×　5. √　6. ×　7. √　8. √　9. ×　10. ×

第三章

选择题

1. A　2. C　3. A

判断题

1. √　2. √　3. √　4. √　5×　6. √　7. ×

第四章

选择题

1. B　2. D　3. D　4. D　5. A　6. ABCDE　7. A　8. C　9. D　10. A　11. B　12. A

13. B　14. B　15. C　16. D　17. D　18. D　19. B　20. D　21. B

判断题

1. ×　2. √　3. √　4. √　5. √　6. ×　7. ×　8. ×

第五章

选择题

1. AC　2. B　3. C　4. C　5. A　6. B　7. A　8. A　9. B　10. C　11. A　12. D　13. BCD
14. AD　15. E　16. C　17. ABCDE　18. A　19. D　20. B　21. A　22. D　23. C　24. C

判断题

1. ×　2. ×　3. ×　4. √　5. ×　6. ×　7. ×

第六章

选择题

1. A　2. ABC　3. A　4. BCDE　5. ABCD　6. A　7. BDE　8. C　9. D　10. ABCD
11. ABCD、ABCDE、CDE

判断题

1. ×　2. √　3. ×　4. ×　5. √　6. √

第七章

选择题

1. AE　2. B　3. C　4. A　5. ABD　6. C　7. BC

判断题

1. √　2. ×　3. √　4. √

第八章

选择题

1. AC　2. D　3. D　4. B　5. C　6. C　7. A　8. D

判断题

1. ×　2. ×　3. ×　4. ×　5. √　6. √　7. ×　8. √　9. √　10. √　11. ×　12. √
13. √　14. √

第九章

选择题

1. D　2. C　3. B　4. A　5. B　6. B　7. D　8. A　9. D　10. AE　11. B　12. C　13. C
14. B　15. B　16. B　17. B　18. A

判断题

1. √　2. √　3. √　4. √　5. ×　6. ×　7. √　8. ×　9. √

第十章

选择题

1. A　2. B　3. C　4. A　5. A　6. D　7. D　8. B　9. A　10. C　11. C　12. C　13. B
14. A　15. B　16. D　17. D　18. A

判断题

1. ×　2. ×　3. ×　4. ×　5. ×　6. ×　7. √　8. √　9. ×　10. √　11. √　12. ×

第十一章

选择题

1. A　2. A　3. C　4. A　5. D　6. D　7. A　8. C　9. C

判断题

1. √　2. ×　3. ×　4. ×　5. ×　6. √　7. ×　8. √　9. ×　10. √

第十二章

选择题

1. C　2. C　3. A

判断题

1. √　2. ×　3. ×　4. √　5. √　6. √　7. √